U0850800

翻译与解字

赵 纬　主编

北 京
冶 金 工 业 出 版 社
2024

内 容 提 要

本书在讲述汉字构成的基础上，选取了古、今、欧、美200余位作者的诗歌、书信、演讲、小说、散文及其汉语译文，介绍了英译汉的基本翻译方法。希望读者能够通过“识字”，对中、外文化有更进一步的了解。

本书可供尝试中英文翻译的读者以及相关专业的大专院校师生参考。

图书在版编目(CIP)数据

翻译与解字/赵纬主编. --北京：冶金工业出版社，2024.8. --ISBN 978-7-5024-9932-7

Ⅰ. H059

中国国家版本馆CIP数据核字第2024KY2520号

翻译与解字

出版发行	冶金工业出版社	**电　　话**	(010)64027926
地　　址	北京市东城区嵩祝院北巷39号	**邮　　编**	100009
网　　址	www.mip1953.com	**电子信箱**	service@mip1953.com

责任编辑　戈　兰　郭雅欣　美术编辑　彭子赫　版式设计　孙跃红　郑小利

责任校对　石　静　责任印制　窦　唯

三河市双峰印刷装订有限公司印刷

2024年8月第1版，2024年8月第1次印刷

710mm×1000mm　1/16；23.25印张；454千字；362页

定价 116.00 元

投稿电话　(010)64027932　投稿信箱　tougao@cnmip.com.cn

营销中心电话　(010)64044283

冶金工业出版社天猫旗舰店　yjgycbs.tmall.com

(本书如有印装质量问题，本社营销中心负责退换)

前　言

中文博大精深，英语包罗万象。学贯中西始于“识字”。通过原文与译文的对照来认识汉英两种文字，不仅可以弘扬我国悠久的灿烂文化、涉猎异域的文化经典，而且在一定程度上有助于加深对两种文字内涵的理解，为其正确、自如地得以运用奠定一定的基础。

就翻译而言，它是一项跨文化的活动。各国之间的文化、风俗、思维方式等方面的差异给语言翻译带来一定的困难。我国著名学者王佐良教授在谈到文化与翻译的关系时就曾指出：“他（翻译工作者）处理个别词，面对的则是两大片文化。”，也就是说，翻译的内容不仅仅是语言符号本身，更有语言符号所承载的文化，而这一“处理”过程也可谓是不同文化之间所进行着的沟通与相互交融。

通过对照入手来体会本国与异域文字的意义及其所承载的文化，不仅可以提高文字间的转换速度，而且还可以使译文的准确率得到一定程度的提高。尽管语义翻译与交际专业翻译的侧重点有所不同，但识字、正确地理解字义不可谓不是保证翻译质量不可或缺的一个要件。

在本书中，编者选取了古今、欧美200余位作者的诗歌、书信、演说、散文和小说。希望读者能够得益于“识字”、得益于对文化的了解，从而得以在汉、英的语言世界之中徜徉。“译法点滴”中所介绍的基本的翻译方法为英译汉，与《解字与翻译》中的汉译英相辅相成。

以下几点是需要说明的部分：

（1）现今，国人所读之英译汉的文本多为简体字的白话文，故本书涉及的例字部首及其笔画数和结构均参照《汉字应用规范字典》(以下简称《字典》）中所示的内容给出。

（2）例字中，凡《字典》中的一些部首与《说文解字》(以下简称《解字》）中之不同者，均会在其旁的括号内给出《解字》中之所属。

以“舞”字为例。“舞”所属之部首在《字典》中为“夕”，但在《解字》中则归于“舛”，故本书在三画部分中“夕”部的“舞”，即以“舞（舛部）”的形式给出。

（3）例字的本义基本上按照《解字》给出。语言是随着社会实践的不断发展而发展的。现代汉语的常用字常用义，有很多都是引申义，不是本义。鉴于此种情况，为便于理解例字字义或体会译文字义，本书将在某些例字旁的括号内给出《字典》或《现代汉语词典》(以下简称《词典》）中所示的与译文相关的字义，如“必”，分别的标准。《字典》：一定；一定要。这里“分别的标准”为《解字》中的解释，但在译文中所体现的则是《字典》中的释义。

（4）对于汉字的结构，除象形、会意和部分需要解释的形声字外，其他不再对其构成进行逐一分析。

（5）在形声字中，声旁只有通过繁体才能体现的汉文字例，在简体字旁的括号里一般会给出其繁体形式。

（6）原文作者所属国家（简称）的译文在其作品旁的括号内基本上以其国名的第一个字给出。例如“法国”，写为（法）。生卒年份放在其姓名后的括号之内。

（7）书中文章及诗歌均为节选，不再逐一进行说明或用符号标出。

编　者

2023 年 8 月

目　　录

汉语的字与词 …… 1

翻译与解字 …… 5

一画 …… 5
“丶”部 …… 5
乙部 …… 14
【译法点滴】 简曰翻译 …… 15
二画 …… 17
八部 …… 17
【译法点滴】 词类的转换 …… 37
亠部 …… 40
冫部 …… 59
匚部 …… 75
【译法点滴】 词义的选择 …… 84
十部 …… 86
厂部 …… 93
勹部 …… 110
匕部 …… 117
廴部 …… 121
几部 …… 126
卜部 …… 129
【译法点滴】 词的引申义与比喻义 …… 133
三画 …… 134
干部 …… 134
彐（彑）部 …… 138
大部 …… 143
小部 …… 157
尸部 …… 166

【译法点滴】 语体色彩 …… 176
夕部 …… 177
工部 …… 182
士部 …… 189
幺部 …… 193
夂部 …… 195
寸部 …… 197
【译法点滴】 词义的褒与贬 …… 200
四画 …… 202
攴部 …… 202
歹部 …… 212
止部 …… 217
戈部 …… 222
见（見）部 …… 231
斗部 …… 235
殳部 …… 239
片部 …… 244
【译法点滴】 重叠词语 …… 245
牙部 …… 247
气部 …… 248
爪部 …… 251
支部 …… 254
瓦部 …… 255
氏部 …… 257
【译法点滴】 词的形象色彩 …… 258
风（風）部 …… 259
毛部 …… 264
比部 …… 265
欠部 …… 267
耂部 …… 271
灬部 …… 273
五画 …… 274
生部 …… 274
白部 …… 276
癶部 …… 279

立部 …… 280
矢部 …… 285
六画 …… 287
至部 …… 287
虍部 …… 289
【译法点滴】 合成词中的附加式词汇 …… 292
舌部 …… 293
缶部 …… 299
耒部 …… 300
老部 …… 302
臣部 …… 303
臼部 …… 304
七画 …… 304
辛部 …… 304
【译法点滴】 数字 …… 306
角部 …… 310
身部 …… 312
辰部 …… 314
采部 …… 316
赤部 …… 319
麦部 …… 321
八画 …… 322
青部 …… 322
齿（齒）部 …… 324
非部 …… 324
隹部 …… 328
鱼部 …… 332
九画 …… 333
骨部 …… 333
鬼部 …… 335
十画 …… 337
高部 …… 337
十一画 …… 339
黄部 …… 339
十二画 …… 340

鼎部 …… 340
十三画 …… 341
鼠部 …… 341
鼓部 …… 341
十四画 …… 342
鼻部 …… 342

练习 …… 344

参考答案 …… 355

参考文献 …… 361

汉语的字与词

字的构成

文字不仅是记录语言的书写符号，而且是重要的辅助性交际工具。了解文字进而正确地使用文字的必要性自然是不言而喻。

汉字是表意文字，象形和字义相关联。东汉著名语言学家许慎通过分辨汉字的形体结构，以形为标准，总结出500个部首，并在《说文解字》中用“六书”来分析文字的构造。部首的本义以及对于文字构造的分析不仅使我们了解到先民丰富多彩的生活和古代灿烂的文化，而且了解和掌握“造字之本（六书）”将在一定程度上帮助我们从字根上识字，从而正确地使用汉字，以防错别字的写出。

“六书”是（一）象形、（二）指事、（三）会意、（四）形声、（五）转注、（六）假借。它是“造字之本”，是人们认识汉字、了解汉字的一把钥匙。

（1）象形字由描摹实物的形状而构成，其所代表的词即为所像之物。

（2）指事字由象征性的符号构成。如“上”字写作“丄”，“下”字写作“丅”。

（3）会意字会合了两字或三字的意义，以组成一个新字的意义。如“信”字，“人言为信”，表示人说的话有信用。

（4）形声字由表示字义的形旁和表明字音的声旁两部分组成。如由形旁的“弓”和声旁的“单”组成“弹”；形旁的“木”和声旁的“风”组成“枫”。

（5）转注字由意义上相同或相近的字彼此互相解释而成。如《解字》中“老”字的释义是“考也”，“考”字则是“老也”。以“考”注“老”，以“老”注“考”，所以叫转注。

（6）假借字就是借用已有的文字表示语言中同音或音近而不同义的字（实际上是在没有专用字的情况下不顾及汉字的形义关系，只把汉字当作标音符号使用）。如“耳”，本意为“耳朵”，假借为表示限止的语气词，相当于“而已”、“罢了”。

除以上六种构成方式外，汉字中还有一种合体字，由两个或两个以上独体字组成。如“轮”由“车”和“仑”两个独体字构成。

“字根”（偏旁/部首）是构成汉字的最基本单位。尽管汉字形体各不相同，但具有相同字根的汉字意味着其意思来自同一根源。分析和研究汉字的偏旁部首，对于汉字的学习和运用可以收到以简驭繁的效果。

词的发展与构成

古代汉语（特别是在上古时代）绝大多数词是单音节词，基本上一个字就是一个词，所以古代汉语是词文字。如“学而不思则罔，思而不学则殆。”，“温故而知新，可以为师矣。”，这里的每一个字（即一个音节）就是一个词语。由于汉语的词逐渐由单音节向双音节发展，古代汉语的许多词在现代汉语中则变为了构词成分，故现代汉语中一些词的词义就显示出了与古代汉语的不同：古语中的每个字都有实义，而在今语中所组成的词则只用其固定的意思，如“妻子”，古代汉语中意为“老婆”和“儿子”，而在现代汉语中只意为“老婆”。考虑到现行英译汉的文本多为现代汉语，而且尽管古语中一些词变为了构词成分，但其本义或引申义仍体现在现代汉语的构词成分之中，因此，在了解汉字构成的基础之上，熟悉现代汉语中词的构成将有助于对译文的进一步理解。

词是句中最小的能够独立运用的语言单位。它由语素充当。语素是语言中最小的音义结合体，单音节的语素如“天”，双音节的如“踌躇”，三个或三个以上音节的如“哈尔滨”、“奥林匹克”。词中表示基本意义的语素叫作词根（词的词汇意义的主要承担者）。加在词根上表示附加意义的语素叫词缀（词缀是由词根演化而来的，一些词缀在形式上和词根相同）。由一个语素构成的词叫作单纯词，由两个或两个以上的语素构成的词叫作合成词。

单纯词

单纯词中既包括单音节的，如“天、地、书、笔”，又有多音节的。多音节的有以下几类：

连绵词

连绵词是指由两个连缀成义而不能拆开来讲的词。它包括，
(1) 双声的（两个音节的声母相同），如“伶俐、璀璨”；
(2) 叠韵的（两个音节的韵母相同），如“窈窕、叮咛”；
(3) 其他的，如“芙蓉、蝴蝶”。

叠音词

叠音词是指由两个相同的音相叠而成的词，如“姥姥、皑皑”。

音译的外来词

如“咖啡、高尔夫、歇斯底里”。

合成词

合成词有复合、重叠、附加三种构成方式。

复合式

复合式至少要由两个不同的词根结合在一起构成。根据词根之间的关系，复合式包括以下五种类型。

1. 联合型

联合型是由两个意义相同、相近或相反的词根并列组合而成，又叫作并列式。联合型有以下几种情况：（1）词根意义并列的，如“关闭、汇集”；（2）两个词根结合后产生新的意义的，如“开关、横竖”；（3）只有一个词根的意义在起作用的，如“干净、忘记”。这种合成词又叫作“偏义词”。

2. 偏正型

偏正型是由前一词根修饰、限制后一词根而成，如“冰箱、双杠”。

3. 补充型

补充型是由后一词根补充、说明前一词根而成。补充型包括以下两种情况：（1）组合成词，前一词根表示动作，后一词根补充说明动作的结果，如“延长、合成”；（2）组合成词，前一词根表示事物，后一词根表示事物的单位，如“花朵、纸张”。

4. 动宾型

动宾型又叫作支配式，其前一词根表示动作、行为，后一词根表示动作、行为所支配的事物，如“投资、管家”。

5. 主谓型

主谓型又叫作陈述式，其前一词根表示被陈述的事物，后一词根是陈述前一词根的，如“地震、心酸”。

重叠式

重叠式由两个相同的词根相叠而成，如“哥哥、常常”。

附加式

附加式由一个表示具体词汇意义的词根和一个表示某种附加意义的词缀构成。它有以下两种情况：（1）词缀+词根，如“老乡、小张”。这里的“老”和

“小”是词缀；（2）词根+词缀，如“歌儿、弹性”。“儿”和“性”是词缀。此外，还有词根+一个叠音词缀的情况，如“绿油油、水汪汪”。

一般来讲，词缀“头、子、者、性、儿”是名词的标志（带“儿”的词有少数例外，如火儿、玩儿、颠儿等是动词），其他一般动词或形容词加上它们便转为名词。“化”、“于”是构成动词的词缀，如“现代化、勇于”。

翻 译 与 解 字

一画

“丶”部

“丶”部在《解字》中的读音是“zhǔ”，其本意为“有断绝、停止的地方，打‘丶’号标志它”。标志的作用在于它的识别性和领导性，由“丶”组合的字往往含有此义。

必（八部）：分别的标准。《字典》：（副词）一定；一定要。会意字，由八、弋会意。

1. For one moment Julien forgot ambition and only thought of Mrs. de Rênal's beauty. He did not feel love, though. Thinking about Napoleon's victories gave him an idea. “I've won a battle,” he said to himself, “and I **must** continue and hurt this man's pride.” I will ask for three days off to see my friend Fouqué.

《The Red and the Black》(France) Stendhal (1783—1842)

一时间，于连忘掉了自己的野心，只想着德·莱纳夫人的美貌。但是，他心里并没有感受到爱。想到拿破仑的胜利，他心里有了一个念头。“我已经打了一场胜仗，”他心里想，“我***必须***继续摧残这个人的傲慢与自尊。”我要请三天假去看我的朋友。

《红与黑》(法) 司汤达 (1783—1842)

2. Mrs. de Rênal asked Julien about his trip. She was very nervous, but finally she asked, “Will you leave me to teach somewhere else?” …

“It will be hard to leave, but it might be **necessary**,” he said.

《The Red and the Black》(France) Stendhal (1783—1842)

德·莱纳夫人向于连问起他的行程。她感到很紧张。但她终于提出请求：“请你离开我家到别处任教好吗？”……

“我舍不得离开，但也许这是***必需***的。”

《红与黑》(法) 司汤达 (1783—1842)

3. Tribe follows tribe, and nation follows nation, like the waves of the sea. It is

the order of nature, and regret is useless. Your time of decay may be distant, but it will **surely** come, …

《Reply to the U. S. Government》(Dwamish and Suquamish) Chief Seattle (1786—1866)

一个部落没落，另一个部落就会振兴，一个民族衰亡，另一个民族就会崛起，像海水一样，后浪逐前浪。这是自然的法则，悲叹惋惜是无用的。你们衰落的时候可能还很遥远，却***必定***到来，……

《给美国政府的答复》(德沃米希和苏国米希等部落) 酋长 西雅图 (1786—1866)

4. It is impossible to achieve peace as long as every single action is taken with a possible future conflict in view. The leading point of view of all political action should therefore be: What can we do to bring about a peaceful co-existence and even loyal cooperation of the nations?

The first problem is to do away with mutual fear and distrust. Solemn renunciation of violence (not only with respect to means of mass destruction) is undoubtedly **necessary**.

《Peace in the Atomic Age》(U. S. A.) Albert Einstein (1879—1955)

如果每采取一项行动都考虑将来可能要发生冲突，那要取得和平是不可能的。因此，一切政治行动的指导思想应该是：为了实现国与国之间的和平共存甚至真诚合作，我们能做些什么？

首先要做到的是去除双方的恐惧和猜疑。郑重宣布废弃使用武力（不仅是废弃大规模的破坏手段），无疑是***必要***的。

《原子能时代的和平》(美) 阿尔伯特·爱因斯坦 (1879—1955)

5. I am poor brother Lippo, by your leave!
You **need** not clap your torches to my face.

《Fra Lippo Lippi》(U. K.) Robert Browning (1812—1889)

我是可怜的利波兄弟，对不起！
你们不***必***用火把杵到我脸上。

《利波·利比兄弟》(英) 罗伯特·勃朗宁 (1812—1889)

以上五例译文“***必须***、***必需***、***必定***、***必要***、***必***”中均含有“一定”之意。这里 **necessary** 的译文分别是“必需”和“必要”。这里的 necessary 释义为：adj. that is needed for a purpose or a reason 必需的；必要的，所以原文与译文相符。从词的构成来分析，“必需”和“必要”皆为合成词中的复合式，类属偏正型。词根“必”修饰词根“需”和“要”。而“需”和“要”的释义在《词典》中均有“需要”之意。“需要”一词属复合式中的联合型，两词根意义相近，故无论“必”修饰“需”还是“要”，在特定的上下文中，均可成为 necessary 的译文。

永（永部）：长。像水的直流和波纹的漫长。象形字。

1. For if a person were to select the night in which his sleep was undisturbed even by dreams, and were to compare with this the other days and nights of his life, and then were to tell us how many days and nights he had passed in the course of his life better and more pleasantly than this one, I think that any man, I will say not a private man, but even the great king will not find many such days or nights, when compared with the others. Now if death be of such a nature, I say that to die is gain; for **eternity** is then only a single night.

《Apology》(Ancient Greece) Socrates (B. C. 470—B. C. 399)

如果某人要把安恬无梦的一夜跟一生中的其他日子相比，看有多少日子比这一夜更美妙愉快，我想他说不出有多少天。不要说平民，就是显赫的帝王也是如此。如果这就是死亡的本质，那么死亡真是一种得益，因为这样看来，**永恒**不过是一夜。

《申辩》(古希腊) 苏格拉底（公元前 470—公元前 399）

2. On the 14th of March, at a quarter to three in the afternoon, the greatest living thinker ceased to think. He had been left alone for scarcely two minutes, and when we came back we found him in his armchair, peacefully gone to sleep—but **forever**.

《Speech at the Graveside of Karl Marx》(Germany) Friederich Engels (1820—1895)

3 月 14 日下午两点三刻，当代最伟大的思想家停止思想了。让他一个人留在房里总共不过两分钟，我们再进去的时候，发现他在安乐椅上安详地睡着了——**永远**地睡着了。

《在马克思墓前的讲话》(德) 弗里德里希 · 恩格斯（1820—1895）

3. Building things that lasted or things to pass on to their children or be remembered was not something important to many people long ago.

But the Egyptians were different from so many others because they built houses that still last today. Even more surprising is that these houses were built for the dead. Egyptians thought the houses had to last **forever** because of what they believed.

《The Oldest House》(U. S. A.) Virgil M. Hillier (1875—1931)

对于很久以前的许多人来说，建造能够长久保存，或者能够传给子孙后代，或者具有纪念意义的房屋，这一点根本就不重要。

可古埃及人却与其他许多古代民族都不同，因为他们建造了一些一直保存至今的房屋。而更令人惊讶的是，那些房屋竟然是给死者建造的。由于信仰的问题，古埃及人认为这些房屋必须能够**永世**长存才行。

《历史最悠久的房子》(美) 维吉尔 · 希利尔（1875—1931）

4. But thy **eternal** summer shall not fade,
Nor lose possession of that fair thou ow'st.
Nor shall death brag thou wand'rest in his shade,
When in eternal lines to time thou grow'st,
  So long as men can breathe, or eyes can see,
  So long lives this and this gives life to thee.

《Sonnet 18》(U. K.) William Shakespeare (1564—1616)

但是你的长夏**永远**不会凋谢，
你的美艳也不会遭到损失，
死神也力所不及，
当你在不朽的诗里与时同长。
  只要一天有人类，或人有眼睛，
  这诗将长存，并赐予你生命。

《第 18 号十四行诗》(英) 威廉·莎士比亚 (1564—1616)

5. Like a giant oak tree covered with apple blossoms is the vast man in you.
His mind binds you to the earth, his fragrance lifts you into space, and in his **durability** you are deathless.

《The Farewell》(Lebanon) Kahlil Gibran (1883—1931)

在你们本性中的巨人，如同一株缘满苹花的大橡树。
他的神力把你缠系在地上，他的香气把你超升入高空，在他的**永存**之中，你永不死。

《言别》(黎巴嫩) 卡里·纪伯伦 (1883—1931)

6. The raindrop whispered to the jasmine, "Keep me in your heart **for ever**."

《Stray Birds: 237》(India) Rabindranath Tagore (1861—1941)

雨点向茉莉花微语道："把我**永久**地留在你的心里吧。"

《飞鸟集：第 237 首》(印) 罗宾特拉纳特·泰戈尔 (1861—1941)

7. When my eyes shall be turned to behold, for the last time, the sun in Heaven, may I not see him shining on the broken and dishonored fragments of a once glorious Union; on States severed, discordant, belligerent; on a land rent with civil feuds, or drenched, it may be, in fraternal blood! Let their last feeble and lingering glance, rather, behold the gorgeous Ensign of the Republic, now known and honored throughout the earth, still full high advanced, its arms and trophies steaming in their original luster, not a stripe erased or polluted, —not a single star obscured, —

bearing, for its motto, no such miserable interrogatory as—What is all this worth? —nor those other words of delusion and folly—Liberty first and Union afterwards, —but everywhere, spread all over in characters of living light, blazing on all its ample folds, as they float over the sea and over the land, and in every wind under the whole Heavens, that other sentiment, dear to every true American heart—Liberty and Union, now and **forever**, one and inseparable!

《The American Union》(U. S. A.) Daniel Webster (1782—1852)

让我弥留之际的目光，看到的依然是这面美丽的、为世界各国公认并尊重的共和国大旗迎风高举；星条旗上的纹章装饰，依旧光彩鲜亮，没有一条条纹污残，没有一颗明星失色；旗帜上标志着的箴言既不是“这一切有什么价值?”的可悲疑问，也不是“先有自由后有联邦”的虚妄愚言，而是标志着另一种情操的大旗，在普天之下飞扬招展，在陆地，在海洋，光芒四射，生气勃勃。这种情操是每个美国人心底都怀有的真情：自由与联邦，混为一体，世世代代，**永**不可分!

《美利坚联邦》(美) 丹尼尔·韦伯斯特 (1782—1852)

在上述七例中，**forever** 的译文为**“永远、永世、永久、永”**。“永远、永久”为复合词中的联合型，各自两词根意义相近，而与“永”组合的词根“远”与“久”的意义也相近，故 forever 的译文在这里既为“永远”、又为“永久”。“永世”为复合词中的偏正型：前一词根修饰后一词根，其组合意义为“永远”，即《词典》中对“永世”的释义。

良(畗部)：善良。章太炎《文始》：“畗，满也，象高厚之形。”

1. The novelist must look on humanity without partiality or prejudice. His sympathy, like that of the historian, must be unbounded, and untainted by sect or party. He must see everywhere the **good** that is mixed with evil, the evil that is mixed with **good**.

《The Lamps of Fiction》(U. K.) Goldwin Smith (1823—1910)

小说家必须以无偏私无成见的眼光去看待人类。他必须和历史学家一样怀有最深厚的同情心，不受宗教派情绪的影响。不论任何地方，他必须在邪恶中看到**善良**，在**善良**中看到邪恶。

《小说写作的指路明灯》(英) 戈德文·史密斯 (1823—1910)

2. Voltaire is more than the chief of a state; he is a chief of ideas; with Voltaire a new cycle begins. We feel that henceforth the supreme governmental power is to be thought. Civilization obeyed force; it will obey the ideal. It was the scepter and the sword broken, to be replaced by the ray of light; that is to say, authority transfigured

into liberty. Henceforth, no other sovereignty than the law for the people, and the **conscience** for the individual. For each of us, the two aspects of progress separate themselves clearly, and they are there: to exercise one's right; that is to say, to be a man; to perform one's duty; that is to say, to be a citizen.

《Voltaire》(France) Victor Marie Hugo (1802—1885)

伏尔泰比国家元首更高，他是各派思想的元首，一个新纪元从伏尔泰开始。从此我们感到，最高的统治力量就是让一切被理性思考。文明曾服从于武力，以后，文明将服从于思想。王杖和宝剑折断了，光明取而代之。这就是说，权威已经变换为自由。自此以往，高于一切的是人民的法律和个人的**良心**。作为一个人，我们要行使权利；作为一个公民，我们要恪尽职责。对于我们每一个人来说，这两方面的进步是明确分开的。

《伏尔泰》(法) 维克多·玛丽·雨果 (1802—1885)

3. Although Socrates lived many hundreds of years ago, he believed and taught some things that people today also believe.

One of these things he believed was that each of us has inside a **conscience**, which tells us what is right and what is wrong; we don't have to read from a book or be told by another what is right or what is wrong.

《When Greek Meets Greek》(U. S. A.) Virgil M. Hillier (1875—1931)

尽管苏格拉底生活在几千年以前，但他所信奉和倡导的一些东西，如今的人却依然还在信奉着呢。

他所信奉的观点之一，便是我们每个人内心深处都有一种**"良知"**，让我们能够分辨对错；因此，我们不一定非得通过看书学习或者接受教导才能明辨是非。

《当希腊人遇上希腊人》(美) 维吉尔·希利尔 (1875—1931)

4. Irony and Pity are both of **good** counsel; the first with her smiles makes life agreeable; the other sanctifies it with her tears.

《Irony and Pity》(France) Anatole France (1844—1924)

讽刺和怜悯都是我们的**良**师益友；前者以她的微笑使人生愉悦；而后者则以她的眼泪使人生化为纯洁。

《讽刺与怜悯》(法) 安纳托尔·法郎士 (1844—1924)

5. To north, to south, lie parted,
With Hughley tower above,
The **kind**, the single-hearted,
The lads I used to love.

《Hughley Steeple》(U. K.) Alfred Edward Houseman (1859—1936)

在南面北面分隔着，
　　有休来寺高临其间，
那**良善**的，我往昔笃爱的，
　　心地朴实的少年。

《休来寺》(英) 阿尔弗莱德·爱德华·豪斯曼 (1859—1936)

例 2、例 3 中 conscience 的译文分别是“良心”和“良知”。“良心、良知”属偏正型。这里“心”与“知”的意义相近，二者又皆被“良”所修饰，而《词典》中对“良知”的释义即是“良心”，故此处之“良心”和“良知”皆为 **conscience** 的译文。**“善良”**与**“良善”**两词根意义相近。

举（舉、手部）：两手相对而举。形声字：下形上声。

1. They write, that you are not only décrotté, but tolerably well-bred; and that the English crust of awkward bashfulness, shyness, and roughness, (of which, by the bye, you had your share,) is pretty well rubbed off. I am most heartily glad of it; for, as I have often told you, those lesser talents, of an engaging, insinuating manner, an easy good-breeding, a genteel **behaviour** and address, are of infinitely more advantage than they are generally thought to be, especially here in England.

《Lord Chesterfield to His Son》(U. K.) Chesterfield (1694—1773)

他们信中说：你不仅彬彬有礼，而且颇有教养；还说，你原来那一层尴尬、腼腆、羞怯和粗鲁的英国外壳（我看，这些毛病你以前的确有过），如今已差不多完全磨掉了。我听了万分高兴；因为，正如我常对你所说那样，像和蔼可亲的风度，斯文大方的仪态，温文尔雅的**举止**谈吐之类次一等的修养，比一般人所想象的要重要得多，尤其是在我们英国。

《切斯特菲尔德伯爵致其子书》(英) 切斯特菲尔德 (1694—1773)

2. First the **deed** of noble daring,
　　Born of heavenward aspiration,
Then the fire with mortals sharing,
Then the vulture, —the despairing
　　Cry of pain on crags Caucasian.

《Prometheus》(U. S. A.) Henry Wadsworth Longfellow (1807—1882)

起初是一桩崇高壮**举**，
出自一种庄严的信念；
然后是天火送到了人间；
然后是兀鹰，高加索巉岩，
他痛苦而又绝望的呼喊。

《普罗米修斯》(美) 亨利·瓦茨沃斯·朗费罗 (1807—1882)

3. The bird thinks it is an **act** of kindness to give the fish a **lift** in the air.

《Stray Birds：123》(India) Rabindranath Tagore (1861—1941)

鸟以为把鱼**举**在空中是一种慈善的**举动**。

《飞鸟集：第 123 首》(印) 罗宾特拉纳特·泰戈尔 (1861—1941)

4. And he **raised** his head and looked upon the people, and there fell stillness upon them. And with a great voice he said：

When love beckons to you follow him,

Though his ways are hard and steep.

《Love》(Lebanon) Kahlil Gibran (1883—1931)

他**举**头望着民众，他们一时静默了。他用洪亮的声音说：

当爱向你们召唤的时候，跟随着他，

虽然他的路程艰险而陡峻。

《爱》(黎巴嫩) 卡里·纪伯伦 (1883—1931)

5. You are but a fragment of your giant self, a mouth that seeks bread, and a blind hand that **holds** the cup for a thirsty mouth.

《Sand and Foam》(Lebanon) Kahlil Gibran (1883—1931)

你不过是你的大我的一个碎片，一张寻求面包的嘴，一只盲目的、为一张干渴的嘴**举**着水杯的手。

《沙与沫》(黎巴嫩) 卡里·纪伯伦 (1883—1931)

源于上下文及词的搭配，**例 4 “举头”**之**“举”**的原文 (**raise**) 不同于**例 5** 的**“举杯”**之**“举”** (hold)，但 **raise** (to lift or move sth to a higher level) 与 **hold** (to carry sth; to have sb/sth in your hand, arms, etc.) 的释义中均含“向上托；往上抬”之意，故两词译文中皆含词根“举”。**例 3** 中之 **act** 的译文为**“举动”**。“举动”属复合式中的联合型：两个词根结合起来后产生新的意义，即“动作、行动”，其原文 **act** (a particular **thing** that sb does) 的释义不仅解释了词的意义，从中还可体现出汉语“举动”之构成（新的意义）。

叛 (半部)：分离。形声字：左形右声。

1. I designed to have done the same thing again on a larger scale. That was all I intended. I never did intend murder, or **treason**, or the destruction of property, or to excite or incite slaves to rebellion, or to make insurrection.

《On Being Sentenced to Be Hanged》(U. S. A.) John Brown (1800—1859)

我曾打算扩大这行动的规模。这就是我想做的一切。我从未图谋杀人、**叛国**、毁坏私有财产或鼓励、煽动奴隶谋反作乱。

《被判绞刑时发表的讲话》(美) 约翰·布朗 (1800—1859)

2. To what faction do I belong? Yourselves! What faction, since the beginning of the Revolution, has crushed and annihilated so many detected **traitors**? You, the people—our principles—are that faction! A faction to which I am devoted, and against which all the scoundrelism of the day is banded!

《His Last Speech》(France) Maximilien Robespierre (1758—1794)

我属于哪个派别？我属于你们！有哪一派从大革命开始以来查出这许多叛徒，并粉碎、消灭这些***叛徒***？这派别就是你们，是人民——我们的原则。我忠于这个派别，而现代的一切流氓都拉帮结党反对它！

《最后的演说》(法) 马克西米连·罗伯斯比尔 (1758—1794)

3. "But that is not my only crime. To you I am a **rebellious** peasant. You want to punish me because I tried to make myself better. I was educated, and I joined society. For that I will be punished, because none of you are like me. You are all rich men, and you were never poor."

《The Red and the Black》(France) Stendhal (1783—1842)

"但我的罪行还不止于此。对你们来说，我是一个***叛逆的***农民。你们想惩罚我，因为我想试图提高自己的地位。我有幸受到教育，并跻身上层社会。为此我应受到惩罚，因为你们没有一个人像我一样。你们都是富人，从来未经历过贫穷。"

《红与黑》(法) 司汤达 (1783—1842)

4. Life is done—and what matter? Whether it has been, in sum, painful or enjoyable, even now I cannot say—a fact which in itself should prevent me from taking the loss too seriously. What does it matter? Destiny with the hidden face decreed that I should come into being, play my little part, and pass again into silence; is it mine either to approve or to **rebel**?

《My Life is Over》(U. K.) George Gissing (1857—1903)

生命完结了——那又怎样？它究竟是苦是乐，我现在都得不出这个结论。是不是事实本身就不需要我这般患得患失呢？有什么关系呢？命运永远不会暴露真面目，它号召我的降生，要我扮演那小小的角色，然后一切重归沉寂。对此我是顺从，还是***叛逆***？

《我的人生已逝》(英) 乔治·吉辛 (1857—1903)

5. Who hath seduced thee to this foul **revolt**
From the pure well of Beauty undefiled?

《To Margaret》(U. S. A.) Edgar Allan Poe (1809—1849)

是谁把你诱向那肮脏的***背叛***

从澄澈纯净的“美”的清泉？

《致玛格丽特》(美) 爱伦·坡 (1809—1849)

五例中的**“叛”**均体现出其**本意**。其中，“叛国、叛徒”属复合式中的偏正型；“叛逆、背叛”各自两词根意义相近。

乙部

“乙”：乙像春天草木弯弯曲曲而长出地面，这时候阴气还很强大，草木的长出十分困难。用**乙**表示草木的长出，与牵引向上而行的丨用意相同。乙承继着甲，像人的颈脖。

乞：古文中借“气”为“乞”。“气”，馈客刍米也。云气之气少米，借为与人之气。变成“(乞) 气讨”之气。为了与云气之气有所区别，更省为“乞”。《郑樵·通志》：“气，气也。因声借为与人之乞。”(注：气言其少米、少一，故行乞耳。) 象形字 (甲骨文像飘浮的云气之形)。

1. It is a melancholy object to those who walk through this great town or travel in the country, when they see the streets, the roads, and cabin doors, crowded with **beggars** of the female sex, followed by three, four, or six children, all in rags and importuning every passenger for alms.

《A Modest Proposal》(U. K.) Jonathan Swift (1667—1745)

走过这座伟大的城镇，或穿行于乡间，你会看到十分悲凄的场景：街道上、马路上、茅屋前都挤满了女**乞丐**，身后拖着三四个或者五六个孩子，衣衫褴褛，在向过往的行人行**乞**。

《一个谦卑的建议》(英) 乔纳森·斯威夫特 (1667—1745)

2. I have got to carry this immense burden around until those men come back, whether I want to or not. It is useless to me, as a handful of ashes, and yet I must take care of it, and watch over it, while I **beg** my living. I couldn't give it away, if I should try, for neither honest citizen nor highwayman would accept it or meddle with it for anything.

《The £1,000,000 Bank-Note》(U. S. A.) Mark Twain (1835—1910)

无论我是否愿意，我只能随身带着这个巨大的负担，直到那两个人回来。尽管它对我没有用处，就像一把灰一样没有用处，可是我仍要一边**乞讨**生活，一边还好好保管它。即使我想把它送人，也送不出去，因为无论是诚实的公民还是拦路的强盗，都绝不会收下，连动都不会动一下。

《百万英镑》(美) 马克·吐温 (1835—1910)

3. They render back, those rich men,
   A **pauper's** niggard fee,
Mayhap a prison, —then a grave,
   And think they are quits with me; …

《The Song of the Wage-Slaves》(U. K.) Ernest Jones (1819—1869)

老财报答的是什么?
   不过是丢给**乞丐**的一文钱,
还可能是监牢,——要不是坟墓;
   就这样他们便认为结清归欠。

《工资奴隶之歌》(英) 欧内斯特·琼斯 (1819—1869)

4. My life when young was like a flower—a flower that loosens a petal or two from her abundance and never feels the loss when the spring breeze comes to **beg** at her door.

Now at the end of youth my life is like a fruit, having nothing to spare, and waiting to offer herself completely with her full burden of sweetness.

《Fruit-Gathering》(India) Rabindranath Tagore (1861—1941)

我少年时候的生命如同一朵花一般——当春天的微飔来**求乞**于她的门上时,一朵花从她的丰富里失去一两瓣花片也并不觉得损失。

现在少年的光阴过去了,我的生命如同一个果子一般,没有什么东西耗费了,只等着完完全全地带着她的充实甜美的负担,贡献她自己。

《采果集》(印) 罗宾特拉纳特·泰戈尔 (1861—1941)

例 2 与**例 4** 之原文 **beg** 的译文分别为"**乞讨**"与"**求乞**"。此二词不仅各自的两个词根意义相近,且"讨(请求)"与"求(乞求)"之意义相近,故 **beg** 有此二译。

【译法点滴】 简曰翻译

翻译是把一种语言文字的意义转换成另一种语言文字表达出来。

正确地理解原文与创造性地用另一种语言再现原文是翻译过程的两个阶段。准确地理解原文是翻译的前提,译者必须从语境及上下文的关系中探求正确的译法。在表达阶段,译者则需把理解的内容用恰当的本族语言表达出来。表达是理解的结果,但理解正确并不意味着表达也必然正确——这就需要借助于一些必要的翻译方法了。

最基本的方法是直译和意译。

所谓直译,就是在译文语言条件许可的情况下,使译文尽量保持原文的内容和形式结构,特别是保持原文的比喻形象和民族文化色彩等。意译,就是说,译者在整体把握原文思想的基础之上，摆脱原文的形象特征和句式结构，对原文进行必要的、创造性的加工。例如：Time is money 直译是“时间就是金钱”；意译则是“一寸光阴一寸金”。再如纪伯伦所写“Seven times have I despised my soul”之译文中的直译与意译。其原文：

Seven times have I despised my soul:

The first time when I saw her being meek that she might attain height.

The second time when I saw her limping before the crippled.

The third time when she was given to choose between the hard and the easy, and she chose the easy.

The fourth time when she committed a wrong, and comforted herself that others also committed wrong.

The fifth time when she forbore for weakness, and attributed her patience to strength.

The sixth time when she despised the ugliness of a face, and knew not that it was one of her own masks.

And the seventh time when she sang a song of praise, and deemed it a virtue.

译文一：

曾有七次我鄙视了自己的灵魂：

第一次是在她可以上升而却谦让的时候。

第二次是我看见她在瘸者面前跛行的时候。

第三次是让她选择难易，而她选了易的时候。

第四次是她做错了事，却安慰自己说别人也同样做错了事。

第五次是她容忍了软弱，而把她的忍受称为坚强。

第六次是当她轻蔑一个丑恶的容颜的时候，却不知道那是她自己的面具之一。

第七次是当她唱一首颂歌的时候，自己相信这是一种美德。

译文二：

我的心曾悲伤七次：

第一次，当它本可进取时，却故作谦卑；

第二次，当它在空虚时，用爱欲来填充；

第三次，在困难和容易之间，它选择了容易；

第四次，它犯了错，却借由别人也会犯错来宽恕自己；

第五次，它自由软弱，却把它认为是生命的坚韧；

第六次，当它鄙夷一张丑恶的嘴脸时，却不知那正是自己面具中的一副；

第七次，它侧身于生活的污泥中，虽不甘心，却又畏首畏尾。

通过比较可以看出，译文一（冰心所译）属直译，译文二（译者不详）则体现出了意译的特点。

直译和意译是一个相对的概念，没有截然的划分。无论直译还是意译，都只能根据一定的上下文、根据具体的语境需要来处理。两者的目的最终都是为了忠实、通顺地表达原作的思想内容和文体风格，殊途但同归。

二画

八部

由“八”构成的字往往含有“分、离”之意。

分：分别。会意字。从八，（表示分别）；从刀，刀用来分别物体。

1. The concerns which fail are those which have **scattered** their capital, which means that they have scattered their brains also. They have investments in this, or that, or the other, here, there, and everywhere. “Don't put all your eggs in one basket.” is all wrong. I tell you “put all your eggs in one basket, and then watch that basket.” Look around you and take notice, men who do that not often fail.

《The Road to Success》(U. S. A.) Andrew Carnegie (1835—1919)

一些公司的失败，就在于其资金的**分散**，以及因此而导致的精力的分散。他们这也投资，那也投资，到处投资。“不要把所有的鸡蛋放在同一个筐子里”这句话大错特错了。我要告诉你们的是：“要把所有的鸡蛋放在同一个筐子里，然后看紧它。”观察周围并仔细留神，做到了这一点，你就不会失败。

《成功之路》(美) 安德鲁·卡内基 (1835—1919)

2. You know I dislike slavery, and you fully admit the abstract wrong of it. So far there is no cause of **difference**.

《Abraham Lincoln to Joshua F. Speed》(U. S. A.) Abraham Lincoln (1809—1865)

你知道，我憎恨奴隶制，在理论上，你也完全承认它不对。到此为止，不存在**分歧**的根由。

《林肯致斯匹德书》(美) 亚伯拉罕·林肯 (1809—1865)

3. The women appear to work more than the men. I was not able to find out surely whether they have individual property, for I saw that one man had the duty of **distributing** to the others, especially refreshments, food, and things of that kind...

《Christopher Columbus to Gabriel Sanchez》

(Italy) Christopher Columbus (1451—1506)

女人干活似乎比男人多。他们有无私人财产这一点尚未弄清楚，因为我看见有人专门负责给众人**分发**物品，尤其是点心、食品之类的东西……

《哥伦布致桑切斯书》(意) 克里斯托佛·哥伦布 (1451—1506)

4. Here's another story to show how skilled Apelles was in handing a brush. It is said one day he visited a friend of his who was also an artist. The friend was not at home, so Apelles picked up a brush, dipped it in paint, and drew an extremely fine, thin line across the artist's easel to see if his friend would know who'd been there.

His friend returned, and when he saw the painted stroke on his easel, he exclaimed, "Apelles has been here. No one else in the world could make such a fine and beautiful brushstroke as this—except myself."

Then he painted an even finer line on top of the first line that Apelles had made, **splitting** it in two. Later Apelles returned. When he saw the finer stroke down the middle of his own line, he picked up the brush once more and with another stroke did what seemed impossible. Again he **divided** the fine line lengthwise. **Splitting** hairs, we might say.

《April Fool Pictures》(U. S. A.) Virgil M. Hillier (1875—1931)

还有一个故事，很能说明阿佩利斯运用画笔的娴熟程度。据说有一天，他去拜访自己的一位朋友；这位朋友，也是一位画家。由于朋友不在家，因此阿佩利斯便拿起一支画笔，蘸上颜料，在那位画家所用的画板上绘出了一条极精致、极细小的线条，看他的朋友回来后知不知道谁来过他家。

他的朋友回来后，看到自己画板上的那条细线，便大声说道："阿佩利斯来过了吧。世界上没有人能够画出这样精细、漂亮的线条，除了我自己。"

于是，他便在阿佩利斯所画的第一条细线上面，画了一条更为精细的线条，将阿佩利斯的那一笔平**分**成两半。后来，阿佩利斯又来过了。等他看到画布上将自己所画线条分成两半、更加精细的线条后，便再次拿起画笔，划出了看似不可能的一笔。他竟然将那位朋友所画的线条从头到尾又**分**成了两半！我们完全可以说，这真是像**分割**发丝一样呢。

《错视画作》(美) 维吉尔·希利尔 (1875—1931)

5. O you daughters of the West!

O you young and elder daughters! O you mothers and you wives!

Never must you be **divided**, in our ranks you move united,

Pioneers! O pioneers!

《Pioneers! O Pioneers!》(U. S. A.) Walt Whitman (1819—1892)

啊，你们这些西部的女儿！

啊，你们这些年轻和年长的女儿！啊，你们这些母亲和妻子！

你们不可**分裂**，在我们的队伍里你们要联合行动，

拓荒者！啊，拓荒者！

《拓荒者！啊，拓荒者！》(美) 沃尔特·惠特曼 (1819—1892)

6. Age may come, **parting** may come, death will come.
   A man and a woman sit near each other;
As they breathe they feed someone we do not know,
   Someone we know of, whom we have never seen.

《A Man and a Woman Sit Near Each Other》
(U. S. A.) Robert Bly (1926—2021)

年龄会变老，***分离***会到来，死亡终会降临。
   一男一女这样促膝而坐；
他们呼吸时，为我们所不识的人提供养分，
   某个我们知道却从未见面的人。

《一男一女促膝而坐》(美) 罗伯特·勃莱 (1926—2021)

7. What can mine own praise to mine own self bring,
And what is't but mine own when I praise thee?
Even for this, let us **divided** live,
And our dear love lose name of single one,
That by this **separation** I may give
That due to thee which thou deserv'st alone.

《The Sonnet of William Shakespeare: 39》(U. K.) William Shakespeare (1564—1616)

我怎能厚颜无耻地称赞自己呢?
我称赞你好，不就是把自己抬高?
就为了这一点，也得让我们***分离***,
让我们的爱不再有合一的名分，
只有这样***分开***了，我才能把你
应当独得的赞美给你——一个人。

《莎士比亚十四行诗：第 39 首》(英) 威廉·莎士比亚 (1564—1616)

8. A sense of humor is a sense of **proportion**.

《Sand and Foam》(Lebanon) Kahlil Gibran (1883—1931)

幽默感就是***分寸***感。

《沙与沫》(黎巴嫩) 卡里·纪伯伦 (1883—1931)

例 4、**例 5**、**例 7** 中 **divided** 的译文分别为***“分、分裂、分离”***。***“分裂、分离”***各自两词根意义相近。**例 4** 中 **split** 的译文分别为***“分、分割”***。***“分割”***两词根意义相近，从其所对应的原文释义中即可体现 **split** (to **divide**, or to make a group of people divide, into smaller groups that have very different opinion) 的含义及其译文例词的构成。**例 8** 中 **proportion** 这里意译为***“分寸”***。***“分”***与***“寸”***

两个词根结合起来后产生新的意义：此时的它们都不再具有其本意，组合后的词义为“说话或做事的适当限度”。

贫（贝部）：财务因分散而少。会意字：由贝、由分会意。

1. The man who follows nature and not vain opinion is independent in all things. For in reference to what is enough for nature every possession is riches, but in reference to unlimited desires even the greatest wealth is not riches but **poverty**.

《On Pleasure》(Ancient Greece) Epicurus (B. C. 341—B. C. 270)

顺其自然而不为妄言蛊惑者，可独立于天地之间。凡满足天性者，点滴财产便使人富有；如若欲壑难填，纵有万贯家财，随之而来的是***贫穷***而非富有。

《论快乐》(古希腊) 伊壁鸠鲁 (公元前341—公元前270)

2. Of Pictures, the Discloser—
The Poet—it is He—
Entitle Us—by Contrast—
To ceaseless **Poverty**—

《This was a Poet—It is That》(U. S. A.) Emily Dickinson (1830—1886)

仿佛图画，是画卷展现者——
诗人，就是他——
使我们，相形之下，陷于——
无穷的***贫乏***——

《这是诗人，就是他》(美) 艾米丽·狄金森 (1830—1886)

3. No! **penury**, inertness and grimace,
In some strange sort, were the land's portion.
"See Or shut your eyes," said Nature peevishly,
"It nothing skills: I cannot help my case;
'Tis the Last Judgment's fire must cure this place,
Calcine its clods and set my prisoners free."

《Childe Roland to the Dark Tower Came》(U. K.) Robert Browning (1812—1889)

空想！出奇的***贫瘠***、荒凉、
丑怪，是这片土地的天数。
大自然抱怨说：“不想看就把眼闭住，
没有办法，我改变不了我的状况，
要等到最后审判的火，来医治这地方，
煅烧它的土，释放我的俘虏。”

《罗兰公子来到了暗塔》(英) 罗伯特·勃朗宁 (1812—1889)

4. No, let me be obsequious in thy heart,
And take thou my oblation, **poor** but free,
Which is not mixed with seconds, knows no art,
But mutual render, only me for thee.

《The Sonnet of William Shakespeare: 125》(U. K.) William Shakespeare (1564—1616)

不;——让我在你心中永远不渝,
请接受我**贫乏**然而真率的贡礼,
它没有羼杂次货,也不懂权术,
只不过是我向你回敬的诚意。

《莎士比亚十四行诗:第125首》(英) 威廉·莎士比亚 (1564—1616)

5. There are tracts in my life that are **bare** and silent. They are the open spaces where my busy days had their light and air.

《Stray Birds: 323》(India) Rabindranath Tagore (1861—1941)

在我的一生里,也有**贫乏**和沉默的地域。它们是我忙碌的日子得到日光与空气的几片空旷之地。

《飞鸟集:第323首》(印) 罗宾特拉纳特·泰戈尔 (1861—1941)

6. I never saw that you did painting need,
And therefore to your fair no painting set;
I found, or thought I found, you did exceed
The **barren** tender of a poet's debt; …

《The Sonnet of William Shakespeare: 83》(U. K.) William Shakespeare (1564—1616)

我从来没感到你需要涂脂抹粉,
所以我从来不装扮你的秀颊。
我发觉,或者自以为发现,你远胜
那诗人奉献给你的一纸**贫乏**;……

《莎士比亚十四行诗:第83首》(英) 威廉·莎士比亚 (1564—1616)

7. As often as I murmur here
　　My half-formed melodies,
Straight from her osier mansion new,
　　The Turtledove replies;
Though silent as a leaf before,
　　The captive promptly coos;
Is it to teach her own soft lore,
　　Or second my **weak** Muse?

《The Poet and the Caged Turtledove》(U. K.) William Wordsworth (1770—1850)

在这儿，每当我出声吟咏
　　还没有写完的诗章，
旁边的斑鸠，在柳条笼子中，
　　便应声咕咕低唱；
它本来像树叶一样静默，
　　此刻却咕咕不停；
是教唱柔和歌曲？是给我
　　贫乏的诗才助兴？

《诗人和笼中斑鸠》（英）威廉·华兹华斯（1770—1850）

8. Chorus Hymeneal,
　　Or triumphal chant,
Matched with thine would be all
　　But an empty vaunt,
A thing wherein we feel there is some hidden **want**.

《To a Skylark》（U. K.）Percy Bysshe Shelley（1792—1822）

赞婚的合唱也罢，
　　凯旋的欢歌也罢，
和你的乐声相比，
　　不过是空洞的浮夸，
人们可以察觉，其中总有着***贫乏***。

《致云雀》（英）珀西·比希·雪莱（1792—1822）

例 4 ~ 例 8 的例词译文皆为“***贫乏***”。其原文分别是“**poor**、**bare**、**barren**、**weak**、**want**”。**Poor**（having very small of sth）针对的是贡礼，含有少许与单调之意；**bare**：（not covered with leaves; without plants or trees）修饰“地域 tract（an area of land, especially a large one）”，说明了地域的贫瘠；**barren**（not producing anything useful or successful）指的是那位诗人所写诗的内容，暗含“空洞、苍白无力”之意；**weak** 在这里修饰 Muse，Muse 的本意是古希腊和罗马神话中执掌诗歌、音乐和其他文学艺术分支的九位女神之一，如果 weak 确指女神，则可用其“not physically strong（身体虚弱、无力）之意”。但这里的 Muse 却是暗指“诗才”，故 weak（not good at sth）译为“贫乏”；**want**（a lack of sth）在诗中指的是“a thing”，即合唱与欢歌中所缺少的内涵。

例 1、**例 2** 中“**poverty**”的译文分别为“***贫穷、贫乏***”。***贫穷***与***贫乏***均属复合式中的联合型：其各自的两个词根意义相近，故“**poverty**”有此二译。

以上 8 个例词译文***除 weak 外，其余皆为直译***。

公：平均分配。会意字：由八、由厶会意，八犹如背离的意思。韩非子说："背离私就是公。"

1. Julien felt happy as well. He was away from the **public** and when Mr. de Rênal was away he could read his books without fear.

《The Red and the Black》(France) Stendhal (1783—1842)

于连也感到快乐。他远离了**公众**，当德·莱纳先生不在家时，他可以大胆地读他的书。

《红与黑》(法) 司汤达 (1783—1842)

2. And I am inclined to believe that their attitude in this war was due not to any desire to affront us, but to the very natural fear that if there was no one in the world whom we feared, and we should have our way, they, like many other nations, would soon become the slaves of our imperial rule. They were prompted only by a desire to preserve their liberty. And yet they never **openly** aided the Persian king.

《In Defense of the Rhodians》(Ancient Rome) Marcus Porcius Cato (B. C. 234—B. C. 149)

我颇相信罗迪安人以上述的态度看待这场战争，并非有意冒犯我们。相反，那是一种很自然的恐惧，害怕我们一旦在这世上肆无忌惮，便会为所欲为。他们害怕很快就会像其他民族一样，成为我们帝国统治下的奴隶。保持自由的愿望驱使他们如此，可是，即使这样，他们并未**公开**支援波斯王。

《为罗迪安人申辩》(古罗马) 马柯斯·朴斯厄斯·加图 (公元前234—公元前149)

3. Many a public man has had hosts of followers because they fattened on the patronage dispensed at his hands; many a one has had troops of adherents because they were blind zealots in a cause he represented; but perhaps no man but General Grant had so many friends who loved him for his own sake whose affection knew neither variableness nor shadow of turning, who stuck to him as closely as the toga of Nessus, whether he was captain, general, President, or simply private **citizen**.

《Eulogy of Ulysses S. Grant》(U. S. A.) Horace Porter (1837—1921)

许多公职人员有大批追随者，因为这些追随者能凭借公职人员手中的权力得到厚利；不少公职人员有一伙伙党羽，因为这些人盲从他们所代表的主义；然而除了格兰特将军之外，也许没有人有如此众多的忠实朋友了。他们只爱他的为人，他们对他的深情与时俱增，他们对他的爱不会转变。他们像耐萨斯的袍服，永远贴附于他，无论他是军官，是将军，是总统或只是一个普通**公民**。

《献给尤里塞斯·格兰特的颂词》(美) 贺拉斯·波特 (1837—1921)

4. If we return to the United States without having made every effort in our power to realize this program, we should return to meet the merited scorn of our fellow-

citizens. For they are a body that constitutes a great democracy. They expect their leaders to speak their thoughts and no private purpose of their own. They expect their representatives to be their **servants**. We have no choice but to obey and pleasure that we accept that mandate; …

《The League of Nations》(U. S. A.) Woodrow Wilson (1856—1924)

如果我们没有尽一切努力实现这个计划，回国之时就会受到我国公民理应对我们的蔑视。因为他们是构成一个伟大民主国家的主体。他们指望领袖说出他们的想法而不存私人目的，期望他们的代表成为**公仆**。我们只能听命于他们，但我们是怀着最大的热忱，最愉快的心情接受他们的命令的。

《关于国际联盟》(美) 伍德罗·威尔逊 (1856—1924)

5. We say in criticism of capitalism: Your system has never kept its promises for one single day since it was **promulgated**. Our production is ridiculous. We are producing eighty horse-power motor cars when many more houses should be built. We are producing most extravagant luxuries while children starve. You have stood production on its head. Instead of beginning with the things the nation needs most, you are beginning at just the opposite end.

《On His Seventieth Birthday》(U. K.) George Bernard Shaw (1856—1950)

我们批评资本主义时说道：你们的制度自**公布**以来，就从未有哪一天实践过你们的诺言。我们的生产是荒唐的，我们本需要盖更多的房屋，却去生产八十匹马力的汽车。孩子们在挨饿，我们却生产各种最豪华的奢侈品。你们把生产本末倒置了。不首先生产国民最需要的东西，却恰恰相反。

《在七十寿辰宴会上的讲话》(英) 乔治·萧伯纳 (1856—1950)

6. "We, the people of the United States, in order to form a more perfect union, establish **justice**, insure domestic tranquility, provide for the common defense, promote the general welfare, and secure the blessings of liberty to ourselves and our posterity, do ordain and establish this Constitution for the United States of America."

《On Woman's Right to Suffrage》(U. S. A.) Susan Brownell Anthony (1820—1906)

"我们，合众国的人民，为组成一个更完美的联邦，确立**公理**，保障国内安宁，提供共同防务，促进普遍福利，永保我们子孙后代得享自由，特制定此美利坚合众国宪法。"

《论妇女选举权》(美) 苏珊·宝莱·安东尼 (1820—1906)

7. You cannot separate the **just** from the unjust and the good from the wicked;
For they stand together before the face of the sun even as the black thread and white are woven together.

And when the black thread breaks; the weaver shall look into the whole cloth, and he shall examine the loom also.

《Crime & Punishment》(Lebanon) Kahlil Gibran (1883—1931)

你们不能把至**公**与不公，至善与不善分开；
因为他们一齐站在太阳的面前，如同织在一起的黑线和白线，
黑线断了的时候，织工就要视察整块的布，也要查看那机杼。

《罪与罚》(黎巴嫩) 卡里·纪伯伦 (1883—1931)

8. The land we from our fathers had in trust,
And to our children will transmit, or die;
This is our maxim, this our piety;
And God and Nature say that it is **just**.

《Feeling of the Tyrolese》(U. K.) William Wordsworth (1770—1850)

祖先托付给我们的土地，只能
传给我们的子孙，否则，毋宁死！
这就是我们的信条，我们的天职；
上帝和造化都说：这样才**公正**。

《蒂罗尔人的心情》(英) 威廉·华兹华斯 (1770—1850)

9. While I make no recommendation of amendments, I fully recognize the rightful authority of the people over the whole subject to be exercised in either of the modes prescribed in the instrument itself; and I should under existing circumstances favor rather than oppose a **fair** opportunity being afforded the people to act upon it.

《His first Inaugural Address》(U. S. A.) Abraham Lincoln (1809—1865)

我虽然没有提出修改宪法的具体建议，但是我完全承认，在这个问题上，人民有权按宪法规定以上述两种方式行使他们的权利；当前的情况下，我并不是反对而是赞成给予人民**公平**的机会去行使这种权利。

《第一次就职演说》(美) 阿伯拉罕·林肯 (1809—1865)

例 1～例 9 中的例词译文***均为直译***。**例 7**、**例 8** 中“**just**”的译文分别为“***公、公正***”。“***公正***”两词根意义相近，“**公**”含“没有偏私；公正”之意；“***正***”的意思是“不偏不倚；正直；正当”。这里的“**just**”意为：that most people consider to be morally fair and reasonable，即“**公、公正**”。

典（丌部。丌：物体的下基，安放物体的器具。象形）：五帝（黄帝、颛顼、尧、舜、禹）的书册。会意字：由“册”在“丌”上会意。庄都说：典是大册。

1. Some business had carried General Browne upon a tour through the western

counties, when, in the conclusion of a morning stage, he found himself in the vicinity of a small country town, which presented a scene of uncommon beauty, and of a character **peculiarly** English.

《The Tapestried Chamber or The Lady in the Sacque (U. K.) Walter Scott (1771—1832)

由于某桩事情，布朗行至西部各郡；在早上行将结束之际，他不觉来到乡下一座小城的边缘，此地的景致美不胜收，呈现出***典型***的英格兰风格。

《挂毯卧房（别名“长袍夫人”》(英) 瓦尔特·司各特 (1771—1832)

2. Botticelli had a peculiar type of painting. The women in his paintings usually had long legs and seemed to be dancing or floating along the ground instead of standing or walking. They were clad in very filmy, gauzy gowns as thin as a veil that showed their figures almost as if they had nothing on. *Allegory of Spring* is a **good** example.

《Sins and Sermons》(U. S. A.) Virgil M. Hillyer (1875—1931)

波提切利有一种非常独特的画风。在他的画作中，女性的腿都很修长，仿佛是在跳舞，或是在地上漂浮着，而不是简单地站立着或者走路。她们都穿着朦胧、轻薄透明如绸纱的长袍，她们的胴体若隐若现，仿佛身上什么也没穿似的。《春天的寓言》这幅画作，就是一个***典型***的例子。

《罪孽与布道》(美) 维吉尔·希利尔 (1875—1931)

3. In the old days, an imitation fur coat had seemed to be as integral a part of him as were his ill-shorn lantern jaws. But now his costume was a **model** of rich and somber moderation, drawing, not calling, attention to itself.

《Seeing People Off》(U. K.) Max Beerbohm (1872—1956)

多年前，他两颊瘦癯，胡子拉碴，一件毛皮大衣是唯一能让他抛头露面的皮囊。但如今，他的穿戴***典型***地透出富贵而内敛的风格。他无须去引人注目，人们自然而然就会被他所吸引。

《送行》(英) 麦克斯·毕尔勃姆 (1872—1956)

4. **Type** of the modern—emblem of motion and power—pulse of the continent,
For once come serve the Muse and merge in verse, even as here I see thee,
With storm and buffeting gusts of wind and falling snow,
By day thy warning ringing bell to sound its notes,
By night thy silent signal lamps to swing.

《To a Locomotive in Winter》(U. S. A.) Walt Whitman (1819—1892)

现代式的***典型***——运动与力量的象征——大陆的脉搏，
至少为世人的灵感服务了一次，并融化在诗句中，就像我在这里看到你时那样，

伴随着风暴和阵阵狂风和飘落着的雪，
白天里你敲响了震耳的警钟，
黑夜里你摇晃着沉默的信号灯。

《致冬天的一个火车头》(美) 沃尔特·惠特曼 (1819—1892)

5. We in America watch darkness fall upon Europe, and as we watch its approach, that important time for us, the national election of 1940. In that election, and in our attitudes after that election, the rest of the world would see an **example** of democracy in action, an **example** of a great people, faithful to their constitution and to their elected representatives.

《Loyal Opposition》(U. S. A.) Wendell Willkie (1892—1944)

我们在美国看着黑暗降临欧洲，就在观望的同时，却迎来了一个非常重要的时刻——1940 年的全国大选。那次大选及人们在大选后的态度，均向世界其他地方展示了一个正在进行的民主**典范**，伟大人民忠于他们的宪法与他们选出的代表的**典范**。

《忠诚的反对党》(美) 温德尔·威尔基 (1892—1944)

6. Scott, like Shakespeare, wherever the tread of his fiction may lead him, always keeps before himself and us the highest **ideal** which he knew, the **ideal** of a gentleman. If any one says there are narrow bounds wherein to confine fiction, I answer there has been room enough within them for the highest tragedy, the deepest pathos, the broadest humor, the widest range of character, the most moving incident that the world has ever enjoyed.

《The Lamps of Fiction》(U. K.) Goldwin Smith (1823—1910)

司各特和莎士比亚一样，不管他的小说的线索把他引向何处，他永远在他和我们的面前树立起他所熟知的**典范**，那就是一个高尚正派的人的**典范**。假如有人说这样对小说的限制太窄，我就要回答说，在这限制的范围里，有足够广阔之地容纳世人所曾欣赏的最崇高的悲剧、最深沉的哀伤、最开怀的幽默、最多样的各种人物和最动人的情节。

《小说写作的指路明灯》(英) 戈德文·史密斯 (1823—1910)

7. Our constitution does not copy the laws of neighboring states; we are rather a **pattern** to others than imitators ourselves. Its administration favors the many instead of the few; this is why it is called a democracy.

《The Funeral Oration of Pericles》(Ancient Greece) Thucydides (B. C. 471—B. C. 400)

我们的宪法不抄袭邻国，我们不模仿别人，相反，却是别人的**典范**。我们的政府为大多数人设想而非为少数人，这就是我们政府被称为民主政体的原因。

《在伯里克利葬礼上的演说词》(古希腊) 修昔底斯 (公元前 471—公元前 400)

8. He was born in the same county, and descended from the same strains of English blood from which Washington sprang, and was united in marriage with Mary Custis, the daughter of his adopted son. He had been reared in the school of simple manners and lofty thoughts which belonged to the elder generation; and with Washington as his **examplar** of manhood and his ideal of wisdom, he reverenced his character and fame and work with a feeling as near akin to worship as any that man can have for aught that is human.

《Eulogy of Robert E. Lee》(U. S. A.) John Warwick Daniel (1842—?)

他和华盛顿出生于同一个县，同属英国血统，又同华盛顿养子的女儿玛丽·科斯蒂斯联姻。他在一个礼仪简省、思想高尚的旧式学校受教育。他以华盛顿的为人作他的**典范**，以华盛顿的才智为他的楷模。他以一种对凡人所能有的，接近于崇拜的感情敬仰华盛顿的品质、名声和事业。

《献给罗伯特·李的颂词》约翰·华威克·丹尼尔（1842—?）

9. "The whole earth," said Pericles, as he stood over the remains of his fellow citizens, who had fallen in the first year of the Peloponnesian War— "the whole earth is the sepulcher of illustrious man." All time, he might have added, is the **millennium** of their glory.

《At the Dedication of the National Cemetery at Gettysburg》
(U. S. A.) Edward Everett (1794—1865)

在伯罗奔尼撒之战的那一年，伯里克利曾经站在阵亡的同胞遗骸前说过："整个大地是杰出人才的坟墓。"他应该再加上一句："无尽的时间长流是他们光荣的**庆典**。"

《在葛底斯堡公墓落成典礼上的讲话》(美) 爱德华·埃弗雷特（1794—1865）

10. On desperate seas long wont to roam,
    Thy hyacinth hair, thy **classic** face,
Thy Naiad airs have brought me home
    To the glory that was Greece,
    And the grandeur that was Rome.

《To Helen》(U. S. A.) Allan Poe (1809—1849)

早已习惯漂泊在汹涌的海上，
    你堇色的秀发，**典雅**的容颜
和仙女般的风姿已令我知详
    何谓希腊的华丽壮观，
    何谓罗马的宏伟辉煌。

《致海伦》(美) 爱伦·坡（1809—1849）

例 1～例 4 中 **peculiarly**，**good**，**model**，**type** 的译文为**“典型”**。“典型”属复合式偏正型：前一词根修饰、限制后一词根。在《字典》中，**“典”**在此处的释义为：“规范；法则”；**“型”**为“规格；种类；样式”。“典型”中的“典”作为定语修饰“型”，故“型”为中心语。其中，**peculiarly**，**good**，**type** 三例的译文“典型”是通过对上下文理解之后的***意译***。**例 3 model** 在这里的翻译涉及到了词类的转换：从名词转换为副词。在**例 5～例 8** 中，**example**，**pattern**，**ideal**，**examplar**（archaic exemplar）的译文为**“典范”**。“典范”各自两词根意义相近。“典”的释义已在上文中列出，**“范”**在此处为“法式；榜样”。从 **ideal**（a person or thing that you think is **perfect**）的释义来看，perfect 意为“完美”，而“典范”与“完美”两词的词义有所不同，故“**ideal**”之译属***意译***。其余三例（**example**，**pattern**，**exemplar**）的译文为***直译***。**例 9** 之 **millennium**（千禧年）***意译***为“庆典”，**例 10** 之例词（**classic**）的译文属***直译***。

具（収部。収：拱手。）：供给设置。会意字：由収、由貝省会意。古时候用贝作钱财。

1. The Stone—that tells defending Whom
This Spartan put away
What little of Him we—**possessed**
In Pawn for Liberty—

《It feels a shame to be Alive》(U. S. A.) Emily Dickinson (1830—1886)

墓碑记述，是为了谁
这位斯巴达勇士战死——
为了自由，我们很少***具备***
他那种高贵的品质——

《活着，使人感到羞耻》(美) 艾米莉·狄金森 (1830—1886)

2. Fighting was his element. And he fought **with** a passion, a tenacity and a success such as few could rival.

《Speech at the Graveside of Karl Marx》(Germany) Friederich Engels (1820—1895)

斗争是他的基本精神。他斗争时所**具**的热忱、顽强精神和成就，无人能及。

《在马克思墓前的讲话》(德) 弗里德里希·恩格斯 (1820—1895)

3. There are many sorts of books; but good ones are the sort for the young to read. Remember that. They are a great, an inestimable, and unspeakable **means** of improvement.

《Advice to Youth》(U. S. A.) Mark Twain (1835—1910)

图书种类千差万别，但好书才是年轻人该读的。切记切记！好书是一种伟大、无价、妙不可言的**工具**。

《给年轻人的忠告》(美) 马克·吐温 (1835—1910)

4. No! I am not Prince Hamlet, nor was meant to be;
Am an attendant lord, one that will do
To swell a progress, start a scene or two,
Advise the prince; no doubt, an easy **tool**, …

《The Love Song of J. Alfred Prufrock》(U. K.) Tomas Stearns Eliot (1888—1965)

不！我并非哈姆雷特王子，当也当不成；
我只是个侍从爵士，为王家出行，
铺排显赫的场面，或为王子出主意，
就够好的了；无非是顺手的**工具**，……

《阿尔弗瑞德·普鲁弗洛克的情歌》(英) 托马斯·斯特恩斯·艾略特 (1888—1965)

5. When I bring you coloured **toys**, my child, I understand why there is such a play of colours on clouds, on water, and why flowers are painted in tints—when I give toys to you, my child.

《When and Why》(India) Rabindranath Tagore (1861—1941)

当我给你五颜六色的**玩具**的时候，我的孩子，我明白了为什么云上水上是这样的五彩缤纷，为什么花朵上染上绚丽的色彩的原因了——当我给你五颜六色的玩具的时候，我的孩子。

《时候与原因》(印) 罗宾特拉纳特·泰戈尔 (1861—1941)

6. The world puts off its **mask** of vastness to its lover.
It becomes small as one song, as one kiss of the eternal.

《Stray Birds: 3》(India) Rabindranath Tagore (1861—1941)

世界对着它的爱人，把它浩瀚的**面具**揭下了。
它变小了，小如一首歌，小如一回永恒的接吻。

《飞鸟集：第3首》(印) 罗宾特拉纳特·泰戈尔 (1861—1941)

7. Write to me more often, write more details, more, more **facts**. In every letter write about all kinds of family details, of trifles, don't forget. This will give me hope and life.

《Fiodor Dostoevsky to His Brother Mihail》(Russia) Fiodor Dostoevsky (1821—1881)

常来信，多写点细节，多写些**具体事**。每封信里都写上家庭琐事，无关紧要的事，可别忘了。这些将给我希望和生命。

《陀思妥耶夫斯基致其兄米哈依儿书》(俄) 陀思妥耶夫斯基 (1821—1881)

8. You may think that your country enjoys an exemption from these evils.... I am of a very different opinion. Your fate I believe to be certain, though it is deferred by a **physical** cause.

《Thomas Babington Macaulay to Henry S. Randall》

(U. K.) Thomas Babington Macaulay (1800—1859)

你也许认为：你们国家可以不受这些祸患……我的看法则完全不一样。我认为你们的命运也是肯定无疑的，虽然由于**具体**原因，也许会迟延一些时候。

《麦考利致伦道尔书》(英) 托马斯·巴宾顿·麦考利 (1800—1859)

例词译文***均属直译***。**例 1** 之译文“***具备***”两词根意义相近。**例 2 with** 之译文“***具***”涉及到词性的转换：由原文中的介词转换为译文中的动词。其余例词译文两词根间皆属偏正型关系。

瓮（瓦部）：罂（古代容器，比缶大，腹大口小）类陶器。形声字：下形上声。

Ode on a Grecian **Urn**

Thou still unravish'd bride of quietness,
Thou foster-child of silence and slow time
Sylvan historian, who canst thus express
A flowery tale more sweetly than our thyme: ...

《Ode on a Grecian **Urn**》(U. K.) John Keats (1795—1821)

希腊古**瓮**颂

你委身“寂静”的、完美的处子，
受过了“沉寂”和“悠久”的抚育，
呵，田园的史家，你竟能铺叙
一个如花的故事，比诗还瑰丽：……

《希腊古瓮颂》(英) 约翰·济慈 (1795—1821)

前（止部）：不行而进叫作前。会意字：由“止”字在“舟”上会意。徐灏《段注笺》：“人不行而能进者，唯居于舟为然。故从舟。止者，人所止也。”

1. Like as the waves make towards the pebbled shore,
So do our minutes hasten to their end;
Each changing place with that which goes **before**,
In sequent toil all **forwards** do contend.

《The Sonnet of William Shakespeare: 60》(U. K.) William Shakespeare (1564—1616)

正像海涛向卵石滩头奔涌，

我们的光阴匆匆地奔向灭亡；
后一分钟挤去了**前**一分钟，
接连不断地**向前**竞争得匆忙。

《莎士比亚十四行诗：第60首》(英) 威廉·莎士比亚 (1564—1616)

2. I Years had been from Home
And now **before** the Door
I dared not enter, lest a Face
I never saw before

《I Years had been from Home》(U. S. A.) Emily Dickinson (1830—1886)

我离家已经多年
此刻立在门**前**
我不敢进去，唯恐
会有陌生人出现

《我离家已经多年》(美) 艾米莉·狄金森 (1830—1886)

3. That's my **last** Duchess painted on the wall,
Looking as if she were alive. I call
That piece a wonder, now: Fra Pandolf's hands
Worked busily a day, and there she stands.

《My Last Duchess》(U. K.) Robert Browning (1812—1889)

墙上的这幅画是我的**前**公爵夫人，
看起来就像她活着一样。如今，
我称它为奇迹：潘道夫师的手笔
经一日忙碌，从此她就在此站立。

《我的前公爵夫人》(英) 罗伯特·布朗宁 (1812—1889)

4. …
Would think her son, did she but see that shape
With sixty or more winters on its head,
A compensation for the pang of his birth,
Or the uncertainty of his setting **forth**?

《Among School Children》(U. K.) William Butler Yeats (1865—1939)

……
她要是看到堆积在那人的头顶，
六十个或者更多个冬天的白雪，
会不会感到她儿子如今已报偿

生他的痛苦和**前**途的渺茫？

《在学童中间》(英) 威廉·巴特勒·叶芝 (1865—1939)

5. Unlike are we, unlike, O princely Heart!
Unlike our uses and our **destinies**.
Our ministering two angels look surprise
On one another, as they strike athwart
Their wings in passing.

《Sonnets from the Portuguese: Ⅲ》(U. K.) Robert Browning (1812—1889)

我们原不一样，尊贵的人儿呀，
原不一样是我们的职司与**前程**。
你我的主管的天使迎面飞来，
翅膀碰上了翅膀，大家瞪着
惊愕的眼睛。

《抒情十四行诗选：三》(英) 罗伯特·布朗宁 (1812—1889)

6. There is no man in this room who has always regarded the **prospect** of our being engaged in a great war with greater reluctance, with greater repugnance than I have done throughout the whole of my political life.

《"A Scrap of Paper"》(U. K.) David Lloy George (1863—1945)

在座诸位没有人会比我更不情愿、更反感地看到我们被卷入一场大战的**前景**了。在我的一生政治生涯中，我一直是抱着上述的态度。

《"一张废纸"》(英) 大卫·劳伊德·乔治 (1863—1945)

以上六例中，除"**destinies**"外，其余皆为直译。

兑(儿部)：喜悦。《字典》：(动词) 交换。形声字：下形上声。

1. We refuse to believe that there are insufficient funds in the great vaults of opportunity of this nation. So we have come to **cash** this check—a check that will give us upon demand the richest of freedom and the security of justice.

《I Have a Dream》(U. S. A.) Martin Luther King (1929—1968)

我们不相信在这个仓廪充盈、机会良多的国家发生资金不足的情况。因此我们来要求**兑现**这张支票——这张能够给我们所要求的自由财宝与正义保障的支票。

《我有一个梦》(美) 马丁·路德·金 (1929—1968)

2. Mr. Roosevelt and I both promise the people in the course of the campaign that if we were elected, we would keep this country out of war unless attacked. Mr. Roosevelt

was re-elected, and this solemn pledge for him, I know will be **fulfilled**, and the American people desire him to keep it sacred.

《Loyal Opposition》(U. S. A.) Wendell Willkie (1892—1944)

我和罗斯福先生在竞选时都承诺过：如果我们当选，我们将使美国远离战争。除非遭到袭击。罗斯福先生再次当选，这一庄严的誓言，我知道他一定会**兑现**的，我也知道美国人民期望他信守这一庄严承诺。

《忠诚的反对党》(美) 温德尔·威尔基 (1892—1944)

3. I didn't know I had been dreaming—that is, I hadn't been allowing myself to know it for a while back; but now—oh, dear! Deep in debt, not a cent in the world, a lovely girl's happiness or woe in my hands, and nothing in front of me but a salary which might never—oh, would never—**materialize**! Oh, oh, oh! I am ruined past hope! nothing can save me!

《The £1,000,000 Bank-Note》(U. S. A.) Mark Twain (1835—1910)

我不知道自己一直在做梦——也就是说，我刚才一直没让自己明白这一点；但现在——哎呀！负债累累，身无分文，把一个可爱姑娘的幸福或悲哀紧握在手里，我面前只有一份薪水，这份薪水可能永远不能——噢，绝不会**兑现**！噢，噢，噢！我完了，没有救了！什么也救不了我！

《百万英镑》(美) 马克·吐温 (1835—1910)

4. Then home he went, and left the Hart stone-dead,
With breathless nostrils stretched above the spring,
—Soon did the Knight **perform** what he had said;
And far and wide the fame thereof did ring.

《Hart-leap Well》(U. K.) William Wordsworth (1770—1850)

他转身回家，把死鹿留在泉边——
可怜它气息全无，肢体全僵。
不久，爵士的许诺便一一**兑现**，
这块地方的名声也远近传扬。

《鹿跳泉》(英) 威廉·华兹华斯 (1770—1850)

“兑现”属复合式动宾型：前一词根表示动作、行为，后一词根表示动作、行为所支配关涉的事物，其本义为“凭票据向银行换取现金”，**例1**中**cash**的释义 to exchange a check for the amount of money that it is worth，不仅符合“兑现”一词之构成特点，且与其本意完全相符，此即**直译**之所谓。

共(共部)：共同。会意字：由廿、収会意。

1. As we learn to go forward **together** at home, let us also seek to go forward

together with mankind.

《Inaugural Address》(U. S. A.) Richard Milhous Nixon (1913—1994)

我们在国内要学会和所有人***共同***前进，让我们也努力求得全人类的***共同***前进吧。

《就职演说》(美) 理查德·米豪斯·尼克松 (1913—1994)

2. Be still, sad heart! and cease repining;
Behind the clouds is the sun still shining;
Thy fates is the **common** fate of all,
Into each life some rain must fall,
Some days must be dark and dreary.

《The Rainy Day》(U. S. A.) Henry Wadsworth Longfellow (1807—1882)

平静些，忧伤的心！且休要嗟怨；
乌云后面依然有阳光灿烂；
你的命运是大众***共同***的命运，
人人生活里都会有无情的雨点，
总有些日子又暗又凄惨。

《雨天》(美) 亨利·瓦茨沃斯·朗费罗 (1807—1882)

3. Not chance of birth or place has made us friends,
Being oftentimes of different tongues and nations,
But the endeavor for the **selfsame** ends,
With the **same** hopes, and fears, and aspirations.

《Dedication》(U. S. A.) Henry Wadsworth Longfellow (1807—1882)

我们有不同的国籍，用不同的语言，
我们的友谊，与出身、地域无缘；
这友谊来自为***共同***目标的奋斗，
来自***共同***的希望、忧虑和志愿。

《献词》(美) 亨利·瓦茨沃斯·朗费罗 (1807—1882)

例 3 中的 **same** 与 **selfsame** 虽然都指所谈论的是同一个事物，same 却可以暗含有数值上不同的意思（即所谈的事物事实上是有区别的），只不过在质量、种类、外观、数额等方面没有明显的差异罢了；而 selfsame 却没有这一层意思，意为：完全相同的，没有任何区别的，并常与 the、this、that、these、those 连用。如：This is **the** same (selfsame) suitcase that Mary once owned. /Marlborough could see a hero perish or a sparrow fall, with **the** same (not selfsame) amount of sympathy for either. 本例中的 **same** 与 **selfsame** 的译文相同，但其后所修饰的内容却有所不同，由此则可体会出两词各自的内涵了。

单（單）：大。《字典》：独自一个的。会意字。

1. Like the long waves on a sea-beach,
   Where the sand as silver shines,
   With a soft, **monotonous** cadence,
   Flow its unrhymed lyric lines; —

《The Secret of the Sea》(U. S. A.) Henry Wadsworth Longfellow (1807—1882)

它以柔和的***单调***节奏，
倾泻无韵的抒情诗行，
有如银沙闪烁的海滨，
起伏吟啸的层层波浪；——

《海的奥秘》(美) 亨利·瓦茨沃斯·朗费罗 (1807—1882)

2. Yes, when the stars glisten'd,
   All night long on the prong of a moss-scallop'd stake,
   Down almost amid the slapping waves,
   Sat the **lone** singer wonderful causing tears.

《Out of the Cradle Endlessly Rocking》(U. S. A.) Walt Whitman (1819—1892)

是的，在星星闪闪放光的时候，
那个晚上在一个长满苔藓的木桩上，
几乎就在撞击着的浪花中，
坐着那***孤单***的奇妙的歌手，它催人泪下。

《来自不停摆动着的摇篮那里》(美) 沃尔特·惠特曼 (1819—1892)

3. **Solitary** the thrush,
   The hermit withdrawn to himself, avoiding the settlements,
   Sings by himself a song.

《When Lilacs Last in the Dooryard Bloom'd》(U. S. A.) Walt Whitman (1819—1892)

那只画眉鸟是***孤单***的，
它是位离群索居的隐士，躲避着居民点，
独自唱着一支歌。

《最近紫丁香在院前开放的时候》(美) 沃尔特·惠特曼 (1819—1892)

例 2 和**例 3** 中的 **lone** 与 **solitary** 的译文同为***"孤单"***。"孤单"两词根意义相近："孤"中含"单"；"单"有"孤"意。从其原文的释义（**lone**：without any people or things；**solitary**：done alone，without other people.）可以看出：两词既可说是"孤"，也可说是"单"，这种情况与汉语词的构成相应和。在用法上，特别在诗歌中，lone 可替代 lonely（unhappy because you have no friends or people to talk to）或 lonesome（unhappy because you are alone and do not want to be or because you have no friends）；而 solitary 可以指人为愿意或寻求的独处状态，从例 2 与例 3 的上下文中即可有所体会。

兵（収部）：兵器。会意字：由“収”（双手）持握着“斤”（斧子）会意，表示齐心合力的样子。

1. I can assure those gentlemen, that it is a much easier and less distressing thing to draw remonstrances in a comfortable room by a good fireside, than to occupy a cold, bleak hill, and sleep under frost and snow, without clothes or blankets. However, although they seem to have little feeling for naked and distressed **soldiers**, I feel superabundantly for them, from my soul, I pity those miseries, which it is neither in my power to relieve nor prevent.

《George Washington to His Critics》(U. S. A.) George Washington (1732—1799)

我可以毫不犹豫地告诉这些大人先生们：坐在舒适的房间里，靠在暖和的火炉旁草拟一份非难别人的意见书，比起驻扎在一个凛冽荒凉的山丘上，无衣无被地睡在风雪之中，的确要容易得多，舒服得多。然而，尽管他们对这些衣不蔽体、痛苦不堪的***士兵***们毫无恻隐之心，我却万分同情他们，打心底深处怜悯这些受尽苦难的战士们：可惜我既无能力减轻，也无能力防止他们的痛苦。

《华盛顿致非难者书》(美) 乔治·华盛顿 (1732—1799)

2. Daniel Chester French also carved the ***Minutemen***, which stands on the American Revolutionary War battlefield in Concord, Massachusetts. Where the statue stands, the road crosses a little wooden bridge over a stream. It was at this crossing that the New England farmers fired “the shot heard around the world” on the British soldiers.

《Daniel Chester French》(U. S. A.) Virgil M. Hillyer (1875—1931)

丹尼尔·切斯特·法兰奇还雕刻出了一尊叫作《***民兵***》的雕刻作品，如今屹立在马萨诸塞州康科德的美国革命战争战场遗址上。雕像所在之处，有一条公路与一座横跨小河的木桥交叉而过。正是在这个交叉口，新英格兰地区的农民向英军士兵开出了“传遍整个世界的一枪”。

《丹尼尔·切斯特法·兰奇》(美) 维吉尔·希利尔 (1875—1931)

两例词均属***直译***。

【译法点滴】 词类的转换

原文中有些词在译文中需要转换词类，才能使汉语译文通顺、自然。掌握翻译中的词类转译法，就可使我们敢于脱离原文词类的限制，跳出原文词类的框框，用汉语的适当词类予以表达。

以下是几种词类的基本转换情况。所举之例皆选自本书例词或本书所用之参考书籍。

转译成动词

英语和汉语比较起来，汉语中动词用得比较多。往往英语句子中只用一个谓语动词，而在汉语中却可以用几个动词或动词性结构连用。因此，英语中不少词类（尤其是名词、前置词、形容词、副词）在汉译时往往可以转译成动词。

名词转译成动词

英语中有大量由动词派生的名词和具有动作意义的名词以及其他名词往往可转译成汉语动词。

1. 由动词派生的名词

如：deformation 责备，interposition 干预，anticipation 预卜

An **acquaintance** of world history is helpful to the study of current affairs.

读一点世界史，对学习时事是有帮助的。

2. 含有动作意味的名词

如：violence 殴打，dance 跳舞，vigilance 戒备

A **view** of Mt. Fuji can be obtained from here.

从这里可以***看***到富士山。

3. 英语中有些加后缀 er 的名词

如：carver 雕刻家，tiller 耕者

She is a **lover** of Chinese painting.

她***热爱***中国画。

前置词转译成动词

英语中前置词用得相当多。对于含有动作意味的前置词来说，汉译时往往可以译成动词。

如：by、on、from 靠，across 跨过，for 贡献

We drove home a bit after midnight, **over** the river and **through** the lovely old sleeping town.

时过午夜，我们驱车回家。先***过***了河，又***穿过***了这个在酣睡中的古老而可爱的城市。

形容词转译成动词

英语中表示知觉、情感、欲望等心理状态的形容词，在联系动词后作表语用时，往往可转译成汉语动词。

如：vigilant 警觉，brute 摧残，warlike 尚武

They were **suspicious** and **resentful** of him.

他们***不信任***他，***讨厌***他。

副词转换成动词

如：up 上，back 还，away 远行

The successful fishermen of that day were already **in**.

那天交好运的渔民们都已***回来***。

转译成名词

动词转译成名词

英语中很多由名词派生的动词，以及由名词转用的动词，往往在汉语中不易找到相应的动词，这时可将其转译成汉语名词。

如：slowly and awkwardly to **coo** 缓慢而笨拙的***咕咕叫声***，

to **whistle** faintly 微弱的***啭鸣声***

Formality has always **characterized** their relationship.

他们之间的关系，有一个**特点**，就是以礼相待。

形容词转译成名词

英语中有些形容词加上定冠词表示某一类的人，汉译时常译成名词。此外，根据情况还有一些形容词也可译成名词。

如：the learned 学者

They are going to build a school for **the blind** and **the deaf**.

他们将为***盲人***和***聋人***建一所学校。

副词转译成名词

...it is impossible for me to say whether love my children **physically** or **spiritually**...

……我无法说清楚自己是爱他们（孩子们）的***身体***还是***精神***……

转译成形容词

名词转译成形容词

英语中由形容词派生的名词往往可以转换成形容词。此外，有些名词加不定冠词作表语时，在有些情况下也可转换成形容词。

如：humility 谦卑，affection 矫情，ripeness 成熟

I recognized the **absurdity** of dealing with them through intermediaries.

我认识到，通过中间人跟他们打交道是***愚蠢的***。

That garden-party is a great **success**.

那个园会真是***圆满***极了。

副词转译成形容词

英语动词译成汉语名词时，修饰该动词的副词往往转译成汉语形容词。

如：**slowly and awkwardly** to coo ***缓慢而笨拙的***咕咕叫声

to whistle **faintly** ***微弱的***哱鸣声

转译成副词

名词转译成副词

如：who exist in a state of unruffled **stupidity**

他们平静地、***浑浑噩噩地***活着

the leaves in its shade of humble **devotion**

叶是谦逊地、***专心地***垂着绿荫的

He had the **kindness** to show me the way.

他***好意地***给我指路。

形容词转译成副词

英语名词译成汉语动词时，修饰该名词的形容词往往转译成汉语副词。

如：**distant** flight ***远道***飞行，An **earnest** pull ***狠命***一拉

We place the **highest** value on our friendly relations with developing countries.

我们***最高度地***珍视同发展中国家的友好关系。

亠部

《解字》中无此部首。

哀（口部）：怜悯。

1. But Octavia, do not strive to rob
My heart, of all that soothes its pain
The **mournful** hope that every throb
Will make it break for thee!

《To Octavia》(U. S. A.) Edgar Allan Poe（1808—1849）

但奥克塔维娅，千万别剥光
能减轻我心而痛苦的一切
每一次搏动的***悲哀***的希望
都会是我心为你而破碎。

《致奥克塔维娅》(美) 爱伦·坡（1809—1849）

2. What wonder? for each star is eye-like there,
And looks so sweetly down on Beauty's hair—
And they, and ev'ry mossy spring were holy
To his love-haunted heart and **melancholy**.

《Al Aaraaf》(U. S. A.) Edgar Allan Poe (1808—1849)

这有何奇怪? 每个星星都像眼睛,
都那么美妙地瞧不起美人的发鬓——
它们和覆盖藓苔的井都值得崇拜
对他被爱情萦绕的心和他的**悲哀**。

《阿尔阿拉夫》(美) 爱伦 · 坡 (1809—1849)

3. And if to miss, were merry,
And to **mourn**, were gay,
How very blithe the fingers
That gathered this, Today!

《If recollecting were forgetting》(U. S. A.) Emily Dickinson (1830—1886)

如果相思, 是娱乐,
而**哀悼**, 是喜悦,
那些手指何等快乐, 今天,
采撷到了这些。

《如果记住就是忘却》(美) 艾米莉 · 狄金森 (1830—1886)

4. They thought it right also that the person who was to speak in honor of the fallen and celebrate their valor should not have sat under the same roof or at the same table with their antagonists; that he should not revel there and sing a paean over the calamities of Greece in company with their murderers, and then come here and receive distinction; that he should not with his voice act the **mourner** of their fate, but that he should lament over them with his heart.

《On the Crown》(Ancient Greece) Demosthenes (B. C. 384? —B. C. 322)

对于那向死者演说致敬、表扬烈士英勇精神的人, 人民认为他不应该和烈士为敌的人共处一室, 同桌而食; 他不该与杀人凶手一起开怀饮宴, 并为希腊的大难唱欢乐之歌后, 再来这里接受殊荣; 他不该用声音来**哀悼**烈士的厄运而应以诚心吊唁他们。

《金冠辩》(希腊) 狄摩西尼 (公元前 384? —公元前 322)

5. The news of the catastrophe at last arrived; Gorgey had betrayed the cause of Hungary, and yielded to the demands of the Russians. Immediately a funeral **gloom**

settled like a noonday darkness upon the city.

《Welcome to Louis Kossuth》(U. S. A.) William Cullen Bryant (1794—1878)

最后终于传来了噩耗：乔治伊出卖了匈牙利，屈从了俄国的要求。顿时，全城天昏地暗，一片**哀伤**。

《欢迎路易斯·科苏特》(美) 威廉·科林·勃列爱因 (1794—1878)

6. For having to order the funeral banquet (according to custom) at the house of the nearest relative to the deceased, they ordered it at mine. And with reason: because, though each to his own was nearer of kin than I was, none was so near to them all collectively. He that has the deepest interest in their safety and success had upon their mournful disaster the largest share of **sorrow** for them all.

《On the Crown》(Ancient Greece) Demosthenes (B. C. 384? —B. C. 322)

按照风俗，丧宴应设在死者至亲家属中，但人民却命令将筵席设在我家。他们这样做有道理：因为单独来说，各人与死者的亲属关系要比我密切，可是，对全体死者而言，却没有人比我更亲了。更深切关心他们安危成就的人，对他们死难的**哀痛**也最深。

《金冠辩》(古希腊) 狄摩西尼 (公元前 384? —公元前 322)

7. Let winds be shrill, let waves roll high,
I fear not wave nor wind;
Yet marvel not, Sir Childe, that I
Am **sorrowful** in mind;
For I have from my father gone,
A mother whom I love,
And have no friend, save these alone,
But thee—and one above.

《Childe Harold's Pilgrimage》(U. K.) George Gordon Byron (1788—1824)

任凭风啸浪滔天，
不怕浪，不怕风；
但我心中**悲哀**，
主人请听下情：
我跟您漂泊海上，
远离父母膝前，
没有朋友交往，
唯有您——和苍天。

《恰尔德·哈洛德漫游记》(英) 乔治·戈登·拜伦 (1788—1824)

8. Stitch! stitch! stitch!
In poverty, hunger, and dirt,
And still with a voice of **dolorous** pitch,
Would that its tone could reach the Rich! —
She sang this "song of the Shirt!"

《The Song of the Shirt》(U.K.) Thomas Hood (1799—1845)

缝呀！缝呀！缝呀！
贫穷，饥饿，肮脏，
低唱衬衫歌，
音意何**哀伤**！
但愿此曲传入朱门与华堂！

《衬衫之歌》(英) 托马斯·胡德 (1799—1845)

除**例 3** 和**例 4** 外，其他例词的译文均属复合式联合型中两词根意义相近的合成词。词根**"哀"**与**"悲"**、**"伤"**与**"痛"**意义相近，而**"悲哀、哀伤、哀痛"**中又各含词根**"哀"**，故此三例词译文的词义亦相近。从 **Mournful** (very sad)、**melancholy** (very sad or making you feel sadness)、gloom (a feeling of being sad and without hope)、**sorrow** (a feeling of great sadness because sth very bad has happened)、**sorrowful** (very sad)、**dolorous** (showing sorrow) 的释义可以看出，除词性有所不同外 (gloom 与 sorrow 为名词)，其所含词义基本相近，即"哀 (sad)"。例词的释义不仅体现出了原文与其译文之意相符，而且也显示出了例词译文的构成。

例 3 与**例 4** 中的 **mourn** 与 **mourner** 的译文**"哀悼"**属复合式中的偏正型，中心语是"悼 (追念死去的人)"，故其词性均为动词。这里 mourner 的翻译涉及到词类的转换：由原文中的名词转换为译文中的动词。**例 2** 中的 melancholy 由原文中的形容词转换为译文中的名词，**例 7** 中的 sorrowful 则由形容词转译为动词。

交 (交部)：交互着小腿。从大 (大字像人的形状)，(乂) 像两腿相交的样子。象形字。

1. "One evening," he said, "I was walking down Bond Street about five o'clock. There was a terrific crush of carriages, and the **traffic** was almost stopped..."

《The Sphinx without a Secret》(U.K.) Oscar Wilde (1854—1900)

"一天晚上，"他说，"大约五点钟左右，我走在邦德大街上。有一起撞车事故，**交通**几乎瘫痪了。……"

《没有秘密的斯芬克斯》(英) 奥斯卡·王尔德 (1854—1900)

2. I read, perhaps too carelessly—

A **mingled** feeling with my own—
The flush on her bright cheek, to me
Seem'd to become a queenly throne
Too well that I should let it be
Light in the wilderness alone.

《Tamerlane》(U. S. A.) Edgar Allan Poe (1808—1849)

从她那眼中，也许漫不经心——
一种悲喜**交加**被我窥见——
她脸颊上泛起一阵红晕，
在我看来就像王后的风冠，
唯一的光辉在这荒山野岭，
我无疑将把我的梦想实现。

《帖木儿》(美) 爱伦·坡 (1809—1849)

3. The reaper stops in his work, and stands with **folded** arms, looking at the vehicle as it whirls past; and the rough cart-horse bestows a sleepy glance upon the smart coach team, which says, as plainly as a horse's glance can, "It's all very fine to look at, but slow going, over a heavy field, is better than warm work like that, upon a dirty road, after all."

《August》(U. K.) Charles Dickens (1812—1870)

收割的人停下了手里的活，双臂**交叉**地站着看马车通过；而毛茸茸的拖货车的马也睡眼惺忪地向那灵巧的马车队看了一眼，它的眼神很明白地表露出："看看倒是不错，但在崎岖的田野上慢慢走，总比那么辛苦地工作要好，尤其是在尘土飞扬的路上。"

《八月》(英) 查尔斯·狄更斯 (1812—1870)

4. Yet again, they were flickering their way to the centre, finding the path blindly, enviously. And again, all was still, as Birkin and Ursula watched. The waters were loud on the shore. He saw the moon re-gathering itself insidiously, saw the heart of the rose **intertwining** vigorously and blindly, calling back the scattered fragments, winning home the fragments, in a pulse and in effort of return.

《Stoning the Moon》(U. K.) David Herbert Lawrence (1885—1930)

然而，有一天，白色的碎光摇曳着回到池中央，盲目地寻着归途，满心羡慕。再一次，在柏金和厄秀拉的注视下，一切都恢复了平静，只有岸边水声哗啦。他看到月亮又悄悄地聚拢起来，那如玫瑰花心一般的水面盲目而有力地**交织**着，召唤着那些四散的碎片，涌动着，努力地劝服这些碎片回归平静的家园。

《石击月》(英) 戴维·赫伯特·劳伦斯 (1885—1930)

5. **Alternate** ebb and flow the Days and Nights,
(Strands of a Trio twining, Present, Future, Past.)

In you, whoe'er you are, my book perusing,
In I myself—in all the World—these ripples flow,
All, all, toward the mystic Ocean tending.

《Two Rivulets》(U. S. A.) Walt Whitman (1819—1892)

潮水日日夜夜**交替**地退了涨，涨了退，
(三股线搅在一起，现在、未来、过去。)

在你（不管你是谁，凡念我诗的）的心里，
在我自己的心里——在全世界的心里——这些微波流呀流，
一切，一切都流向神秘的海洋。

《双溪》(美) 沃尔特·惠特曼 (1819—1892)

6. ...those who are to be happy, on the conversation of things, the pleasure parts of **conversation**, the well-dressed dishes, the goodness of the wines, the fine weather, and enjoy all with cheerfulness. Those who are to be unhappy think & speak only the contraries. Hence they are continually discontented themselves, and by their remarks sour the pleasures of society, offend personally many people, and make themselves everywhere disagreeable.

《The Handsome and Deformed Leg》(U. S. A.) Benjamin Franklin (1706—1790)

快乐的人关注的都是事物的长处：**交谈**中让她开心的部分、食物的精致、酒的美味和天气的晴朗等等，同时也非常开心地接受并享受着这一切。而不快乐的人，思考和谈论的都是相反的方面，因此，他们永远对自己感到不满意，其说话方式在社交场合也会很让人扫兴，因此得罪了许多人，以至于使他们在各种场合都不为人喜。

《美腿与丑腿》(美) 本杰明·富兰克林 (1706—1790)

7. ... my misfortune is doubly painful because it must lead to my being misunderstood, for me there can be no recreation in society of my fellows, refined intercourse, mutual **exchange** of thought, only just as little as the greatest needs command may I mix with society.

《Ludwig van Beethoven to His Brothers》(Germany) Ludwig van Beethoven (1770—1827)

……我的不幸遭遇真是痛苦之极，因为它必然会引起别人对我的误解。对我来说，我不能和朋友们在一起有什么消遣，高尚的交际，相互**交换**意见的事。除非在万不得已的情况下，我才和外界接触接触。

《贝多芬致其弟书》(德) 路德维希·凡·贝多芬 (1770—1827)

8. "Then," says Mrs. Veal, "my dear friend, I am come to renew our old **friendship**, and beg your pardon for my breach of it; and if you can forgive me, you are the best of women."

《The Apparition of Mrs. Veal》(U. K.) Daniel Defoe (1660—1731)

"这不,"维尔夫人说,"我亲爱的朋友,我来是为了重新恢复咱们的老**交情**,请原谅我中断了咱们的友谊;如果您肯原谅我,您就太了不起了,堪称女中之杰。"

《维尔夫人的幽灵》(英) 丹尼尔·笛福 (1660—1731)

以上 8 个例词中,除**例 3 "交叉"**属复合式联合型外,其余皆属偏正型:**"交"**分别修饰、限制其后的**"通、加、织、替、谈、换、情",*而这几个词的意义也以其中心词语的地位体现在它们原文的释义之中:例如*,"mingle"**: to **combine** or make one thing combine with another; "**intertwine**": **twisted** together;" "**conversation**": an informal **talk** involving a small group of people or only two。鉴于此,对于偏正型组合的词语来说,翻译时需注意译文的中心词是否与其原文释义中之中心词的意义相符。原文释义不仅可以体现例词原文与译文是否意义相符,而且还可显示出译文例词的构成。

商(冏部):从外面估量里面的情况。按照《说文》,"商"为形声字:从冏,章省声。据"百度","商"是会意字:甲骨文字形下部为"内",上部为一个倒三角,自上而下入内。商,从外知内也。

1. What is the secret, the mystery, of a successful **business** interview? Well, according to former Harvard president Charles W. Eliot, "There is no mystery about successful business intercourse. ...Exclusive attention to the person who is speaking to you is very important. Nothing else who is so flattering as that."

《An Easy Way to Become a Good Conversation》(U. S. A.) Dale Carnegie (1888—1955)

商业会谈成功的秘诀是什么?嗯,前哈佛大学校长查尔斯·威廉·艾略特认为,"成功的商业往来没有什么秘诀可言……专心致志地倾听正在和你讲话的人,是非常重要的。任何恭维都不能与之相媲美。"

《一种简单方法让你成为善于谈话之人》(美) 戴尔·卡耐基 (1888—1955)

2. As they turned back at the end of the lake they saw Darcy again approaching. When he asked Elizabeth to introduce him to her friends, she smiled to herself. Darcy was about to learn that a London **merchant** might still be a gentleman and man of education. She had some relations she did not have to feel ashamed of.

《Pride and Prejudice》(U. K.) J. Austen (1775—1817)

他们走到湖的尽头后转身折回，就在这时，看到达西再次走来。他请伊丽莎白介绍自己的朋友，伊丽莎白不禁好笑。达西即将发现，一位伦敦**商人**也有可能是一位富有学识的绅士，她也有一些并不让人感到羞耻的亲戚。

《傲慢与偏见》(英) 简·奥斯汀 (1775—1817)

3. ...and the life along the shore was the design, the cottagers with innocent and tranquil design, their tiny docks with the flagpole and the American flag floating against the white clouds in the blue-sky, the little paths over the roots of the trees leading from camp to camp and the paths leading back to the outhouses and the can of lime for sprinkling, and at the souvenir counters at the **store** the miniature birch-bark canoes and the post cards that showed things looking a little better than they looked.

《Once More to the Lake》(U. S. A.) E. B. White (1899—1985)

村子里的农民们过着恬静的生活；他们小小的码头上立着旗杆，美国国旗在镶嵌着白云的蓝天里飘扬，每棵树下都有一条小径通向一座座木屋，木屋处又有小径通往厕所和树木用的石灰罐；**商店**里纪念品的柜台上，摆放着用桦树皮制作的独木船的模型，而明信片上的景物也比眼前的真实景物美丽多了。

《再度游湖》(美) 埃·布·怀特 (1899—1985)

4. This is also borne out by the whole of political economy, by the entire content of Marxism, which reveals the economic inevitability, wherever **commodity** economy prevail, of the dictatorship of the bourgeoisie that can only be replaced by the class which the very growth of capitalism develops, multiplies, wields together and strengthens, that is, the proletarian class.

《These and Report on Bourgeois Democracy and the Dictatorship of the Proletariat》
(Russia) Nikolai Lenin (1870—1924)

全部政治经济学、马克思主义的所有内容也证明了这一点。马克思主义阐明了在**商品**经济统治下资产阶级专政的经济必然性，能够代替资产阶级专政的，没有别的阶级，只有由资本主义本身所发展、扩大、团结、巩固起来的阶级，即无产阶级。

《关于无产阶级民主和无产阶级专政》(俄) 弗·伊·列宁 (1870—1924)

5. Young men are fitter to invent, than to judge; fitter for execution, than for **counsel**; and fitter for new projects, than for settled business. For the experience of age, in things that fall within the compass of it, directeth them; but in new things, abuseth them.

《On Youth and Age》(U. K.) Francis Bacon (1561—1626)

青年人长于创造却缺乏判断，擅长行动却缺乏***商讨***，擅长革新却缺乏对经验的借鉴。日积月累的经验可以引导他们掌握旧事物，但也会遮盖他们看见新事物的视线。

《论青年与老年》(英) 弗朗西斯·培根 (1561—1626)

6. ...—this People, despised as rebels, or acknowledged as enemies, are abetted against you, supplied with every military store, their interests **consulted**, and their Ambassadors entertained, by your inveterate enemy, —and our ministers dare not interpose with dignity or effect!

《America Unconquerable》(U. K.) William Pitt (1703—1778)

这个被斥为叛徒、视作敌人的民族受法国怂恿起来反对你们。你们的死敌法国供给他们一切军需，与他们***商讨***利益，款待他们的大使，我们的众位部长大人却不敢严正有力地出面干预!

《北美是不可征服的》(英) 威廉·皮特 (1703—1778)

例 1～例 4 之例词译文属偏正型组合。从例词原文 **business** (the **activity** of making, buying, selling, or supplying goods or services for money)、**merchant** (a **person**, especially one who imports and exports goods)、**store** (a large **shop** that sells many different types of goods)、**commodity** (a **product** or a raw **material** that can be bought and sold) 的释义中显示出：释义的中心词语分别与例词译文的 **"业" "人" "店" "品"** 相对应，其修饰语 (限定词) 均含 "***买***与***卖***"，即 **"商"** 之意，译文与原文之意相符——皆为原文之直译。

例 5 和**例 6** 的例词译文属联合型中两词根意义相近的合成词。***"商讨"*** 在此为直译。

主 (丶部)：灯中的火柱。《字典》：(形容词) 最基本的；最重要的。象形字：像灯盏、灯架之形。

1. And who her **sovereign**? Timour—he
   Whom the astonished people saw
   Striding o'er empires haughtily
   A diadem'd outlaw!

《Tamerlane》(U. S. A.) Edgar Allan Poe (1808—1849)

谁是她的***主宰***? 帖木儿——是他，
　惊愕骇然的人们曾经目睹
他骄傲地把一个个帝国横跨，
　他，头戴皇冠的亡命之徒。

《帖木儿》(美) 爱伦·坡 (1809—1849)

2. Startled at the stillness broken by reply so aptly spoken,
"Doubtless," said I, "what it utters is its only stock and store
Caught from some unhappy **master** whom unmerciful Disaster
Followed fast and followed faster till his songs one burden bore—
Till the dirges of his Hope that melancholy burden bore
Of 'Never—Nevermore.'"

《The Raven》(U. S. A.) Edgar Allan Poe (1808—1849)

惊异于屋里的寂静被如此恰当的回话打破，
"肯定，"我说，"此话是它唯一会说的人言，
从它不幸的**主人**口中学来。一连串横祸飞灾
曾接踵而至，直到它主人的歌中有了这字眼，
直到他希望的挽歌中有了这个忧郁的字眼——
永不复焉，永不复焉。"

《乌鸦》(美) 爱伦·坡 (1809—1849)

3. "Well, sir," said the dealer, "be it so. You are an old **customer** after all; and if, as you say, you have the chance of a good marriage, far be it from me to be an obstacle. Here is a nice thing for a lady now," he went on, "this hand-glass—fifteenth century, warranted; comes from a good collection, too; …"

《Markheim》(U. K.) Robert Louis Stevenson (1850—1894)

"哦，先生，"待了一会儿，老板说，"好吧。怎么说您也是小店的老**主顾**了。这会儿你有了成家立业的好机会，我说什么也不能当绊脚石。这儿有一件送女人的好东西，"他接着说，"这个小镜子可以随身携带，是15世纪的呢，保证是真的，也是来自某人的珍藏。……"

《马克海姆》(英) 罗伯特·路易斯·史蒂文森 (1850—1894)

4. In the war between those new governments and Spain we declared our neutrality at the time of their recognition, and to this we have adhered, and shall continue to adhere, provided no change shall occur which, in the judgment of the **competent** authorities of this government, shall make a corresponding change on the part of the United States indispensable to their security.

《The Monroe Doctrine》(U. S. A.) James Monroe (1758—1831)

我们承认这些新政府之时，就已宣告对它们同西班牙之间的战争持中立态度。我们现在仍然持这种态度。如果形势不变，我们将继续持这种态度。如果本政府**主管**当局判断为维护国家安全而必须改变，美国将作相应的改变。

《门罗主义》(美) 詹姆士·门罗 (1758—1831)

此四例词的译文均属偏正型词语，直译。从原文的释义中即可体现出其各自所含有的“**主**”之意义：**sovereign**：a king or queen（重要的）；**master**：a man who has people working for him，often as servants in his home（重要的）；**customer**：a person or an organization that buys sth from a shop/store or business（基本的）；**competent**：having the power to decide sth.（重要的）

亮《字典》：（形容词）光线充足；有光泽。（动词）发出亮光。（名词）光线。

1. Yet silence came upon material things—
Fair flowers，**bright** waterfalls and angel wings—
And sound alone that from the spirit sprang
Bore burthen to the charm the maiden sang：…
《Al Aaraaf》（U. S. A.）Edgar Allan Poe（1809—1849）
可寂静终于笼罩这世间万事万物——
美丽的花、天使的翅、***晶亮***的瀑布——
只剩下从那个灵魂发出的声音
陪衬着那位少女唱出的咒文：……
《阿尔阿拉夫》（美）埃德加·爱伦·坡（1809—1849）

2. Eternal Spirit of the chainless Mind!
Brightest in dungeons，Liberty! thou art—
For there thy habitation is the heart—
The heart which love of Thee alone can bind；…
《Sonnet on Chillon》（U. K.）George Gordon Byron（1788—1824）
不受约束的心的永恒的精灵!
自由啊！你在监狱中***明亮***无比——
因为在那你是住在人心里——
能约束人心的只有对你的爱情，……
《咏锡庸城堡》（英）乔治·戈登·拜伦（1788—1824）

3. **Bright** star，would I were steadfast as thou art—
Not in lone splendor hung aloft the night
And watching，with eternal lids apart，
Like nature's patient，sleepless Eremite，…
《Bright Star》（U. K.）John Keats（1795—1821）
灿亮的星啊，但愿我能如你坚定——
但并非孤独地在夜空闪烁高悬，

睁着一双永不合拢的眼睛，

犹如苦修的隐士彻夜无眠，……

《灿亮的星》(英) 约翰·济慈 (1795—1821)

4. "... Scanty, rank, and uncultivated fruit hung close their vivid-coloured cheeks to the gnarled branches. It was the harbourage of birds, the small embowering parlour of their house of life, under an evening sky, pure and **lustrous** as a water-drop. It cried 'Hospital' to the wanderers of the universe. ..."

《The Creatures》(U. K.) Walter de la Mare (1873—1956)

"……稀疏、倔强、未经管理的水果，把颜色鲜艳的脸颊紧紧地贴向多节的树枝。这里是鸟儿的停泊处，是它们隐匿林中生存之地的小小庇护所，在夜空下，纯净***光亮***宛如雨滴。它对着浪迹天涯者大声疾呼'到收养院来吧！'……"

《精灵》(英) 瓦尔特·德·拉·梅尔 (1873—1956)

5. ...tender is the night,

And haply the Queen-Moon is on her throne,

Cluster'd around by all her starry Fays;

But here there is no **light**,

Save what from heaven is with the breezes blown

Through verdurous glooms and winding mossy ways.

《Ode to a Nightingale》(U. K.) John Keats (1795—1821)

夜这般温柔，月后正登上宝座，

周围是侍卫她的一群星星；

但这儿却不甚***明亮***，

除了有一线天光，被微风带过

葱绿的幽暗，和苔藓的曲径。

《夜莺颂》(英) 约翰·济慈 (1795—1821)

例 1～例 3 中例词的译文***"晶亮、明亮、灿亮"***各自两词根意义相近。原文 **bright** (full of light; shining strongly) 的释义中体现出了三例译文所共有的***"亮"***之含义，因其各自的两个词根意义相近，故 bright 有此三译。**例 4** 中的 **lustrous** 指表面有光泽反光的，有光彩、光泽、光辉的。**例 5** 中的 **light** 涉及到词类的转换：***从原文的名词转换为译文的形容词***。

市（冂部）：买卖时去的处所。会意字：金文字形，上面是"之"（往），下面是"兮"，表市场嘈杂声。

1. It can't be "Summer"!

That—got through!

It's early—yet—for "Spring"!
There's that long **town** of White—to cross—
Before the Blackbirds sing!

《It can't be "Summer"!》(U. S. A.) Emily Dickinson (1830—1886)

这不可能是"夏天"!
那个季节，已经过完!
要说是"春季"，却又太早!
还要穿越过一座白色**市镇**漫长的街道——
才能听得到乌鸫鸣叫!

《这不可能是"夏天"!》(美) 艾米莉·狄金森 (1830—1886)

2. It was one of the miniature Italian, cities with a high church, a pretentious **piazza**, a few narrow streets and little palaces, perched, all compact and complete, on the top of a mountain, within an enclosure of walls hardly larger than an English kitchen garden. But it was full of life and noise, echoing all day and all nights with the sounds of feet and voices.

《The Rose》(U. K.) Logan Pearsall Smith (1865—1946)

那是个意大利小城，有一个高高的教堂，一个虚华的**市场**，一些窄窄的街道，几座小小的宫殿，稠密而完美地立于山顶。北城墙围着的城区并不比英国人的菜园子大多少，但这里生机勃勃，喧哗嘈杂，昼夜回荡着脚步声和话语声。

《玫瑰》(英) 洛根·皮尔索尔·史密斯 (1865—1946)

3. And now a dreadful rumor has come to hand. Rome has been besieged, and its **citizens** have been forced to buy off their lives with gold. My voice cleaves to my throat; sobs choke my utterance. The city which had taken the whole world captive is itself taken. Famine too has done its awful work.

《Saint Jerome to a Friend》(Yugoslavia) Saint Jerome (340—420)

现在我听到可怕的谣言：罗马城被敌人包围了，**市民**不得不以黄金赎命。我的嗓子哽咽，泣不成声。昔日征服天下的城市，今日却被别人征服了。饥馑也在到处肆虐。

《圣哲罗姆致友人书》(南斯拉夫) 圣哲罗姆 (340—420)

例 1~例 3 的例词译文皆属偏正型的复合词，均为直译。

裹（衣部）：缠束。形声字：外形内声。

1. You cannot **fold** a Flood—
And put it in a Drawer—

Because the Winds would find it out—

And tell your Cedar Floor—

《You cannot put a Fire out》(U. S. A.) Emily Dickinson (1830—1886)

你无法把洪水***包裹***起来——

放在一个抽屉里边——

因为风会把它找到——

再告诉你的松木地板——

《你无法扑灭一种火》(美) 艾米莉·狄金森 (1830—1886)

2. When hailstones have been falling, swarm on swarm,

Or blasts the green field and the trees distrest,

Oft have I seen it **muffled** up from harm,

In close self-shelter, like a Thing at rest.

《The Small Celandine》(U. K.) William Wordsworth (1770—1850)

当密密冰雹蓦地从天空降落,

当凛凛狂风成为与林木田园,

我常看见它:把自己紧紧***围裹***,

在严严实实的屏障里静静休眠。

《小白屈菜》(英) 威廉·华兹华斯 (1770—1850)

3. My mind was sharing in my body's weakness, and I could not reason, and I know that help was at hand. A grey figure came more and more distinctly out of the thick, close-pressing darkness. It was Gregory **wrapped** in his maud.

《The Half-Brothers》(U. K.) Elizabeth Gaskell (1810—1865)

我的内心体验着我身体的软弱,我无以言表,但我知道帮手就在眼前。一个灰色的人影从厚重的黑暗中越来越清晰,是格雷戈里**裹**着灰呢子披风。

《同母异父兄弟》(英) 伊丽莎白·盖斯凯尔 (1810—1865)

4. He does not make the scenery less wild, more than the jays and muskrats, but stands there as a part of it, as the natives are represented in the voyages of early navigators, at Nootka Sound, and on the Northwest coast, with their furs **about** them, before they were tempted to loquacity by a scrap of iron.

《A Winter Walk》(U. S. A.) Henry David Thoreau (1817—1862)

人的存在并没有减少风景的寂寥之气,不只是蓝樱鸟和麝鹿,人也一样,已经成为自然的一分子了。正如早期的航海家所描述的那样,生活在努特卡海湾和美洲西北海岸的土著人,全身**裹**着厚厚的毛皮,沉默寡言,除非你拿出铁器,与之交换物品，他才会侃侃而谈。

《冬日漫步》(美) 亨利·戴维·梭罗 (1817—1862)

例 1～例 3 皆为直译。**例 1** 和**例 2** 中的例词译文**“包裹”**与**“围裹”**各自两词根意义相近，都含有“裹”之意，但其各自所含之**“裹”**的意义却不尽相同，故两例词所对应之原文亦不同：**fold** 的释义为 to **bend** sth, so that it **becomes smaller** or flatter and can be stored or carried early，这里**例 1** 使用的是 **fold** 的**“折叠”**之意，其目的是使洪水**“变小”**利于收藏；**例 2** 中 **muffle** 的释义为 to **wrap or cover** sth in order to **keep** them/it **warm**，从其释义中即可看出 muffle 的使用意在**“围”**和**“盖”**，目的是“保暖”——“严严实实的屏障里静静休眠”。从例词原文的释义之间以及其译文之间的对比，及其在各自上下文中的使用情况，不难看出：“包裹”与“围裹”的译文虽皆有“裹”，且各自两词根意义相近，但因各自所含之“裹意”不同，故其所对应的原文则不同。**例 4 about** 涉及到词类的转换：***从原文的介词转换为译文的动词***。

变(變，攴部)：改变。形声字：下形上声。

1. That the human race is of one distinct species. It exhibits slight **variations**—in color, stature, mental caliber, and so on—due to climate, environment, and so forth; but it is a species by itself, and not to be confounded with any other.

《The lowest Animal》(U. S. A.) Mark Twain (1835—1910)

人类是独立的物种。因为气候、环境等原因，人类虽然在肤色、身高、智力等方面呈现出轻微的**变异**，但人类自己就是一个物种，不能和其他物种混为一谈。

《最低级的动物》(美) 马克·吐温 (1835—1910)

2. As they walked by the lake her thoughts were still of Darcy. How his behavior had **changed**! No longer his old stiff manners, but true politeness. She did not understand. What was now passing through his mind? In spite of her refusal was it possible he might still have some feeling for her?

《Pride and Prejudice》(U. K.) J. Austen (1775—1817)

他们沿着湖边散步时，伊丽莎白的心思仍然在达西身上。他的举止行为***变化***多大呀！他再也不是从前那副严肃的模样，而是如此彬彬有礼，她真想不明白这是怎么回事。此时此刻他心中在想什么呢？尽管她曾经拒绝过他，可他是否还对自己存有一丝情意呢？

《傲慢与偏见》(英) 简·奥斯汀 (1775—1817)

亵（衣部）：私居在家的衣服。形声字：外形内声。

1. The smell of our feast was akin to the woodland odors with which it mingled: there was no **sacrilege** committed by our intrusion there: the sacred solitude was hospitable, and granted us free leave to cook and eat in the recess that was at once our kitchen and banqueting hall.

《The Assabeth》(U. S. A.) Nathaniel Hawthorne (1804—1864)

午餐的香味与林地的气息融合在一起，我们擅入此地倒也不是对幽静景致的**亵渎**，这儿虽然神圣静寂，但也热情洋溢，并非拒人于千里之外，所以我们可以自如地在此点火烧饭，尽情享用，把这整片的绿树浓阴视作我们的厨房餐厅。

《亚沙白溪》(美) 纳撒尼尔·霍桑 (1804—1864)

2. For a long time, nature overtlooks the encroachment and **profanity** of man. The wood still cheerfully and unsuspiciously echoes the strokes of the axe that fells it, and while they are few and seldom, they enhance its wildness, and all the elements strive to naturalize the sound.

《A Winter Walk》(U. S. A.) Henry David Thoreau (1817—1862)

长久以来，自然都宽恕了人类的侵犯和**亵渎**。树林仍然欢快而且毫无戒备地附和斧子的砍伐声，虽然现在这种声音少了，但是偶尔的砍伐之声越发衬托了这里的荒凉，似乎一切都在努力地把这种声音融入大自然之中。

《冬日漫步》(美) 亨利·戴维·梭罗 (1817—1862)

3. "**Blasphemy!**" cried the Old man. "Blasphemy and sacrilege! A fit punishment for his crime! He has lost his reason. He dares to scoff at the Law as it was written down a thousand years ago. He deserves to die!"

《Prologue Tolerance》(U. S. A.) Hendrik Willem Van Loon (1882—1944)

"**亵渎**，这是对神灵的亵渎。"顽固不化的老人大声叫着："要让他罪有应得！他已经失去理智了，竟敢戏谑一千年前制定下来的法律。他死有余辜！"

《〈宽容〉序言》(美) 亨德里克·威廉·房龙 (1882—1944)

4. But at the centre, the heart of all, was still a vivid, incandescent quivering of a white moon not quite destroyed, a white body of fire writhing and striving and not even now broken open, not yet **violated**.

《Stoning the Moon》(U. K.) David Herbert Lawrence (1885—1930)

但是在池中央，这周围的心脏，依然是一轮真切、光闪、颤动着的白月亮，并未被全部摧毁，这团白色火光翻腾着，争斗着，现在甚至没有冲破、被**亵渎**的迹象。

《石击月》(英) 戴维·赫伯特·劳伦斯 (1885—1930)

“亵”与**“渎”**两词根都具有“轻慢”之意，故**“亵渎”**为联合型中词根意义相近的合成词。四例词原文中均含**“轻慢”**之意，且词义相近，但其亵渎的对象却略有不同。**例 1** 中 **sacrilege** 的释义为 an act of treating a holy thing or **place** without respect，故其“亵渎”之意用于“幽静景致”。**例 2** 中 **profanity** 的释义为 behavior that shows a lack of respect for God or **holy things**，此释义说明 **profanity** 所含的“亵渎”之意是针对任何神圣的事物，尤指滥用上帝、基督、圣母玛利亚的名字发誓赌咒的行为，故对自然的不敬用此“亵渎”来表示。**例 3** 中 **blasphemy** 的释义是 behavior or language that **insults** or shows a lack of respect for God or religion。从释义中可以看出其含义较强，它所指的是恶语中伤和故意亵渎上帝和任何神明，也指伦理上和一般法律上的严重犯罪。从**例 3** 的上下文即可看出此“亵渎”所针对的是“神灵”和“法律”。与前三例相比，**例 4 violate** 的含义比较宽泛。除了“亵渎”，它还有“违背”“搅扰”之意。对水池中白月亮的“亵渎”即含“搅扰”之意。

衷（衣部）：里面贴肉穿的私居之衣。形声字：外形内声。

1. Elizabeth's explained that her feelings had changed. They had changed a great deal. So Darcy did not have to be silent indeed, far from being silent he went on to express his **feelings** very fully.

《Pride and Prejudice》(U. K.) J. Austen (1775—1817)

伊丽莎白说，她的感情早已改变了，而且变化巨大。于是达西不必再保持沉默了，事实上，他不仅不再沉默，而且还充满热情地继续向她倾诉***衷肠***。

《傲慢与偏见》(英) 简·奥斯汀 (1775—1817)

2. Mr. Lord Mayor, My Lords, and Gentlemen: I am sure you will not be surprised to be told that the poor words at my command do not enable to respond adequately to your most kind greeting, nor the too flattering words which have fallen from my friend, the Lord Mayor, and from my distinguished colleague, the Lord Chancellor. But you will do me the justice to believe that my feelings are not the less sincere and **hearty** if I cannot put them into language.

《Farewell to England》(U. S. A.) Edward John Phelps (1822—1900)

市长先生、各位爵士、各位先生：各位对我的亲切致意，还有我的朋友市长先生和我的尊敬同行大法官阁下刚才对我的过誉之词，对于这一切，要是说我自己拙于辞令，无法用语言表达我的感谢，想必你们不会感觉奇怪。但是尽管我无法用语言表达，你们一定会相信，我的感情完全是真挚的、***由衷***的。

《告别英伦》(美) 爱德华·约翰·菲尔普斯 (1822—1900)

例 1 译文中的***“衷肠”***是 **feelings** 的意译。

离（離，隹部）：离黄，仓庚鸟。仓庚鸟叫，春蚕就要出生。形声字：右形左声。

1. “Mother, please don't go—I'm sure anything Mr. Collins has to say can be heard by anybody,” said Elizabeth.

“Nonsense, Lizzy. I want you to stay and hear Mr. Collins,” said her mother, and **left** the room.

…

After Lydia and the regiment **went**, life became much duller. There were fewer parties. Catherine remained dissatisfied, and Jane was still unhappy. Elizabeth thought more and more about her trip to the Lakes.

《Pride and Prejudice》(U. K.) J. Austen (1775—1817)

“妈妈，请别走——我相信，科林斯先生要说的话不用背人。”伊丽莎白说道。

“别胡说，丽琪，我要你待在这儿听科林斯先生的话。”本内特太太说完，就***离开***了房间。

……

兵团***离开***了，莉迪亚也走了，生活变得更沉闷单调了。舞会比以前更少了，凯瑟琳依然满腹牢骚，简也仍旧抑郁寡欢，伊丽莎白则越来越期盼湖区之行。

《傲慢与偏见》(英) 简·奥斯汀 (1775—1817)

2. 'Tis past, that melancholy dream!
Nor will I **quit** thy shore
A second time; for still I seem
To love thee more and more.

《Untitled》(U. K.) William Wordsworth (1770—1850)

终于过去了。那忧伤梦境！
我再不***离开***你远游；
我心中对你的眷恋之情
好像越来越深厚。

《无题》(英) 威廉·华兹华斯 (1770—1850)

3. …this shall be to advertise you of the great loneliness that I find here since your departing, for I ensure you, me thinketh the Tyme longer since your **departing** now last than I was wont to do a whole Fortnight; …

《Henry Ⅷ to Anne Boleyn》(U. K.) Henry Ⅷ (1491—1547)

……这封信是要告诉你，自从你走之后，我在这里十分寂寞。因为说真的，从你**离开**到如今，我觉得比往常半个月还要长。

《亨利八世致安妮·博林书》(英) 亨利八世 (1491—1547)

4. Since there's no help, come let us kiss and **part**,
Nay, I have done, you get no more of me,
And I am glad, yea glad with all my heart,
That thus so cleanly I myself can free; …

《Love's Farewell》(U. K.) Michael Drayton (1563—1634)

既然没有办法了，让我们亲吻**分离**，
够了，你不再能从我这里得到什么东西：
我欢喜，是呀，我满心欢喜，
我这样完全摆脱了自己。

《爱的告别》(英) 迈克尔·德雷顿 (1563—1634)

5. While we lay there Uncle Job amused me by telling me **strange** stories of the wars he had served in and the wounds he had got. He had already fought the French in the Low Countries, and hoped to fight'em again. His stories lasted so long that at last I was hardly sure that I was not a soldier myself, and had seen such service as he told of.

《A Tradition of Eighteen Hundred and Four》(U. K.) Thomas Hardy (1840—1928)

为了逗我开心，我们一边躺着，乔治叔叔一边给我讲着**离奇**的故事，都是关于他参加过的战争和他负伤的经历。他曾经在低地国家参加过抗法战争，现在仍希望重返战场。他一讲起故事来就滔滔不绝，直到后来我真觉得自己也参了军，也目睹了他故事中的那些场景。

《1804 年的传说》(英) 托马斯·哈代 (1840—1928)

6. What was the **curiousest** thing he had seen? Well! He didn't know. He couldn't momently name what was the curiousest thing he had seen—unless it was Unicorn—and he saw him once at a fair. But supposing a young gentleman not eight year old was to run away with a fine young woman of seven, might I think that a **queer** start? Certainly. Then that was a start as he himself had had his blessed eyes on, and he had cleaned the shoes they run away in—and they was so little he couldn't get his hand into ' em.

《The Boots at the Holly-Tree Inn》(U. K.) Charles Dickens (1812—1870)

他见过的最**离奇**的事是什么？嗨，他也不知道。他从来都说不清他见过的最离奇的事是什么——也许是那只他在集市上看到的独角兽。不过说起来，如果一个八岁的小绅士和一位七岁的小淑女私奔，这算不算是**离奇**事件的开端呢？当然是了。那就从这儿说起吧，既然他有幸目睹此事，并且擦过他们私奔时穿的

鞋——他们的鞋太小了，他连手都伸不进去。

《冬青树旅馆的布茨先生》(英) 查尔斯·狄更斯 (1812—1870)

例 1～例 3 中的 **left**、**went**、**quit**、**departing** 直译为 **"*离开*"**。**"*离开*"** 两词词根意义相近。虽然原文例词中都含有"离"意，但因其各自所含"离"之意味的程度及用法略有不同——其中，**go** 是最常用，使用范围最广的词，它只单纯地强调离开或经过的移动动作，指走、去、前进、离去、离开等，如**例 1** 中的 the regiment **went** (兵团 ***离开***了)。**Leave** 一般来讲，强调离开的地方、位置或人等。做不及物动词时，则多指较为正式地或引人注目地离开、出发，一般要说明离开的方式。如**例 1** 中的 **left** the room (离开了 ***房间***)。**例 2** 中的 **quit** 多为及物动词，含有较强的离别意味，如**例 2** 中的 **quit** thy shore (***离开***你)。**例 3** 中的 **depart** 与 leave 一样，一般强调要离开的地方、人或事等，但它比 leave 更为正式，含有很强烈的分别意味，多用为不及物动词。如**例 3** 中的 since your **departing** (从你 ***离开***)。对于原文中的这四例近义词，译者借助于"两词根意义相近"这一汉语词的结构，用同一个合成词在这里将四例原文直译出来。

例 5 和**例 6** 中的译文 **"*离奇*"** 不同于两词根意义相近的组词方式，"离奇"的两个词根组合成词后只有 **"奇"** 这一个词根的意义在起作用，而 **"*离*"** 的意义则完全消失了。译文之所以选择此类合成词，从原文的释义中即可看出——**strange**：unusual or surprising，especially in a way that is difficult to understand；**curious**：strange and unusual；**queer**：strange or unusual——三例词的释义中不含"离"意，只有词根"奇"的意义存在。Strange、curious、queer 虽为同义词，但其"奇"的含义却略有不同。其中，**strange** 是这类词汇中最为泛指的，用于指事物，还可用于指人精神上或体力上的感受，如**例 5** 中的 **strange** stories (***离奇***的故事)；**curious** 含有引人注意，让人琢磨的味道，如**例 6** 中的 What was the **curiousest** thing he had seen? (他见过的最***离奇***的事是什么?)；**queer** 隐含有所修饰的事物值得怀疑或存在问题的意思，如**例 6** 中的 might I think that a **queer** start? (这算不算是***离奇***事件的开端呢?)。

冫部

〔仌部（初）冻。像水凝结成冰的样子。〕：由冫构成的字往往与"水"或"冰"及其引申意义相关。

决 (水部)：使水通行。《字典》：(动词) 作出判断；确定。会意字：由水、由夬 (分裂断绝) 会意。

1. When Julien returned he met his new students and **decided** to show them what he could do. He gave a copy of Bible to the oldest child, Adolphe. "Open it to any

phrase. Read it and I will recite the rest in Latin until you stop me." The boy read one word and Julien began reciting as if he was speaking simple French. Mr. de Rênal was so proud! He had made an excellent **decision**.

《The Red and the Black》(France) Stendhal (1783—1842)

于连回来时见到了自己的新学生，**决定**让他们看看自己都能做些什么。他给最大的孩子阿道夫一本《圣经》。"打开后随便从什么地方开始，只要你读出来，我将用拉丁文把其余的部分背诵出来，直到你让我停下。"男孩读了一个词，于连开始背诵起来，仿佛他说的是简单的法语。德·莱纳先生非常满意！他感到自己做了一个非常英明的**决定**。

《红与黑》(法) 司汤达 (1783—1842)

2. I have been with Rousseau. He lives in the Village of Motiers Travers in a beautiful Valley surrounded with immense mountains, I went thither from Neufchatel. I **determined** to put my real merit to the severest test, by presenting myself without any recommendation before the Wild, illustrious Philosopher.

《James Boswell to William Johnson Temple》(U. K.) James Boswell (1740—1795)

最近我在卢梭府上。他住在歪鉢村，坐落在一个峡谷里，四面环山，景色秀丽。我是从新堡到那里去的。我**决定**不出示推荐信，向这位大名鼎鼎、倜傥不羁的哲学家毛遂自荐，让自己的身价经受一次严峻的考验。

《鲍斯韦尔致坦波尔书》(英) 詹姆斯·鲍斯韦尔 (1740—1795)

3. Then he was sorry for the great fish that had nothing to eat and his **determination** to kill him never relaxed in his sorrow for him. How many people will he feed, he thought. But are they worthy to eat him? No, of course not. There is no one worthy of eating him from the manner of his behavior and his great dignity.

《The Old Man and the Sea》(U. S. A.) Ernest Hemingway (1899—1961)

他替那条没有东西吃的大鱼感到抱歉，但是杀死它的**决心**却没有因为替它伤心而减弱。它能喂养多少人呀，他想。但是他们配吃它吗？不，当然不配。它的行为举止、它伟大的尊严让谁都不配吃它。

《老人与海》(美) 欧内斯特·海明威 (1899—1961)

4. Oh! Could that King of Terrors pity feel,
Or Heaven reverse the dread **decrees** of fate!
Not here the mourner would his grief reveal,
Not here the muse her virtues would relate.

《On the Death of Margaret Parker, Cousin to the Author》
(U. K.) George Gordon Byron (1788—1824)

哦！只要死神懂一点仁慈，
　　只要上苍能撤销命运的**裁决**！
吊客就无需来这儿诉他的悲思，
　　诗人也无需来这儿赞她的莹洁。

《悼玛格丽特表姐》(英) 乔治·戈登·拜伦 (1788—1824)

5. In our present differences, is either party without faith of being in the right? If the Almighty Ruler of nations, with His eternal truth and justice, be on your side of the North, or on yours of the South, that truth, and that justice, will surely prevail, by the **judgment** of this great tribunal, the American people.

《His First Inaugural Address》(U. S. A.) Abraham Lincoln (1809—1865)

在目前南北分歧中，难道哪一方不坚信公理在自己方面？倘若掌握永恒真理与正义的万能之主站在你北方一面，或站在你南方一面，那么美国人民这伟大的法官必会作出**裁决**，将真理与正义判给该方。

《第一次就职演说》(美) 阿伯拉罕·林肯 (1809—1865)

6. If he made a mistake in our affairs when he said Jefferson Davis had founded a nation, he offered reparation when he secured the Geneva **Arbitration**, and loyally paid its award.

《Gladstone, England's Greatest Leader》(U. S. A.) Whitelaw Reid (1837—1912)

如果说他在美国问题上犯过错误，说杰斐逊戴维斯建立了一个国家，但是后来他却恪守了日内瓦**裁决**，弥补了他的过失。

《英国最伟大的领导人格莱斯顿》(美) 怀德罗·里德 (1837—1912)

例 1 与**例 2** 的译文“**决定**”两词根意义相近。原文 **decide** (to think carefully about the different possibilities that are available and **choose one of them**) 和 **determine** (to **decide** definitely to do sth) 都具有“**决定**”之意，其不同之处在于 **decide** 强调做出一种选择，不考虑这种选择是如何做出的；不带任何感情色彩，如：We couldn't decide which one to buy，而 **determine** 则带有决定某事物的类别、性质、倾向等含义，如**例 2** 中的 I **determined** to put my real merit to the severest test（我**决定**不出示推荐信，让自己的身价经受一次严峻的考验）。**例 3** 的译文“**决心**”为偏正型合成词。**例 4**～**例 6** 中的译文“**裁决**”属复合式中补充型的合成词：后一词根补充说明前一词根（前一词根表示动作，后一词根补充说明动作的结果）。三例原文含义的不同在其各自的释义中即可体现：**Decree** (to decide, judge or order sth **officially**)；**judge** (to form an opinion about sb/sth, **based on the information** you have)；**arbitrate**

(to **officially settle** an argument or a disagreement **between** two people or groups)。**例 4 decree** 强调的是“***官方***(Heaven)”;**例 5** 的 **judge** 指***调查比较双方情况***并确定正义与事实真相(that truth, and that justice, will surely prevail, by the **judgment** of this great tribunal, the American people);**例 6** 的 **arbitrate** 指由***仲裁***委员会对事件作出仔细公正的裁决(the Geneva **Arbitration**)。在同一译文对应不同原文的情况下,其不同的含义往往体现在例词所处的上下文之中。

凋(冫部):(草木)部分逐渐衰败。形声字:左形右声。

1. I have often looked upon it as a piece of happiness, that I have never fallen into any of these fantastical tastes, nor esteemed anything the more for its being the uncommon and hard to be met with. For this reason I look upon the whole country in springtime as a spacious garden, and make as many visits to a spot of daisies or a bank of violets, as a florist does to his borders or parterres. There is not a bush in blossom within a mile of me, which I am not acquainted with, nor scarce a daffodil or cowslip that **withers** away in my neighborhood without my missing it.

《Tulips》(U. K.) Joseph Addison (1672—1719)

我从来没有凭空臆想的习惯,也不会认为某种东西与众不同、难得一见,就对它刮目相看。能有这样的想法,是一件幸福的事情。正是出于此种原因,我才把春天的整个乡间看成是一座大花园,时常去看几朵雏菊,去看一簇紫罗兰,就像花匠照看花坛花圃一样。方圆一英里绽放的花朵,没有一朵是我不熟悉的,我也不会错过我身边***凋谢***的任何一朵水仙花和迎春花。

《郁金香》(英) 约瑟夫·艾迪生 (1672—1719)

2. I sent thee late a rosy wreath,
 Not so much honoring thee
As giving it a hope, that there
  It could not **wither'd** be.

《Song to Celia》(U. K.) Ben Jonson (1572—1637)

曾忆赠你玫瑰花环
 并非讨你欢心
只愿这花环在你头上
  永不***凋零***。

《致西丽娅》(英) 本·琼森 (1572—1637)

3. Wise men have come to you to give you of their wisdom, I came to take of your wisdom:
And behold I have found that which is greater than wisdom.
It is a flame spirit in you ever gathering more of itself.
While you, heedless of its expansion, bewail the **withering** of your days.
It is life in quest of life in bodies that fear the grave.

《The Farewell》(Lebanon) Kahlil Gibran (1883—1931)

哲人们曾来过，将他们的智慧给你们。
我来却是领取你们的智慧：
要知道我找到了比智慧更伟大的东西。
那就是你们心里越聚越旺的火焰似的心灵。
你却不关心它的发展，只哀悼你岁月的***凋残***。
那是生命在宇宙的大生命中寻求扩大，而躯壳却在恐惧坟墓。

《言别》(黎巴嫩) 卡里·纪伯伦 (1883—1931)

4. But closed its little being without light,
And went down to the grave unborn, wherein
Blossom and bough lie **wither'd** with one blight; …

《Don Juan and Haidée》(U. K.) George Gordon Byron (1788—1824)

没见过天日，便了却小小的存在；
是未到阳世、先到阴间的过客，
娇花嫩蕊和枝叶同归***凋败***；……

《唐璜与海蒂》(英) 乔治·戈登·拜伦 (1788—1824)

5. Nobody knows this little Rose—
It might a pilgrim be
Did I not take it from the ways
And lift it up to thee.
…
Only a Breeze will sigh—
Ah Little Rose—how easy
For each as thee to **die**!

《Nobody knows this little Rose》(U. S. A.) Emily Dickinson (1830—1886)

没有人认识这朵玫瑰——
它很可能漂泊流离，
若不是我从路旁拾取，
把它捧起，奉献给你。

……
仅有一阵清风会叹息——
像你这样的小玫瑰
凋零，多么容易！

《没有人认识这朵玫瑰》(美) 艾米莉·狄金森 (1830—1886)

例 1～例 4 的例词译文***“凋谢、凋零、凋残、凋败”***各自两词根意义相近，且与“凋”组合的“谢、零、残、败”之间的意义也相近，故 **wither** 有此四译。四例词直接体现出了原文（if a plant withers or sth withers it，it dries up and dies）之意，即直译。**例 5** 之“***凋零***”为 die 之意译。

冷（仌部）：寒气（凛然）。形声字。

1. The fight becomes so fearful，mother，that it would give you a **cold** shudder could you see from your palanquin.

《The Hero》(India) Rabindranath Tagore (1861—1941)

这一场战斗是那么激烈，妈妈，如果你从轿子里看得见的话，你一定会发***冷***颤的。

《英雄》(印) 罗宾特拉纳特·泰戈尔 (1861—1941)

2. Julien prepared to leave the next morning，Mrs. de Rênal came outside to see him，but he was surprised by her **cold** manner. He thoughts she wanted to remind him of his low position in society，and this hurt his pride.

《The Red and the Black》(France) Stendhal (1783—1842)

于连第二天早晨要离开时，德·莱纳夫人出来送他，但她的***冷淡***让他感到惊讶。他以为她是在提醒他别忘了自己低下的社会地位，这使他的自尊受到了伤害。

《红与黑》(法) 司汤达 (1783—1842)

3. “She had a little foot，” observed the bucket，“and a winning gait，and had Mr. Dendy peeped through the dingy bar-window，when he was having a merry jest with Farmer Pardy，he should have been glad to see that the lawyer's son thought her as nice as he did.”

“A rope would have fancied so，” said the other **dryly**.

《The Bucket and the Rope》(U. K.) Theodore Francis Powys (1875—1953)

“她脚步轻盈，步态动人，”桶评论道，“如果邓迪先生一边和帕迪农夫打趣，一边透过昏暗的酒馆窗户向外看，他会很高兴地看见那律师的儿子跟他一样喜爱她。”

“连绳子都会这么想，”另一个***冷淡***地说。

《桶与绳》(英) 西奥多·弗朗西斯·波伊斯 (1875—1953)

4. Here Captain! dear father!
  This arm beneath your head;
    It is some dream that on the deck,
      You've fallen **cold** and dead.

《O Captain! My Captain》(U. S. A.) Walt Whitman (1819—1892)

这里，船长！亲爱的父亲！
  你的头枕在我的手臂上吧！
    这是甲板上的一场梦啊，
      你已倒下，已死去，已***冷却***。

《哦，船长，我的船长！》(美) 沃尔特·惠特曼 (1819—1892)

5. The dew of the morning
  Suck **chill** on my brow
  It felt like the warning
    Of what I feel now.

《When We Two Parted》(U. K.) George Gordon Byron (1788—1824)

清晨滴落的寒露
  冷彻了我的眉宇——
  它像是告诫
    我今日的感触。

《我们俩分别时》(英) 乔治·戈登·拜伦 (1788—1824)

6. Should I, after tea and cakes and **ices**
  Have the strength to force the moment to its crisis?

《The Love Song of J. Alfred Prufrock》
(U. K.) Thomas Stearns Eliot (1888—1965)

是否我，在用过茶、糕点和***冷饮***以后，
  有魄力把这一刻推到紧要的关头？

《阿尔弗瑞德·普鲁弗洛克的情歌》
(英) 托马斯·斯特恩斯·艾略特 (1888—1965)

例 2 和**例 3** 的例词译文***"冷淡"***两词根意义相近，从其原文 **cold** [(of a person) **without emotion**; unfriendly] 和 **dryly** (in a way that shows **no emotion**) 的释义中即可体现出译文的含义。**例 4** 和**例 5** 的***"冷却"***和***"冷彻"***属复合式补充型的合成词：前一词根表示动作，后一词根补充说明前一词根，说明动作的结果。***"却"***用在某些单音节动词或形容词后面表示结果，相当于"去"。根据上下文 **cold** and dead，这里的 dead 为 cold 的结果，故 cold 译为***"冷却"***。***"彻"***

的意思是：通；透。原文 The dew of the morning suck **chill** on my brow 中的 **suck** 为吸、咂、吸食等义，从上下文来看，**suck** 在一定程度上促成了**“冷彻”**的使用。从 **cold** 和 **chill** 意为**“冷”**的释义上可以体会出二者含义的些微**不同**：**cold**（having a lower than usual temperature；having a temperature lower than the human body）指温度低；**chill**（cold，in an unpleasant way）则冷得使人感到不舒服。**例 6** 的译文**“冷饮”**属偏正型合成词，为 **ices** 的直译。

冻（冫部）：冰冻。形声字。

1. “Oh，Gregory！” said I，and I fell upon his neck，unable to speak another word. He never spoke much，and made me no answer for some little time. Then he told me we must move，we must walk for the dear life—we must find our road home，if possible；but we must move，or we should be **frozen** to death.

…

He had his shepherd’s staff with him，and by dint of plunging it before us at every step we took—clinging close to each other，we went on safely enough，as far as not falling down any of the steep rocks，but it was slow，dreary work. My brother，I saw，was more guided by Lassie and the way she took than anything else，trusting to her instinct. It was too dark to see far before us；but he called her back continually，and noted from what quarter she returned，and shaped our slow steps accordingly. But the tedious motion scarcely kept my very blood from **freezing**.

《The Half-Brothers》（U. K.） Elizabeth Gaskell （1810—1865）

“哎，格雷戈里！我说着，扑向他的脖子，再也说不出话了。他从来也不多说什么，这使得我一时也没话可说。然后他说我们必须得马上起来离开。如果可能我们必须为了活命马上走，我们必须找到回家的路；我们必须动起来，否则会被***冻***死。

……

他带着牧羊人所需的那些工具，在我们面前打击出凹痕，我们紧搂在一起，一步一步前行。我们安全地往前走，至少没有掉下悬崖峭壁，但走得很慢，很艰苦。我看到哥哥基本上是靠莱西引路，没有其他办法，只能相信她的直觉。天太黑了，根本看不见太远，于是他不停地把莱西叫回来，根据她回来的方向来调整我们缓慢的步子。但单调乏味的动作简直无法阻止我***冻僵***。

《同母异父兄弟》（英） 伊丽莎白·盖斯凯尔 （1810—1865）

2. Alas，alas who’s injured by my love？

What merchant’s ships have my sighs drowned？

Who says my tears have overflowed his ground？

When did my **colds** a forward spring remove?

《The Canonization》(U. K.) John Donne (1572—1631)

唉，唉，有谁因我的爱而受到伤害？

我的叹息淹没了哪个商人的船队？

有谁说他的土地溢满了我的泪水？

我的风寒何时将一个早春***冻坏***？

《封圣》(英) 约翰·多恩 (1572—1631)

3. But knowledge to their eyes her ample page

Rich with the spoils of time, did ne'er unroll;

Chill Penury repress'd their noble rage,

And **froze** the genial current of the soul.

《Elegy Written in a Country Churchyard》(U. K.) Thomas Gray (1716—1771)

可是“知识”从不曾对他们展开

它世代积累而琳琅满目的书卷；

“贫寒”压制了他们高贵的襟怀，

冻结了他们从灵府涌出的流泉。

《墓畔哀歌》(英) 托马斯·格雷 (1716—1771)

例词译文***“冻僵、冻坏、冻结”***属复合式补充型合成词：前一词根表示动作，后一词根补充说明前一词根，说明动作的结果。“**Freeze** (to become hard, and often turn to ice, as a result of extreme cold)”的释义中体现出了***“冻”***的结果。据此看出，对于合成词的分析可在一定程度上增强对原文的理解，从而进一步提高译文的准确性。

凄(水部)：将要下雨的云彩正在兴起。《字典》：(形) 寒冷；悲伤；寂寞。形声字。

1. Down dropt the breeze, the sails dropt down,

'Twas **sad** as sad could be;

And we did speak only to break

The silence of the sea!

《The Rime of the Ancient Mariner》(U. K.) Samuel Taylor Coleridge (1772—1834)

风全停了，帆也落了，

四周的景象好不***凄凉***；

只为了打破海上的沉寂，

我们才偶尔开口把话讲！

《古舟子咏》(英) 塞缪尔·泰勒·柯尔律治 (1772—1834)

2. The approach to the abbey through these **gloomy** monastic remains prepares the mind for its solemn contemplation. The cloisters still retain something of the quiet and seclusion of former days. The gray walls are discolored by damps, and crumbling with age; a coat of hoary moss has gathered over the inscriptions of the mural monuments, and obscured the death's—heads, and the other funeral emblems.

《Westminster Abbey》(U. S. A.) Washington Irving (1783—1859)

这条路正是古修道院的遗址，景色分外***凄凉***，我的头脑也因此陷入了庄严的沉思默想之中。这条路一如既往地静寂，与世隔绝。灰色的墙壁因为受到潮湿空气的侵蚀，早已褪了色，而且由于年代久远，也呈现出崩溃的迹象。墙壁上覆盖了一层灰白的苔衣，让人无法辨认清楚上面的碑文、骷髅像和各种丧葬的标识。

《西敏大寺》(美) 华盛顿・欧文 (1783—1859)

3. If ever I have found favor in your Sight; if ever the Name of *Anne Boleyn* hath been pleasing in your Ears, then let me obtain this Request; and I will so leave to trouble your Grace any further, with mine earnest Prayers to the Trinity to have your Grace in his good keeping, and to direct you in all your Actions. From my **doleful** Prison in the *Tower*, this 6th of May.

《Anne Boleyn to Henry Ⅷ》(U. K.) Anne Boleyn (1507—1536)

如若妾的容颜往日曾博得陛下的青睐，如若安妮・博林之名曾博得陛下的欢心的话，那就请陛下恩准所请，妾就此不再打扰陛下的清神。谨虔诚祈求三位一体的神保佑陛下，指引陛下处理一切事物。五月六日于***凄凉的***伦敦塔监狱。

《安妮・博林上亨利八世书》(英) 安妮・博林 (1507—1536)

4. The sea-bird wheeling round it, with the din
Of wings and winds and **solitary** cries,
Blinded and maddened by the light within,
Dashes himself against the glare, and dies.

《The Lighthouse》(U. S. A.) Henry Wadsworth Longfellow (1807—1882)

海鸟绕着它旋转，风声，振翅声，
凄寂的喊声，响成了嘈杂一片，
亮光闪花了眼睛，发了狂似的
向火光冲去，葬身于一团烈焰。

《灯塔》(美) 亨利・瓦茨沃斯・朗费罗 (1807—1882)

5. Ah! What a sound will rise, how wild and **dreary**,
When the death-angel touches those swift keys!
What loud lament and dismal Miserere

Will mingle with their awful symphonies!

《The Arsenal at Springfield》(U. S. A.) Henry Wadsworth Longfellow (1807—1882)

当死神触动这些灵敏的琴键,

会响起何等野蛮***凄厉***的声音!

那种可怕的交响乐会要混合着

多少人震耳的啼哭,惨痛的悲鸣!

《斯普林菲尔德兵工厂》(美) 亨利·瓦茨沃斯·朗费罗 (1807—1882)

6. What! would you rather see the incessant stir

Of insects in the windrows of the hay,

And hear the locust and the grasshopper

Their **melancholy** hurdy-gurdies play?

《The Birds of Killingworth》(U. S. A.) Henry Wadsworth Longfellow (1807—1882)

难道你情愿去欣赏昆虫

在甘草中间嗡嗡不息的吵闹?

难道你情愿听蚂蚱、蚱蜢

弹琴奏曲,发出***凄惶***的哀鸣?

《基灵沃思的鸟儿》(美) 亨利·瓦茨沃斯·朗费罗 (1807—1882)

7. As if their last day of a happy date

With his broad, bright, and dropping orb were gone;

Juan gazed on her as to ask his fate—

He felt a **grief**, but knowing cause for none,

His glance inquired of hers for some excuse

For feelings causeless or at least abstruse.

《Don Juan and Haidée》(U. K.) George Gordon Byron (1788—1824)

仿佛他们佳期的最后一天

正跟那巨大火球一同消失;

他内心***凄楚***,又不知所谓哪般;

像叩问自己的命运,他向她注视——

用目光向她探寻,求她谅解

这平白无端、玄虚莫测的感觉。

《唐璜与海蒂》(英) 乔治·戈登·拜伦 (1788—1824)

8. Will no one tell me what she sings? —

Perhaps the **plaintive** numbers flow

For old, unhappy, far-off things,

And battles long ago; …

《The Solitary Reaper》(U. K.) William Wordsworth (1770—1850)

谁能告诉我她唱些什么?

也许这***凄婉***的歌声是咏叹

古老的、遥远的悲欢离合,

往昔年代的征战?……

《孤独割麦女》(英) 威廉·华兹华斯 (1770—1850)

例 1~例 3 中之“***凄凉***”的两词根意义相近。其原文 **sad**、**gloomy**、**doleful** 为近义词。此三例的译文显示出:***原文近义词往往可以直译为两词根意义相近的同一个汉语合成词;*** 其各自的侧重点,则可通过上下文来体现。这里 **sad** (unhappy or showing unhappiness) 语气最温和,含义最广,最常用;**gloomy** (sad and without hope) 形容 extremely sad 所产生的后果或影响,也形容情绪低沉的人或压抑人的事件所造就的气氛;**doleful** (very sad) 含有一种自怜自爱的意味,用法古典。

例 4~例 8 中 **solitary**、**dreary**、**melancholy**、**grief**、**plaintive** 的译文“***凄寂、凄厉、凄惶、凄楚、凄婉***”各自的两个词根***意义相关***。根据原文例词所处之上下文,其译文既要体现出原文例词中所含之“***凄***”意,又要在一定程度上体现出上下文中与“***凄***”相关的内涵,因此,运用“词根之间意义相关”的组合形式将有助于更为准确地表达原文之意。

冲 (水部):动摇。形声字。

1. Cheek by cheek they struggle onward. Screaming, cursing, and praying, laughing, singing, and moaning, they **rush** past side by side. Their speed never slackens, the race never ends. There is no wayside rest for them, no halt by cooling fountains, no pause beneath green shade.

《On Getting On in the World》(U. K.) Jerome Klapka Jerome (1859—1927)

他们你推我搡,挤向前方;他们肩并肩,猛***冲***而过,尖叫着、咒骂着、祈祷着、大笑着、歌唱着、哀叹着。他们的步伐从未放慢,这种竞争也永无止境。没有路旁的小憩,没有清凉喷泉旁的停留,也没有绿荫下的停歇。

《论处世》(英) 杰罗姆·克拉普卡·杰罗姆 (1859—1927)

2. Nor yet had he arrived but for the oar,

Which, providentially for him, was wash'd

Just as his feeble arms could strike no more,

And the hard wave o'er-whelmed him as 'twas **dash**'d

Within his grasp; …

《Don Juan and Haidée》(U. K.) George Gordon Byron (1788—1824)

没有那片桨，他同样休想登岸：

当他虚弱的两臂已无力挥动，

一头恶浪将他一下子打翻，

天缘凑巧，那片桨**冲**到手中；……

《唐璜与海蒂》(英) 乔治·戈登·拜伦 (1788—1824)

3. Pambé beat it into a basin over Nurkeed's woolly head. Nurkeed drew his sheath-knife and stabbed Pambé in the leg. Pambé drew his sheath-knife; but Nurkeed dropped down into the darkness of the hold and spat through the grating **at** Pambé, who was staining the clean fore-deck with his blood.

《The Limitations of Pambé Serang》(U. K.) Joseph Rudyard Kipling (1865—1936)

潘贝把盘子扔了过去，盘子越过努尔凯埃德毛茸茸的脑袋上方，掉进了盆里。于是努尔凯埃德抽出刀刺进潘贝的腿里。潘贝也拔出了刀，而努尔凯埃德这时却钻进了黑洞洞的底舱里，隔着隔栅**冲**潘贝吐口水，潘贝的血弄脏了干净的前甲板。

《潘贝·赛朗的局限》(英) 约瑟夫·鲁德亚德·吉卜林 (1865—1936)

4. Till out of its peace at length grew **strife**—

Hopes, fears, loves, hates, —obscurely rife, —

My life grown a-tremble to turn your life?

《Rephan》(U. K.) Robert Browning (1812—1889)

直到从我心的和平里，有**冲突**产生——

希望、恐惧、爱、恨——朦胧地充满心灵，

我的生命颤悠悠变成了你们的生命？

《莱凡》(英) 罗伯特·布朗宁 (1812—1889)

5. Swept with confused alarms of struggle and flight,

Where ignorant armies **clash** by night.

《Dover Beach》(U. K.) Matthew Arnold (1822—1888)

斗争和逃跑构成一片混乱的惊怖，

无知的军队在黑夜中互相**冲突**。

《多佛海滩》(英) 马修·阿诺德 (1812—1888)

6. And when I had lain thus for a few minutes, asking myself what book I should reach from the shelf that hangs near my pillow, their came upon men a **desire** to rise and go forth into the early morning. On the moment I bestirred myself. Then drawing up of the blind, the opening of the window, only increased my zeal, and I was soon in the garden, then out in the road, walking light-heartedly I cared not whither.

《The Private Papers of Henry Ryecroft》(U. K.) George Gissing (1857—1903)

几分钟后，正当我静卧并自问我该从枕边书架上取下哪本书来读时，另一种***冲动***油然而生，在这美好的早晨，我该起床到外面去。于是，我立刻行动起来。拉开窗帘，打开窗户，扑面而来的清晨气息更令我热情高涨。很快我就进入花园，然后信步来到大道上，怀着轻盈、愉悦的心情漫步开去。

《四季随笔》(英) 乔治·吉辛 (1857—1903)

7. These hardships ill-sustained, these dangers past,
The roving Spanish Bands are reached at last,
Charged, and **dispersed** like foam; but as a flight
Of scattered quails by signs do reunite, …

《The French and the Spanish Guerillas》(U. K.) William Wordsworth (1770—1850)

闯过这重重险阻、道道难关，
游动的西班牙队伍被敌人追赶：
追上了，打响了，***冲散***了，泡沫般隐没；
这一群鹌鹑，凭信号，散开又聚合；……

《法国兵和西班牙游击队》(英) 威廉·华兹华斯 (1770—1850)

例 1 与**例 2** 之 "***冲***" 均为其原文之直译。**例 3** 中的 **at** 译为"***冲***" 涉及到了翻译技巧中的"词类转换"：***由原文中的介词转换为译文中的动词***。根据词的构成，**例 4** 和**例 5** 的译文"***冲突***" 之两词根意义相近；**例 6** 和**例 7** 的"***冲动***" 与"***冲散***" 各自两个词根之间属补充型的关系："动" 与 "散" 分别为 "冲" 的结果。

冰（冫部）：水凝结成坚冰。会意字：由冫、由水会意。

1. It was a miracle of rare device,
A sunny pleasure dome with caves of **ice**!

《Kubla Khan》(U. K.) Samuel Taylor Coleridge (1772—1834)

此宫设计得颇具天工，
阳光灿烂的欢乐宫，连同那雪窟***冰***窖！

《忽必烈汗》(英) 塞缪尔·泰勒·柯尔律治 (1772—1834)

2. The **ice** was here, the ice was there,
The ice was all around:
It cracked and growled, and roared and howled,
Like noises in a swound!

《The Rime of the Ancient Mariner》(U. K.) Samuel Taylor Coleridge (1772—1834)

这儿是***冰雪***，那儿是冰雪，
到处都是冰雪茫茫：

冰雪在怒吼，冰雪在咆哮，
像人昏厥时听到隆隆巨响！
《古舟子咏》(英) 塞缪尔·泰勒·柯尔律治 (1772—1834)

3. Oft to his **frozen** lair
Tracked I the grisly bear,
While from my path the hare
Fled like a shadow; …
《The Skeleton in Armor》(U. S. A.) Henry Wadsworth Longfellow (1807—1882)
我常常追逐恶熊
到它***冰封***的穴洞，
野兔从路旁逃窜，
影子般转眼无踪；……
《铠甲骷髅》(美) 亨利·瓦茨沃斯·朗费罗 (1807—1882)

4. There in the twilight **cold** and gray,
Lifeless, but beautiful, he lay,
And from the sky, serene and fair,
A voice fell, like a falling star,
Excelsior!
《Excelsior》(U. S. A.) Henry Wadsworth Longfellow (1807—1882)
躺在***冰冷***的灰白曙光里，
他失却生命，但是美丽；
从那明净邃远的天廷
落下一个声音，像陨星；
“更高的目标!”
《更高的目标》(美) 亨利·瓦茨沃斯·朗费罗 (1807—1882)

例词 **ice** 之译文分别为**“冰”**和**“冰雪”**。**“冰雪”**的两词根意义相近，故 **ice** 的译文除“冰”之外，亦可根据上下文译为冰雪。

凉（水部）：淡薄（的酒）。形声字：左形右声。

1. The Italians didn’t care for Gothic architecture much, anyway. There was too much sunlight in Italy for churches with walls of glass. The Italians liked their buildings dark and **cool** inside, instead of full of sunlight, even if the sunlight did come through the marvelous stained-glass windows of a Gothic cathedral. Perhaps that is because Gothic architecture built in the north, where it is cooler and darker, needed more light, while Renaissance architecture built in the south, where it is hotter and brighter,

needed more **shade**.

《Dome Trouble》(U. S. A.) Virgil M. Hillier (1875—1931)

总之，意大利人都不太喜欢哥特式的建筑风格。意大利阳光充足，不太适合修建带有玻璃壁的教堂。意大利人都喜欢让他们的建筑内部保持阴暗、***凉爽***，而不是充满阳光；哪怕阳光只是从一座哥特式大教堂里那些奇妙的彩色玻璃窗户中透射进来，他们也不喜欢。或许原因就在于，北部地区凉爽、阴天多，需要更多的光线；而南部地区炎热、晴朗，需要更多***阴凉***，因而多修建“文艺复兴”风格的建筑。

《穹顶的麻烦》(美) 维吉尔·希利尔 (1875—1931)

2. …

And, little town, thy streets for evermore
  Will silent be; and not a soul to tell
Why thou art **desolate**, can e'er return.

《Ode on a Grecian Urn》(U. K.) John Keats (1795—1821)

……

啊，小镇，你的街道永远恬静；
没有一个人能赶回来，告诉你
  为什么你是这样***荒凉***静寂。

《希腊古瓮颂》(英) 约翰·济慈 (1795—1821)

3. Out of the bosom of the Air,
  Out of the cloud-folds of her garments shaken,
Over the woodlands brown and bare,
  Over the harvest-fields **forsaken**,
    Silent, and soft, and slow
    Descends the snow.

《Snow-Flakes》(U. S. A.) Henry Wadsworth Longfellow (1807—1882)

从漠漠长空胸怀里逸出，
  摆脱了天上云衣层层叠叠，
向着枯黄的光秃的林木，
  向着收割后的***荒凉***的田野，
    无声，舒缓，柔和：
    雪花飘落。

《雪花》(美) 亨利·瓦茨沃斯·朗费罗 (1807—1882)

4. …at last over these also the cruel quicksand had closed; and no memorial of the fair young girl remained on earth, except my own solitary tears, and the funeral bells

from the **desert** seas that, rising again more softly, sang a requiem over the grave of the buried child, and over her blighted dawn.

《The Quicksand》(U. K.) Thomas De Quincey (1785—1859)

末了，那无情的流沙完全合拢，将少女封埋于地下；这位美丽的姑娘没有在天地之间留下任何线索可供追忆，唯有我孤独的眼泪和丧钟的回响。丧钟再次从***苍凉***的海上凄然鸣响，声音更加悲怆，回荡在埋葬了女孩的坟茔和那夺命的黎明之上，为她把挽歌吟唱。

《流沙》(英) 托马斯·德昆西 (1785—1859)

例1与**例2**的例词译文“***凉爽***、***阴凉***、***荒凉***”的各自两词根意义相近，为直译；根据上下文，**例3**与**例4**的“***荒凉***”与“***苍凉***”为意译。

冶(仌部)：(冰) 消融。形声字：左形右声。台 (yi) 声。

1. The materials of the novelist must be real; they must be gathered from the field of humanity by his actual observation. But they must pass through the **crucible** of the imagination; they must be idealized. …

《The Lamp of Fiction》(U. K.) Goldwin Smith (1823—1910)

小说家的素材必须真实，必须通过他对人类亲身的体察收集得来。然而，这些素材又必须经过想象的***冶炼***，变得理想化。……

《小说写作的指路明灯》(英) 戈德文·史密斯 (1823—1910)

2. It is in great universities like this that the ideas which can assure our national safety and make tomorrow's history, are being **forged** and shaped. Civilization owes most to the men and women, known and unknown, …

《Address at University of Pennsylvania》
(U. S. A.) Franklin Delano Roosevelt (1882—1945)

正是一些像这所学校般伟大的学府，***冶炼***和形成各保证国家安全、创造明天历史的意识形态。文明的形成有赖于许多知名与不知名的男女公民，……

《在宾夕法尼亚大学的演说》(美) 富兰克林·狄朗劳·罗斯福 (1882—1945)

译文“***冶炼***”两词根意义相近。“冶炼”在此用其比喻之意，寓意训练、培养。

匚部

由“匚”构成的字往往与盛物的器具相关。

匮：柜子。《字典》：(动词) 不足；缺少。形声字；外形内声。

1. I am hungry and thirsty like him (animal), but when thirst and hunger cease I am not at rest; I am, like him, pained with **want**, but am not like him, satisfied

with fullness. The intermediate hours are tedious and gloomy; I long again to be hungry that I may again quicken my attention.

《The Happy Valley》(U. K.) Samuel Johnson (1709—1784)

我和他（动物）一样也会饥渴，但不渴也不饿时，我不休息；我也像他一样因需求***匮乏***而痛苦，但不像他因需求丰盛而满足。中间这个阶段，冗长而乏味；我又开始渴望饥饿，好再次加速自己的注意。

《快乐谷》(英) 塞缪尔·约翰逊 (1709—1784)

2. There's Grief of **Want**—and Grief of Cold—
A sort they call "Despair" —
There's Banishment from native Eyes—
In sight of Native Air—

《I measure every Grief I meet》(U. S. A.) Emily Dickinson (1830—1886)

有***匮乏***的痛苦，有寒冷的痛苦——
有一种人们称为"绝望"——
出生地人的眼睛被禁止——
观赏出生地的风光——

《我测度我遇到的每一种悲痛》(美) 艾米莉·狄金森 (1830—1886)

根据《字典》中***"匮"***的释义（不足；缺少），译文***"匮乏"***的两词根***"匮"***与***"乏"***意义相近；根据***"匮"***在《解字》中的解释（柜子），则***"匮乏"***一词的含义（柜里东西短缺）同样体现出含有 **want** (a lack of sth) 之意，故其合成词的意义即是词根之意，是原文的直接体现。

匹（匚部）：（布帛）四丈。《字典》：（动词）比得上；相当。会意字：由"八""匚（xi）"会意。

1. Thou born to **match** the gale, (thou art all wings,)
To cope with heaven and earth and sea and hurricane,
Thou ship of air that never furl'st thy sails,
Days, even weeks untired and onward, through spaces, realms gyrating, …

《To the Man-of-War-Bird》(U. S. A.) Walt Whitman (1819—1892)

你生来就和大风***匹配***；（你全身是翅膀，）
能对付天空、地球、大海和飓风，
你这空气中的船只从来不卷起你的帆篷，
成天，甚至几个星期都不知疲倦，只是向前，穿过空间，在各个领域里旋转着，……

《致军舰鸟》(美) 沃尔特·惠特曼 (1819—1892)

2. But thou, that didst appear so fair
   To fond imagination,
Dost **rival** in the light of day
   Her delicate creation: …

《Yarrow Visited》(U. K.) William Wordsworth (1770—1850)

以前，在我痴情想象中，
  雅鲁河，你何等明丽；
今日，阳光下，你的真貌
  与想象也堪***匹敌***；……

《已访的雅鲁河》(英) 威廉·华兹华斯 (1770—1850)

3. I do not doubt the self I was
Was competent to me—
But something awkward in the **fit**—
Prove that—outgrown—I see—

《I could not prove the Years had feet》(U. S. A.) Emily Dickinson (1830—1886)

我不怀疑昨日我的自我
曾经和我完全相称——
但是***匹配***不当，证明——
已落后于我的生命——

《我不能证明岁月有脚》(美) 艾米莉·狄金森 (1830—1886)

4. What hand and brain went ever **paired**?
What heart alike conceived and dared?
What act proved all its thought had been?
What will but felt the fleshly screen?

《The Last Ride Together》(U. K.) Robert Browning (1812—1889)

为什么手和脑能完全***匹配***?
什么心能构思也敢于作为?
什么行动证实过全部预想?
什么心态不曾遇到身的屏障?

《最后一次同乘》(英) 罗伯特·布朗宁 (1812—1889)

译文“***匹配***”的两词根意义相近，各自都有“相当”之意，与原文之意相符。“***匹敌***”则属偏正型的组合。从词的构成角度理解，其词义为“势均力敌的对手”，按照《词典》，其释义为：对等；相当。无论是从词的构成还是从《词典》的释义来看，“***匹敌***”即是原文 **rival** (a person, company, or thing that competes with another in sport，business，etc.）的直译。

医（醫）（西部）：治病的人。形声字：下形上声。

1. ′Tis not enough that through the cloud thou break，
To dry the rain on my storm-beaten face，
For no man well of such a salve can speak，
That **heals** the wound，and **cures** not the disgrace.

《The Sonnet of William Shakespeare：34》（U. K.）William Shakespeare（1564—1616）

尽管你再冲破了乌云，把暴风
打在我脸上的雨点晒干也无效，
因为没人会称道这一种只能
医好肉伤而***医***不好心伤的油膏：……

《莎士比亚十四行诗：第 34 首》（英）威廉·莎士比亚（1564—1616）

2. Past **cure** I am，now reason is past care，
And frantic-mad with evermore unrest；
My thoughts and my discourse as madmen's are，
At random from the truth vainly expressed：…

《The Sonnet of William Shakespeare：147》（U. K.）William Shakespeare（1564—1616）

理智走开了，疾病就不能***医治***，
我将带着永远的不安而疯狂；
我不论思想或谈话，全像个疯子，
远离真实，把话儿随口乱讲；……

《莎士比亚十四行诗：第 147 首》（英）威廉·莎士比亚（1564—1616）

译文***"医治"***的两词根意义相近，故***"医"***与***"医治"***为同一原文 **cure** 的直译。根据 **heal** 的释义（to become healthy again；to make sth healthy again），***"医"***与***"医治"***则不能完全体现出原文所含之意了，所以就要重新进行词的组合：在理解词根之间关系的基础上，***"医"***的后面加上一个***"好"***，通过***"好"***来补充说明前一词根"医"的结果，即可体现出 **heal** 的全意了。

臣（臣部）：受牵制者，奉事君王者。象形字：像屈服的样子。根据《汉字演变 500 例》，"臣"的本意是"奴隶"。《尚书》："臣妾逋逃。"他们在主人面前往往不敢抬头。而当人低下头的时候，眼睛看起来成了竖立的样子，古人就用眼睛的这个状态造了"臣"字。

1. That god forbid that made me first your slave
I should in thought control your times of pleasure，

Or at your hand th' account of hours to crave,
Being your **vassal** bound to stay your leisure.

《The Sonnet of William Shakespeare：58》(U. K.) William Shakespeare (1564—1616)

造我做你的奴隶的神，禁止我
在我的思想中限制你享乐的光阴，
禁止我要求你算清花费的时刻，
是**臣仆**，我只能伺候你的闲情！

《莎士比亚十四行诗：第58首》(英) 威廉·莎士比亚 (1564—1616)

2. They made him send out a call
To his **subjects** to gather them more.
And his **subjects** wrung all they could wring
Out of temple and palace and store.

《The Vindictives》(U. S. A.) Robert Frost (1874—1963)

他们让他对**臣民**们发出号召，
号召臣民们收罗更多的黄金。
他的**臣民**竭尽所能敛了又敛，
搜刮尽了庙宇、宫殿，库存。

《复仇》(美) 罗伯特·弗罗斯特 (1874—1963)

3. All his **court** round him, seeing with his eyes,
Such frank French eyes, and such a fire of souls
Profuse, my hand kept plying by those hearts, —

《Andrea del Sarto》(U. K.) Robert Browning (1812—1889)

他的全部**朝臣**簇拥着他，
用他的眼睛看——那些真挚的
法国眼睛，那慷慨的灵魂之火，
紧挨着那些心，我的手辛劳不休；……

《安德烈，裁缝之子》(英) 罗伯特·布朗宁 (1812—1889)

4. Ah, when to the heart of man was it ever less than a treason
To go with the drift of things,
To **yield** with a grace to reason,
And bow and accept the end
Of a love or a season?

《Reluctance》(U. S. A.) Robert Frost (1874—1963)

啊，在一般人的心里，顺人潮流适应大势

心平气和***臣服***于理智
　彬彬有礼欣然接受
一段爱或季节的终结，
　何时才不算是叛逆？

《不情愿》(美) 罗伯特·弗罗斯特 (1874—1963)

尽管四例词译文各自的两个词根之间关系不同，但其均含**“臣”**之意。其中，**“臣仆、臣民”**各自两词根意义相近，词意中自然有**“臣”**意的体现；***“朝臣”***之间的关系属于“偏”与“正”，其中心语仍是**“臣”**；**“臣服”**则属主谓型的合成词：前一词根表示被陈述的事物，后一词根是陈述前一词根的。***“臣服”***是动词，其固定词义为：屈服称臣，接受统治。这里“臣”虽处于主格的位置，但仍保有其**“臣”**的原意：受牵制者，奉事君王者。

匣：箱匣。形声字。

1. Sweet spring, full of sweet days and roses,
　A **box** where sweets compacted lie;
My music shows ye have your closes,
　And all must die.

《Virtue》(U. K.) George Herbert (1593—1633)

旖旎的春天充满良辰和玫瑰，
　有如满***匣***芳香。
我的歌儿唱出你的终曲，
　一切都会消亡。

《美德》(英) 乔治·赫伯特 (1593—1633)

2. These pictures that the Egyptians made on the mummy **case** and on the walls of tombs and temples were not like the pictures of wild animals that the cave dwellers drew. Some were of animals but most of the pictures were of people—men and women, kings and queens, gods and goddesses.

《What's Wrong with This Picture》(U. S. A.) Virgil M. Hillier (1875—1931)

古埃及人在木乃伊盛放***匣***上、坟墓与神庙墙壁上所绘的图画，与穴居人所绘的野兽图画并不相同。虽说其中也有一些动物，但绝大部分图画描绘的都是人物，包括男人、女人、国王和王后，以及男神和女神。

《这幅画有什么问题呢?》(美) 维吉尔·希利尔 (1875—1931)

“匣”为 **box** 和 **case** 的直译。两原文为近义词，共同意思是“盒，匣”。其区别是：**box** 泛指各种箱子、盒子、匣子，其体积不分大小，形状多为方形；而 **case** 多指有工艺装饰、专门装某种特定的东西，不论形状如何，其用途较广，有

时也可指套子、罩子、壳、鞘等。

巨（工部）：规矩的矩。《字典》：（形容词）大；非常大。象形字：像用手握着矩。

1. The western wave was all aflame,
The day was well-nigh done,
Almost upon the western wave
Rested the **broad** bright Sun; …

《The Rime of the Ancient Mariner》(U. K.) Samuel Taylor Coleridge (1772—1834)

西边的海波似一片火焰；
此时白昼将尽已近夜晚：
一轮**巨大**的灿烂的夕阳，
将坠未坠在西方的海面；……

《古舟子咏》(英) 塞缪尔·泰勒·柯尔律治 (1772—1834)

2. I met a traveler from an antique land
Who said: Two **vast** and trunk-less legs of stone
Stand in the desert.

《Ozymandias》(U. K.) Percy Bysshe Shelley (1792—1822)

我遇到过一位来自古老国土的旅客。
他说：一双**巨大**的石足，没有身躯，
矗立在沙漠。

《奥西曼迭斯》(英) 珀西·比希·雪莱 (1792—1822)

3. This is the Arsenal. From floor to ceiling,
  Like a **huge** organ, rise the burnished arms;
But from their silent pipes no anthem pealing
  Startles the villages with strange alarms.

《The Arsenal at Springfield》(U. S. A.) Henry Wadsworth Longfellow (1807—1882)

这是国家兵工厂。从地板到天棚，
  雪亮的枪炮矗立，像**巨大**风琴；
沉默的发音管还没有奏出乐曲，
  以异样恐怖震骇邻近的乡村。

《斯普林菲尔德兵工厂》(美) 亨利·瓦茨沃斯·朗费罗 (1807—1882)

4. Not from the grand old masters,
  Not from the bards **sublime**,

Whose distant footsteps echo

  Through the corridors of Time.

《The Day is Done》(U. S. A.) Henry Wadsworth Longfellow (1807—1882)

别去找古代大师，

  别去找名家**巨**匠，

他们的足音仍然

  在时间长廊里回荡。

《白昼已告终》(美) 亨利·瓦茨沃斯·朗费罗 (1807—1882)

5. I see, just see skyward, **great** cloud-masses,

Mournfully slowly they roll, silently selling and mixing,

With at times a half-dimm'd sadden'd far-off star,

Appearing and disappearing.

《Whispers of Heavenly Death》(U. S. A.) Walt Whitman (1819—1892)

我看见，就在天边，**巨大**的云块，

他们忧伤地缓缓在翻滚，默默在增大，又融合在一起，

有时有一颗半明半灭的悲愁的远星，

出现了，又不见了。

《神圣的死亡的低语》(美) 沃尔特·惠特曼 (1819—1892)

6. Thou who hast slept all night upon the storm,

Waking renew'd on thy **prodigious** pinions,

(Burst the wild storm? ...)

《To the Man-of-War-Bird》(U. S. A.) Walt Whitman (1819—1892)

你曾经整夜依靠在风暴身上睡觉，

醒来时你驾驶着你**巨大**的翅膀更加精神百倍，

(曾冲破了那放肆的风暴吗？……)

《致军舰鸟》(美) 沃尔特·惠特曼 (1819—1892)

7. Inscrutable His ways are, and immune

  To catechism by a mind too strewn

With petty cares to slightly understand

What awful brain compels His **awful** hand...

《Yet Do I Marvel》(U. S. A.) Countee Cullen (1903—1946)

上帝之道深奥莫测，

  对人们的诘问置之不理，

    他们的头脑塞满鸡毛蒜皮

无法理解操纵他*巨*手的智慧的威力……

《但是我感到惊奇》(美) 康蒂·卡伦 (1903—1946)

除**例 4** 的 **sublime** 与**例 7** 的 **awful** 意译为“*巨*”外，其余皆为直译。例词译文“***巨大***”之两词根意义相近，其原文的例词又互为近义词，故译文相同。

匿（匚部）：逃亡。《字典》：（动词）隐藏；瞒着。形声字：外形内声。

1. My heart in **hiding**
Stirred for a bird, —the achieve of, the mastery of the thing!

《The Wind-hover》(U. K.) Gerard Manley Hopkins (1844—1889)

我***隐匿***着的心不觉为之悸动，
为它的胜利，为它那主宰一切的力量。

《风鹰》(英) 杰拉德·曼利·霍普金斯 (1844—1889)

2. This hideous murder accomplished, I set myself forthwith, and with entire deliberation, to the task of **concealing** the body. I knew that I could not remove it from the house, either by day or by night, without the risk of being observed by the neighbors.

《The Black Cat》(U. S. A.) Edgar Allan Poe (1809—1849)

干完这件令人毛骨悚然的杀人事件之后，我开始一心想着如何把尸体***藏匿***起来。无论白天还是晚上，要想把尸体移出这栋房子根本不可能，如果那样做，必定会被某个邻居看到。

《黑猫》(美) 爱伦·坡 (1809—1849)

例 1 和**例 2** 的例词译文各自两词根意义相近，二者均为其原文之直译。

区（區）（匚部）：踦區，收藏隐匿。《字典》：（动词）分别；划分。会意字：由“品”在“匚”中会意；品表示众多对象的意思。

1. The Brain is just the weight of God—
For—Heft them—Pound for Pound—
And they will **differ**—if they do—
As Syllable from Sound—

《The Brain—is wider than the Sky》(U. S. A.) Emily Dickinson (1830—1886)

头脑，和上帝相等——
因为，称一称，一磅对一磅——
他们，如果有***区别***——
就像音节，不同于音响——

《头脑，比天空辽阔》(美) 艾米莉·狄金森 (1830—1886)

2. I think the day will come when we will be able to make the **distinction** between us and the capitalists. We must get certain leading ideas before the people. We should announce that we are not going in for what was the old-fashioned idea of redistribution, but the redistribution of income. Let it always be a question of income.

《On His Seventieth Birthday》(U. K.) George Bernard Shaw (1856—1950)

我认为我们能够将自己和资本主义者***区别***开的一天终会到来。我们必须将我们的指导思想公之于众。我们必须宣称我们要现实的不是旧概念中的再分配，而是收入的再分配。我们始终指的是收入的问题。

《在七十寿辰宴会上的讲话》(英) 乔治·萧伯纳 (1856—1950)

《字典》中"区"之意为"分别"，"区"与"别（区分)"意义相近。原文例词 **differ** (to be different from sb/sth) 与 **distinction** (a clear difference or contract especially between people or things that are similar or related) 均含"区/别"之意(虽然其词类不同)，故均译为***"区别"***。***两例词的翻译都涉及到词类的转换***：**例 1** 之 **differ** 由原文的***动词转换为译文的名词***；**例 2** 之 **distinction** 由原文的***名词转换为译文的动词***。

【译法点滴】 词义的选择

英、汉两种语言都有一词多类与一词多义的现象。一词多类即指一个词往往属于几个词类，具有几个不同的意义。一词多义即在同一词类中的同一个词，具有几个不同的意义。在英译汉的翻译过程中，选择和确定词义一般从两个方面着手。

根据词在句中的词类来选择和确定词义

选择和确定某个词的词义，首先要确定其词类，然后再进一步确定其词义。

以 **great** 为例。Great 是二画（匚）中***"巨"***字的例词。它在上述的**例 5** 中用作***形容词***。除此之外，它还可以分属其他几个不同的词类：

1. He was one of boxing's all-time **greats**.

   他是一位空前的拳击***好手***。***(名词)***

2. Well done. You did **great**.

   干得好。你干的***真棒***。***(副词)***

再如二画中***"冷"***的例词 **cold**，它在例中用作***形容词***。在下列的例句中，它分属名词和副词。

例如：

1. She doesn't seem to feel the **cold**.

   她好像不觉得***冷***。***(名词)***

2. His final request stopped her **cold**.

   他最后的请求**突然**阻止了她。***(副词)***

根据上下文联系以及词在句中的搭配关系来选择和确定词义

以二画（冫）中***"冲"***的例词 **clash**（**例5**）为例。Clash 在本例中作为***名词"冲突"***，但处于其他的上下文中，虽仍为名词，它的含义可能就会有所变化。例如：

1. a head-on **clash** between the two leaders over education policy

   两位领导人就教育政策进行的针锋相对的***争论***

2. a **clash** of views

   意见***分歧***

3. a **clash** of swords

   剑的***撞击声***

4. Bayern's **clash** with Real Madrid in the European Cup

   拜仁队与皇家马德里队在欧洲杯比赛中的***交锋***

5. a personality **clash** with the boss

   与老板的个性***不合***

再如 **freeze** 一词。例中的 freeze 作为***动词***表示***"冻结"***之意。除"冻结"之外，同样作为动词，它还有如下的含义。

1. The pipe has **frozen**, so we've got no water.

   水管已经***冻***了，我们接不到水。

2. It may **freeze** tonight, so bring those plants inside.（when it freeze, the weather is below 0℃ ***严寒***，冰冻）

   今夜可能***有霜冻***，把花草搬进屋来吧。

3. Every time she opens the window we all **freeze**.（to be very cold; to be so cold that you die ***极冷***）

   每次她开窗户，我们都***冻得要死***。

4. Can you **freeze** this cake?（to keep food at a very low temperature in order to preserve）

   你能不能把这个蛋糕***冷藏***起来？

从以上情况可以看出，多义词对语境具有很强的依赖性：在一定的语境中只能有一个义项使用，如果在同一语境中可以使用两个或更多的义项，这个词就会产生歧义了。例如，"他的***担子***很重"。孤立地看，这句话有歧义，不知道是他挑的***东西***重，还是他的***责任***重。因此，在翻译中，如果脱离上下文，则很难准确地表达出所译词汇的真正含义。

十部

由“十”构成的一些字往往含有“完备、广博、久远”之意。

十：（十进制）数字完备的标志。《字典》：（形容词）表示达到顶点。指事字：一表示东西，丨表示南北，（一丨相交为十）那么，东西南北和中央全都完备了。

1. He had passed a few neighborhoods, sometimes at the crook of a stream, or at the **cross** of debouching road, where old habitations, their gangrenated thatch riddled with birds holes, had been not so much erected as just spattered about the places.

《Dusky Ruth》(U. K.) Alfred Edgar Coppard (1878—1975)

他经过了几个居民区，它们或位于河流的转弯处，或位于开阔的街道的**十字**路口，那些屋顶茅草已朽的老房子像筛子一样布满了鸟巢，那些房子不是立在那儿，而是散落地堆在那里。

《黑发露丝》(英) 阿尔弗雷德·埃德加·柯帕德 (1878—1975)

2. On the contrary, he seemed deeply impressed with the truth and reality of what he had heard; and after a considerable pause, regretted, with **much** appearance of sincerity, that his early friend should in his house have suffered so severely.

《The Tapestried Chamber or The Lady in the Sacque》(U. K.) Walter Scott (1771—1832)

相反，勋爵似乎对所听之事的真实性深有同感；停顿了好长时间，他才以**十分**真诚的姿态对自己早年的朋友在自己家里竟遭受如此之痛而表示歉意。

《挂毯卧房（别名“长袍夫人”）》(英) 瓦尔特·司各特 (1771—1832)

3. Down in the fields **all** prospers well,
But now from the fields come father, come at the daughter's call.
And come to the entry mother, to the front door come right away.

《Come Up from the Fields Father》(U. S. A.) Walt Whitman (1819—1892)

地里一切都**十分**兴旺，
但父亲现在却从地里走了上来，听从了女儿的呼唤，
母亲也到了门口，马上就来到了门前。

《从地里上来吧，父亲》(美) 沃尔特·惠特曼 (1819—1892)

4. If we were only about to recover by our valor Sicily and Sardinia, wrested from our fathers, the recompense would be **sufficiently** ample; but whatever, acquired and amassed by so many triumphs, the Romans posses, all, with its masters themselves, will become yours.

《To His Soldiers》(North Africa) Hannibal (B. C. 247—B. C. 183)

即使我们只是奋力收复祖先失去的西西里和撒丁，这奖赏已经**十分**丰厚了；而且，你们还能得到罗马人以及他们通过一次次胜利从我们手中夺取和积累的一切。

《致众士兵》(北非) 汉尼拔（公元前247—公元前183）

5. *And again*, Pride is as loud a beggar as want, and a great deal more saucy. When you have bought one fine thing you must buy **ten** more, that your appearance maybe all of a piece; but Poor Dick says, *'tis easier to suppress the first desire than to satisfy all that follow it*. And 'tis as truly folly for the poor to ape the rich, as for the frog to swell, in order to equal the ox.

《The Way to Wealth》(U. S. A.) Benjamin Franklin (1706—1790)

骄傲和贫穷一样是个吵闹的乞丐，且更无礼。你购买了一件好东西，必须再买**十**件东西，才能使它配套；但是，可怜的理查德说，压制第一个欲望比满足所有随之而来的欲望更容易。正如青蛙为了和公牛比肚子，最终胀破了肚皮一样。穷人模仿富人实在愚蠢。

《致富之道》(美) 本杰明·富兰克林 (1706—1790)

从词的构成来分析，**例1**中的**"十字"**属复合式偏正型：前一词根修饰后一词根，其中心语"字"在含有"十"之形的同时，又隐去了"十字"的原本之意，即原文例词"**cross**"在此译文中的含义：它表达的是"形状"，而非"数字"。**例5**译文中的**"十"**所体现的是其原本所含的**数字**之意。**例2~例4**例词的译文从不同程度上体现出其在《字典》中的含义。

真(化部)：长生不死的人变化形体而升天。《字典》：(形容词) 符合事实的；正确的。会意字：由匕、由目、由乚会意；八，是乘坐的风云之类的工具。

1. Life is **real**! Life is earnest!
   And the grave is not its goal;
Dust thou art, to dust thou returnest,
   Was not spoken of the soul.

《A Psalm of Life》(U. S. A.) Henry Wadsworth Longfellow (1807—1882)

人生是**真**的！人生是实的！
   它的归宿绝不是荒坟；
"你本尘土，必归于尘土"，
   这是指躯壳，不是指灵魂。

《人生颂》(美) 亨利·瓦茨沃斯·朗费罗 (1807—1882)

2. Most commonly we come to books with blurred and divided minds, asking of

fiction that it shall be **true**, of poetry that it shall be false, of biography that it shall be flattering, of history that it shall enforce our own prejudices. If we could banish all such preconceptions when we read, that would be an admirable beginning.

《How Should One Read a Book?》(U. K.) Virginia Woolf (1882—1941)

我们通常带着模糊而矛盾的思想去看书，要求小说应该**真实**，诗歌应该虚构，传记应该充满溢美之词，历史应该强化我们的成见。如果我们能在读书时摒弃这些偏见，那便是一个好的开端。

《应当如何读书》(英) 弗吉尼亚·伍尔芙 (1882—1941)

3. I have stood with you by some unforgotten grave; I have shared in many joys; and I have tried as well as I could through it all, in my small way, to promote constantly a better understanding, a fuller and more accurate knowledge, a more **genuine** sympathy between the people of the two countries.

《Farewell to England》(U. S. A.) Edward John Phelps (1822—1900)

我曾和你们一同站在你们的不朽名人墓前默哀；我分享你们的快乐。我一直尽我的微薄力量以增强我们两国人民之间的了解，促进彼此更全面、更准确的认识，加深他们之间**真诚**的感情。

《告别英伦》(美) 爱德华·约翰·菲尔普斯 (1822—1900)

4. It was very well said…that "thirteen staves and never a hoop will not make a barrel," and as any kind of hooping the barrel, however defectively executed, would be better than none, it was scarcely possible but that considerable advantages must arise from the federal hooping of the States. It was with pleasure that every **sincere** friend to America beheld as the natural effect of union, her rising prosperity, and it was with grief they saw that prosperity mixed, even in blossom, with the germ of corruption.

《Thomas Paine to George Washington》(U. K.) Thomas Paine (1737—1809)

前人说得好……"十三块桶板，没有一道箍，做不成一个圆木桶。"不管箍打得多么蹩脚，总比没有箍强；因此毫无疑问，以联邦形式把各州箍在一起，必然会带来很多好处。所有美国的**真挚**朋友看到美国的日益兴盛（这是联合的必然结果），无不感到欣慰；但当他们看到这种兴盛刚开花之际就夹杂着腐化的细菌时，又不免忧心忡忡。

《潘恩致华盛顿书》(英) 托马斯·潘恩 (1737—1809)

四例词译文均为直译。**例 2~例 4** 中**"真实、真诚、真挚"**不仅各自的两词根意义相近，而且从原文的释义中还可以看出此三例合成词之词义亦相近：**true** 的一个释义为"**real** or exact"；**genuine**：**real**；sincere and honest；**sincere**：showing what you **really** think or feel。

卑（十部）：卑贱，办事。会意字：由“ナ”、“甲”会意。“ナ”是左手，引伸为执。执甲者指低级人员，故训卑贱。

1. We were reading the passage lately at the house of my friend Raymond Gray, Esquire, Barrister-at-law, an ingenuous youth without the least practice, but who has luckily a great share of good spirits, which enables him to bide his time, and bear laughingly his **humble** position in the world.

《Snobs and Marriage》(U. K.) William Makepeace Thackeray (1811—1863)

最近我们是在我的朋友雷蒙德·格雷家里读的这段叙述。他是一位骑士，一位出庭律师，一个率直而毫无经验的年轻人，但幸好他有一个极好的心态，这使他能够等待时机，欣然忍受他在这世间的**卑微**处境。

《势利鬼与婚姻》(英) 威廉·梅克比斯·萨克雷 (1811—1863)

2. Finally, he is at the present time without employment, and hopes in the security of a permanent position to be able to realize at last those high musical aspirations which he has ever kept before him.

Should Your Majesty be graciously pleased to grant this request, the undersigned would strive to the utmost to give full satisfaction.

Your Majesty's most obedient **humble** servant,

Franz Schubert

《Franz Schubert to Francis Ⅱ》(Austria) Franz Schubert (1797—1828)

最后，臣目下赋闲，希望能获得一个有保障和永久性的职位，以期最终实现臣平生在音乐方面的远大抱负。

如蒙陛下恩准所请，臣必将鞠躬尽瘁，不负所望。

陛下***谦卑***顺从的仆人，

弗朗士·舒伯特

《舒伯特上弗朗西斯二世书》(奥) 弗朗士·舒伯特 (1797—1828)

3. …

And Caesar—**mean**—
In the Comparison—
Baseless Emperor—
Ruler of Nought,
Yet swaying all—

《The Child's Faith is New》(U. S. A.) Emily Dickinson (1830—1886)

……

和他相比较

凯撒，**卑劣**——
没有根基的皇帝——
一无可取
却支配着一切的君王——
《孩子的信仰稚嫩》(美) 艾米莉·狄金森 (1830—1886)

4. Do you know so much yourself that you call the **meanest** ignorant?
Do you suppose you have a right to a good sight, and he or she has no right to a sight?
《I Sing the Body Electric》(U. S. A.) Walt Whitman (1819—1892)
你自己是否就那么博学竟把最**卑贱**的叫作无知?
你是否认为你有权利有一副好目力，而他或她就无权有?
《我歌唱那带电的肉体》(美) 沃尔特·惠特曼 (1819—1892)

5. Long enough have you dream'd **contemptible** dreams,
Now I wash the gum from your eyes,
You must habit yourself to the dazzle of the light and of every moment of your life.
《Song of Myself (Excerpt)》(U. S. A.) Walt Whitman (1819—1892)
你那些**卑鄙**的梦已经做得够了,
现在我把你眼睛里的污垢洗去,
你自己必须习惯于炫目的光照和你炫目的生命的每一分秒。
《我自己的歌 (节选)》(美) 沃尔特·惠特曼 (1819—1892)

例 1 和**例 2** 的例词 **humble** 与**例 3** 和**例 4** 的 **mean** 各自译文分别为**"卑微、谦卑"**与**"卑劣、卑贱"**。两组译文各自词根之间的意义相近，且"微、卑"之间与"劣、贱"之间意义亦相近，故 humble 与 mean 分别对应一组译文。

直（乚部。乚：隐藏。像曲折逃亡隐匿的踪迹）：正视。会意字：由乚、由十、由目会意。

1. Round the cape of a sudden came the sea,
And the sun looked over the mountain's rim:
And **straight** was a path of gold for him,
And the need of a world of men for me.
《Parting at Morning》(U. K.) Robert Browning (1812—1889)
绕过海岬大海扑面而来,
太阳在山边缘刚刚露脸:
一条**笔直**的金路在他面前,
而我需要一个男性的世界。
《清晨离别》(英) 罗伯特·布朗宁 (1812—1889)

2. Once there, my uncle began to sell something or other, and he soon wrote that he was making a little money and that he soon hoped to be able to indemnify my father for the harm he had done him. This letter caused a profound emotion in the family. Jules, who up to that time had not been worth his salt, suddenly became a good man, a kind-hearted fellow, **true** and honest like all the Davranches.

《My Uncle Jules》(France) Guy De Maupassant (1850—1893)

一到那儿，叔叔就着手做买卖，很快他就写信告诉我们他发了点财，希望能尽快补偿他对父亲所造成的损失。这封信在我们家掀起了巨大反响。于勒，本是一无是处的人，突然变成了好心人、善良的人，就像达夫朗什家的人***正直***真诚。

《我的叔叔于勒》(法) 居伊·德·莫泊桑 (1850—1893)

3. ...he was so handsome, so high-spirited, and so honorable. We used to say of him that he would be the best of fellows, if he did not always speak the truth, but I think we really admired him all the more for his **frankness**.

《The Sphinx without a Secret》(U. K.) Oscar Wilde (1854—1900)

……他英俊潇洒，热情活泼，又极其受人尊重。过去，我们一直认为，如果他不至于总是直言不讳，必将是我们当中最出类拔萃的人，不过，我想，我们恰恰是因为他的***直率***才越发欣赏他的。

《没有秘密的斯芬克斯》(英) 奥斯卡·王尔德 (1854—1900)

三例词译文均为直译。**例 1** “***笔直***”属偏正型合成词，其意“像笔杆儿一样直”直接体现了原文 **straight** (without a curve or bend) 之意。**例 2** 和**例 3** 的译文“***正直、率直***”各自两词根意义相近。“***正直***”之意为“公正坦率”，如 **true** 释义 (connected with facts rather than things that have been invented or guessed) 中所示。“***率直***”乃“***直率***”，即原文 **frank** (honest or direct in what you say, sometimes in a way that other people might not like) 之意。

卖(賣)(出部)：出卖物货。会意字：由出、由買会意。《段注》：“出而与人买之也。”

1. “It's over,” he continued, “I **sold** the house, and I'm going to lose a lot of money. I am going to the only peaceful place: an apartment in Paris.”

《The Red and the Black》(France) Stendhal (1783—1842)

“都过去了，”他接着说，“我**卖**了房子，我将亏损一大笔钱。我将去唯一宁静的地方：巴黎的一套公寓。”

《红与黑》(法) 司汤达 (1783—1842)

2. I Came to buy a smile—today—
But just a single smile—

The smallest one upon your face
Will suit me just as well—
The one that no one else would miss
It shone so very small—
I'm pleading at the "counter" —sir—
Could you afford to **sell**—

《I Came to buy a smile—today》(U. S. A.) Emily Dickinson (1830—1886)

今天，我是来买笑容的——
只不过买一点儿笑意——
那最小的一点在你脸面
对于我，正好合适——
那一点，别人不会思念
它的光，十分微弱——
我在“柜台”前问：先生，
是否可以，**卖**给我——

《今天，我是来买笑容的》(美) 艾米莉·狄金森 (1830—1886)

此两例词之译文均为直译。

古（古部）：久远的年代。会意字：由十、口会意。表示众口相传，记识前代的言语和故事。

1. Upon a gentle eminence, nearly a mile to the southward of the town, were seen, amongst many **venerable** oaks and tangled thickets, the turrets of a castle, as old as the wars of York and Lancaster, but which seemed to have received important alterations during the age of Elizabeth and her successor. It had not been a place of great size; but whatever accommodation it formerly afforded was, it must be supposed, still to be obtained within its walls; at least such was the inference which General Browne drew from observing the smoke arise merrily from several of the **ancient** chimney-stacks.

《The Tapestried Chamber or The Lady in the Sacque》(U. K.) Walter Scott (1771—1832)

离城南将近一英里有一处平缓的高地，在那儿可以望见一座城堡的塔楼映衬在***古老***的橡树和繁茂的灌木丛中，其年代可以追溯到约克和兰开斯特战争期间，但城堡似乎在伊丽莎白及其继承者时代进行过重大改造。城堡规模一直不算太大，无论它过去接待过何种住客，今天仍旧足以在其内笑纳八方来客。看见从几个***古老***的大烟囱袅袅升起的炊烟，至少布朗将军是如此推断的。

《挂毯卧房（别名“长袍夫人”）》(英) 瓦尔特·司各特 (1771—1832)

2. And then the organ sounds, and unseen choirs
   Sing the **old** Latin hymns of peace and love
      And benedictions of the Holy ghost;
And the melodious bells among the spires
   O'er all the house-tops and through heaven above
      Proclaim the elevation of the Host!

《Divina Commedia》(U. S. A.) Henry Wadsworth Longfellow (1807—1882)

风琴奏鸣，无影无形的唱诗班
   把***古老***拉丁赞美诗曼声吟咏，
      赞颂和平与仁爱，向圣灵祝祷；
铃声清越，飘扬于尖塔之间，
   凌越所有的屋顶，响彻天穹，
      宣告高举圣餐的时辰已到！

《咏〈神曲〉六首》(美) 亨利·瓦茨沃斯·朗费罗 (1807—1882)

三例词译文均为“***古老***”。虽译文之两词根意义相近，但从上下文及其各自原文的释义中，即可体会出其含义各有侧重。**例 1** 原文例词 **venerable** (venerable people or things deserve respect because they are old, important, wise, etc.) 所表达的“***古老***”中含有“年高德劭”之意；**ancient** (very old) 则侧重于“***古***”；而**例 2** 中 **old** 的主要含义为“***老***”(having existed or been used for a long time)。

博（十部）：广大；精通。会意字：由十、由尃会意。

My mind has a small embrace,
   My love a **large** one;
You must bring them to a balance.

《You Know My Heart》(Germany) Bettine Brentano (1785—1859)

虽说我才疏学浅，
但我的爱很***博渊***；
你一定要平衡这两方面。

《你懂我的心》(德) 贝婷·布伦塔诺 (1785—1859)

例词原文 **large** 与“***博***”之本意相符。“***博渊***”两词根意义相近，故“博渊”亦相符于 large 之意。

厂部

厂，山上石头形成的边岸，(它们下面的洞穴是) 人们可以居住的地方。象形字。

厌（厭）：覆压。《字典》：（形容词）觉得过多而失去兴趣，产生反感。（动词）嫌弃。形声字：外形内声。

1. Mathilde was **bored** except when she was talking with Julien. She congratulated herself on choosing to be in love with him. It was good that it was dangerous.

《The Red and the Black》(France) Stendhal (1783—1842)

玛蒂尔德只有在和于连谈话时才不感到***厌倦***。她庆幸自己选择并爱上了于连。这很危险，然而对她来说，越危险越好。

《红与黑》(法) 司汤达 (1783—1842)

2. Ernest was dead and Harry who was in the church decorating business, was nearly always down somewhere in the country. Besides, the invariable squabble for money on Saturday nights had begun to **weary** her unspeakably.

《Eveline》(U. K.) James Joyce (1882—1941)

欧内斯特死了，哈里在教堂里干装修，几乎总是在乡下某个地方。另外，每周六晚上总是为了钱而争吵，这已让她有说不出的***厌倦***。

《伊芙琳》(英) 詹姆士·乔伊斯 (1882—1941)

3. The birds peck the berries or the corn, and fly away to the groves where they sit in seeming happiness on the branches, and waste their lives in tuning one unvaried series of sounds. I likewise can call the lutanist and the singer, but the sounds that pleased me yesterday **weary** me today, and will grow yet more wearisome tomorrow.

《The Happy Valley》(U. K.) Samuel Johnson (1709—1784)

鸟儿啄食着浆果或谷物，好像非常幸福快乐地在林间的树枝上飞翔，还将生命浪费在鸣唱一成不变的音调上。同样地，我也能叫来琵琶手和歌手，但昨天还能使我愉悦的乐章，今天却令我***厌烦***，明天变得更让人厌倦。

《快乐谷》(英) 塞缪尔·约翰逊 (1709—1784)

4. Here a red-nosed publican shouting the praises of his vats and there a temperance lecturer at 50 pounds a night; here a judge and there a swindler; here a priest and there a gambler. Here a jeweled duchess, smiling and gracious; here a thin lodging-house keeper, **irritable** with cooking; and here a wabbling, strutting thing, tawdry in paint and finery.

《On Getting On in the World》(U. K.) Jerome Klapka Jerome (1859—1927)

这里既有自卖自夸的糟鼻子酒商，又有每晚收 50 英镑报酬的戒酒宣讲师；这里既有法官，又有骗子；这里既有神父，又有赌徒；这里既有满身珠光宝气、雍容华贵的贵妇，又有早已***厌烦***了做饭、瘦骨嶙峋的客栈老板；还有嗲声嗲气、趾高气扬、浓妆艳抹的货色。

《论处世》(英) 杰罗姆·克拉普卡·杰罗姆 (1859—1927)

5. In 1841 you and I had together a **tedious** low-water trip on a steamboat from Louisville to St. Louis. You may remember as I well do, that from Louisville to the mouth of the Ohio there were on board ten or a dozen slaves shackled together with irons. That sight was a continued torment to me, and I see something like it every time I touch the Ohio or any other slave border.

《Abraham Lincoln to Joshua F. Speed》(U. S. A.) Abraham Lincoln (1809—1865)

1841年，我和你曾一道坐船从路易斯维尔到圣路易去，河里水浅，一路上令人十分**厌烦**。你也许还记得吧（因为我还记忆犹新），从路易斯维尔到俄亥俄河河口这一路上，船上有十一、二个用铁镣子锁在一起的奴隶。那副景象一直折磨着我。

《林肯致斯匹德书》(美) 亚伯拉罕·林肯 (1809—1865)

6. Somehow, her boy, with his aristocratic school-knowledge, his grammars, and his **aversions**, was losing those wide infantine sympathies, extending as far as to the sun and moon themselves, with which he, like other children, had been born and which his mother, a child of nature herself, had loved in him; …

《The Son's Veto》(U. K.) Thomas Hardy (1840—1928)

不知怎的，她的儿子自从学到了那些贵族式的教育，那些标准的语法，再加上他对某些事物的**厌恶**，便失去了孩子该有的同情心，就连太阳和月亮也不喜欢了。而这份同情心，曾是他与生俱来的，就像其他孩子一样。而他的母亲，因为自己也有着孩子般的天真，曾经最爱的也是这份同情心。

《儿子的否决》(英) 托马斯·哈代 (1840—1928)

7. He who is full **loathes** honey,
　　but to the hungry even what is bitter tastes sweet.

《Holy Bible》PROVERBS 27: 13

人吃饱了，**厌恶**蜂房的蜜；
　　人饥饿了，一切苦物都觉甘甜。

《圣经》箴言 27: 13

8. This situation in the world today is not the act of the German people themselves; it's the act of a group who hold them in subjection. The whole Nazi system is **repugnant** to the American people.

《War Comes to Europe》(U. S. A.) Herbert Hoover (1874—1964)

是统治德国的那帮人造成了当今世界的形势，而不是德国人民。美国人民对整个纳粹体制感到***厌恶***。

《战争降临欧洲》(美) 赫伯特·胡佛 (1874—1964)

例 2 和**例 3** 中例字 **weary** 的译文分别为**“*厌倦*”** 和**“*厌烦*”** 。“厌倦” 和 “厌烦” 各自的两词根意义相近，而 weary (to lose your interesting in or enthusiasm for sth) 释义中所含的 “厌” 与其两译文中之 “厌” 意相合，故有此二译。

例 1 和**例 2** 的例字 **bored** 与 **weary** 的译文同为**“*厌倦*”** ，在于：虽然 **bored** (feeling tired and impatient because you have lost interest in sb/sth…) 的含意侧重于**“*倦*”** ，**weary** 侧重在**“*厌*”** ，由于 “厌” 与 “倦” 意义相近，故合成词 “厌倦” 同为两例词之译文。

例 3～例 5 的例词译文同为**“*厌烦*”** 。从原文释义上看 **weary** 的含义侧重在 “厌”，**irritable** (getting annoyed easily; showing your anger) 含**“*烦*”** 的成分稍多，而 **tedious** (lasting or taking too long and not interesting) 则在**“*厌*”** 中含有一定程度的**“*烦*”** 。合成词 “厌烦” 的两词根意义相近，所以，无论这三例原文例词的含义侧重于 “厌” 还是 “烦”，其含义均在 “厌烦” 之中。

例 6～例 8 的例词译文同为**“*厌恶*”** 。从三例词原文释义 **aversions** (a strong feeling of not liking sb/sth)、**loathe** (to dislike sb/sth very much)、**repugnant** (making you feel strong dislike or disgust) 可以明显看出其所含的**“*恶*”** 之意。“厌恶” 两词根意义相近，故三例词之译文为同一合成词。

此外，其中几个例词的翻译涉及到词类的转换。**“*厌倦*、*厌烦*、*厌恶*”** 皆为动词。原文中的 **bored**、**irritable**、**tedious**、**repugnant** 的翻译涉及到***形容词转换为动词***，而 **aversions** 则由 ***名词转换为动词***。

厚 (㫗部)：山陵的高厚。会意字：由㫗 (厚)、由厂会意。

1. He saw the Woman enter, and them he imagined her opening the door of the sacred hutch and peering down with her short-sighted eyes into the **thick** straw bed where his god lay hidden.

《Sredni Vashtar》(U. K.) Hector Hugh Munro (Saki) (1870—1916)

他看到 “那个女人” 走了进去，然后想象着她打开了神圣的箱子。用她近视的眼睛看着箱子里***厚***厚的稻草，稻草下面便藏着他的神明。

《斯莱德尼·瓦什塔》(英) 赫克托·休·芒罗 (萨基) (1870—1916)

2. I had all but finished my meal when I heard footsteps approaching on the flags without. The murmur of other voices, distinguishably shrill yet guttural, even at a distance, and in spite of the **dense** stones and beams of the house which had blunted their timbre, had already reached me. Now the feet halted.

《The Creatures》(U. K.) Walter de la Mare (1873—1956)

我快要吃完饭了，这时忽然听见外面石板上有脚步声靠近。其他人不断的说话声，尖细而带有喉音，清晰可辨；这声音虽然从远处传来，而且还有房子***厚***厚的石头和横梁阻挡，还是传到了我的耳朵里。现在脚步声停了下来。

《精灵》(英) 瓦尔特·德·拉·梅尔 (1873—1956)

3. There was so much fighting going on that these palaces in Florence had to be built like forts. There are iron bars on the lower windows. There are **heavy** rough stones in the lower story. That kind of stonework is called *rusticated*. The stones bulge out from the joints between them. This makes the building look strong and sole.

《Backward and Forward》(U. S. A.) Virgil M. Hillier (1875—1931)

当时，由于到处都在打仗，因此佛罗伦萨的这些宫殿都不得不建得像要塞一样。下层窗户上，都焊有铁条。宫殿底层，则是用又***厚***又粗的石头做成的。那种石墙，叫作粗琢墙。墙上的石头，都从接缝处向外凸起。这使得整座宫殿看上去既牢固又结实。

《回顾与前行》(美) 维吉尔·希利尔 (1875—1931)

4. One knew of a burial hole
In the floor of a tribal cave,
Where under **deep** ash and charcoal
And cracked bones, human and beast,
The midden of feast upon feast,
Was coiled in its last resting grave…

《The Vindictives》(U. S. A.) Robert Frost (1874—1963)

有个人知道有一处藏宝深坑，
在一个部落的窑洞洞底底下，
隔着***厚***厚一层灰土一层木炭，
相互混杂的破碎人骨和兽骨，
一次又一次宴会留下的垃圾，
最有人想要的一件无价之宝
便卷成团埋在它这葬身之地，……

《复仇》(美) 罗伯特·弗罗斯特 (1874—1963)

从"译法点滴"中的"根据上下文联系以及词在句中的搭配关系来***选择和确定词义***"，可以体会出**"*厚*"**是个***多义词***。原文的语境不同，**"*厚*"**所表达的意义就不同。**例 1** 中 **thick** (having a larger distance between opposite sides or surface than other similar objects or than normal) 所指乃是扁平物体上下两面的距离大 (***跟薄相对***)，**dense** (heavy in relation to its size) 指密度大的，**密实**的；**heavy** (of the material or substance that sth is made of 原材料或原料；thick）指材料的厚；**deep**（having a large distance from the top or surface to the bottom）的“厚”含有**“深”**之意。

反（又部。又：手。象形）：翻覆。会意字：由又、由厂会意，厂像手掌翻转的样子。

1. When he talked our language He was animated with the Soul of a Briton. He had bold flights. He had humour. He had an extravagance; he had a forcible oddity of stile that the most comical of our *dramatis Personæ* could not have exceeded. He swore bloodily as was the fashion when he was in England. He hum's a Ballad; He **repeated** nonsense.

《James Boswell to William Johnson Temple》(U. K.) James Boswell (1740—1795)

他说起英语来，活像一个生气勃勃的英国佬。他谈笑风生，诙谐有趣，口若悬河；他的谈话既有说服力，又滑稽怪诞，连我们英国舞台上第一流的丑角都望尘莫及。他还粗野地骂街（他在英国时，我国的风气就是这样），嘴里还哼着一支小调；他还***反复***说些毫无意义的话。

《鲍斯韦尔致坦波尔书》(英) 詹姆斯·鲍斯韦尔 (1740—1795)

2. I declare myself **opposed** to several matters in the constitution, particularly to the manner in which, what is called the Executive, is formed…I also declare myself **opposed** to almost the whole of your administration; for I know it to have been deceitful, if not even perfidious. …

《Thomas Paine to George Washington》(U. K.) Thomas Paine (1737—1809)

我对你们好几处的政府体制表示***反对***，尤其是所谓最高行政长官的组织形式……你们整个政府结构我都要***反对***，因为我知道他一直挂羊头卖狗肉，有时甚至背信弃义……

《潘恩致华盛顿书》(英) 托马斯·潘恩 (1737—1809)

3. I have received today your letter; your letter, which is a preface for my catalog. I had the idea of asking you for a preface, when I saw you the other day in my studio playing the guitar and singing, your blue northern eyes gazing attentively at the pictures on the walls. I had then the presentiment of a **revolt**, of a shock between your civilization and my barbarism.

《Paul Gauguin to August Srindberg》(France) Paul Gauguin (1848—1903)

今天收到来信，就是做我画册序言的那封信。那一天，我看见你在我画室边弹吉他边唱歌。你那双北方人特有的蓝眼睛盯着墙上的画出神，我心里便起了求你写序的念头。我当时预感到你有一种***反感***，一种你的文明世界和我的野蛮作风对衬下的震惊。

《高庚复斯特林保书》(法) 保罗 · 高庚 (1848—1903)

4. The document of our case, which you and other ones will collect and preserve, will prove to you that your father, your mother, Ines, my family and I have sacrificed by and to a State Reason of the American Plutocratic **reaction**.

《Bartolomeo Vanzzetti to Dante Sacco》(Italy) Bartolomeo Vanzzetti (1888—1927)

有关我们这个案子的文献(将来你和别的人一定会收集保存)会向你证明:你父亲、母亲、英尼斯、我一家人和我自己都是***反动***的美国财阀集团的政治借口下的牺牲品。

《万塞蒂致但丁 · 萨科书》(意) 巴托罗欧 · 万塞蒂 (1888—1927)

5. As appalling conviction of his helpless, hopeless peril struck a chill to Conrad's heart like the chill of death itself. What power on earth could save him! To **disprove** the charge he must reveal that he was a woman, and for an uncrowned woman to sit in the ducal chair was death! At one and the same moment he and his grim old father swooned and fell to the ground.

《The Frightful Catastrophe》(U. S. A.) Mark Twain (1835—1910)

一个无法辩白的骇人听闻的罪名,无法辩白的危险,让康拉德内心感到冷飕飕的,就像死亡本身一样寒冷。究竟有什么力量可以解救他?要***反驳***这种指控,他就必须说出自己是一个女人,而一个未受加冕的女人坐在公爵的座位上就要被处以极刑!就在这一瞬间,他和她那坚强的老父亲都昏倒在地上。

《可怕的结局》(美) 马克 · 吐温 (1835—1910)

6. The fundamental distinction between the dictatorship of the proletariat and the dictatorship of other classes—landlord dictatorship in the Middle Ages and bourgeois dictatorship in all the civilized capitalist countries—consists in the fact that the dictatorship of the landowners and bourgeoisie was the forcible suppression of the **resistance** offered by the vast majority of the population, namely, the working people. In contrast, proletarian dictatorship is the forcible suppression of the **resistance** of the exploiters, i. e., an insignificant minority of the population, the landowners and capitalists.

《These and Report on Bourgeois Democracy and the Dictatorship of the Proletariat》 (Russia) Nikolai Lenin (1870—1924)

无产阶级专政同其他阶级专政(中世纪的地主专政,一切文明的资本主义国家中的资产阶级专政)根本不同的地方,在于地主和资产阶级专政是用暴力镇压绝大多数劳动人民的***反抗***。相反地,无产阶级专政是用暴力镇压极少数人的***反***

抗，即地主和资本家等剥削者。

《关于无产阶级民主和无产阶级专政》(俄) 弗·伊·列宁 (1870—1924)

7. The boat **responded**

Gaily, to the hand expert with sail and oar

The sea was calm, your heart would have **responded**

Gaily, when invited, beating obedient

To controlling hands…

《The Waste Land》(U. K.) Thomas Stearns Eliot (1888—1965)

那条船欢快地

作出**反应**，顺着那使帆用桨老练的手

海是平静的，你的心也会欢快地

作出**反应**，在受到邀请时，会随着

引导着的双手而跳动……

《荒原》(英) 托马斯·斯特恩斯·艾略特 (1888—1965)

除**例 2** 与**例 5** 的例词译文**"反对、反驳"**属联合型中两词根意义相近外，其余皆为偏正型合成词。从**例 5** 原文 **disprove** (to show that sth is wrong or false) 的释义来看，其译文**"反驳"**无论是从词根"反（掉转头向相反方向）"、还是"驳（用自己的观点否定别人观点）"、亦或是其合成词"反驳（说出自己的理由，来否定别人跟自己不同的理论或意见）"的含义上，均表达出了原文例词所含之意，是为意译。其他译文则为其各自原文之直译。

历（歷）（止部）：经过。形声字：下形上声。

1. At last Julien saw the great black walls of Besançon. "How different it would be," he thought, "if I came to this city as a soldier instead of as a church student!" He thought of **history** as he walked around the city.

《The Red and the Black》(France) Stendhal (1783—1842)

终于，于连看到了贝藏松高大的黑色围墙。他想："如果我是作为一个战士——而不是作为神学院的学生——来到这个城市，情况会多么不同啊！"在城里四处走看，他想起了这个城市的**历史**。

《红与黑》(法) 司汤达 (1783—1842)

2. Kind messages, that pass from land to land;

Kind betters, that betray the heart's deep **history**,

In which we feel the pressure of a hand—

One touch of fire, —and all the rest is mystery!

《Dedication》(U. S. A.) Henry Wadsworth Longfellow (1807—1882)

慈惠的音讯，从一处传到一处，
　　慈惠的信札，解释了内心**经历**，
其中，能感到一个手掌的按抚，——
　　火热的一触，——其余全是奥秘！

《献词》(美) 亨利·瓦茨沃斯·朗费罗 (1807—1882)

3. If indeed when the pilgrim arrives in the world below, he is delivered from the professors of justice in this world, and finds the true judges who are said to give judgment there, Mino and Rhadamanthus and Aeacus and Triptolemus, and other sons of God who were righteous in their own life, that **pilgrimage** will be worth making.

《Apology》(Ancient Greece) Socrates (B. C. 470—B. C. 399)

假如这游历者到达地下世界时，摆脱了尘世判官，却在这里碰见真纯正直的法官迈诺、拉达门塞斯、阿克斯、特里普托里马斯，以及一生公正的诸神儿子，那么这***历程***就确实有意义了。

《申辩》(古希腊) 苏格拉底 (公元前470—公元前399)

4. They saw many honest faces go by that were not intelligent enough; many that were intelligent, but not honest enough; many that were both, but the possessors were not poor enough, or if poor enough, were not strangers. There was always a defect, until I came along; but they agreed that I filled the bill all around; so they elected me unanimously, and there I was now waiting to know why I was called in. They began to ask me questions about myself, and pretty soon they had my **story**.

《The £1,000,000 Bank-Note》(U. S. A.) Mark Twain (1835—1910)

他们看着一张张面孔从窗前经过，这些人不够聪明；有的虽聪明，但不够诚实；许多既聪明又诚实，但又不够穷；要么是够穷，但又不是外乡人。总有不尽之处，直到我走过来。他们都认为我符合所有条件，于是一致同意选我；而我正等着知道为什么他们要叫我进来。他们开始问一些有关我个人的问题，很快就弄清了我的***来历***。

《百万英磅》(美) 马克·吐温 (1835—1910)

原文例词 **history** 的译文为“***历史***”和“***经历***”。此二词各自两词根意义相近，且与词根“***历***”组合的“***史***(历史)”与“***经***(经历)”也具有相近之意义，故 history 有此二译。“***历程***”与“***来历***”属复合式偏正型，为其原文之直译——**pilgrimage**: a journey to a place that is connected with sb/sth that you admire or respect; **story**: an account of past event or of how sth has developed。

压(壓)(土部)：自然崩坏。形声字：下形上声。

1. This is a dream in which things are all loose and they **oppress**. I shall find them

gathered in thee when I awake and shall be free.

《Stray Birds：152》(India) Rabindranath Tagore (1861—1941)

在梦中，一切事都散漫着，都***压***着我，但这不过是一个梦呀。当我醒来时，我便觉得这些事都已聚集在你那里，我也便将自由了。

《飞鸟集：第152首》(印) 罗宾特拉纳特·泰戈尔 (1861—1941)

2. Oh, how different that is from lying to be dried and **pressed** flat, and prized highly, and put in a book with a proper account at top and bottom, and shut up and put away...and the book called 'Flora', besides!

《Robert Browning to Elizabeth Barrett》(U. K.) Robert Browning (1812—1889)

啊，这跟平常的一朵花，放在那里晾干了，***压***扁了，受到人家的珍爱，夹在书本里，页上两头还有说明文字，然后被关闭起来束之高阁，该有多么不同啊……而且，那本书还被人称为《花卉志》呢！

《布朗宁致伊丽莎白·巴雷特书》(英) 罗伯特·布朗宁 (1812—1889)

3. When the wind works against us in the dark,
And pelts with snow
The lower-chamber window on the east,
And whispers with a sort of **stifled** bark,
The beast,
"Come out! Come out!" —

《Storm Fear》(U. S. A.) Robert Frost (1874—1963)

当风在黑暗中和我们作对，
把雪摔打在
楼下朝东房间的窗户上，
那畜生
还用一种***压抑***的吠叫低声呼唤，
"出来吧，出来！"

《暴风雨恐惧》(美) 罗伯特·弗罗斯特 (1874—1963)

4. He knew what a huge fish this was and he thought of him moving away in the darkness with the tuna held crosswise in his mouth. At that moment he felt him stop moving but the weight was still there. Then the weight increased and he gave more line. He tightened the **pressure** of his thumb and finger for a moment and the weight increased and was going straight down.

《The Old Man and the Sea》(U. S. A.) Ernest Hemingway (1899—1961)

他知道这是一条很大的鱼。他想象到它嘴里横衔着金枪鱼，在黑暗中游走。

这时他感到鱼不动了，但重量还在。接着重量增加了，他又放出一些线。他一时加强了拇指和食指上的**压力**，拉力增加了并且一直传到水下。

《老人与海》(美) 欧内斯特·海明威 (1899—1961)

例 3 之译文**"压抑"**的意义从其原文 **stifled** 的释义 (to prevent sth from happening; to feel unable to breathe) 中得到了体现。**例 4 "压力"**属偏正性合成词，为 **pressure** 的直译。

愿 (心部)：恭谨。《字典》：(动词) 希望将来能达到某种目的的想法；乐意。形声字：下形上声。

1. The bird **wishes** it were a cloud.
   The cloud **wishes** it were a bird.

《Stray Birds: 35》(India) Rabindranath Tagore (1861—1941)

鸟儿**愿**为一朵云。
云儿**愿**为一只鸟。

《飞鸟集：第 35 首》(印) 罗宾特拉纳特·泰戈尔 (1861—1941)

2. So Nature deals with us, and takes away
   Our playthings one by one, and by the hand
   Leads us to rest so gently, that we go
   Scarce knowing if we **wish** to go or stay,
   Being too full of sleep to understand
   How far the unknown transcends the what we know.

《Nature》(U. S. A.) Henry Wadsworth Longfellow (1807—1882)

造化对待我们也正像这般，
把我们喜爱的玩意儿一件件拿开，
牵着手儿，仁慈地领我们去睡觉；
我们去了，分不清**情愿**不情愿，
睡意太浓，顾不得打听明白
未知的比这已知的胜过多少。

《造化》(美) 亨利·瓦茨沃斯·朗费罗 (1807—1882)

3. "Where have I come from, when did you pick me up?" the baby asked its mother.
   She answered half crying, half laughing, and clasping the baby to her breast, —
   "You were hidden in my heart as its **desire**, my darling..."

《The Beginning》(India) Rabindranath Tagore (1861—1941)

"我是从哪儿来的？你，在哪儿把我捡起来的？"孩子问他的妈妈。

她把孩子紧紧地搂在胸前，半哭半笑地答道——
“你曾被我当做**心愿**藏在我的心里，我的宝贝。……”
《开始》(印) 罗宾特拉纳特·泰戈尔 (1861—1941)

4. All thought and feeling and **desire**, I said,
Love, laughter, and the exultant joy of song
Have ebbed from me forever! Suddenly o'er me
They swept again from their deep ocean bed,
And in a tumult of delight, and strong
As youth, and beautiful as youth, up-bore me.
《The Tides》(U. S. A.) Henry Wadsworth Longfellow (1807—1882)
我说过：所有的心思，感触，***愿望***，
爱情，欢笑，妙曲清歌的陶醉，
已经永远从我的心头退去！
蓦然，他们又冲出海底之床，
快乐地喧哗着，像青春一样俊美，
像青春一样壮健，又把我高举。
《潮》(美) 亨利·瓦茨沃斯·朗费罗 (1807—1882)

例 1 和**例 2** 之例词原文 **wish** 的译文分别为***“愿”*** 与***“情愿”***。***“情愿”*** 为偏正型组合词，从 wish (to want sth to happen) 的释义不难看出，“愿” 与 “情愿” 均含原文所要表达之意。**例 3** 和**例 4** 的例词 **desire** 分别译为***“心愿”*** 与***“愿望”***。***“心愿”*** 属复合式偏正型；而***“愿望”*** 则是两词根意义相近。“心愿” 之 “心” 与 “情愿” 之 “情” 的作用相同，都是对 “愿” 的进一步说明，而 “愿” 与 “望 (盼望)” 又是意义相近，故这两例译文所对应的原文均为 desire。

质 (質)(贝部)：用物相抵押。《字典》：(动词) 依据事实问明或辨别是非；(形容词) 朴实。会意字：由貝、由所 (二斤) 会意。

1. Amundeville is lord by day,
But the monk is lord by night;
Nor wine nor wassail could raise a vassal
To **question** that friar's right.
《The Black Friar》(U. K.) George Gordon Byron (1788—1824)
白天，阿孟德维是主子，
黑夜，怪僧是主人；
对他的权威，没一位亲贵

敢在酒宴中***质问***。

《黑袍僧》(英) 乔治·戈登·拜伦 (1788—1824)

2. But, have we time, gentlemen ask, to examine it, to probe it thoroughly, and verify its calculations? No, no! a thousand times no! Haphazard conjectures, insignificant **inquiries**, gropings that can but mislead—there are all that we can give to it now. Shall we therefore miss the decisive moment?

《Speech on Necker's Financial Plan》(France) Comte de Mirabeau (1749—1791)

可是，有些先生问：我们可有时间审查及彻底研究这计划，并核实其计算方法吗？没有了，一点点时间都没有了！我们现在所能做的，只是提出一些随意的猜测和无关紧要的***质询***；这样做只能误导他人。我们是否应为此而错失关键重大的时机呢？

《关于内克的经济计划》(法) 米拉波伯爵 (1749—1791)

3. For thee, who, mindful of th' unhonour'd dead,
   Dost in these lines their **artless** tale relate;
If chance, by lonely contemplation led,
   Some kindred spirit shall inquire thy fate, …

《Elegy Written in a Country Churchyard》(U. K.) Thomas Gray (1716—1771)

至于你，你关心这些陈死人，
用这些诗句讲他们***质朴***的故事，
假如在幽思的引领下，偶然有缘分，
一位同道问起你的身世——

《墓畔哀歌》(英) 托马斯·格雷 (1716—1771)

例1和**例2**的例词译文***"质问、质询"***各自两词根意义相近。根据《字典》中***"质"***的释义，其关键词是***"问"***和***"辨"***，而其各自所对应之原文**question** (to ask sb questions about sth especially officially) 与**inquire** (to ask sb for some information) 二词的释义中又均有***"问 (ask)"***之意，故无论是***"问"***还是***"询"***，亦或是其各自的组合，所表达的都是原文例词之意。**例3 artless**的译文***"质朴"***为意译。

厉(厲)：质地粗硬的(磨刀)石。《字典》：(形容词) 猛烈；严肃。形声字：外形内声。

1. Some of you will be glad I did what I did,
And the rest won't want to punish me too **severely**
For finding a thing to do that though not forbid
Yet wasn't enjoined and wasn't expected, clearly.

《Not Quite Social》(U. S. A.) Robert Frost (1874—1963)

你们有些人会为我做了我做的事高兴，
其余的人则不想“要惩罚我过于***严厉***”，
由于我做了的是我发现法律并不禁止，
既没有明文反对也不为人们明确期许。

《有违常规》(美) 罗伯特·弗罗斯特 (1874—1963)

2. For I was ill once and a doctor came
With a great ugly hat, no plume thereto,
Black jerkin and black buckles and black sword,
And white sharp beard over the ruff in front,
And oh so lean, so sour-faced and **austere**! —
Who felt my pulse, made me put out my tongue,
Then opened a phial, dripped a drop or two
Of a black bitter something, —I was cured!

《From The Ring and the Book》(U. K.) Robert Browning (1812—1889)

因为有次我病了，来了个医生，
戴顶没插羽毛的丑陋的大帽子，
黑外套，黑搭扣，黑佩剑，
坚硬的白胡子翘在轮状皱领上边，
身材特别瘦，脸色阴沉***严厉***! ——
他诊我的脉，叫我伸舌头，
然后打开一个小瓶，倒出一两滴
黑苦的东西，——就把我治好了!

《指环与书》(英) 罗伯特·布朗宁 (1812—1889)

3. Under my window, a clean **rasping** sound
When the spade sinks into gravelly ground:
My father, digging.

《Digging》(U. K.) Seamus Heaney (1939—2013)

我的窗下，一个清晰而***粗厉***的响声，
铁铲切进了砾石累累的土地:
我爹在挖土。

《挖掘》(英) 谢默斯·希尼 (1939—2013)

“严厉” 两词根意义相近。**Severe** 这里的意思是: punishing sb in an extreme way when they break a particular set of rules; **austere**: (of a person) strict and serious in appearance and behaviour. 从原文释义可以看出，***“严厉”*** 是其直译。“***粗厉***” 两词根之间的关系是意义相关，两词并列构成其译文意义——**rasp**: to make an unpleasant harsh voice。

后（後）（彳部。彳：微小的步伐。）：行动迟缓。《字典》：（名词）后代子孙。会意字：由彳、幺（小）、夂〔行动迟缓、摇曳、绥绥（不能举步）〕会意。

1. The night is come, but not too soon;
  And sinking silently
All silently, the little moon
  Drops down **behind** the sky.
《The Light of Stars》(U. S. A.) Henry Wadsworth Longfellow (1807—1882)
夜来了，来的从容不迫；
  那细小娇柔的月亮
静静地、无声无息地沉落，
  藏入天穹的***后方***。
《星光》(美) 亨利·瓦茨沃斯·朗费罗 (1807—1882)

2. And then anon she doth herself divest
  Of all her radiant garments, and reclines
  Behind the somber screen of yonder pines,
  With slumber and soft dreams of love oppressed.
《The Evening Star》(U. S. A.) Henry Wadsworth Longfellow (1807—1882)
不久，便卸去周身璀璨的盛装，
  她在松林的黑屏风***后面***就寝，
  去寻觅柔婉梦境，在梦里重温
抑制不露的恋情，沉入了睡乡。
《黄昏星》(美) 亨利·瓦茨沃斯·朗费罗 (1807—1882)

3. It matters little where we pass the remnant of our days. They will not be many. A few more moons; a few more winters—and not one of the **descendants** of the mighty hosts that once moved over this broad land or lived in happy homes, protected by the Great Spirit, will remain to mourn over the graves of a people once more powerful and hopeful than yours. But why should I mourn at the untimely fate of my people?
《Reply to the U. S. Government》(Dwamish and Suquamish) Chief Seattle (1786—1866)
我们在什么地方度过我们的余年已经无关重要。我们的来日不多了。再过几月，再过几冬，这个民族再也没有一个***后裔***留下来在墓前致哀。这原是一个比你们更强大、更有希望的民族，曾经人数众多，受大神的庇护，在这广阔的土地上幸福地安居乐业，但我又何必为我的民族夭折的命运哀叹呢？
《给美国政府的答复》(德沃米希和苏国米希等部落) 酋长 西雅图 (1786—1866)

例 1 和**例 2** 的词译文 ***“后方、后面”*** 既可理解为方位词，又可理解为偏正型的合成词，“后”作为修饰语，来限定其后的“方”或“面”。***“后裔”*** 两词根意义相近，为 **descendants** 的直译。

厮：《字典》：（副词）互相。形声字：外形内声。

1. Let usroll all our strength and all
Our sweetness, up into one ball,
And **tear** our pleasure with rough strife,
Through the iron gates of life.

《To the Coy Mistress》(U. K.) Andrew Marvell（1621—1678）

让我们把我们全身的力气，把所有
我们甜蜜的爱情揉成一球，
通过粗暴的***厮打***让我们的欢乐
从生活的两扇铁门中间扯过。

《致他的娇羞的女友》(英) 安德鲁·马韦尔（1621—1678）

2. I was in the act of resigning my berth on the paper when the chief arrived, and with him a rabble of charmed and enthusiastic friends. Then ensued a scene of riot and **carnage** such as no human pen, or steel one either, could describe.

《Spirit of the Tennessee Press》(U. S. A.) Mark Twain（1835—1910）

我正在写着辞去报馆职务的报告，突然主编回来了，和他同来的还有他的一群喜气洋洋、情绪高昂的狐朋狗友。于是，又发生了一场斗殴和***厮杀***，那种骚乱的情景简直无法用钢笔，也无法用铁笔来描绘。

《田纳西出版界精神》(美) 马克·吐温（1835—1910）

“厮打、厮杀” 各自两词根之间的关系属偏正型，其组词为原文之直译。

厨（广部）：厨屋。形声字：外形内声。

1. The occasion on which I numbered myself among his audience was one evening when he was sitting in the yawning chimney-corner of the inn-**kitchen**, with some others who had gathered there, and I entered for shelter from the rain. Withdrawing the stem of his pipe from the dental notch in which it habitually rested, he leaned back in the recess behind him and smiled into the fire. The smile was neither mirthful nor sad, not precisely humorous nor altogether thoughtful. We who knew him recognized it in a moment: it was his narrative smile.

《A Tradition of Eighteen Hundred and Four》(U. K.) Thomas Hardy（1840—1928）

一个夜晚，我和其他人一起听他讲故事。当时他就坐在客栈***厨房***令人发困的炉角旁，一些人围在他的周围，而我为了避雨也加入其中。所罗门把烟斗杆从牙槽中取出来，要在平时，他会把烟斗就搁在那儿。只见他靠向身后的壁凹，微笑着朝炉火望去。那微笑既不开心，也没有忧伤，既不十分幽默，也没若有所思。熟悉他的人都明白：这微笑藏满了故事。

《1804 年的传说》(英) 托马斯·哈代 (1840—1928)

2. Rats!

They fought the dogs and killed the cats,
And bit the babies in the cradles,
And ate the cheeses out of the vats,
And licked the soup from the **cooks**' own ladles's, …

《The Pied Piper of Hamelin》(U. K.) Robert Browning (1812—1889)

老鼠!
它们跟狗打架，它们咬死猫，
它们啃摇篮里的娃娃，
它们吃缸里的奶酪，
它们从***厨子***勺里抢汤喝，……

《哈梅林的花衣吹笛人》(英) 罗伯特·布朗宁 (1812—1889)

“厨子”属附加式的合成词：由一个表示具体词汇意义的词根和一个表示某种附加意义的词缀构成：“厨”为词根，“子”为名词词缀。这里的 **cook** (a person who cooks for food or whose job is cooking) 即***“厨子”***。

厅：《字典》：(名词) 会客、宴会、娱乐等用的大房间。

Nothing impresses the mind with a deeper feeling of loneliness than to tread the silent and deserted scene of former throng and pageant. On looking round on the vacant stalls of the knights and their esquires, and on the rows of dusty but gorgeous banners that were once borne before them, my imagination conjured up the scene when this **hall** was bright with the valor and beauty of the land: glittering with the splendor of jeweled rank and military array; alive with the tread of many feet and the hum of an admiring multitude.

《Westminster Abbey》(U. S. A.) Washington Irving (1783—1859)

走在这个曾经热闹繁华而如今孤寂苍凉的地方，头脑中涌起一种无法言说的落寞感受。环视周围武士和他们的侍从们空空如也的座位，看着飘扬在他们面前的一排排布满了灰尘却依然锦绣华丽的军旗，我不禁想象起昔日的盛况：全国上下的英雄和美人都云集在这明亮的***大厅***里，这里因为有了这些珠光宝气的仕女和英武的武士而璀璨生辉；不绝于耳的脚步声和赞扬声在整个大厅回荡。

《西敏大寺》(美) 华盛顿·欧文 (1783—1859)

这里 **hall** (a building or large room for public meetings, meals, concerts, etc.) 的释义即**"大厅"**。

盾 (盾部)：盾牌。用来捍卫身体、蔽护头目的东西。象形字。

And earnest thoughts within me rise,
When I behold afar,
Suspended in the evening skies,
The **shield** of that red star.

《The Light of Stars》(U. S. A.) Henry Wadsworth Longfellow (1807—1882)

热切情思涌上我胸怀,
当我远远地望见
这颗红色星辰的***盾牌***
高悬在薄暮天边。

《星光》(美) 亨利·瓦茨沃斯·朗费罗 (1807—1882)

"盾" 的本意即***"盾牌"***。

勹部

包裹。像人弯曲的样子。由"勹"构成的字往往含有"包、裹、弯曲"之意。

包 (包部)：像人怀着孕。"巳"字在"勹"的中间，像胎儿尚未成形的样子。会意字。

1. This one chip contains inscribed on it the whole history of the woodchopper and of the world. On this scrap of paper, which **held** his sugar or salt, perchance, or was the wadding of his gun, sitting on a log in the forest, with what interest we read the tattle of cities, of those larger huts, empty and to let, like this in High Streets and Broadways.

《A Winter Walk》(U. S. A.) Henry David Thoreau (1817—1862)

这片木片上的劈痕记载了樵夫的生活经历以及世界的变化历史。这里有张小纸片，是樵夫用来***包***糖或者***包***盐的，或者偶尔，他会坐在树林里的原木上，用它来填塞他的枪膛。我们饶有兴趣地读着这张纸片，读着许多城市的无聊闲话，读着大街上以及百老汇的空房子，它们宽敞明亮，等待租让，就像樵夫的这间一样。

《冬日漫步》(美) 亨利·戴维·梭罗 (1817—1862)

2. We know there was winter, long, fearful. We know the earth was strangled and mortified, we know the body of life was torn and scattered broadcast. But what is this retrospective knowledge? It is something extraneous to us, extraneous to this that we are now, and what we are, and what, it seems, we always have been, is this quickening lovely silver plasm of pure creativity. All the mortification and tearing, ah yes, it was upon us, **encompassing** us.

《Whistling of Birds》(U. K.) David Herbert Lawrence (1885—1930)

我们知道漫长而恐怖的冬天已然过去，那时，大地曾被窒息、扼杀，生命之体曾经被摧残、撕裂，零落四野。但是回想这些又有什么用呢？这些都是身外之物，与现在的我们毫不相干。我们现在是，似乎一直以来我们都是，这种加速纯粹创造性的可爱的银色琼浆。所有的毁灭和撕裂，是的，过去曾降临在我们身上，曾***包围***着我们。

《鸟语啁啾》(英) 戴维·赫伯特·劳伦斯 (1885—1930)

3. And now a dreadful rumor had come to hand. Rome has been **besieged**, and its citizens have been forced to buy off their lives with gold. My voice cleaves to my throat; sobs choke my utterance. The city which had taken the whole world captive is itself taken. Famine too had done its awful work.

《Saint Jerome to a Friend》(Yugoslavia) Saint Jerome (340—420)

现在我听到可怕的谣言：罗马城被敌人***包围***了，市民不得不以黄金赎命。我的嗓子哽咽，泣不成声。昔日征服天下的城市，今日却被别人征服了。饥馑也在到处肆虐。

《圣哲罗姆致友人书》(南斯拉夫) 圣哲罗姆 (340—420)

4. I have my horizon **bounded** by woods all to myself; a distance view of the railroad where it touches the pond on the one hand, and of the fence which skirts the woodland road on the other. But for the most part it is as solitary where I live as on the prairies.

《Solitude》(U. S. A.) Henry David Thoreau (1817—1862)

我的地平线被森林***包围***起来，供我独自享用，望得最远的地方，也只是湖的一端铺设的铁路和湖的另一端沿着山体的公路上围建的篱笆。从大体上看，我居住在这个地方，和生活在大草原上一样寂寞。

《孤独》(美) 亨利·戴维·梭罗 (1817—1862)

5. It reaches to the Fence—
It **wraps** it Rail by Rail
Till it is lost in Fleeces—

It deals Celestial Vail

To Stump, and Stack—and Stem—
A Summer's empty Room—
Acres of joints, where Harvest were,
Recordless, but for them—

《It Sifts from Leaden Sieves》(U. S. A.) Emily Dickinson (1830—1886)

延伸到栅栏时——
把栅栏***包裹***在羊毛下
直到原型失去影踪——
它把天国的轻纱

覆盖起残梗、断秸、草堆——
夏季遗留下的空屋——
秋收过后的田亩,
除了根茬,不留丝毫记录——

《它通过铅筛筛下》(美)艾米莉·狄金森(1830—1886)

"包围"和***"包裹"***各自的两词根意义相近。不过,虽都含有"包"的意义,由于各自的侧重点有所不同,其对应的原文则不同。***"围"***在于四面拦起来;环绕,如 **encompass** 的释义:to surround or cover sth **completely**。***"裹"***在于***"缠"***,如其原文 **wrap** 的释义所示:to put sth **firmly** around sth/sb。例中 **encompass** 和 **besiege** 的译文虽然相同,但其各自的含义也稍有区别——**besiege**:to surround a building, city, etc. with soldiers until the people inside are forced to let you in,从各自的释义中可以看出:**encompass** 在于***"围绕"***,而 **besiege** 则是***"围攻"***。从其各自的上下文中也可体会出其含义之间的区别。这里 **bound** 的翻译为意译:bound 作为动词,其本意为 to form the edge or limit of an area。

匍:用手爬行。形声字:外形内声。

匐:趴伏在地上。形声字。

"匍匐"为单纯词(由一个语素构成的词):身体贴着地面爬行。

1. And that inverted Bowl they call the Sky,
Where—under **crawling** cooped we live and die,
Lift not your hands to It for help—for It
As impotently moves as you or I.

《The Rubáiyát of Omar Khayyám of Naishápúr》(Extract)
(U. K.) Edward Fitzgerald (1808—1883)

人称说天宇是个覆盆，
我们**匍匐**着在此生死，
莫用举手去求他哀怜——
他之不能动移犹如我你。

《莪默·伽亚谟作〈鲁拜集〉》(英) 爱德华·菲茨杰拉德 (1808—1883)

2. Those who make believe to be dumb, and look as if they never could move, come **creeping** to his window with their stories and with trays crowded with bright toys.

《Baby's World》(India) Rabindranath Tagore (1861—1941)

那些大家以为他是哑的人，那些看去像是永不会走路的人，都带了他们的故事，捧了装满着五颜六色的玩具盘子，**匍匐**地来到他的窗前。

《孩子的世界》(印) 罗宾特拉纳特·泰戈尔 (1861—1941)

两例**"匍匐"**均为其原文的直译。原文 **crawl** 与 **creep** 的不同在于：**creep** [(of people or animals) to move slowly, quietly and carefully, because you do not want to be seen or heard] ***爬行***，指四肢着地、慢慢地、无声地、偷偷地爬行，主要用于人或四肢动物的动作；而 **crawl** (to move forward on your hands and knees, with your body close to the ground) ***蠕动***，其动作比 **creep** 更接近地面，往往用来指无腿或有许多腿的动物的动作。

句 (句部)：弯曲。会意兼形声字。《汉字演变 500 例》与《解字》："句，曲也。"字由"口""丩"("纠"的本字) 构成："口"原是方钉；"丩"像两根绳子纠结在一起，兼表音。古文通"勾""钩"。

1. It is apparent, anyhow, that the mere use of the tongue, quite apart form the words it utters, gives pleasure to many. If it gives you no pleasure, and if further, you derive one from listening to the remarks of others, there is no need to converse. You had better then take up a position in a solitary corner (if possible on a chair, but this is a rare treat) and merely listen to the noise as to concert, not endeavouring to form out of it **sentences**.

《Evening Party》(U. K.) Rose Macaulay (1881—1958)

不管怎样，除了说出的话外，很显然舌头的唯一用途是可以给许多人带来快乐。如果动舌头不会给你带来什么快乐，退一步，如果旁听别人的谈话就可以获得快乐，那就没有必要说话。最好找一个僻静的角落 (如果可能的话，就是坐在椅子上，不过这可是求之难得的)，像听音乐会一样，只需听杂乱的声音，不用费力去连词成**句**。

《晚间聚会》(英) 罗斯·麦考利 (1881—1958)

2. And a **verse** of a Lapland song
Is haunting my memory still;
"A boy's will is the wind's will,
And the thoughts of youth are long, long thoughts."
《My Lost Youth》(U. S. A.) Henry Wadsworth Longfellow (1807—1882)
一首拉普兰民歌的***诗句***
一直在我记忆里回荡:
"孩子的愿望是风的愿望,
青春的遐想是悠长的遐想。"
《逝去的青春》(美) 亨利·瓦茨沃斯·朗费罗 (1807—1882)

3. Even as our cloudy fancies take
Suddenly shape in some divine **expression**,
Even as the troubled heart doth make
In the white countenance confession,
The troubled sky reveals
The grief it feels.
《Snow-Flakes》(U. S. A.) Henry Wadsworth Longfellow (1807—1882)
像我们的悬想,暧昧朦胧,
骤然之间凝成了神妙的***词句***;
像忧郁的心灵,似苍白面容
把重重心事披露出去:
忧郁的天穹在倾诉
内心的悲苦。
《雪花》(美) 亨利·瓦茨沃斯·朗费罗 (1807—1882)

"诗句"和***"词句"***各自两词根意义相关,其组词含义各有侧重:***"诗句"***(**verse**: a group of lines that form a unit in a poem or song)重在表达"诗"中之句;***"词句"***(**expression**: a word or phrase),主要表达的是"句"中之词语。从例词所处之上下文即可体现出其各自之含义。

匀:(物因两分而)少。《字典》:平均。会意字:由勹、二会意。

1. Though it is by the benefit of nature, that length of time thus blots out the violence of afflictions; yet, with tempers too much given to pleasure, it is almost necessary to revive the old places of grief in our memory; and ponder step by step on past life, to lead the mind into that sobriety of thought which poises the heart, and makes it beat with due time, without being quickened with desire, or retarded with

despair, from its proper and **equal** motion.

《On Recollections of Childhood》(U. K.) Richard Steele (1672—1729)

尽管大自然恩赐众生，漫长的光阴可将众人剧烈的痛苦消磨，但人之性情太好快乐，于是几近必要去重温记忆中的哀伤之处，步步思索昔日生活，将思绪带至沉静之境，使之适时跳动，不因欲望而加速，亦不因绝望而延迟，不脱离其固有轨道，亦不改变其**匀速**运动。

《回忆童年》(英) 理查德·斯梯尔 (1672—1729)

2. —stone matched with stone
  In studied **symmetry**, with inters pace
  For the clear waters to pursue their race
Without restraint.

《The Stepping-stones》(U. K.) William Wordsworth (1770—1850)

一块块石头，摆布得**均匀**齐整，
  像玲珑玉带一条，把两岸连缀，
  中间有许多孔隙，让清清流水
不受阻碍，急匆匆趱赶路程。

《踏脚石》(英) 威廉·华兹华斯 (1770—1850)

3. Tiger, tiger, burning bright
In the forests of the night,
What immortal hand or eye
Could frame thy fearful **symmetry**?

《The Tiger》(U. K.) William Blake (1757—1827)

老虎！老虎！你金色辉煌，
火似的照亮黑夜的林莽，
什么样超凡的手和眼睛
能塑造你这可怕的**匀称**？

《老虎》(英) 威廉·布莱克 (1757—1827)

Equal (the same in size, quantity, value, etc. at sth else) 的释义中含“**匀**”的意义。由于其后所修饰的是 **motion**，所以运用了翻译中的“加字”技巧，将 equal 译为**匀速**。“**均匀**”与“**匀称**”各自两词根意义相近。**Symmetry** 译为“**均匀**”，乃取其释义中之 the quality of being very similar or equal 之意，此意含“均”又含“匀”，故译文“**均匀**”与其原文完全相符。而“**匀称**”则偏重在 Symmetry (the exact match in size and shape between two halves, parts or sides of sth) 的“对称”之义。

匀：《字典》：(动词) 1. 用钩形符号表示重点或删掉。2. 结合；串通。

1. And all **temptation**, Luke, I pray that thou
May'st bear in mind the life thy Father lived,
Who, being innocent, did for that cause
Bestir them in good deeds.

《Michael》(U. K.) William Wordsworth (1770—1850)

要是有什么
邪魔外道 ***勾引***你，我求你记住
你祖祖辈辈是怎么过活的：
他们心地清白，就知道一心做好事。

《迈克尔》(英) 威廉·华兹华斯 (1770—1850)

2. There was never mystery
But't is **figured** in the flowers;
Was never secret history
But birds tell it in the bowers.

《The Apology》(U. S. A.) Ralph Waldo Emerson (1803—1882)

凡是神秘的事物，
都由鲜花 ***勾画***形象；
凡是隐秘的事迹，
都由鸟儿在林荫歌唱。

《辩白》(美) 拉尔夫·华尔多·爱默生 (1803—1882)

3. Or rather laugh with him, that queer philosopher,
Democritus of Thrace, who used to toss over
The page of life and grim at the dog-ears,
As though he's say, "Why, who the devil cares?"
This is a question which, oh heaven, **withdraw**
The luckless query from a member's claw!

《O, Temporal! O, Mores!》(U. S. A.) Edgar Allan Poe (1809—1849)

还是跟着他笑，那个奇怪的哲人，
色雷斯的德谟克利特，笑对人生，
他常翻开人生之书，对着折页发笑，
仿佛要说“干吗，究竟有谁会在乎？”
哦，天啊，这就是一个问号，
把世人那个不幸的问题一笔 ***勾销***！

《哦，时代！哦，风尚！》(美) 爱伦·坡 (1809—1849)

三例的译文均为两词根意义相近的复合式合成词。从其各自原文的释义可以

看出：**temptation**（the desire to do or to have sth that you know is bad or wrong）偏重于“**引**”；**figure**（decorated with a small pattern）着意于“**画**”；**withdraw**（to move **back** or away from a place or situation）侧重于“**销**”。

匕部

一起比较而排列次第。由反向的人字表示。匕，也是用来舀饭食的勺匙，又叫柶。

匙（匕：用来舀取饭食的勺匙）：匕勺。形声字：内形外声。

1. “The weight of **spoons**,” said Trimble, “so light. A little bowl with a stick attached. The cast in that waiter's eye. I knew him once but he wouldn't remember me.”

《The Lost Decade》(U. S. A.) Francis Scott Fitzgerald (1896—1940)

“这***汤匙***的重量,”特布林说,“如此的轻。就是一个迷你的碗连上个柄。那个服务生眼睛有斜视。我以前认识他，但他不一定记得我了。”

《失落的十年》(美) 弗兰茨·司各特·菲茨杰拉德 (1896—1940)

2. For I have known them all already, known them all—
Have known the evening, mornings, afternoons,
I have measured out my life with coffee **spoons**; …

《The Love Song of J. Alfred Prufrock》(U. K.) Thomas Stearns Eliot (1888—1965)

因为我已经熟悉了她们，熟悉了她们所有的人——
熟悉了那些黄昏，和上下午的情景，
我使用咖啡***匙子***量走了我的生命；……

《阿尔弗瑞德·普鲁弗洛克的情歌》(英) 托马斯·斯特恩斯·艾略特 (1888—1965)

这里“***汤匙***”的中心语是“匙”；“***匙子***”的“子”则是词根“匙”的后缀，两例译文均体现出“匙”之本意。

疑（子部）：迷惑。会意字：由子、止、匕会意：小孩子站在路上止步不前，在反复比较路的方向，不知该往哪里走。

1. “What language is thine, O sea?”
“The language of eternal **question**.”
“What language is thy answer, O sky?”
“The language of eternal silence.”

《Stray Birds: 12》(India) Rabindranath Tagore (1861—1941)

“海水呀，你说的是什么?”
“是永恒的***疑问***。”

“天空呀，你回答的话是什么？”

“是永恒的沉默。”

《飞鸟集：第12首》(印) 罗宾特拉纳特·泰戈尔 (1861—1941)

2. “Helloa! Below there!”

When he heard a voice thus calling to him, he was standing at the door of his box, with a flag in his hand, furled round its short pole. One would have thought, considering the nature of the ground, that he could not have **doubted** from what quarter the voice came; but instead of looking up to where I stood on the top of the steep cutting nearly over his head, he turned himself about, and looked down the Line.

《The Signalman》(U. K.) Charles Dickens (1812—1870)

“嗨，下面当心！”

听见有声音这样叫他，他正站在信号岗门口，手里拿着面小旗，卷在短旗杆上。鉴于此处地形的特点，人们以为他对声音传来的方向不会有**疑问**。但他并没有抬头看我所站之处，我的位置几乎就在他头顶上方那陡峭的铁道路堑顶端，而是转身向下朝铁轨路线望去。

《信号工》(英) 查尔斯·狄更斯 (1812—1870)

3. When I came down low enough upon the zigzag descent to see him again, I saw that he was standing between the rails on the way by which the train had lately passed, in an attitude as if he were waiting for me to appear. He had his left hand at his chin, and that left elbow rested on his right hand, crossed over his breast. His attitude was one of such expectation and watchfulness that I stopped a moment, **wondering** at it.

《The Signalman》(U. K.) Charles Dickens (1812—1870)

当我沿着崎岖的小路走到低得又能看见他时，发现他站在列车刚驶过的两条铁轨之间，那姿态仿佛是在等我出现。他左手捏着下巴，右手横在胸前托着左肘，这是一种期待与戒备的姿态，我于是稍停片刻，对此感到**疑惑**。

《信号工》(英) 查尔斯·狄更斯 (1812—1870)

4. “Very different—but I think Mr. Darcy improves.”

“You mean his manners. I dare not hope that his true character has improved,” said Wickham.

“Oh, no,” said Elizabeth, “his true character, I believe, is very much unchanged.”

Wickham looked **doubtful**.

《Pride and Prejudice》(U. K.) J. Austen (1775—1817)

“的确大不相同——不过，我觉得达西也变好了。”

“你是在说他的举止谈吐吧，我可不敢奢望他在本质上会变好。”魏克姆说道。

“哦，不，”伊丽莎白说，“我相信他在本质上毫无改变。”

魏克姆看起来十分**疑惑**。

《傲慢与偏见》(英) 简·奥斯汀 (1775—1817)

例词译文**“疑问”**属偏正型合成词；**“疑惑”**则是由意义相近的两词根组合而成。**“疑惑”**的释义是“怀疑困惑”，体现出了 **wonder** 与 **doubt** 各自的含义：**wonder** (to think about sth and try to decide what is true, what will happen, what you should do, etc.) 偏于表达困惑；**doubt** (to feel uncertain about sth) 之意则侧重在“疑”。这里“疑惑”一词两用，在一定程度上既体现出两词根各自的所含之意，又通过原文较为充分地表达出这一词语的整体意义。

旨 (旨部)：味美。《字典》：(名词) 1. 用意；目的。2. 帝王的命令。形声字：下形上声。

1. Hitler is a monster of wickedness, insatiable in his lust for blood and plunders. The Nazi regime is devoid of all **theme** and principle except appetite and racial domination. It excels in all forms of human wickedness, in the efficiency of its cruelty and ferocious aggression. ...

《Broadcast on Russian Being Invaded》(U. K.) Winston Churchill (1874—1965)

希特勒是个恶魔，他嗜血成性，贪掠成狂，而纳粹政权毫无**宗旨**和原则，只有贪欲和种族统治。它残忍凶暴的侵略所带来的后果，是人类任何形式的恶行都无法比拟的。……

《在俄国遭到入侵时发表的广播演说》(英) 温斯顿·丘吉尔 (1874—1965)

2. Of all the memorials which are offered to a university by the gratitude of her sons, there are none which serve so closely and fully the **purposes** of her life as those monuments which commemorate her dead heroes. The most important part of the teaching of a place like Yale is found in the lessons of public spirit and devotion to high ideals which it gives.

《Acceptance of the Cheney-Ives Gateway》(U. S. A.) Arthur Twining Hadley (unknown)

一切为了表示感谢而赠送给母校的纪念品当中，没有哪一样比纪念死去的英雄纪念碑更紧密完美地代表学校生活**宗旨**的了。在耶鲁这样的学府里，最重要的课程部分是为公众服务和献身于崇高理想的精神。

《接受迁尼与埃弗斯门楼》(美) 阿瑟·吐温宁·赫德莱 (不详)

3. The choice we make for ourselves must be made with a moderation of counsel and a temperateness of judgment befitting our character and our **motives** as a nation.

《Ask Congress to Declare War Against Germany》(U. S. A.) Woodrow Wilson (1856—1924)

我们的决策必须经过深思熟虑，我们的判断必须稳重适宜，符合我国民族的品格与**宗旨**。

《要求国会对德宣战》(美) 伍德罗·威尔逊 (1856—1924)

4. I condole with you. We have lost a most dear and valuable relation. But it is the **will** of God and nature, that these mortal bodies be laid aside, when the soul is to enter into real life. This is rather an embryo state, a preparation for living.

《Benjamin Franklin to Miss E. Hubbard》(U. S. A.) Benjamin Franklin (1706—1790)

我向你表示唁慰。我们失去了一位最可爱、最可贵的亲人。然而躯壳要进黄土，灵魂要成正果，这是上帝和大自然的**意旨**。毋宁说它是胚胎期，生命的准备阶段。

《富兰克林致赫伯德小姐书》(美) 本杰明·富兰克林 (1706—1790)

5. "…

Lay him in state on a sepal.
Wrap him for shroud in a petal.
Embalm him with ichor of nettle.
This is the **words** of your Queen."

《Departmental》(U. S. A.) Robert Frost (1874—1963)

"……

置诸花萼以便举哀行礼，
并用花瓣充当他的殓衣，
再以荨麻汁液涂敷躯体，
这是女王**懿旨**，钦此。"

《分工》(美) 罗伯特·弗罗斯特 (1874—1963)

译文**"宗旨、意旨、懿旨"**均属复合式偏正型的合成词。**"宗"**为**"根本"**之意，"宗旨"为主要的目的和意图。原文 **theme** (the subject or main idea in a talk, piece of writing, or work of art) 的释义中既含词根**"宗"**又有**"旨"**之意，同时还具有偏正型的合成意义。**Purpose** (the intention, aim, or function of sth; the thing that sth is supposed to achieve) 与 **motive** (a reason for doing sth) 的释义中皆有**"旨"**的含意，其**"宗"**之意则体现在两词所处之上下文中：serve so closely and fully the **purposes** of her life as those monuments; our **motives** as a nation, 故原文例词的译文选择了"宗"与"旨"相组合而成的偏正型合成词。

顷：头不正。《字典》：(量词) 市制面积单位，100 亩为一顷。(名词) 很短的时间。会意字：由匕、由頁 (头) 会意。

1. Happy the man whose wish and care

A few paternal **acres** bound,
Content to breathe his native air,
In his own ground.

《Ode on Solitude》(U. K.) Alexander Pope (1688—1744)

他是那样欢乐欣喜,
只企求数**公顷**祖传土地。
他心满意足地呼吸故乡的空气,
——在他自己拥有的田园里。

《隐居颂》(英) 亚历山大·蒲伯 (1688—1744)

2. Ending my vigil strange with that, vigil of night and battle-field dim,
Vigil for boy of responding kisses (never again on earth responding),
Vigil for comrade **swiftly** slain, vigil I never forget, how as day brighten'd,
I rose from the chill ground and folded my soldier well in his blanket,
And buried him where he fell.

《Vigil Strange I kept on the Field On Night》(U. S. A.) Walt Whitman (1819—1892)

就这样站完了一班奇异的岗,这一班在黑夜里和昏暗的战场上站的岗,
为那报人以热吻的孩子站岗(此生已不再能如此报答了),
为***顷刻***之间就被杀死的伙伴站岗,我永不能忘的一班岗,又怎样在东方微明时,
我从冰凉的地上站起,用他的毡子仔细包裹了我的士兵,
把他埋在他倒下的地方。

《一天晚上,我在战场上站了一班奇异的岗》(美) 沃尔特·惠特曼 (1819—1892)

两例字译文所体现的是《字典》中**“顷”**的含义。**“顷刻”**之**“刻”**这里的意义为“短暂的时间”,与“顷”之意义相近,其组合之意亦即原文 swift 所要表达的意义:happening or done **quickly** and **immediately**; done sth **quickly**。

廴部

长远地行走。由**“廴”**构成的字一般与“行走”或其引申意义相关。

廷:朝廷。形声字:外形内声。

1. Most gracious Emperor!

With the deepest submission the undersigned humbly begs Your Majesty graciously to bestow upon him the vacant position of Vice-Kapellmeister to the **Court**, and supports his application with the following qualifications: …

《Franz Schubert to France Ⅱ》(Austria) Franz Schubert (1797—1828)

无比仁慈的皇上！臣以无限恭顺、谦卑之忱，恳求陛下开恩，将**朝廷**副乐长之缺惠赐予臣，今为这封申请书提供下列资历：……

《舒伯特上弗朗西斯二世书》(奥) 弗朗士·舒伯特（1797—1828）

2. In the presence of this society, frivolous and dismal, Voltaire alone, having before his eyes those united forces, the **court**, the nobility, capital; that unconscious power, the blind multitude; that terrible magistracy, so severe to subjects, so docile to the master, crushing and flattering, kneeling upon the people before the king; that clergy, vile mélange of hypocrisy and fanaticism; Voltaire alone, I repeat, declared war against that coalition of all the social iniquities, against that enormous and terrible world, and he accepted battle with it. And what was his weapon? That which has the lightness of the wind and the power of the thunderbolt—a pen.

《Voltaire》(France) Victor Marie Hugo（1802—1885）

在这轻薄无聊、凄惨忧郁的时世下，伏尔泰独自一个人，面对**宫廷**、贵族和资本的联合力量，面对那些毫无意识的强力—群盲；面对那些无恶不作的官吏，他们专门媚上欺下，俯伏于国王之前，凌驾于人民之上；面对那些教士，他们是伪善与宗教狂的邪恶混合体。让我再说一遍，伏尔泰独自一人，向社会上一切邪恶的联合力量宣战，向着茫茫的恐怖世界宣战，并与之搏斗。他的武器是什么呢？是那轻若微风而重如霹雳的——一支笔。

《伏尔泰》(法) 维克多·玛丽·雨果（1802—1885）

“朝廷、宫廷”为直译，其意义均与这里 **court**（the official place where kings and queens live）的意义相符。

延(延部)：长远地出行。《字典》：（动词）1. 引长；伸展。2. 推迟。会意字：由廴、由止会意。延的本意是长行，因为能缓步而行，安步而行，所以有长行意。

1. There are some that profess Idleness in its full dignity, who call themselves the Idle, as Busiris in the play “calls himself the Proud”; who boast that they do nothing, and thank their stars that they have nothing to do; who sleep every night till they can sleep no longer, and rise only that exercise may enable them to sleep again; who **prolong** the reign of darkness by double curtain, and never see the sun but to “tell him how they hate his beams”; whose whole is to vary the postures of indulgence, and whose day differs from their night but as a couch or chair differs from a bed.

《On Idleness》(U. K.) Samuel Johnson（1709—1784）

然而有些人高声赞叹懒散是高雅之事，以“闲散之士”自居，正如布西里斯在剧中自称为“骄傲之士”一样。他们炫耀自己无需做事，感谢命运之神没有给他们安排事情。他们每晚睡觉睡到自然醒，起床活动活动也只是为了以后更好地入睡。为了**延长**黑夜的主宰，他们拉起厚厚的双层窗帘，终日不见阳光，除了“告诉他，他们十分憎恶他的光芒”。不断地变换享受的姿势是他们所有的劳动。对他们而言，昼夜的分别就在于长沙发、椅子与床的不同。

《论懒散》(英) 塞缪尔·约翰逊 (1709—1784)

2. I heard Monsieur Hamel speaking to me: “I will not scold you, my little Frantz; you must be punished enough; that is the way it goes; every day we say to ourselves: ‘Pshaw! I have time enough. I will learn to-morrow.’ And then you see what happens. Ah! It has been the great misfortune of our Alsace always to **postpone** its lessons until tomorrow. Now those people are entitled to say to us: ‘What! You claim to be French, and you can neither speak nor write your language!’ In all this, my poor Frantz, you are not the guiltiest one. We all have our fair share of reproaches to address to ourselves.”

《The Last Lessons》(France) Alphonse Daudet (1840—1897)

我听哈梅尔先生对我说：“我不会责备你，我的小弗朗茨。你已经得到了应有的惩罚。生活就是这样，每天我们都对自己说：‘哼，我有的是时间，明天再学。’那么现在你该明白了吧！噢！我们阿尔萨斯人总是把今日的学习任务**延迟**到明日，这一直都是我们的不幸。现在，那些人就该对我们说：‘什么嘛！你们认为自己是法国人，怎么你们连法语也不会写呢?’在这当中，可怜的小弗朗茨，你也不是最该内疚的那位。我们每个人都该自责。”

《最后一课》(法) 阿尔封斯·都德 (1840—1897)

3. This war is not limited to the territory of our unhappy land. This war is not decided by the Battle of France. This war is a world war. All mistakes, all **delays**, all suffering do not alter the fact that there exist in the world all the means needed to crush our enemies some day. Crushed as we are today by mechanized force, we can in the future conquer by superior mechanized. Therein lies the destiny of the world.

《Has the Last Word Been Said?》(France) Charles De Gaulle (1890—1970)

这次战祸所及，并不限于我们不幸的祖国，战争的胜败亦不取决于法国战场的局势。这是一次世界大战。我们的一切过失、**延误**以及所受的苦难都没有关系，世界上仍有一切手段，能够最终粉碎敌人。我们今天虽然败于机械化部队，将来，却会依靠更高级的机械化部队夺取胜利。世界命运正系于此。

《谁说败局已定》(法) 夏尔·戴高乐 (1890—1970)

4. How is it that the Greeks made their language the most graceful and compendious mode of expression ever known among men? Did they spend all their time studying the languages which had preceded theirs? Did they explore with tireless

persistency the ancient root dialects of the vanished world? Not at all. They studied Greek. They studied their own language. They loved it, they cherished it, they adorned it, they expanded it, and that is why it **survives** a model and delight to all posterity.

《The Joys of Writing》(U. K.) Winston Churchill (1874—1965)

古希腊人如何运用自己的语言，使之成为人类迄今所知最高雅、最简练的表达方式呢？他们是否用了毕生的学习时间学习在此之前的语言？他们是否不知疲倦地潜心研究某个已不复存在的世界里的原始方言了？根本没有！他们只学习希腊语。他们学习自己的语言。他们热爱它，珍惜它，修饰它，拓展它，因此，它才能得以**延续**，其楷模和乐趣使所有后人享用。

《写作的乐趣》(英) 温斯顿·丘吉尔 (1874—1965)

例 1 例词译文**"延长"**（to make sth longer）属复合式动宾型的合成词，其余三例均属复合式补充型：**例 2 "延迟" postpone**（to arrange for an event, etc. **to take place at a later time or date**）、**例 3 "延误" delay**（to not do sth **at a later time**）、**例 4 "延续" survive**（**to continue** to live or exist）的释义中体现出了**"延"**的结果。译文词语的构成类型基本上体现在原文的释义之中，将二者进行对照，有助于对原文的进一步理解，从而使译文与原文之意更为贴切。

建：建立朝廷法律。《字典》：（动词）提出（自己的主张）。会意字：由聿（用来书写的笔）、由廴会意。

1. It is made mistake in our affairs when he said Jefferson Davis had **founded** a nation, he offered reparation when he secured the Geneva Arbitration, and loyally paid its award.

《Gladstone, England's Greatest Leader》(U. S. A.) Whitelaw Reid (1837—1912)

如果说他在我们美国的问题上犯过错误，说杰斐逊·戴维斯**建立**了一个国家，但是后来他却恪守了日内瓦裁决，弥补了他的过失。

《英国最伟大的领导人格莱斯顿》(美) 怀德罗·里德 (1837—1912)

2. When they are willing to reveal themselves and become acquainted as in the world of respectable society, then a relationship of friendliness and confidence can be **established**; otherwise, why should I neglect the charming friends I know for a friend who may be charming, but is unknown; that is to say, who may be disagreeable, both visually and intellectually?

《Guy de Maupassant to Marie Bashkirtseff》(France) Guy de Maupassant (1850—1893)

如果她们愿意像体面社会中的人那样出头露面，和我结识，那么，一种友好、亲密的关系是可以**建立**起来的。否则的话，我为什么要为一个或许很可爱、但自己并没有把握的朋友（也就是说，一个相貌和才智都可能不讨人喜欢的人)，在疏远自己熟悉的那些可爱的朋友呢?

《莫泊桑复玛丽·巴什克采夫》(法) 纪·德·莫泊桑 (1850—1893)

3. Not maintained by human contrivance of tariff or capital, afar off from the fullest and cheapest source of supply, but resting in Divine assurance, within touch of field and mine and forest; not **set** amid costly farms from which competition has driven the farmer in despair, but amid cheap and sunny lands, rich with agriculture, to which neither season nor soil has set a limit, —this system of industries is mounting to a splendor that shall dazzle and illumine the world.

《The Race Problem in the South》(U. S. A.) Henry Woodfin Grady (1851—1889)

这个工业体系不靠人为的关税和资本来维持，更不靠充足而低廉的资源供应，而是靠神赐的保证，靠周围的原野、矿山和森林。这个工业体系不是**建立**在花销很大的农场之中(这些农场之间的竞争使农人绝望破产)，而是建立在阳光充足的廉价土地之上。这些土地农产丰富，广袤无垠，四季如春。这个工业体系日益发展，将光照人寰，举世瞩目。

《南方的种族问题》(美) 亨利·胡芬·格雷迪 (1851—1889)

4. No, it was **builded** far from accident;
It suffers not in smiling pomp, nor falls
Under the blow of thralled discontent,
Whereto th' inviting time our fashion calls.

《The Sonnet of William Shakespeare: 124》(U. K.) William Shakespeare (1564—1616)

不，它**建立**了，同偶然毫无牵挂;
在含笑的高贵面前，它沉得住气，
被压制的愤懑的爆发也打不垮它，
尽管这爆发已成为当代的风气。

《莎士比亚十四行诗：第124首》(英) 威廉·莎士比亚 (1564—1616)

5. And finally our government must change its punitive attitude towards both big and little business. Regulations there must be. We, of the opposition, have consistently **recommended** that, but the day of witch-hunting must be over.

《Loyal Opposition》(U. S. A.) Wendell Willkie (1892—1944)

最后，我们的政府必须改变对大小事物一律惩罚的态度。相关的法规必须制定出台。我们反对党不断**建议**，政治迫害的日子必须结束。

《忠诚的反对党》(美) 温德尔·威尔基 (1892—1944)

在**例1~例4**的原文中，通过四例词所处之上下文，读者可以体会到其意义的相近及其用法的不同，这种情况在其各自所对应的原文释义中亦可有所体现——**found**：to start sth，such as an organization or an institution，especially by providing money，**establish**：to start or create an organization，a system，etc. that is meant to last for a long time，**set**：to start sth happening，**build**：to create or develop。**“建立”**之两词根意义相近，这里仅就其词义（开始成立；开始形成）来说，四译文均可体现出原文的含义。**例5** **“建议”**之**“议”**在这里含“商讨”之意，故两词根之间的关系属复合式补充型。

几部

由“几”构成的字有的含有“凭、靠”之意，有的与作“凭、靠”之用的器具相关，还有的具有“数儿”的含义。

几：蹲踞在地上的几。《字典》：（数词）表示二至九之间的不定的数目。象形字：像几的正面和两侧的形状。

1. “You have a small electric battery and a piece of rubber to insulate the wire-isolate insulate well，we'll skip the details，no good going into details that wouldn't be understood and in short the little machine stands in any convenient position by the head of the bed，we will say，on a neat mahogany **stand**…”

《Kew Gardens》（U. K.）Virginia Woolf（1882—1941）

“只要一个小电池，另外还要一段胶布包扎电线，以免走电……叫漏电？还是走电？……嗯，我们省略这些细节不说了，反正别人也听不懂，说了也没用……总之，把这个小机关就装在床头，看哪儿方便就搁在哪儿，比方说，可以搁在一只干净的红木小**几**上……”

《邱园纪事》（英）弗吉尼亚·伍尔芙（1882—1941）

2. Apparently the sound of the bell had suspended the separation of the company，bent on the various amusements of the morning；for，on entering the court of the château，**several** young men were lounging about in their sporting dresses，looking at and criticizing the dogs which the keepers held in readiness to attend their pastime.

《The Tapestried Chamber or The Lady in the Sacque》（U. K.）Walter Scott（1771—1832）

铃声显然暂缓了一伙人出去各自从事早晨的种种娱乐活动。**几位**年轻人一身猎装来到古堡的庭院，他们信步于院中，观察并品评主人们各自牵着的蓄以待发的狗。

《挂毯卧房（别名“长袍夫人”）》（英）瓦尔特·司各特（1771—1832）

两例词均为直译。

朵（木部）：树木下垂朵朵的样子。《字典》：（量词）用于花或形状像花的东西。象形字。

1. Now the flowers are in high bloom and I call, "Come back, my darling. The children gather and scatter flowers in reckless sport. And if you come and take **one** little blossom no one will miss it."

《The Recall》(India) Rabindranath Tagore (1861—1941)

现在花已盛开，我唤道："回来，我的宝贝。孩子们漫不经心地在游戏，我把花聚在一块，又把它们散开。你如果要走来，拿 一**朵**小花去，没有人会发现的。"

《追唤》(印) 罗宾特拉纳特·泰戈尔 (1861—1941)

2. I believe, scarce any poet of eminence, who has not left some testimony of his fondness for the **flowers**, the zephyrs, and the warblers of the spring. Nor has the most luxuriant imagination been able to describe the serenity and happiness of the golden age, otherwise than by giving a perpetual spring, as the highest reward of uncorrupted innocence.

《The Rambler》(U. K.) Samuel Johnson (1709—1784)

我相信，所有优秀的诗人，在面对**朵朵**鲜花，阵阵柔风和春日的鸟鸣时，都会透露出他的喜爱之情。即使最丰富的想象也难以表达出金色年华的静谧与欢乐，永恒的春天才是对不坠沉沦的清纯的最高褒奖。

《说春》(英) 塞缪尔·约翰逊 (1709—1784)

例 1 之**"一朵"**体现出其量词的作用。**例 2** 之译文通过**"朵朵"**这一重叠词体现出 **flowers** 的复数形式。

凭：依靠在几上。会意字：由几、由任会意。

1. At night the watchmen of the city say, "Beauty shall rise with the dawn from the east."

And at noontide the toilers and the wayfarers say, "We have seen her **leaning** over the earth from the windows of the sunset."

In winter say the snow-bound, "She shall come with the spring leaping upon the hills."

And in the summer heat the reapers say, "We have seen her dancing with the autumn leaves, and we saw a drift of snow in her hair."

《Beauty》(Lebanon) Kahlil Gibran (1883—1931)

在夜里守城的人说："美要与晓暾从东方一同升起。"

在日中的时候，工人们和旅客说："我们曾看见她**凭倚**在落日的窗户上俯视大地。"

在冬日，阻雪的人说："她要和春天一同来临，跳跃于山峰之上。"

在夏日的炎热里，刈者说："我们曾看见她和秋叶一同跳舞，我们也看见她的发中有一堆白雪。"

《美》(黎巴嫩) 卡里·纪伯伦 (1883—1931)

2. After saying these things he looked about him, and he saw the pilot of his ship standing **by** the helm and gazing now at the full sails and now at the distance.

《The Farewell》(Lebanon) Kahlil Gibran (1883—1931)

他说完这些话，望着四周，他看见他船上的舵工**凭**舵而立，凝视着那张满的风帆，又望着无际的天末。

《言别》(黎巴嫩) 卡里·纪伯伦 (1883—1931)

3. That to the world are children;
   Through them it feels the glow
Or a brighter and sunnier climate
   Than reaches the trunks below.

《Children》(U. S. A.) Henry Wadsworth Longfellow (1807—1882)

孩子在世间也是这般，
   凭着他们，世人才感到
天气比树干所接触的更好，
   阳光也更明亮地照耀。

《孩子们》(美) 亨利·瓦茨沃斯·朗费罗 (1807—1882)

4. From my study I see **in** the lamplight,
   Descending the broad hall stair,
Grave Alice, and laughing Allegra,
   And Edith with golden hair.

《The Children's Hour》(U. S. A.) Henry Wadsworth Longfellow (1807—1882)

我**凭**着灯光看到
   她们沿楼梯走下；
艾蕾笑，艾莉端庄，
   小艾荻满头金发。

《孩子的时辰》(美) 亨利·瓦茨沃斯·朗费罗 (1807—1882)

5. In what distant deeps or skies
Burnt the fire of thine eyes?
On what wings dare he aspire?
What the hand dare seize the fire?

《The Tiger》(U. K.) William Blake (1757—1827)

在什么样遥远的海底天空，
烧出给你做眼睛的火种？
凭什么样翅膀他胆敢高翔？
敢于攫火的是什么样手掌？

《老虎》(英) 威廉·布莱克 (1757—1827)

例 1“**lean**”直译为***凭倚***。**例 2~例 5** 词的翻译均涉及词类的转换：***从前置词转换为动词***。

卜部

由“卜”构成的字往往与占卜相关。

卜：火灼裂龟甲，像炙龟之形。《字典》：(动词) 预测。象形字。

1. Make merry, wives! Ye little children, stun
Your grandma's ears with pleasure of your noise!

《**Anticipation**》(U. K.) William Wordsworth (1770—1850)

妇女们，尽情快乐吧！你们——小淘气！
大叫大嚷吧，把奶奶耳朵闹聋！

《***预卜***》(英) 威廉·华兹华斯 (1770—1850)

2. Not from the stars do I my judgement pluck,
And yet methinks I have astronomy;
But not to **tell** of good or evil luck,
Of plagues, of dearths, or seasons' quality; …

《The Sonnet of William Shakespeare: 14》(U. K.) William Shakespeare (1564—1616)

我的判断并不是来自星象中，
不过我想我自有占星的学说；
可是我不用它来 ***卜***命运的吉凶，
卜疫疠、灾荒或季候的品格；……

《莎士比亚十四行诗：第 14 首》(英) 威廉·莎士比亚 (1564—1616)

例 1 题目 **anticipation** 的译文为直译。**例 2** 之 **tell** 译为“***卜***”在于其上下文。

贞（貞）：卜问。《字典》：(形容词) 1. 忠于自己的信仰和原则。2. 旧指女子坚守节操。会意字：由卜、由貝会意。甲骨文上为卜，下为鼎。小篆中“鼎”讹变为“貝”。隶变后楷书写作“貞”。鼎本是食器，这里表火具，即用火而卜。

1. Adore enthusiasm, the dreams of the **virgin** soul, and the visions of early youth, for they are a perfume of paradise which the soul retains in issuing from the hands of its Creator.

《To the Young Men of Italy》(Italy) Giuseppe Mazzini (1805—1872)

崇尚热情，追求***贞洁***灵魂的理想和青春的憧憬吧！因为这是天堂的香料，是灵魂从造物主手中得到的。

《致意大利青年》(意) 朱瑟佩·马志尼 (1805—1872)

2. I cannot live without you, and not only you but **chaste** you; virtuous you. The Sun rises and sets, the day passes, and you follow the bent of your inclination to a certain extent—you have no conception of the quantity of miserable feeling that passes through me in a day, —Be serious! Love is not a plaything—and again do not write unless you can do it with a crystal conscience. I would sooner die for want of you than—

《John Keats to Fanny Brawne》(U. K.) John Keats (1795—1821)

没有你我实在活不了，但不仅仅是你，而是***贞洁***的你，有德行的你。日复一日，岁月消逝，你放纵行迹，为所欲为——我每天心中忍受着多少痛苦，你却一无所知——严肃点！爱情不是开玩笑——再说一遍，除非你的心像冰雪一样皎洁，否则就不要给我来信。我宁可没有你而死去，也不愿——

《济慈致芬尼·伯劳恩书》(英) 约翰·济慈 (1795—1821)

3. **Chastity** is a wealth that comes from abundance of love.

《Stray Birds: 73》(India) Rabindranath Tagore (1861—1941)

贞操是从丰富的爱情中生出来的财富。

《飞鸟集：第 73 首》(印) 罗宾特拉纳特·泰戈尔 (1861—1941)

例 1 之 virgin (in its original pure or natural condition and not changed, touched or spoiled) 的释义中不仅含有“贞”的意义，同时也蕴含着“洁”。**例 2 之 chaste** (not having sex with anyone; only having sex with the person that you are married to) 的释义与字典中“贞”之释义相符。***“贞”***与***“洁”***的两词根意义相近，故合成词***“贞洁”***之意与两例词所含之意相对应。**例 3 chastity** (the state of not having sex with anyone; only having sex with the person that you are married to) 的译文***“贞操”***之两词根的组合属复合式偏正型：“贞”作为前一词根修饰、限制后一词根“操（品德）”。作为中心词语的“操”在这里为名词，与原文释义中的中心词及其词类相对应。

占 (zhàn)：《字典》：（动词）1. 用强力或其他不正当手段取得并具有。2. 拥有；占用。3. 处于（某种地位）；属于（某种情况）。

1. By touching you may kill, by keeping away you may **possess**.

《Stray Birds: 197》(India) Rabindranath Tagore (1861—1941)

接触着，你许会杀害；远离着，你许会**占有**。

《飞鸟集：第197首》(印) 罗宾特拉纳特·泰戈尔 (1861—1941)

2. O liquid and free and tender!
O wild and loose to my soul—O wondrous singer!
You only I hear—yet the star **holds** me, (but will soon depart,)
Yet the lilac with mastering odor **holds** me.

《When lilacs Last in the Dooryard Bloom'd》(U. S. A.) Walt Whitman (1819—1892)

啊，清脆、自由而温柔！
啊，我的灵魂感受了你的癫狂和奔放——啊，奇妙的歌手，
我只听见了你——但是那颗星星也**占有**了我，(它即将离去，)
带有迷人芳香的紫丁香也**占有**了我。

《最近紫丁香在前院开放的时候》(美) 沃尔特·惠特曼 (1819—1892)

3. But the eternal note of sadness will find its way even through the keyhole of a library. You turn some familiar page, of Shakespeare it may be, and his "infinite variety", his "multitudinous mind" suggests some new thought, and as you are wondering over it you think of Lycidas, your friend, and promise yourself the pleasure if having his opinion of your discovery the very next time when by the fire you two "help: waste a sullen day". Or it is, perhaps, some quainter, tenderer fancy that **engages** your solitary attention, something in Sir Philip Sydney or Henry Vaughan, and then you turn to look for Phyllis, ever the best interpreter of love, human or divine.

《Book-Buying》(U. K.) Augustine Birrell (1850—1933)

即便是通过门上的锁眼，一丝永恒的忧愁也会袭来。翻动熟悉的某一页，可能是莎士比亚的著作，他"无穷变幻""博大胸襟"，给人带来崭新的思索；你思绪飞转，想起你的朋友利西达斯，满怀喜悦地等待能够再次听到他对你的发现的看法；你们俩会在炉旁"相互探讨：混过毫无生气的一天"。或者，可能是某种更温柔更奇特的幻想**占据**你孤寂的注意力，比如菲利普·锡德尼爵士或亨利·沃恩的某种东西，然后你又去寻找菲利斯，只有她最能阐释天上人间的爱情。

《买书》(英) 奥古斯丁·比勒尔 (1850—1933)

4. It is the straight road to barbarism. Just as if you removed the magnetic pole whenever it was in the way of a German cruiser, the whole navigation of the seas would become dangerous, difficult, impossible; the whole machinery of civilization will break down if this doctrine **wins** in this war.

《"A Scrap of Paper"》(U. K.) David Lloyd George (1863—1945)

这样走下去，就直通野蛮时代了。正如你嫌地球的磁极妨碍了一艘德国巡洋舰，便把它拿开一样，各个海洋的航行就会变得危险、困难，甚至不可能。如果在这次战争中，这种主张***占上风***，整个文明世界的运作便要土崩瓦解。

《“一张废纸”》(英) 大卫·劳伊德·乔治 (1863—1945)

例 1、**例 3** 例词之译文“***占有***、***占据***”各自两词根意义相近。“***占有***”为其原文之直译。**Possess**：to have or own sth 与 **hold**：to own or have 的释义中均体现出“占”与“有”之意。从 **engage** (to succeed in attracting and keeping sb's attention and interest) 的释义中体现出“***占据***”为其原文之意译。**例 4** 之“***占上风***”为复合式动宾结构。“***上风***”(名词) 在这里的释义是：指作战或比赛的一方所处的有利地位。此意译表达出了 **win** 在文中的含义。

卓 (匕部)：高。《字典》：(形容词) 不平凡；超出一般。会意字：早、匕成卓字。(“匕”立于“早”上)。

1. This art has for many years been practiced by my old friend Sober, with **wonderful** success. Sober is a man of strong desires and quick imagination, so exactly balanced by the love of case, that they can seldom stimulate him to any difficult undertaking; …

《On Idleness》(U. K.) Samuel Johnson (1709—1784)

我的老朋友清醒已经使用这种艺术方法多年，而且***卓***有成效。清醒是一个欲望强烈思维敏锐的人，但他又酷爱闲散。为了保持这种平衡，他很少强迫自己去做难做的事情。

《论懒散》(英) 塞缪尔·约翰逊 (1709—1784)

2. Thomas Jefferson himself a **distinguished** scientist, once spoke of “the brotherly spirit of Science, which unites into one family all its votaries of whatever grade, and however widely dispersed throughout the different quarters of the globe.”

《Jefferson Day Address》(U. S. A.) Franklin Delano Roosevelt (1882—1945)

汤姆斯·杰斐逊本人还是一位***卓越***的科学家，他曾经说过：“科学的博爱精神把分散在世界各地各种水平的热心科学的人联接成一个大家庭。”

《在杰斐逊纪念日上的演说》(美) 富兰克林·狄朗劳·罗斯福 (1882—1945)

3. In like manner, we sometimes fall in with persons who have seen much of the world, and of the men who, in their day, have played a **conspicuous** part in it, but who generalize nothing, and have no observation, in the true sense of the word. They abound in information in detail, curious and entertaining, about men and things; and having lived under the influence of no very clear or settled principles, religious or political, they speak of every one and every thing, only as so many phenomena, which

are complete in themselves, and lead to nothing, not discussing them, or teaching any truth, or instructing the hearer, but simply talking. No one would say that these persons, well informed as they are, had attained to any great culture of intellect or to philosophy.

《The Tapestry of Human Life》(U. K.) John Henry Newman (1801—1890)

同理，我们有时会遇到一些阅历丰富的人，遇到一些见识过在自己的时代功勋***卓著***的人物的人，但若从真正意义上来讲，这些人极少概括归纳，也缺少观察理解。对于周围的人物和事件，他们拥有的知识和信息丰富详尽、稀奇有趣、引人探究，但是，这些人无论在宗教上还是政治上都缺乏清晰明确或者约定俗成的原则的引导，所以当他们说起某个人或者某件事时，他们只能把这些当作某些现象，这些现象本身是完整的，却没有得出什么结论，他们不是在讨论什么，也没有讲授什么真理，或者对听众做出什么指导，他们仅仅在夸夸其谈。这些人虽然见多识广，却很难说对任何一种伟大的文化知识渊博或者哲学通达。

《人生的帷幕》(英) 约翰·亨利·纽曼 (1801—1890)

例 1 和**例 2** 两例词的译文“***卓***”与“***卓越***(两词根之间意义相近)”无论从“卓”还是从“越(超出一般的)”的意义上，都体现出了 **wonderful** (making you feel surprise or admiration) 与 **distinguished** (very successful and admired by other people) 的含义。**例 3** “***卓著***”两词根之间的关系属于相关：“***卓***”的释义为“高”，“***著***”为“明显”——因“高”或“不一般”而引人注意。“***卓著***”所对应的原文 **conspicuous** 的释义为 easy to see or notice; likely to attract attention (易见的；明显的；惹人注意的)，译文之所以选择“***卓著***”而非“显著”，在于上下文中所体现出的“卓”——因为“***卓***”，才“***显***”。**例 3** 的翻译体现出掌握词的构成以及理解上下文对译文的影响。

【译法点滴】 词的引申义与比喻义

词的引申义是在其本意的基础上经过推演发展而来的。如“***干***(gān)”的基本义是“没有水分或水分极少(跟“湿”相对)。经过推演发展，“干”的其他意义如：(1) ***干***洗(不用水的)；(2) 外强中***干***(空虚)；(3) ***干***笑(只具形式的)；(4) ***干***妈(指拜认的亲属关系)；(5) ***干***打雷，不下雨(徒然)；(6) 主人走了，把咱们***干***起来了(慢待)。英译汉时，有时会遇到某些词在英语词典中找不到其适当的词义，这时则需根据其所处之上下文和逻辑关系，从该词的本意出发，进一步加以引申，从而选择出比较恰当的汉语词来进行表达。现举例说明如下。

词的引申义

将词义作抽象化引申

英语中，特别是在现代英语中，常常用一个表示具体形象的词来表示一种属性、一个事物或一种概念。翻译这类词时，一般可将其词义作抽象化引申，译文才能通顺、自然。如二画中“卜”部的 **virgin** 引申为了“**贞洁**”；三画中“彐”部的 **breast**（the top part of the front of your body，below your neck 胸部）引申为“**心灵**”。再如：Every life has its **roses** and **thorns**. 每个人的生活都有甜有苦。这里的 roses 和 thorns 都做了抽象化的引申。

将词义作具体化引申

英语中也有用代表抽象概念或属性的词来表示一种具体事物，译成汉语时一般可作具体化引申。如六画中“耒”部的 **pains** 引申为“**耕耘**”；十画中“高”部的 **heaven** 进一步引申为“**天堂之所**”。又如：He regards his wife as a **beauty**. 他把妻子视为**美人**。这里把 beauty 作了具体化的引申。再如：The car in front of me stalled and I missed the **green**. 我前头那辆车停住了，我错过了**绿灯**。本句中的 the green 在其特定的上下文中，其含义是清楚的，但译成汉语时，还有必要作具体化的引申，否则就不够清楚。

词的比喻义

词的比喻义是借用其基本义来比喻另一种事物，这时所产生的新的意义即比喻义。如“**结晶**”：其基本义是“从溶液中或蒸汽中析出来的晶体”；比喻义则是：珍贵的成果。再如“**近视**”：基本义是“视力缺陷”；比喻义是：眼光短浅。又如“**死亡**”：基本义是“失去生命”；比喻义是：长眠。

词的比喻义同修辞上的比喻有所不同。修辞上的比喻是临时打比方。例如，“长征是播种机”就是把“长征”比作“播种机”，“播种机”这个词并没有“长征”这个转义。词的比喻义则不同，虽然大都是通过修辞的比喻用法逐渐形成的，但是它已经成为词义中的一部分了，我们在应用时几乎感觉不到它是一种比喻了。虽然如此，在作英译汉时，还需注意使用比喻义和直译时的不同。例如：

(1) He's **foxy**. You've got to watch him.
他**很狡猾**。对他你可要当心点儿。

(2) He doesn't have an idea of his own. He just **parrots** what other people say.
他没有自己的观点，只会**鹦鹉学舌**。

从以上两个例句可以看出，尽管 **foxy** 在英语字典中已有“**狡猾**”之意义，但毕竟与直译（第二句）有所不同，因此，在使用时还是要注意到其所处之上下文，使译文能够更为准确地表达出原文所含之意。

三画

干部

由“干”构成的字有些与行为或事物的性状相关。

干：侵犯。《字典》：（形容词）1. 不含水分或水分极少（跟“湿”相对）。2. 枯竭。会意字：由倒人字、由一字会意。

1. With the existing colonies or dependencies of any European power we have not **interfered** and shall not **interfere**. But with the Governments who have declared their independence and maintained it, and whose independence we have, on great consideration and on just principles, acknowledged, …

《The Monroe Doctrine》(U. S. A.) James Monroe (1758—1831)

对于欧洲任何国家现有的殖民地与附属国，我们不曾**干涉**过，今后也不会**干涉**。可是对于有些已经宣布独立并维持其独立的政府，我们凭正义的原则认真考虑后，已经予以承认。

《门罗主义》(美) 詹姆士·门罗 (1758—1831)

2. When I addressed the Congress on the twenty-sixth of February last I thought that it would suffice to assert our neutral rights with arms, our right to use the seas against unlawful **interference**, our right to keep our people safe against unlawful violence. But armed neutrality, it now appears, is impracticable.

《Ask Congress to Declare War Against Germany》
(U. S. A.) Woodrow Wilson (1856—1924)

今年2月26日我在国会演说时，本以为我们只要以武力保证我们的中立，保证我们在公海航行不受非法**干扰**，保证我们有权维护我国人民，使之不受非法的暴力攻击就够了。然而在目前看来，武力保卫中立是行不通的。

《要求国会对德的宣战》(美) 伍德罗·威尔逊 (1856—1924)

3. We received the thanks of the Belgian people for our **intervention** in a remarkable document addressed by the municipality of Brussels to Queen Victoria.

《“A Scrap of Paper”》(U. K.) David Lloyd George (1863—1945)

在布鲁塞尔市政府给维多利亚女王的一份著名文件中，比利时人民对我们**干预**此事表达了感谢。

《“一张废纸”》(英) 大卫·劳伊德·乔治 (1863—1945)

4. The seasons are discriminated only in the sky. All that tells you of spring's coming is the feel of the air, or the baskets of flowers brought in from the suburbs by peddlers; it's a spring cried in the market-place. During the summer the sun bakes the houses bone-**dry**, sprinkles our walls with grayish dust, and you have no option but to survive those days of fire indoors, behind closed shutter. In autumn, on the other hand, we have deluges of mud. Only winter brings really pleasant weather.

《A Thoroughly Negative Place》(France) Albert Camus (1913—1960)

在这里季节只能依靠天空来辨别。春天的来临也只能通过空气的感觉，或是由小贩从郊区带来的一篮篮的花来感知；春天在市场被叫卖着。在夏天里，房子被太阳烘得***干透***，灰色的尘埃布满了墙壁，你别无选择，只有躲在拉上的百叶窗后，在室内逃避那些炙烈的日子。秋天则泥沙泛滥。只有冬季带来真正愉悦的气候。

《一个完全相反的地方》(法) 阿尔伯特·卡缪 (1913—1960)

5. A Book of Verses underneath the Bough,
A Jug of Wine, a Loaf of **Bread**—and Thou
Beside me singing in the Wilderness—
Oh, Wilderness were Paradise enow!

《The Rubáiyát of Omar Khayyám of Naishápúr》(Extract)
(U. K.) Edward Fitzgerald (1809—1883)

树荫下放着一卷诗章，
一瓶葡萄美酒，一点***干粮***，
有你在这荒原中傍我欢歌——
荒原呀，啊，便是天堂！

《莪默·伽亚谟作〈鲁拜集〉》(英) 爱德华·菲茨杰拉德 (1809—1883)

6. She often saw them creeping along at this silent and dusky hour—wagon after wagon, bearing green bastions of cabbages nodding to their fall, yet never falling, walls of baskets enclosing masses of beans and peas, pyramids of snow-white turnips, swaying howdahs of mixed produce—creeping along behind aged night-horses, who seemed ever patiently wondering between their **hollow** coughs why they had always to work at that still hour when all other sentient creatures were privileged to rest.

《The Son's Veto》(U. K.) Thomas Hardy (1840—1928)

她经常看到这样的车队在这样一个寂静而昏暗的时刻悄悄地经过——一辆接一辆，有的装载着卷心菜，像砌成的绿色城堡，晃晃悠悠的，却也总掉不下来；有的装着大豆和豌豆，箩筐挨着箩筐，像排成的城墙；有的装载着雪白的萝卜，像座金字塔，有的装载着各色各样的水果，像颤颤悠悠的象轿。这些马车就跟在那些专走夜路的老马后面，缓缓前行。这些老马在一阵阵***干***咳的间隙似乎一直在耐心地寻思：为什么在这样寂寞的时刻它们必须干活，而其他马却可以好好睡觉。

《儿子的否决》(英) 托马斯·哈代 (1840—1928)

例1~例3之译文“***干涉***、***干扰***、***干预***”各自两词根意义相近。**interfere**的释义（**to get involved in** and try to influence a situation that does not concern you, in a way that **annoys other people**）中既含“***涉***”又含“***扰***”之意，故其既可对应“***干涉***”又可对应“***干扰***”。这里**interference**和**intervention**的翻译涉及词类的

转换：***名词转换为动词***。**例 5**“***干粮***”的两个词根结合起来后产生了新的意义，即预先做好的、供外出食用的、干的主食，如炒米、炒面、馒头、烙饼等。根据上下文，这里的 **bread** 译为“***干粮***”确为其原文之意。**例 6 hollow** 没有直译为“空”，而是译为“***干***”——***其本意的引申意义***，这样，比起“**空咳**”来，“***干咳***”似乎更符合习惯性说法。“***干***”是个多义词，因此，翻译时要根据对上下文的理解以及词的搭配关系来确定词的意义。

平（亏部）：语气平直舒展。《字典》：（形容词）一般的。会意字：由亏、由八会意。八表示分匀。

1. Read from some **humbler** poet,
   Whose songs gushed from his heart,
   As showers from the clouds of summer,
   Or tears from the eyelids start; …
   《The Day is Done》(U. S. A.) Henry Wadsworth Longfellow (1807—1882)
   找一位 ***平凡***的诗人，
   他的歌由内心迸发，
   像夏雨自云端喷洒，
   像泪珠从眼眶滚下；……
   《白昼已告终》(美) 亨利·瓦茨沃斯·朗费罗 (1807—1882)

2. …Wrapped in silence so deep and still
   That he could hear, like a sentinel's tread,
   The watchful night-wind, as it went
   Creeping along from tent to tent,
   And seeming to whisper, "All is **well**!"
   《Paul Reverie's Ride》(U. S. A.) Henry Wadsworth Longfellow (1807—1882)
   ……氛围是如此深沉的静穆，
   静得能听见夜风吹拂，
   轻捷有如哨兵的脚步，
   巡游在一座座营帐之间，
   仿佛在低语：“万事 ***平安***!”
   《保罗·里维尔星夜飞驰》(美) 亨利·瓦茨沃斯·朗费罗 (1807—1882)

3. Here—here's his place, where meteors shoot, clouds form,
   Lightnings are loosened,
   Stars come and go! Let joy break with the storm,
   Peace let the dew send!
   《A Grammarian's Funeral》(U. K.) Robert Browning (1812—1889)

这才是他的位置：这儿陨星疾射，
　闪电爆裂，云生成，
星宿来往，暴风雨迸发出欢乐，
　露水带来***和平***！

《语法学家的葬礼》(英) 罗伯特·布朗宁 (1812—1790)

4. I stopped my horse lately where a great number of people were collected at a vendue of merchant goods. The hour of sale not being come, they were conversing on the badness of the times, and one of the company called to a **plain** clean old man, with white locks, "pray, Father Abraham, what think you of the times? ..."

《The Way to Wealth》(U. S. A.) Benjamin Franklin (1706—1790)

不久前，我出门路过一个商品公开拍卖会，见聚集了很多人，便也勒马停了下来。因为还没到正式的拍卖时间，所以他们都在谈论世事艰难。有人对一个相貌***平平***、衣着整洁、有几绺白发的老人喊道："亚伯拉罕神父，请问您对这世道有何看法？……"

《致富之道》(美) 本杰明·富兰克林 (1706—1790)

例 1～例 3 之译文***"平凡、平安、和平"***各自两词根意义相近。其所对应的原文释义中皆有其词根意义的体现——**humble**：having **a low** rank or social position；**well**：in a **satisfactory** state or position；**peace**：the state of being **calm or quiet**。**例 4** 之译文***"平平"***属合成词中的**重叠式**：由两个相同的词根相叠而成，其意为："寻常"。它所对应的原文 **plain** 的释义（not beautiful or attractive）中体现出了与词根***"平"***的相近之意。

彐（彑）部

猪的头。由"彑"构成的字往往与"心神"相关。

灵（靈）(玉部)：灵巫。(他们的职责是）用玉侍奉神明。《字典》：(形容词）活动迅速，反应快捷。形声字：下形上声（从玉，霝声）。

1. My distempers and my bad eyes do not permit me to answer with that celerity and exactness that my duty and my heart require. You seem solicitous about that pretty thing call'd Soul. I do protest you I know nothing of it: nor whether it is, nor what it is, nor what it shall be. Young scholars and priests know all that perfectly. For my part I am but a very ignorant fellow.

Let it be what it will, I assure you my **soul** has a great regard for your own. When you will make a turn into our deserts, you shall find me (if alive) ready to show you my respect and obsequiousness.

《Voltaire to James Boswell》(France) Voltaire (1694—1778)

本应迅速给你写封确切的回信，怎奈疾病缠身，眼力不济，以致事与愿违。你似乎颇为那叫做灵魂的漂亮玩意儿忧心忡忡。不瞒你说，我对此实在一无所知：既不知道它是否存在，也不知道它现在是什么样子，将来会变成什么样子。年轻的学者和牧师对这一切知道得很清楚。就我而言，我实在是个孤陋寡闻的人。

不管怎么样，反正我的***灵魂***对你的灵魂是非常尊重的。当你回身光临寒舍时，我将在此恭候大驾（若是我还在人世的话）。

《伏尔泰致鲍斯韦尔书》(法) 伏尔泰 (1694—1778)

2. I read your works, I might almost say, with delight. In truth to nature, which you copy with religious fidelity, you find an **inspiration** that is truly sublime, while you move your readers by touches of feeling so profoundly human, that we fancy we see ourselves depicted in your pages, and love you with an egotistical love.

《Marie Bashkirtseff to Guy de Maupassant》(Russia) Marie Bashkirtseff (1860—1884)

我拜读过你的大作，可以说是怀着喜悦的心情读的。你以宗教式的忠实态度描摹人性；在这方面，你具有令人万分惊叹的***灵感***。同时，你还以具有深切人情味儿的笔触打动读者的心，使我们仿佛在你的作品中看到自己的形象，因而对你产生一种出自私心的爱慕。

《玛丽·巴什克采夫致莫泊桑书》(俄) 玛丽·巴什克采夫 (1860—1884)

3. The other two, slight air and purging fire,
Are both with thee, wherever I abide;
The first my thought, the other my desire,
These present-absent with **swift** motion slide.

《The Sonnet of William Shakespeare: 45》(U. K.) William Shakespeare (1564—1616)

我另外两个元素，清风和净火，
不论我待在哪里，都跟在你身旁；
这些出席的缺席者，来去得***灵活***，
风乃是我的思想，火，我的渴望。

《莎士比亚十四行诗：第45首》(英) 威廉·莎士比亚 (1564—1616)

4. I remember the gleams and glooms that dart
Across the school-boy's brain;
The song and the silence in the **heart**,
That in part are prophecies, and in part

Are longings wild and vain.

《My Lost youth》(U. S. A.) Henry Wadsworth Longfellow (1807—1882)

我记得那掠过学童的脑海的
闪烁的光亮和幽暗;
我记得有过***心灵***的歌唱和沉寂,
一半是预言,一半是狂热的
枉然的追求与梦幻。

《失去的青春》(美) 亨利·瓦茨沃斯·朗费罗 (1807—1882)

5. Say again, what we are?
The **sprite** of a star,
I lure thee above where the destinies bar
My plumes their full play
Till a ruddier ray
Than my pale one announce there is withering away
Some…Scatter the vision for ever! And now,
As of old, I am I, thou art thou!

《In a Gondola》(U. K.) Robert Browning (1812—1889)

再来说:我们是谁?
我是一颗星的***精灵***,
在天空引诱你,命运之神不让
我尽情展开我的翅膀,
直到一束比我的苍白的光芒
更红润的光芒宣告某种东西
正在消退……驱散这幻影!永远地!
现在,我还是我,你还是你!

《在贡多拉船上》(英) 罗伯特·布朗宁 (1812—1889)

例 1 之***“灵魂”***、**例 3** 之***“灵活”***、**例 5** 之***“精灵”***皆由意义相近的两词根并列组成,其***“灵”***之含义亦即原文例词之意。**例 2** ***“灵感”***的两词根属复合式偏正型组合,这里“灵”的作用是修饰“感(感觉)”,其中心词语为“感”。从 **inspiration** (the process that takes place when sb sees or hears sth that causes them to have exciting new ideas or makes them want to create sth, especially in art, music or literature) 的释义中即可反映出“灵”与“感”之间修饰与被修饰的关系。根据上下文,**例 4 heart** 的译文在这里作了***抽象化的引申***:从***“心脏”***引申为***“心灵”***。

归(歸)(止部)：女子出嫁。会意字：由止、由婦字省去女会意。

1. How can I then **return** in happy plight
That am debarred the benefit of rest,
When day's oppression is not eased by night,
But day by night and night by day oppressed, …

《The Sonnet of William Shakespeare：28》(U. K.) William Shakespeare (1564—1616)

既然我休息的福分已被剥夺，
我又怎能在快乐的心情中***归来***？
既然夜里我挣不脱白天的压迫，
只是在日日夜夜的循环中遭灾？

《莎士比亚十四行诗：第28首》(英) 威廉·莎士比亚 (1564—1616)

2. Almustafa, the chosen and the beloved, who was a dawn onto his own day, had waited twelve years in the city of Orphalese for his ship that was to return and bear him **back** to the isle of his birth.

《The Coming of the Ship》(Lebanon) Kahlil Gibran (1883—1931)

当代的曙光，被选而被爱戴的亚墨斯达法，在阿发利斯城中等候了十二年，等他的船到来，好载他***归回***他生长的岛上去。

《船的到来》(黎巴嫩) 卡里·纪伯伦 (1883—1931)

3. I send my heart up to thee, all my heart
  In this my singing.
For the stars help me, and the sea bears part;
  The very night is clinging
Closer to Venice' streets to leave on space
  Above me, whence thy face
May light my joyous heart to thee its **dwelling**-place.

《In a Gondola》(U. K.) Robert Browning (1812—1889)

我用我的歌声把我的心——
  我的整个心献给你，
星星和大海助我一臂之力，
  夜幕更深沉地沉入威尼斯街巷，
在我头顶留下一块空档，从那里
  你明亮的脸可以指引我快乐的心
飞向你——我心的***归宿***地。

《在贡多拉船上》(英) 罗伯特·布朗宁 (1812—1889)

4. Life is real! Life is earnest!
   And the grave is not its **goal**;
Dust thou art, to dust thou returnest,
   Was not spoken of the soul!

《A Psalm of Life》(U. S. A.) Henry Wadsworth Longfellow (1807—1882)

人生是真的！人生是实的！
   它的***归宿***绝不是荒坟；
“你本尘土，必归于尘土”，
   这是指躯壳，不是指灵魂。

《人生颂》(美) 亨利·瓦茨沃斯·朗费罗 (1807—1882)

5. I strove with none, for none was worth my strife.
Nature I loved and, next to Nature, Art:
I warm'd both hands before the fire of life;
It sinks, and I am ready to **depart**.

《Finis》(U. K.) Walter Savage Landor (1775—1864)

与世无争兮性本狷介。
钟情自然兮游心艺苑；
生命之火兮暖我心田，
燔火熄兮羽化***归天***。

《终曲》(英) 沃尔特·萨凡基·兰多 (1775—1864)

例 1 和**例 2** 之译文***“归来、归回”***的各自两词根意义相近，**例 1** 所对应的原文 **return** (come or go back from one place to another) 之释义中既含***“归”***又含***“来”***，故 return 直译为“归来”。**例 2** 之***“归回”***的原文 **back** (to or into the place, condition, situation or activity where sb/sth was before) 的释义亦即其译文的含义。**例 3** ***“归宿”***的第二个词根补充说明第一个词根：“归”的结果/目的是“宿”。其所对应的 **dwell** (to live somewhere) 的意义是***“宿”***，其译文之***“归”***的意义则通过上下文体现出来。**例 4** 之 **goal** (something that you hope to achieve) 在这里意译为***“归宿”***。**例 5 depart** 直译为***“归天”***。***“归天”***与其所对应之原文 **depart** 均为***“亡故”之婉辞***，其两词根之间的关系属动宾型——回到天上（逝去）。

录（彔部）：刻镂木头历历可数。《字典》：（动词）记载；誊写。（名词）记载言行、事物的文字材料。象形字。

1. Trees are poems that the earth writes upon the sky. We fell them down and turn them into paper that we may **record** our emptiness.

《Sand and Foam》(Lebanon) Kahlil Gibran (1883—1931)

树木是大地写上天空中的诗。我们把它们砍下造纸，让我们可以把我们的空洞**记录**下来。

《沙与沫》(黎巴嫩) 卡里·纪伯伦 (1883—1931)

2. Permit me, I beg you, in return for the gracious favors you once accorded me, to be concerned with regard to your just glory and to tell you that your **record**, so fair and fortunate thus far, is now threatened with the most shameful, the most ineffaceable blot.

《Emile Zola to the President of the French Republic》(France) Emile Zola (1840—1902)

为报答你往日对我的恩惠，请允许我对你当之无愧的荣誉表示关注，并告诉你：你迄今为止一直洁白无瑕、一帆风顺的**记录**，现在有沾染上最可耻而且永远洗刷不掉的污点的危险。

《左拉上法国总统书》(法) 爱弥儿·左拉 (1840—1902)

例 1 与例 2 之译文“**记录**”皆为其原文之直译。

大部

天大，地大，人也大。故大像人形。古文 (他达切) 也。由“大”构成的一些字往往含有其本意，有些与“人”相关。

大：天大，地大，人也大。所以大字像人的形状。

1. I aimed my Pebble—but Myself
Was all the one that fell—
Was it Goliah—was too **large**—
Or was myself-too small?

《I took my Power in my Hand》(U. S. A.) Emily Dickinson (1830—1886)

我瞄准了，投掷石块——
却只有我自己倒下——
是由于我自己，太小——
还是由于歌利亚，太**大**?

《我把我的力量握在手里》(美) 艾米莉·狄金森 (1830—1886)

2. Still dādā said, “You are a stupid child! But, baby, where could you find a net **big** enough to catch the moon with?”

《The Astronomer》(India) Rabindranath Tagore (1861—1941)

哥哥还是说：“你这个傻孩子！但是，孩子，你到哪里去找一个**大**得能逮住月亮的网呢?”

《天文家》(印) 罗宾特拉纳特·泰戈尔 (1861—1941)

3. …

And enterprises of **great** pith and moment,
With this regard, their currents turn awry,
And lose the name of action.

《To be, or Not to Be, —That Is the Question》
(U. K.) William Shakespeare (1564—1616)

……
本可以轰轰烈烈的**大**作**大**为，
由于只一点想不通，就出了别扭，
失去了行动的名分。

《活下去还是不活：这是个问题》(英) 威廉·莎士比亚 (1564—1616)

4. By the water of Leman I sat down and wept…
Sweet Thames, run softly till I end my song,
Sweet Thames, run softly, for I speak not **loud** or long.

《The Fire Sermon》(U. K.) Thomas Stearns Eliot (1888—1965)

在莱芒湖畔我坐下来饮泣……
可爱的泰晤士，轻轻地流，等我唱完了歌。
可爱的泰晤士，轻轻地流，我说话的声音不会**大**，也不会多。

《火诫》(英) 托马斯·斯特恩斯·艾略特 (1888—1965)

5. You could not take up a newspaper, English, Scotch, or Irish, without finding in it one or more references to the "vest-pocket million-pounder" and his latest doings and saying. At first, in these mentions, I was at the bottom of the personal-gossip column; next, I was listed above the knights, next above the baronets, next above the barons, and so on, and so on, climbing steadily, as my notoriety **augmented**, until I reached the highest altitude possible, and there I remained, taking precedence of all dukes not royal, and of all ecclesiastics except the primate of all England.

《The £1,000,000 Bank-Note》(U. S. A.) Mark Twain (1835—1910)

你拿起报纸，无论是英格兰的、苏格兰的，还是爱尔兰的，都能看到一条或更多条有关"背心口袋里装有百万英镑者"和他最新言行的信息。起初，这些有关我的消息放在杂谈栏的底部；接下来，我就名列爵士之上，随后就名列准男爵之上，再往后又名列男爵之上，如此等等，我的名气越来越**大**了，位置也越升越高，直至我达到可能达到的更高位置，并留在那里，居于非王室的所有公爵之上，也居于全英大主教以外的所有神职人员之上。

《百万英镑》(美) 马克·吐温 (1835—1910)

此五例译文均为**“大”**，但其所对应的原文例词各异。**例 1** 之 **large** 是针对**“歌利亚（巨人）”**而言，其意为：big in size or quantity，其译文**“大”**在这里含**“个儿高、力大”**之意。**例 2** 之 **big**（large in size、degree、amount、etc.）是针对**“网”**而言，“大”在这里意味着**“大得极端”**。**例 3** 之 **great**（important and impressive）修饰 pith and moment，在此的含意为**“重要、重大”**。**例 4** 之 **loud**（making a lot of noise）在此指声音的“**大**”。**例 5 augment** 之翻译涉及词类的转换：***从动词转换为形容词***，其意义（to increase the amount，value，size，etc.）为**“增加、提高”**，因其搭配之词为 **notoriety**，译为**“大”**读起来更符合我们的语言习惯。不同的原文例词体现出**“大”**的**“一词多义”**，因此，翻译时需注意例词与上下文的联系及其词的搭配，从而对词义作出正确的判断。

夺（奪）（奞部）：鸟张毛羽奋起而飞。《字典》：（动词）1. 使失去。2. 抢。会意字：由大、由隹会意。

1. Me from myself thy cruel eye hath **taken**,
   And my next self thou harder hast engrossed.
   Of him，myself，and thee，I am forsaken；
   A torment thrice threefold thus to be crossed.

《The Sonnet of William Shakespeare：133》（U. K.）William Shakespeare（1564—1616）

你满眼冷酷，把我从自身**夺去**；
你把那第二个我也狠心独占；
我已经被他、我自己和你所背弃；
这样就承受了三重三倍的苦难。

《莎士比亚十四行诗：第 133 首》（英）威廉·莎士比亚（1564—1616）

2. We shall know some day that death can never **rob** us of that which our soul has gained，for her gains are one with herself.

《Stray Birds：312》（India）Rabindranath Tagore（1861—1941）

我们将有一天会明白，死永远不能够**夺取**我们的灵魂所获得的东西。因为她所获得的，和她自己是一体。

《飞鸟集：第 312 首》（印）罗宾特拉纳特·泰戈尔（1861—1941）

3. The pet dog suspects the universe for scheming to **take** its place.

《Stray Birds：189》（India）Rabindranath Tagore（1861—1941）

小狗疑心大宇宙阴谋**篡夺**它的位置。

《飞鸟集：第 189 首》（印）罗宾特拉纳特·泰戈尔（1861—1941）

4. When you say you won't take Katherine's money，it means you don't trust her

love for you. When you say she needs little luxuries, and you couldn't bear to **deprive** her of them, it means you don't respect either yourself or her sufficiently to do it,

《D. H. Lawrence to John Middleton Murray》(U. K.) D. H. Lawrence (1885—1930)

你说不打算接受凯瑟琳的钱，这说明你不信任她对你的爱情。你说她需要一点物质享受，你不忍心***剥夺***她这种享受。你这样做，说明你对自己和对方都不够尊重。

《劳伦斯致默里书》大卫·赫伯特·劳伦斯（1885—1930）

5. Perhaps because we gave him only bread
And the wretch knew from that that we were poor.
Perhaps because he let us give instead
Of **seizing** from us as he might have **seized**.

《The Smile》(U. S. A.) Robert Frost (1874—1963)

也许是因为我们只给他面包，
那家伙由此知道我们贫穷，
也许，是因为他让我们施舍
而不在可以***夺取***时***掠夺***我们。

《笑容》(美) 罗伯特·弗罗斯特（1874—1963）

五例译文中，***"夺去、夺取"***各自两词根之间的关系属复合式补充型：后一词根补充说明前一词根。这里的 **take**（to capture a place or a person; to get control of something）是指"冷酷的眼神"把"我"控制住，意味着"自我的失去"："控制"的结果是"失去了自我"；**rob**（to steal money or property from a person or place）这里的意义是夺走属于别人的"东西"，故"取"为"夺走"的目的/结果。其余三例词之译文各自的两词根意义相近，与其所对应之原文意义相符。

牵(牽)(牛部)：牵引着向前。《字典》：（动词）连带；牵扯。形声字：下形上声。

1. Our cow is lowing loud, tied at the fence.
O Child, wait here till I **bring** her into the stall.

《The Rainy Day》(India) Rabindranath Tagore (1861—1941)

我们的牛系在篱上，高声鸣着。
孩子，在这里等着，等我先把牛***牵***进牛棚里去。

《雨天》(印) 罗宾特拉纳特·泰戈尔（1861—1941）

2. The next day when he saw Mrs. de Rênal he looked at her as if she were an enemy he was going to have to fight. This very different look alarmed Mrs. de Rênal greatly. When he saw her later he thought of glory and decided he must **hold** her hand that evening.

《The Red and the Black》(France) Stendhal (1783—1842)

第二天当他看到德·莱纳夫人时，他用与敌人决斗时的眼光看着她。这判若两人的神色使德·莱纳夫人胆战心惊。过后他再看到她时，却想到了荣誉并且决定晚上一定要**牵**她的手。

《红与黑》(法) 司汤达（1783—1842）

3. The Moon is distant from the Sea—
And yet, with Amber Hands—
She **leads** Him-docile as a Boy—
Along appointed Sands—

《The Moon is distant from the Sea》(U. S. A.) Emily Dickinson（1830—1886）

月亮离大海十分遥远——
而她用琥珀色手——
牵引他，像**牵**着听话的孩子——
沿规定的沙滩走——

《月亮离大海十分遥远》(美) 艾米莉·狄金森（1830—1886）

4. The scene and all its belongings, how they seize and **affect** me,
The sad sharp-chinn'd old man with worn clothes and broad shoulder-band of leather,
Myself effusing and fluid, a phantom curiously floating, now here absorb'd and arrested, …

《Sparkles from the Wheel》(U. S. A.) Walt Whitman（1819—1892）

这情景和它周围的一切是那样抓住了我，**牵动**了我的心，
面色惨淡的尖下巴老人穿着旧衣服，肩上勒着宽阔的皮带，
我自己是在缓缓流动，像液体，像一个离奇的漂游着的幽灵，在这里被吸引住，停住了脚步，……

《转轮发出的火花》(美) 沃尔特·惠特曼（1819—1892）

5. Why is our honor as a country **involved** in this war? It is because we are bound by honorable obligations to defend the independence, the liberty, the integrity of a small neighbor.

《"A Scrap of Paper"》(U. K.) David Lloyd George（1863—1945）

为什么这场战争**牵涉**到我国的荣誉问题？这是因为我们承担着光荣的责任，要保卫一个弱小邻国的独立、自由、与领土完整。

《"一张废纸"》(英) 大卫·劳伊德·乔治（1863—1945）

6. The spring affords to a mind, so free from the **disturbance** of cares or passions as to be vacant to calm amusements, almost every thing that our present state makes us

capable of enjoying. The variegated verdure of the fields and woods, the succession of grateful odors, the voice of pleasure pouring out its notes on every side, with the observation of the gladness apparently conceived by every animal, from the growth of his food, and the clemency of the weather, throw over the whole earth an air of gaiety, which is very significantly expressed by the smile of nature.

《The Rambler》(U. K.) Samuel Johnson (1709—1784)

春天给我们的心灵带来了几乎我们所能享受的一切，情感上的***牵绊***消失得无影无踪，向我们敞开胸怀的是无尽的闲适与欢乐。田野和森林里的那一抹斑驳的绿意，阵阵令人沉醉的芬芳气息，随处可闻的欢声笑语，动物们也因为渐多食物和渐暖的天气而变得分外的喜悦，透过大自然的微笑可以看见，大地一片欢腾。

《说春》(英) 塞缪尔·约翰逊 (1709—1784)

这里**“*牵*”**之“拉；领着向前”的意义在**例 1~例 3** 之例词的原文中均有体现。**例 1** 原文中 I bring her into the stall 即可体现出 **bring** (to cause sb/sth to be in a particular direction or way) 的“牵”之意；**例 2** 中 hold her hand 表现出了 **hold** (to have sb/sth in your hands, arms, etc.) 所含的“牵”之意；**例 3** She **leads** Him…Along appointed Sands 中的 **lead** (to go with or in front of a person or in animal to show the way or to make them go in the right direction) 的释义与原文所表达的“牵”意相吻合。“牵”的合成词：**“*牵动*”**所对应之原文 **affect** (to make sb have strong feelings of sadness, pity, etc.) 即含“心动”之意；**“*牵涉*(关联)”**两词根意义相近，**“*牵*(连带)”**与**“*涉*(关联)”**的意义在其原文 **involve** (if a situation, an event or an activity involves sth, that thing is an important or necessary part or result of it) 中均有体现；**“*牵绊*”**的后一词根补充说明前一词根，说明“牵”的结果，其所对应的原文 **disturbance** (actions that make you stop doing what you are doing, or that upset the normal state that sth is in) 即为**“*绊*”**之意。

奇 (可部)：殊异。会意字：由大、由可会意。小篆从大(表示人)，从可(表示以棍支撑)，会拄棍用一只脚站立的瘸子。

1. Then he began to pity the great fish that he had hooked. He is wonderful and **strange** and who knows how old he is, he thought. Never have I had such a strong fish nor one who acted so **strangely**. Perhaps he is too wise to jump. He could ruin me by jumping or by a wild rush.

《The Old Man and the Sea》(U. S. A.) Ernest Hemingway (1899—1961)

之后，他开始怜悯起钓到的大鱼来。他想它很了不起，也很***奇特***，谁也不知道它几岁了。我还没有钓到过力气这么大，行动这么***奇怪***的鱼。也许它太聪明了，不肯跳出水来。要是跳起来或者疯狂逃窜，那我可就毁了。

《老人与海》(美) 欧内斯特·海明威 (1899—1961)

2. The next day—the second day of sight—I should arise with the dawn and see the thrilling **miracle** by which night is transformed into day. I should behold with awe the magnificent panorama of light with which the sun awakenes the sleeping earth.

《Three Days to See》(U. S. A.) Helen Keller (1880—1968)

翌日——也就是恢复光明的第二天，我将黎明即起，看那由黑夜变成白天的激动人心的**奇观**。我将怀着敬畏的心情去观赏那壮观莫测的变幻景象，太阳正是用它唤醒了沉睡的大地。

《假如给我三天光明》(美) 海伦·凯勒 (1880—1968)

3. But when I would enter the gate
Of that golden atmosphere,
It is gone, and I wonder and wait
For the **vision** to reappear.

《Fata Morgana》(U. S. A.) Henry Wadsworth Longfellow (1807—1882)

我刚刚走近门边，
金城便消失不见；
我只得彷徨、等待
奇景再一次出现。

《海市蜃楼》(美) 亨利·瓦茨沃斯·朗费罗 (1807—1882)

4. Do you ne'er think what **wondrous** beings these?
Do you ne'er think who made them, and who taught
The dialect they speak, where melodies
Alone are the interpreters of thought?

《The Birds of Killingworth》(U. S. A.) Henry Wadsworth Longfellow (1807—1882)

想过吗，它们是何等**奇妙**的生灵？
想过吗，是谁的巨手把它们造出？
谁教会它们语言——在这语言中，
思想只能用美妙的乐曲来表述？

《基灵沃思的鸟儿》(美) 亨利·瓦茨沃斯·朗费罗 (1807—1882)

“奇特、奇怪、奇妙”各自两词根的意义相近。**例 2** 和**例 3** 的**“奇观”**与**“奇景”**均为复合式的偏正型，“观”与“景”是其中心语，从其各自的释义中即可体现（**Miracle**：an act or **event** that does not follow the laws of nature and is believed to be caused by God；**vision**：an idea or **a picture** in your imagination）。

夸：张开两大腿。《字典》：（动词）1. 说大话。2. 赞扬。形声字。

1. And like the seasons you are also,
And though in your winter you deny your spring,
Yet spring reposing within you, smile in her drowsiness and is not offended.
Think not I say these things in order that you may say the one to the other,
"He **praised** us well. He saw but the good in us."

《The Farewell》(Lebanon) Kahlil Gibran (1883—1931)

你们也像四季，
虽然你们在冬天的时候，拒绝了春日。
你们的春日，和你们一样静息，她在睡中微笑，并不怨啧。
不要想我说这话是要使你们彼此说："他**夸奖**得好，他只看见我们的好处。"

《言别》(黎巴嫩) 卡里·纪伯伦 (1883—1931)

2. The Capitoline Venus is still in the Capitol at Rome, and is still the most charming and most illustrious work of ancient art the world can **boast** of. But if ever it shall be your fortune to stand before it and go into the customary ecstasies over it, don't permit this true and secret history of its origin to mar your bliss—and when you read about a gigantic Petrified man being dug up near Syracuse, in the State of New York, or near any other place, keep your own counsel—and if the Barnum that buried him there offers to sell to you at an enormous sum, don't you buy.

《The Capitoline Venus》(U. S. A.) Mark Twain (1835—1910)

卡庇托利欧的维纳斯女神像，依然在罗马的朱庇特神殿里，依然是可以**夸耀**的世界最具魅力、最杰出的古代艺术珍品。但是，要是你有机会站在她面前，像一般游客那样，也对她心醉神迷，千万不要让这个关于她的来历的、真实而神秘的故事扫了你的兴——而且，当你读到有关纽约州锡拉丘兹附近，或者什么别的地方附近发掘出一个巨大的"石化人"的消息时，你千万不要吭声——要是故意把它埋在那儿的巴纳姆出高价卖给你，你可千万不要买。

《卡庇托利山维纳斯的传奇》(美) 马克·吐温 (1835—1910)

3. While the slightest inconveniences of the great are **magnified** into calamities; while tragedy mouths out their sufferings in all the strains of eloquence, the miseries of the poor are entirely disregarded; and yet some of the lower ranks of people undergo more real hardships in one day, than those of a more exalted station suffer in their whole lives.

《The Disabled Soldier》(U. K.) Oliver Goldsmith (ca. 1730—1774)

当大人物们一丁大点的不顺被**夸大**成灾难的时候，当这些灾难以悲剧的形式言不由衷地穷其雄辩之能事大谈这些大人物们有多么不幸的时候，穷苦人们所承受的痛苦却丝毫无人问津。然而，有些下等人一天所经历的痛苦要比那些上等人一生所经历的来得更为真实。

《伤残士兵苦难记》(英) 奥利弗·哥尔德斯密斯（约 1730—1774）

4. Octavius set to work to make Rome a beautiful city. He tore down a great many of the old buildings made of brick and put up in their place a remarkable number of new and handsome buildings of marble. Augustus always **bragged** that he found Rome brick and left it marble.

《An Emperor Who Was Made of a God》(U. S. A.) Virgil M. Hillyer（1875—1931）

接下来，奥古斯都便开始把罗马变成一个美丽的城市。他下令拆掉了许多用土砖建成的老房子，并在这些地方建起了一栋栋崭新而漂亮的大理石建筑。后来奥古斯都还经常***夸口***，说自己得到的是罗马的砖头，而留给罗马的却是大理石呢。

《被奉为神灵的皇帝》(美) 维吉尔·希利尔（1875—1931）

例 1 与**例 2** 之“***夸奖***(奖：称赞；夸赞)”和“***夸耀***(耀：显示；夸耀)”各自两个词根意义相近，表达了原文所含之意——**praise**（to express your approval or **admiration** for sb/sth）和 **boast**（**to talk with too much pride** about sth that you have or can do）。**例 3** 之“***夸大***”的后一词根补充说明前一词根的结果，从其所对应的原文例词 **magnify**（to make sth seem more important or serious that it really）释义中即可有所体会。**例 4** “***夸口***”之两词根的组合属动宾型。从其原文 **brag**（to **talk too proudly** about sth you own or sth you have done）的释义中即可体现出“吹嘘（夸张地宣扬）”之意。

奢（奢部）：张大。《字典》：（形容词）1. 大手大脚乱花钱；享受过度。2. 过分的。形声字：上形下声。

1. There I lay, like Diogenes himself, so delighted with my covering from the elements, that I made a vain attempt to have it rolled on to my next quarters; but my commander for the time would give way to no such **luxurious** provision, and I took farewell of my beloved cask with tears in my eyes.

《The Tapestried Chamber or The Lady in the Sacque》(U. K.) Walter Scott（1771—1832）

我当时在桶里躺着，就像戴奥真尼斯一样，心满意足地以周围最简单的东西来遮盖自己。我甚至都试图让人将桶滚到下一个宿营地，只是当时的司令官不应许这么***奢侈***的供给，我也就只好双眼含泪告别我那可爱的桶。

《挂毯卧房》(别名“长袍夫人”)(英) 瓦尔特·司格特（1771—1832）

2. Mrs. Chemping bought stacks of writing paper; it was so cheap, and it went so flat in a trunk or portmanteau. She also bought a few envelopes—envelopes somehow seemed rather an **extravagance** compared with notepaper.

《The Dreamer》(U. K.) Saki (1870—1916)

查姆娉夫人买了几堆书写纸，很便宜，放在行李箱或手提包里会显得平平的。她还买了几个信封，与信纸相比，似乎比较***奢华***。

《冥思者》(英) 萨基 (1870—1916)

3. How gently, too, did the sight of the Old Manse best seen from the river, over-shadowed with its willow and all environed about with the foliage of its orchard and avenue, —how gently did its gray, homely aspect rebuke the speculative **extravagances** of the day!

《The Assabeth》(U. S. A.) Nathaniel Hawthorne (1804—1864)

此外，从河面上望向这座古宅，真是倍感亲切，绿柳覆荫，一切都淹没在果园与便道的枝繁叶茂、苍翠欲滴之中——它那色调沉稳，平凡普通的外表，对于当下的投机取巧，***奢靡***浮华又何尝不是一种温和的斥责呢？

《亚沙白溪》(美) 纳撒尼尔·霍桑 (1804—1864)

4. For once, I like to have it all my own way; and this is impossible unless you are alone, or in such company as I do not **covet**.

《On Going a Journey》(U. K.) William Hazlitt (1778—1830)

这一次，我要按照自己的方式做事情。这种情况只有独自一人时才能实现，或者是和我并不***奢求***在一起的一些人合作。

《论出游》(英) 威廉·哈慈里特 (1778—1830)

“奢侈(侈：浪费)、***奢华***(华：浮华)、***奢靡***(靡：浪费)”各自两词根意义相近。根据上下文，**extravagance** 译为“奢华”与“奢靡”涉及词类的转换：***名词转为形容词***。***“奢求”***两词根之间的关系属偏正型，从其原文 **covet** (to want sth very much, especially sth that belongs to sb else) 的释义中即可体现。

爽(㸚部)：明亮。会意字：由㸚(㸚像窗牖之交文。交文宽大，故爽明)、由大会意。

1. “Come, Tchuk-Tchuk, tell us what you have made this season!”

But Tchuk-Tchuk only shock his head.

“Eh!” said the Italian, “the shy bird. It ought to be something good. As for me, comrades, honestly, five hundred France is all I've made—not a centime more—and the half of that goes to the patron.”

And each of them began talking of his gains, except Tchuk-Tchuk, who showed his teeth, and kept silence.

"Come, Tchuk-Tchuk," said one, "don't be a bandit—a little **frankness**!"

《Compensation》(U. K.) John Galsworthy (1867—1933)

"来，朱克-朱克，说说这个季度赚了多少!"

但朱克-朱克只是摇头。

"唉!"这个意大利人说，"真不爽快。一定有好事，像我，朋友们，老实说，我挣了500法郎——不超过一生丁——一半的钱交给赞助人啦。"

其他的人开始谈论他们的所得，但朱克-朱克只是咧了咧嘴，保持沉默。

"来，朱克-朱克，"一个人说，"不要鬼头鬼脑的，**爽快**些!"

《补偿》(英) 约翰·高尔斯华绥 (1867—1933)

2. When I kiss your face to make you smile, my darling, I surely understand what pleasure streams from the sky in morning light, and what **delight** the summer breeze brings to my body—when I kiss you to make you smile.

《When and Why》(India) Rabindranath Tagore (1861—1941)

当我吻着你的脸蛋儿叫你微笑的时候，我的宝贝，我的确明白了在晨光里从天上流下来的是什么样的快乐，而夏天的微飔吹拂在我的身体上的又是什么样的**爽快**——当我吻着你的脸叫你微笑的时候。

《时候与原因》(印度) 罗宾特拉纳特·泰戈尔 (1861—1941)

"爽快"之**"快"**的意义为:《字典》:(形容词) 1. 高兴; 喜悦。2. 直爽; 直截了当。根据原文例词所处之上下文，译文"爽快"即是**frankness** (frank: honest and direct in what you say, sometimes in a way that other people might not like) 与**delight** (a feeling of great pleasure) 的所含之意。

奔(夭部): 快跑。会意字(金文的上部是一个"人", 下部是三个"止", 表示一个人甩开两臂, 用多只脚快速跑动)。

1. The hidden well-spring of your soul must need rise and **run** murmuring to the sea;

And the treasure of your infinite depths would be revealed to your eyes.

《Self-Knowledge》(Lebanon) Kahlil Gibran (1883—1931)

你的心灵隐秘的涌泉，必须升溢，吟唱着**奔**向大海;

你的无穷深处的宝藏，必须在你目前呈现。

《自知》(黎巴嫩) 卡里·纪伯伦 (1883—1931)

2. Shall my heart become a tree heavy-laden with fruit that I may gather and give unto them?

And shall my desires **flow** like a fountain that I may fill their cups?

《The Coming of the Ship》(Lebanon) Kahlil Gibran (1883—1931)

我的心能成为一棵累累结实的树，可以采撷了分给他们么？
我的愿望能***奔流***如泉水，可以倾满他们的杯么？

《船的到来》(黎巴嫩) 卡里·纪伯伦 (1883—1931)

3. You know the rest. In the books you have read,
How the British Regulars fired and **fled**, —
How the farmers gave them ball for ball,
From behind each fence and farm-yard wall, ...

《Paul Revere's Ride》(U. S. A.) Henry Wadsworth Longfellow (1807—1882)

故事的下文你们都知道，
英国兵开了火，又败阵***奔逃***；
一道道篱笆、院墙后面，
村民用子弹回报子弹；……

《保罗·里维尔星夜飞驰》(美) 亨利·瓦茨沃斯·朗费罗 (1807—1882)

4. And like those waters **rushing**
Among the wooden piers,
A flood of thought came o'er me
That filled my eyes with tears.

《The Bridge》(U. S. A.) Henry Wadsworth Longfellow (1807—1882)

正如河水***奔涌***在
一根根桥柱之间，
思潮涌上我心头，
泪水涌上我两眼。

《桥》(美) 亨利·瓦茨沃斯·朗费罗 (1807—1882)

5. I remember the black wharves and the slips,
And the sea-tides **tossing** free;
And Spanish sailors with bearded lips,
And the beauty and mystery of the ships,
And the magic of the sea.

《My Lost Youth》(U. S. A.) Henry Wadsworth Longfellow (1807—1882)

我记得乌黑的码头和船台，
海上肆意***奔腾***的潮汐；
满嘴胡须的西班牙水手，

一艘艘船舶的壮丽神奇，
茫茫大海诱人的魔力。

《逝去的青春》(美) 亨利·瓦茨沃斯·朗费罗 (1807—1882)

6. I sprang to the stirrup, and Joris, and he;
I **galloped**, Dirck galloped, we galloped all three; …

《How They Brought the Good News from Ghent to Aix》
(U. K.) Robert Browning (1812—1889)

我跳上鞍，和若里斯，还有他；
我***奔驰***，迪尔克奔驰，三人齐策马；……

《他们如何把好消息从根特送到埃克斯》(英) 罗伯特·勃朗宁 (1812—1889)

例 2～例 5 之译文***“奔流、奔逃、奔涌、奔腾”***各自两词根之间的关系属偏正型：***“奔”***修饰、限制其后的动作。其中，只有 **flow** (to **move steadily** and continuously in one direction) 的释义没有体现出“奔”，但通过其所处之上下文 (like a fountain)，则不难看出 flow 在此所含的***“奔流”***之意。其余几例的译文均可体现在其各自的原文释义之中：**flee** (to **leave** a person or place **very quickly**, especially because you are afraid of possible danger)；**rush** (to **move** or to do sth **with great speed**, often too fast)；**toss** (to **move** or make sth move **from side to side or up and down**)。**例 6** 之译文“***奔驰***(驰：指车、马等的快跑)”两词根意义相近，与其原文 **gallop** (to ride a horse very fast) 之意相符。

奕 (亣部)：籀文大字，是古文大字的改写。《字典》：(形容词) 奕奕，形容精神焕发的样子。形声字：下形上声。

1. He is the poet of the dawn, who wrote
The Canterbury Tales, and his old age
Made **beautiful** with song; and as I read
I hear the crowing cock, I hear the note
Of lark and linnet, and from every page
Rise odors of ploughed field or flowery mead.

《Chaucer》(U. S. A.) Henry Wadsworth Longfellow (1807—1882)

他是黎明时代的一代诗宗，
《坎特伯雷故事集》出自他笔下，
诗歌使他的晚景***奕奕***生光；
读着他的诗，我犹如听到鸡鸣，
听到百灵和红雀；页页都散发
新耕田野、繁花草原的清香。

《乔叟》(美) 亨利·瓦茨沃斯·朗费罗 (1807—1882)

2. The Mariner, whose eye is **bright**,
Whose beard with age is hoar,
Is gone: and now the Wedding Guest
Turned from the bridegroom's door.

《The Rime of the Ancient Mariner》(U. K.) Samuel Taylor Coleridge (1772—1834)

老水手目光**奕奕**须发苍苍,
他讲完故事便独自前往:
赴宴的客人也转过身子,
不去新郎家而走向他方。

《古舟子咏》(英) 塞缪尔·泰勒·柯尔律治 (1772—1834)

“奕奕” 为 ***单纯词中的叠音词***,从其所对应的原文例词 **beautiful** (very good) 和 **bright** (cheerful and lively) 的释义中可以体现出其所含之意。

耷:《字典》:(动词)下垂;沉着(脸)。形声字:下形上声(也可由“大”、由“耳”会意)。

1. Romance, who loves to nod and sing,
With **drowsy** head and folded wing,
Among the green leaves as they shake
Far down within some shadowy lake, …

《Romance》(U. S. A.) Allan Poe (1809—1849)

传奇,它喜欢打盹和唱歌,
耷拉着脑袋,把双翅叠合,
在青翠的树叶中,当树叶摇晃
在远方某个影子一般的湖上,……

《传奇》(美) 爱伦·坡 (1809—1849)

2. Once he stole the teacher's penknife, and, when he was afraid it would be found out and he would get whipped, he slipped it into George Wilson's cap—poor Widow Wilson's son, the moral boy, the good little boy of the village, who always obeyed his mother, and never told an untruth, and was fond of his lessons, and infatuated with Sunday-school. And when the knife dropped from the cap, and poor George **hung** his head and blushed, as if in conscious guilt, …

《The Story of the Bad Little Boy》(U. S. A.) Mark Twain (1835—1910)

有一次,吉姆偷了老师的铅笔刀,但害怕被老师发现,就把小刀偷偷地塞进乔治·威尔逊的帽子里。乔治是可怜的寡妇威尔逊太太的儿子,他品学兼优,是村子里公认的好孩子。乔治对母亲百依百顺,从不说谎,而且勤奋好学,喜欢他的功课。对主日学校更是迷恋。可是，后来那把小刀竟然从他的帽子里掉出来，可怜的乔治**耷拉**着脑袋，羞愧得无地自容。

《坏小子的故事》(美) 马克·吐温 (1835—1910)

例1之**drowsy** (tired and almost asleep) 根据其所在之上下文，意译为“**耷拉**”，**例2**的**hung** (to bend or let sth to bend down) 的译文属直译。

小部

由“小”构成的字往往含有“少”的意思。

小：细微的物体。从八（表示分别），小物出现了，就分解它。会意字。

1. When after your bath, with wet hair spread on your shoulders, you walked through the shadow of the champa tree to the **little** court where you say your prayers, you would notice the scent of the flower, but not know that it came from me.

When after the midday meal you sat at the window reading *Ramayana*, and the tree's shadow fell over your hair and your lap, I should fling my wee little shadow on to the page of your book, just where you were reading.

But would you guess that it was the **tiny** shadow of your little child?

《The Champa Flower》(India) Rabindranath Tagore (1861—1941)

当你沐浴后，湿发披在两肩，穿过金色花的林荫，走到做祷告的**小**庭院时，你会嗅到这花香，却不知道这香气是从我身上来的。

当你吃过中饭，坐在窗前读《罗摩衍那》，那棵树的阴影落在你的头发与膝上时，我便要将我小小的影子投在你的书页上，正投在你所读的地方。

但是你会猜得出这就是你孩子**小小**的影子么？

《金色花》(印度) 拉宾德拉纳特·泰戈尔 (1861—1941)

2. The water in a vessel is sparkling; the water in the sea is dark.

The **small** truth has words that are clear; the great truth has great silence.

《Stray Birds: 176》(India) Rabindranath Tagore (1861—1941)

杯中的水是光辉的；海中的水却是黑色的。

小理可以用文字来说清楚；大理却只有沉默。

《飞鸟集：第176首》(印度) 罗宾德拉纳特·泰戈尔 (1861—1941)

从原文中可以看出作为形容词的译文“**小**”不仅可以用在表示“具体 (court)”名词之前，也可用来修饰“抽象 (truth)”名词；可带有感情色彩“little court/child, tiny shadow”，也可只是意义上的“小 (small truth)”。**例1**的译文运用了***重叠词“小小”***，体现出了词语的形态色彩。

尚（八部）：增加，希冀。《字典》：（名词）指社会上流行的风气；一般人所崇尚的东西。（副词）：还。形声字：上形下声（从八，向声）。

1. I have advised the Queen to offer to confer a baronetcy on Mr. Tennyson, and the same distinction should be at your command, if you liked it. But I have remembered that, like myself, you are childless, and may not care for hereditary honors. I have therefore made up my mind, if agreeable to yourself, to recommend to Her Majesty to confer on you the highest distinction for merit at her command, and which, I believe, has never **yet** been conferred by her except for direct services to the State. And that is the Grand Cross of the Bath.

《Benjamin Disraeli to Thomas Carlyle》(U. K.) Benjamin Disraeli (1804—1881)

我已建议女王赐封坦尼先生为从男爵；如果你愿意的话，你将获得同一封号。不过，我记得你和我一样没有子嗣，恐怕不愿接受世袭封号。因此，我决定向女王陛下建议（如果你本人不反对的话），颁给你一枚最高功绩勋章。这种勋章我相信除了直接为国家立过功的人之外，**尚**未授予过任何人。那就是巴斯大十字勋章。

《迪斯累里致卡莱尔书》(英) 本杰明·迪斯累里 (1804—1881)

2. I cannot say that I was very happy during those first months at Morton. I could not forget Mr. Rochester. I repeated again and again that I had done right. I could not live with Mr. Rochester while his first wife **still** lived.

《Jane Eyre》(U. K.) Charlotte Brontë (1816—1855)

在莫尔顿的最初几个月里，我不能说过得非常开心，我忘不了罗切斯特先生。我一遍又一遍地告诫自己，我做得对，罗切斯特先生的妻子**尚**在人世，我不能和他生活在一起。

《简·爱》(英) 夏洛蒂·勃朗特 (1816—1855)

3. Is this your sole praise from a friend,
“Greatly his opera’s strains intend,
But in music we know how **fashions** end!”

《The Last Ride Together》(U. K.) Robert Browning (1812—1889)

这是你朋友唯一的赞词么？——
“他的歌剧有宏大的抱负，
但我们知道，音乐的**时尚**常变！”

《最后一次同乘》(英) 罗伯特·勃朗宁 (1812—1889)

4. Milton! Thou should be living at this hour:
　　England hath need of thee: she is a fen
　　Of stagnant waters: altar, sword, and pen,
Fireside, the heroic wealth of hall and bower,
Have forfeited their ancient English **dower**
　　Of inward happiness.

《London, 1802》(U. K.) William Wordsworth (1770—1850)

弥尔顿！今天，你应该活在世上：
　　英国需要你！她成了死水污池：
　　教会，弄笔的文人，仗剑的武士，
千家万户，豪门的绣阁华堂，
断送了内心安恬——古老***风尚***；……

《伦敦，1802》(英) 威廉·华兹华斯 (1770—1850)

例 3 之译文***“时尚”***两词根的关系属复合式偏正型，“时”修饰、限制“尚”，其词义即可从其所对应的原文中体现出来：**fashion**: a **popular way** of behaving, doing an activity, etc.。***“风尚”***两词根意义相近，***“风”***在此意义为***“习俗、风气”***，其所对应的原文 **dower**（1. Money or property brought by a woman to her husband at marriage; 2. A life estate to which a wife is entitled on the death of her husband）释义中没有直接体现出译文的意义，然而，dower 本身的意义却代表了当时社会所流行的一种习惯，故根据其所处之上下文，将其意译为***“风尚”***。

尘（塵）(鹿部)：群鹿疾行使尘土飞扬。《字典》：（名词）世俗。会意字：由麤、由土会意。

1. “**Dust** and ashes!” So you creak it, and I want the heart to scold.
Dear dead women, with such hair, too—what's become of all the gold
Used to hang and brush their bosoms?! I feel chilly and grown old.

《A Toccata Galuppi's》(U. K.) Robert Browning (1812—1889)

“**尘**与灰”——你这样唧唧吟唱，而我却不忍心责备。
死去的美女多么可爱，披满酥胸的金发多么美，
而如今都已安在？我不仅感到了年岁的寒威。

《加卢皮的托卡塔曲》(英) 罗伯特·勃朗宁 (1812—1889)

2. 　　Where none regarded him, but thou:
And, oh! I feel in that was given
　　A blessing never meant for me;

Thou wert too like a dream of Heaven,
For **earthly** Love to merit thee.
《If Something in the Haunts of Men》(U. K.) George Gordon Byron (1788—1824)
眷念过他的只有你一人；
我从你那儿蒙受的恩幸
绝不是理应归我所有；
你宛如一场天国绮梦，
尘世爱情不配去攀求。
《倘若偶尔在繁嚣人境》(英) 乔治·戈登·拜伦 (1788—1824)

3. O, for a beaker full of the warm South,
Full of the true, the blushful Hippocrene,
With beaded bubbles winking at the brim,
And purple stained mouth;
That I might drink, and leave the **world** unseen,
And with thee fade away into the forest dim: …
《Ode to a Nightingale》(U. K.) John Keats (1795—1824)
要是有一杯南国的温暖
充满了鲜红的灵感之泉，
杯沿明灭着珍珠的泡沫，
给嘴唇染上紫斑；
哦，我要一饮而悄然离开**尘寰**，
和你同去阴暗的林中隐没：……
《夜莺颂》(英) 约翰·济慈 (1795—1824)

4. Then, churls, their thoughts, although their eyes were kind,
To thy fair flower add the rank smell of weeds;
But why thy odor matcheth not thy show,
The soil is this, that thou dost **common** grow.
《The Sonnets of William Shakespeare: 69》(U. K.) William Shakespeare (1564—1616)
他们的目光温和，思想可偏狭，
说你这鲜花正发着烂草的臭味；
但是，为什么你的香和色配不拢？
土壤是这样：你就生长在**尘俗**中。
《莎士比亚十四行诗：第 69 首》(英) 威廉·莎士比亚 (1564—1616)

5. Naught moves but clouds, and in the glassy lake

Their doubles and the shadow of my boat.
The boat itself stirs only when I break
This drowse of heat and solitude afloat
To prove if what I see be bird or **mote**,
Or learn if yet the shore woods be awake.

《July》(U. K.) Edward Thomas (1878—1917)

万物宁谧，唯有流云，晶莹的湖泊，
云影绥移，浮泛着舟影。
扁舟轻荡，我用桨儿划破
沉沉的炎热，和迷离的寂寞，
为了辨认，望见的是鸟抑或***纤尘***，
为了探明：湖畔树林是否苏醒。

《七月》(英) 爱德华·托马斯 (1878—1917)

"***尘世***(世：人的一生)、***尘寰***(寰：广大的区域)、***纤尘***"三词的组合均属复合式偏正型，从其各自所对应的原文 **earthly** (connected with **life on earth** and not with any spiritual life)、**world** (a **person's environment**; our society) 和 **mote** (a very small piece of dust) 释义中即可体现。"***尘俗***(名词)"之两词根意义相近，其组词为原文 **common** (ordinary) 的意译，它的翻译涉及到了词类的转换：***形容词转换为名词***。

雀(隹部)：依人而宿的小鸟。会意字：由小、由隹会意。

1. To wake at dawn with a **winged** heart and give thanks for another day of loving;
To rest at the noon hour and meditate love's ecstasy;
To return home at eventide with gratitude;
And then to sleep with a prayer for the beloved in your heart and a song of praise upon your lips.

《The Prophet: On Love》(Lebanon) Kahlil Gibran (1883—1931)

清晨，带着一个***雀跃***的心醒来，感谢又一个充满爱的日子；
午休，沉思爱的心醉神怡；
黄昏，带着感激之情回家；
睡前，为你心中的挚爱祈祷，唇间吟诵着赞美诗。

《先知：爱》(黎巴嫩) 卡里·纪伯伦 (1883—1931)

2. The palm and may make country houses gay,
Lambs frisk and play, the shepherds pipe all day;
And we hear ay **birds** tune this merry by,

Cuckoo, jug-jug, pu-we to-witta-woo!

《Spring》(U. K.) Thomas Nashe (1567—1604)

棕榈山楂，绿荫农舍生辉，
羊羔嬉戏，牧笛整日清脆，
莺雀唱和，妙曲欢歌优美，
咕咕，啾啾，扑—喂，托—威托—呜！

《春》(英) 托马斯·纳什 (1567—1604)

“雀跃”两词根之间的关系属复合式主谓型，在这里作为形容词，形容心脏的跳动情况。**“莺雀”**两词根意义相近，其所对应的原文 **birds** 之中既含“莺”又含“雀”。

尝(嘗)(旨部)：口试其味。《字典》：(动词) 1. 试；试探。2. 经历；感受。形声字：下形上声。

1. Another impressionist had a name much like Monet. His mane was Manet. In fact, Manet was the painter who really started the impressionist style, or *impressionism*. Manet didn't break his pictures up into so many little glittering spots as Monet did. Indeed, it was only in the last ten years of his life that Manet even **tried** that way of painting.

《The Most Important Person》(U. S. A.) Virgil M. Hillyer (1875—1937)

还有一位印象派画家，他的名字与莫奈很像。他叫马奈。实际上，马奈才是真正开创了印象派风格，或称印象主义绘画艺术的画家。马奈并没有像莫奈那样，把自己的画作分割成许多闪亮的小点。实际上，只是在他生命中的最后十年里，马奈才去**尝试**了这种绘画方法。

《最重要的人物》(美) 维吉尔·希利尔 (1875—1937)

2. All is but a symbol painted
Of the Poet, Prophet, Seer;
Only those are crowned and sainted
Who with grief have been **acquainted**,
Making nations nobler, freer.
…
Such a fate as this was Dante's,
By defeat and exile maddened;
Thus were Milton and Cervantes,
Nature's priests and Corybantes,
By affliction **touched** and saddened.

《Prometheus》(U. S. A.) Henry Wadsworth Longfellow (1807—1882)

这一切无非是一种象征，
描绘先知、预言者、歌手；
只有这种人不愧为圣哲：
他们自己把苦难**尝够**，
使各族人民更高尚、自由。
……
但丁的身世如此凄凉，
挫败和放逐逼得他发狂；
还有造化的教士、祭司——
弥尔顿、塞万提斯也同样，
一生**饱尝**困苦与忧伤。

《普罗米修斯》(美) 亨利·瓦茨沃斯·朗费罗 (1807—1882)

例 1 之**"尝试"**为 **try**（to make an attempt or effort to do or get sth）之直译："尝试"两词根意义相近。**例 2** 中之**"尝够"**与**"饱尝"**的组合分别属补充型和偏正型。此两例译文为其原文之意译：**acquaint**（to make sb/yourself **familiar** with or aware of sth）和 **touch**（to be or come so close together that there is **no space between**）的意义中虽没有直接体现出"尝"，但 acquaint 释义中的 familiar 在一定程度上体现出了"够"所具有的补充、说明作用；touch 释义中的 no space 则含有"饱"之意，而对于"苦难"的体验可谓是"尝"，故"尝够"与"饱尝"在这里意译了其原文 acquaint 和 touch。

光（火部）：光明。会意字：由"火"字在"人"字之上，会合光明的意思。

1. Someone once asked Manet who was the chief person in one of his impressionist pictures.

"The most important person in any picture," Manet answered, "is the **light**。" And that was what the impressionists tried to show in their paintings.

《The Most Important Person》(U. S. A.) Virgil M. Hillyer (1875—1937)

有人曾经问马奈，他创作的一幅印象派画作中，哪个人才是主体。

"任何画作中最重要的人物，"马奈回答道，"就是**光线**，"而这一点，正是印象派画家试图在画作中表现出来的东西。

《最重要的人物》(美) 维吉尔·希利尔 (1875—1937)

2. Some day I shall sing to thee in the sunrise of some other world, "I have seen thee before in the **light** of the earth, in the love of man."

《Stray Birds: 290》(India) Rabindranath Tagore (1861—1941)

总有一天，我要在别的世界的晨光里对你唱到："我以前在地球的**光**里，在人的爱里，已经见过你了。”

《飞鸟集：第290首》(印度) 罗宾德拉纳特·泰戈尔 (1861—1941)

3. I journey on by park and spire,
   Beneath centennial trees,
Through fields with poppies all on fire,
   And **gleams** of distant seas.

《Travels by the Fireside》(U. S. A.) Henry Wadsworth Longfellow (1807—1882)

我来到公园和尖塔旁边，
   在百年老树浓荫下游逛，
经过红花似火的罂粟田，
   经过远海闪烁的**微光**。

《炉边的远游》(美) 亨利·瓦茨沃斯·朗费罗 (1807—1882)

4. And lo! as he looks, on the belfry's height
A **glimmer**, and then a gleam of light!

《Paul Revere's Ride》(U. S. A.) Henry Wadsworth Longfellow (1807—1882)

看哪！看哪！那钟楼顶上
微光一闪，一点红光！

《保罗·里维尔星夜飞驰》(美) 亨利·瓦茨沃斯·朗费罗 (1807—1882)

5. Dark grow the windows,
   And quenched is the **fire**;
Sound fades in to silence, —
   All footsteps retire.

《Curfew》(U. S. A.) Henry Wadsworth Longfellow (1807—1882)

窗口暗下来，
   再不见**火光**；
万籁俱寂，
   踪迹隐藏。

《夜钟》(美) 亨利·瓦茨沃斯·朗费罗 (1807—1882)

五例译文直接对应了各自的原文例词。**“微光、火光”**之第一词根的修饰作用使读者更清晰、准确地体会到例词的所含之意：**gleams** (a **pale** clear light, often reflected from sth), **glimmer** (a **faint** unsteady light), **fire** (the **flames**, **light** and heat, and often smoke, that are produced when sth burns)。

耀(火部)：照耀。形声字：左形右声。

1. Fair towns with turrets high,

    And **shining** roofs of gold,

That vanish as he draws nigh,

    Like mists together rolled, —

《Fata Morgana》(U. S. A.) Henry Wadsworth Longfellow (1807—1882)

壮丽的城池，楼塔，

    耀眼的黄金屋顶；

他走近一瞧，都隐去，

    化作了轻烟淡影——

《海市蜃楼》(美) 亨利·瓦茨沃斯·朗费罗 (1807—1882)

2. The hills sweep upward from the shore,

    With villas scattered one by one

Upon their wooded spurs, and lower

    Bellaggio **blazing** in the sun.

《Cadenabbia》(U. S. A.) Henry Wadsworth Longfellow (1807—1882)

山峦从湖岸向上延展，

    岩坡石岭，林木繁茂，

一座座别墅散布其间；

    阳光下，贝拉玖晶莹***闪耀***。

《卡代纳比亚》(美) 亨利·瓦茨沃斯·朗费罗 (1807—1882)

例 1 “*耀眼*”之两词根属动宾型组合。其所对应的 **shine** (to produce or reflect light; to be bright) 之意为“发光、反光、照耀”。其释义中虽不含“眼”，但从其所处之上下文 roofs of gold 以及 draws nigh 即可体会到“因金色屋顶在阳光下的反光‘耀眼’，致使作者看不清，所以才走到近处去瞧”。此处之“shine”译为“耀眼”确切地体现出了原作之意。**例 2 之“*闪耀*”**为其原文例词的直译。

少：不多。形声字：上形下声（从小，丿声：徐锴《系传》：“丿”音“夭”）。

1. I stand amid the roar

Of a surf-tormented shore,

And I hold within my hand

Grains of the golden sand—

How **few**! Yet how they creep

Through my fingers to the deep,

While I weep—while I weep!

《A Dream within a Dream》(U. S. A.) Allan Poe (1809—1849)

我站在咆哮轰鸣的海边，
我站在波涛汹涌的海岸，
我紧紧地握在我的手里
一粒粒金光灿灿的沙粒——
真**少**！可它们仍然溜走，
从我的指间溜向大海深处，
而我常哭问——我常哭求！

《梦中之梦》(美) 爱伦·坡 (1809—1849)

2. Walls were all buried, trees were **few**:
He saw no stay unless he stove
A hole in somewhere with his heel.
But though repeatedly he strove...

《Brown's Descent or The Willy-Nilly Slide》(U. S. A.) Robert Frost (1874—1963)

田埂都已埋没，树也***很少***
他完全无法停住，除非
用他的脚跟在冰上凿个窟窿。
但是，尽管他一再努力，……

《布朗下山：不由自主的滑行》(美) 罗伯特·弗罗斯特 (1874—1963)

3. Therefore are feasts so solemn and so rare,
Since, **seldom** coming, in the long year set,
Like stones of worth they thinly placed are,
Or captain jewels in the carcanet.

《The Sonnets of William Shakespeare: 52》(U. K.) William Shakespeare (1564—1616)

同样，像一年只有几次的节期，
来的***稀少***，就显得更难得、更美好，
也像贵重的宝石，排得开、排得稀，
像一串项链中几颗最大的珠宝。

《莎士比亚十四行诗：第 52 首》(英) 威廉·莎士比亚 (1564—1616)

此三例译文均为其各自原文例词之直译。**例 1** 译文中运用***重叠词“粒粒”***表示复数 (grains)。

尸部

由“尸”构成的字往往与“人、人体、人形”相关。

尸：陈列。象形字：像人卧的样子。

1. "O father! I see a gleaming light,
   Oh say, what may it be?"
   But the father answered never a word,
   A frozen **corpse** was he.

《The Wreck of the Hesperus》(U. S. A.) Henry Wadsworth Longfellow (1807—1882)

"爸爸！我看见一点亮光，
告诉我，那是什么？"
可是她父亲冻成了**僵尸**，
回答她的是沉默。

《"金星号"遇难记》(美) 亨利·瓦茨沃斯·朗费罗 (1807—1882)

2. Warriors and chiefs! Should the shaft or the sword
   Pierce me in leading the host of the Lord,
   Heed not the **corpse**, though a king's, in your path:
   Bury your steel in the bosoms of Gath!

《Song of Saul before his Last Battle》(U. K.) George Gordon Byron (1788—1824)

武士们，首领们！当我在征战，
敌人的刀剑若将我刺穿，
休理会你们国王的**尸首**，
把锋刃埋进迦特人胸口！

《扫罗王最后一战的战前之歌》(英) 乔治·戈登·拜伦 (1788—1824)

此两例译文皆为直译。

展：展转。《字典》：（动词）1. 张开；放开。2. 陈列出来供人看。形声字：外形内声。

1. Fresh Spring, the herald of loves mighty king,
   In whose cote-armor richly are **displayed**
   All sorts of flowers, the which on earth do spring,
   In goodly color gloriously arrayed—

《Whilst It Is Prime》(U. K.) Edmund Spenser (1552—1599)

清芬的春天传讯：爱神君临人间，
春光披上盛装，尽情**展示**
大地茁生的百花斗艳，
灿烂似锦，遍地华滋。

《行乐当及时》(英) 埃特蒙·斯宾塞 (1552—1599)

2. Thy morning **show**'d, thy nights conceal'd
   The bowers where Lucy play'd;
And thine too is the last green field
   That Lucy's eyes survey'd.

《Lucy Gray》(U. K.) William Wordsworth (1770—1850)

你晨光**展现**的，你夜幕遮掩的
   是露西游憩过的林园；
露西最后一眼望见的，
   是你那青碧的草原……

《露西抒情诗》(英) 威廉·华兹华斯 (1770—1850)

3. I was thinking the day most splendid
till I saw what the not—day **exhibited**,
I was thinking this globe enough
till there sprang out so noiseless around me myriads of other globes.

《Night on the Prairies》(U. S. A.) Walt Whitman (1819—1892)

我一直以为白天最为光辉灿烂，
直到我看见黑夜所**展示**的一切，
我一直以为这个地球已经足够，
直到在我的周围无声地涌现出千万个其他的星球。

《草原之夜》(美) 沃尔特·惠特曼 (1819—1892)

4. The shack was made of the tough bud shields of the royal palm which are called guano and in it there was a bed, a table, one chair, and a place on the dirt floor to cook with charcoal. On the brown walls of the **flattened**, overlapping leaves of the sturdy fibered guano there was a picture in color of the Sacred Heart of Jesus and another of the Virgin of Cobre. These were relics of his wife.

…

He looked across the sea and knew how alone he was now. But he could see the prisms in the deep dark water and the line **stretching** ahead and the strange undulation of the calm.

《The Old Man and the Sea》(U. S. A.) Ernest Hemingway (1899—1961)

棚屋是用大椰子树的被当地人称为“海鸟粪”的坚韧的苞壳盖成的。屋里有一张床、一张桌子、一把椅子，泥地上还有一块烧炭做饭的地方。褐色的墙是用这纤维结实的“海鸟粪”**展平**了叠盖而成的。墙上有一幅彩色画，是《耶稣圣心图》，另一幅是《科伯圣母图》，是他妻子的遗物。

……

他眺望大海，知道现在多么孤单。但是，他能看到黑色深海里的折射光，看到钓线向前***伸展***，看见平静的海上奇怪的起伏。

《老人与海》(美) 欧内斯特·海明威 (1899—1961)

译文**“*展示*、*展现*、*伸展*”**各自两词根意义相近，直接体现出三词所对应的原文之意。**“*展平*”**之“***平***”是对“***展***”的补充、说明：首先要展开，展开后再铺平。

居：蹲踞。会意字：由尸、由古会意。由尸、古会意的缘故，是说蹲踞是从古而来的习俗。

1. “Nay, you have seen nothing of it as yet,” said Lord Woodville, “and I trust you do not mean to leave us till you are better acquainted with it. It is true, I confess, that my present party is pretty large, and the old house, like other places of the kind, does not possess so much accommodation as the extent of the outward walls appears to promise. But we can give you a comfortable old-fashioned room, and I venture to suppose that your campaigns have taught you to be glade of worse **quarters**.”

《The Tapestried Chamber or The Lady in the Sacque》(U. K.) Walter Scott (1771—1832)

“过奖了，您还没看呢，”伍德维尔勋爵说，“我想您一定不会在熟悉此地之前就离开吧。我承认，我目前的队伍确实很大，这座老宅就像类似其他的地方一样，并不能像外墙看起来能容那么多人住宿。不过我可以给您提供一间老式、舒适的房间，同时恕我冒昧，您的战地经历一定教会了您欣然接受更差的***居所***。”

《挂毯卧房（别名“长袍夫人”）》(英) 瓦尔特·司格特 (1771—1832)

2. The Bee is not afraid of me.
I know the Butterfly.
The pretty **people** in the Woods
Receive me cordially—

《The Bee is not afraid of me》(U. S. A.) Emily Dickinson (1830—1886)

蜜蜂对我毫不畏惧。
我熟识那些蝴蝶。
丛林中美丽的***居民***
待我都十分亲切——

《蜜蜂对我毫不畏惧》(美) 艾米莉·狄金森 (1830—1886)

3. And there are those who have the truth within them, but they tell it not in words.
In the bosom of such as these the spirit **dwells** in rhythmic silence.

《Talking》(Lebanon) Kahlil Gibran (1883—1931)

也有些人的心里隐存着真理，他们却不用言语来诉说。
在这些人的胸怀中，心灵***居住***在有韵调的寂静里。

《谈话》(黎巴嫩) 卡里·纪伯伦（1883—1931）

译文“***居所***、***居民***”各自两词根的关系属于偏正型。“***居所***”之“***居***”与“***所***”分别与原文例词释义中的中心语及其修饰语相对应：**quarters**（**rooms** that are provided for soldiers, servants, etc. to live in）。“***居民***”之“***居***”的含义则体现在它所处之上下文中：**people**（**butterfly**）in the Woods。“***居住***”之两词根意义相近，直接与其原文对应。

屋：人们居住的地方。会意字：由尸、由至会意。尸像屋子的样子，“至”表示到来。人来到这里居住之意。

1. A **House** upon the Height—
That Wagon never reached—
No Dead, were ever carried down—
No Peddler's Cart-approached—

《A House upon the Height》(U. S. A.) Emily Dickinson（1830—1886）

山岗上有一所***房屋***——
车辆从不曾到过——
从不曾有死人运下来——
也不曾有小贩去售货——

《山岗上有一所房屋》(美) 艾米莉·狄金森（1830—1886）

2. I will arise and go now, and go to Innisfree,
And a small **cabin** build there, of clay and wattles made:
Nine bean-rows will I have there, a hive for the honey-bee,
And live alone in the bee-loud glade.

《The Lake Isle of Innisfree》(U. K.) William Butler Yeats（1865—1939）

我要起身走了，去因尼斯弗里岛，
用泥土和枝条，建造起一座小***屋***；
我要有九排芸豆架，一个蜜蜂巢，
在林间听群蜂高唱，独居于幽处。

《因尼斯弗里岛》(英) 威廉·巴特勒·叶芝（1865—1939）

3. I had for my winter evening walk—
No one at all with whom to talk,
But I had the **cottages** in a row
Up to their shining eyes in snow.

《Good Hours》(U. S. A.) Robert Frost（1874—1963）

我出门做冬日黄昏的散步
没有一个可交谈的人同路，
但是我有一整排乡间**小屋**
眼睛闪闪发光在雪地高处。

《好时光》(美) 罗伯特·弗罗斯特 (1874—1963)

三例**“屋”**的译文均为直译。**例2**与**例3**原文**cabin**与**cottages**的不同之处通过对其所处之下文的翻译中即可有所体现：用泥土和枝条，建造起一座小**屋**（**cabin**：a **small** house or shelter，usually **made of wood**）；乡间小**屋**(**cottages**：a **small** house，especially **in the country**)。

履：《字典》：(动词) 踩；践。(名词) 脚；脚步。

1. His **Gait**，—was soundless，like the Bird—
But rapid—like the Roe—
His fashions，quaint，Mosaic—
Or haply，Mistletoe—

《The only Ghost I ever Saw》(U. S. A.) Emily Dickinson (1830—1886)

如同小鸟，***步履***无声——
但是迅速，有如鹿奔——
他装扮得古怪，有如镶嵌——
也许，像槲寄生——

《我见过的唯一鬼魂》(美) 艾米莉·狄金森 (1830—1886)

2. It was about four o'clock. Two teams of plough-horses were coming out of a field on the way home. The owner takes great care of them. More magnificent horses never were seen：glossy coats，tremendous haunches，strong enough to shake a house if it came to an earnest pull，immense feet，show-**stepping**：very gentle the huge creatures seemed.

《An Afternoon Walk in October》(U. S. A.) William Hale White (1917—1999)

此时已是下午四点左右。两队耕完田的马儿正走出一块农田，踏上归家的路。马的主人对它们定是呵护备至，因为我从未见过如此出色的骏马：毛皮油光闪亮；双胯肥硕健壮，情急之下狠命一拉，定能撼动一栋房子；四蹄巨大，却***步履***轻柔，看不出，这体型巨大的动物竟也十分温顺。

《十月午后漫步》(美) 威廉·黑尔·怀特 (1917—1999)

“步履”两词根意义相近，与原文之意相符：**gait**：a way of walking；**step**：the way that sb walks。

屑（屑：今经典作屑。《方言》卷十“屑屑，不安也。”）：动作切切不安。

《字典》：（名词）碎末；碎片。“不屑”：（动词）认为事物轻微不值得（做）。形声字。

1. Bring beauty and order into my forlorn life, woman, as you brought them into my house when you lived. Sweep away the dusty **fragments** of the hours, fill the empty jars and mend all neglects.

《Lover's Gift》(India) Rabindranath Tagore (1861—1941)

携了美丽和秩序到我的艰苦的生命里来吧，妇人，当你生时，你曾携过他们到我的屋里。请扫掉时间的尘***屑***，倒满了空的水瓶，备补了所有的疏忽。

《爱者之贻》(印度) 罗宾德拉纳特·泰戈尔 (1861—1941)

2. The poor little Swallow grew colder and colder, but he would not leave the Prince, he loved him too well. He picked up **crumbs** outside the baker's door when the baker was not looking and tried to keep himself warm by flapping his wings.

《The Happy Prince》(U. K.) Oscar Wilde (1854—1900)

可怜的小燕子越来越冷，却不愿意离开王子，他太爱这位王子了。他只好趁面包师不注意的时候，从面包店门口捡点面包***屑***充饥，并试着扑打翅膀让自己觉得暖和一些。

《快乐王子》(英) 奥斯卡·王尔德 (1854—1900)

3. For thy sweet love rememb'red such wealth brings,
That then I **scorn** to change my state with kings.

《The Sonnets of William Shakespeare: 29》
(U. K.) William Shakespeare (1564—1616)

我怀着你的厚爱，如获至宝，
教我***不屑***把处境跟帝王对调。

《莎士比亚十四行诗：第 29 首》(英) 威廉·莎士比亚 (1564—1616)

三例词之译文均属直译。

屠：刳剥。《字典》：（动词）残杀；杀戮。形声字。

1. The evil done by the Japanese warlords can never be repaired or forgotten. But their power to destroy and **kill** has been taken from them. Their armies and what is left to their Navy are now impotent.

《Broadcast on Japanese Surrender》(U. S. A.) Harry Truman (1884—1972)

日本军阀犯下的罪行是无法弥补的，也无法忘却的。但是他们的破坏和***屠杀***力量已经被剥夺了。现在他们的陆军以及剩下的海军已经毫不足惧了。

《在日本投降时发表的广播演说》(美) 哈利·杜鲁门 (1884—1972)

2. You are a Member of Parliament, and one of that Majority which has doomed my Country to Destruction. —You have begun to burn our Towns and **murder** our people. —Look upon your hands! —They are stained with the Blood of your Relations! —You and I were long Friends: —You are now my Enemy, …

《Benjamin Franklin to William Strahan》(U. S. A.) Benjamin Franklin (1706—1790)

你是国会议员，也是发誓要消灭我们美国的多数派之一员——你们已经开始焚毁我们的城市，***屠杀***我们的百姓——看看你们的双手吧！——他们沾满了你们同族人的鲜血！——你以往是我的老朋友——如今则是我的敌人。

《富兰克林致斯屈拉汗书》(美) 本杰明·富兰克林 (1706—1790)

3. And so the dreadful **massacre** began;
O'er fields and orchards, and o'er woodland crests,
The ceaseless fusillade of terror ran.
Dead fell the birds, with blood-stains on their breasts, …

《The Birds of Killingworth》(U. S. A.) Henry Wadsworth Longfellow (1807—1882)

随后，在果园、田野，在山顶、树林，
可怖的大规模***屠杀***悍然开始；
鸟儿们掉下来，死去，胸染血痕；
暴行似连珠排炮，无休无止；……

《基灵沃思的鸟儿》(美) 亨利·瓦茨沃斯·朗费罗 (1807—1882)

“*屠杀*”两词根意义相近。虽然三例词译文均为**“*屠杀*”**，但根据上下文，即可体现出其原文含义之不同：**Kill** (to make sb/sth die) 指杀死这一事实，对象可以是人、物，也可以是抽象事物；**murder** (to kill sb deliberately or illegally) 指蓄意谋杀；**massacre** (to kill a large number of people, especially in a cruel way) 指不加区别的大屠杀，尤其是杀害未准备好自卫、几乎无法进行抵抗的人。

层(層)：重叠的楼屋。《字典》：(名词) 重叠的东西；重叠的东西中的一部分。形声字。

1. The temples that the priests built were made of mud bricks, too, but the single platform for a foundation was not enough, so they built several, one on top of another. This gave the effect of a terraced pyramid, as each platform was set back from the one below it. In New York and some other cities today, architects have built tall buildings in this ancient way—the **stories** stepped back, as we call it.

《Mud Pie Palace and Temples》(U. S. A.) Virgil M. Hillyer (1875—1937)

而祭司们建造的神庙，也是用土砖筑成的，不过，只用一个平台来做地基还不够，因此他们会修建好几座平台，使得平台之上又是平台。这样做，就让它看起来像是一座梯田式的金字塔那样。因为每座平台，都在下面那一座的基础上缩进去了一些。在如今的纽约和其他一些城市里，有些建筑师们仍然按照这种古老的方式，即我们所称的“逐***层***缩进”，建造了许多高楼大厦呢。

《用泥巴建造的宫殿与神庙》(美) 维吉尔·希利尔 (1875—1937)

2. Time and Thought were my surveyors,
　　They laid their courses well,
They boiled the sea, and baked the **layers**
　　Or granite, marl, and shell.

《Song of Nature》(U. S. A.) Ralph Waldo Emerson (1803—1882)

　　时间与思想将我检验，
　　铺设它们美好的进程，
它们煮沸大海，烧硬岩***层***
或是花岗岩、泥灰岩和地壳。

《自然之歌》(U. S. A.) 拉尔夫·瓦尔多·爱默生 (1803—1882)

译文**“*层*”**为两例词原文之直译。虽然例词译文相同，但通过上下文，可以体会出**例 1** 原文例词 **stories** (a level of a building; a floor) 与**例 2** 之 **layer** (a quantity or thickness of sth that lies over a surface or between surfaces) 所含之义的不同。

尾：细微的（尾巴）。《字典》：（名词）事物的末端。会意字：由倒着的“毛”在“尸”字之后会意。

1. Eliot himself was a past master of the art of listening, Henry James, one of American's first great novelists, recalled: “Dr. Eliot's listening was not mere silence, but a form of activity. Sitting very erect on the end of his spine with hands joined in his lap, making no movement except that he revolved his thumbs around each other faster or slower, he faced his interlocutor and seemed to be hearing with his eyes as well as his ears. He listened with his mind and attentively considered what you had to say while you said it. …At the **end** of an interview the person who had talked to him felt that he had had his say.”

《An Easy Way to Become a Good Conversationalist》
(U. S. A.) Dale Carnegie (1888—1955)

艾略特本人就是深得倾听之道的高手。美国的第一批伟大小说家之一的亨利·詹姆斯回忆道：“艾略特博士的倾听不仅是沉默不语而已，他的倾听是一种参与形式。他挺着腰，双手相合置于膝上，一动不动地坐着，只有两个拇指或快或慢地相互环绕旋转着。他看着面前的谈话者，好像不仅耳朵在倾听，而且眼睛也在倾听一样。他用心聆听着，专心思考着你说话时肯定会说些什么……谈话接近**尾声**时，跟他谈话的人会觉得他已经畅所欲言了。”

《一种简单方法让你成为善于谈话的人》(美) 戴尔·卡耐基 (1888—1955)

2. He thought that I was after him for a feather—
The white one in his **tail**; like one who takes
Everything said as personal to himself.

《The Wood-Pile》(U. S. A.) Robert Frost (1874—1963)

他想我是在追他，为了他的一根羽毛，
那**尾巴**上的一根白色羽毛：就像一个
以为我提到的一切都与自己有关的人。

《柴堆》(美) 罗伯特·弗罗斯特 (1874—1963)

两例词译文均体现出**“尾”**之含义。**“尾声”**属复合式偏正型，**“尾巴”**已形成固定用法。

尺 (尺部)：十寸。人手后退十分，得动脉之处，就是寸口。十寸是一尺。尺（一类的长度），是用来标明方圆一类事物的标准。会意字：由尸、由乙会意，乙是标志的符号。

1. They are yours, and be the **measure**
Of their worth for you to treasure,
The measure of the little while
That I've been long away.

《Flower-Gathering》(U. S. A.) Robert Frost (1874—1963)

花已是你的，请以花为**尺**
度量你珍视它们的价值
度量我远离开你的
那一小会儿。

《摘花》(美) 罗伯特·弗罗斯特 (1874—1963)

2. I measure every Grief I meet
With narrow, probing, Eyes—
I wonder if it weighs like Mine—
Or has an Easier **size**.

《I measure every Grief I meet》(U. S. A.) Emily Dickinson (1830—1886)

我测度我遇到的每一种悲痛——
用眯起的、刺探的，眼睛——
我想知道是否和我的一样重——

或者是否有宽松些的**尺寸**——

《我测度我遇到的每一种悲痛》(美) 艾米莉·狄金森（1830—1886）

3. It is a rule, Sire, which I inviolably observe, to refer myself to you in all my doubts; for who is more capable for removing my scruples, or of guiding my uncertainty? Having never been present at any trials of the Christians, I am unacquainted as to the method and **limits** to be observed in examining and punishing them.

《The Younger Pliny to the Emperor Trajan》(Bithynia) Pliny（62—113）

陛下，臣每遇疑难之事，必要求教陛下。这是臣坚守不渝的规则，因为，有谁能像陛下那样为臣排疑解难，在臣遭进退维谷之际给臣指点迷津呢？由于从未参加过审理基督徒的案件，在审问和惩处他们时究竟应该遵循什么程序和**尺度**，臣实在一无所知。

《小普林尼上图拉真书》(俾斯尼亚) 小普林尼（62—113）

此三例译文均为**“尺”**之意译：译文所表达的皆非“尺”之本义（十寸），而是借用“尺”作为度量单位这一特点，通过与其他词的搭配来表达价值、深度、标准。**例3**中的一些词体现出了***书面语***的色彩，如***求教、坚守不渝、进退维谷、指点迷津、一无所知***。

【译法点滴】 语体色彩

语体即语言为适应不同的社会交际而形成的具有不同风格特点的表达形式。通常分为口语语体和书面语体。语体色彩又称为文体色彩，有些词语由于经常在特定的语体中使用，便带上了某种语体所特有的色彩。具有书面语色彩的，例如：诚挚、神往；具有口语色彩的，例如：使坏，纳闷儿。

语体色彩的选择与使用不仅与场合有关，而且也与说话人的文化修养有关。因此，无论是写作还是翻译，对于语体色彩要审慎地进行选择与运用。以下两例展示出了作者与译者如何把说话人所在的场合、身份以及文化修养通过语体色彩体现了出来。

“Yes,” said the dealer, “our windfalls are of various kinds. Some customers are ignorant, and then I touch a dividend on my superior knowledge. Some are dishonest,” … “and in that case,” he continued, “I profit by my virtue.”

《Markheim》(U. K.) Robert Louis Stenson（1850—1894）

“是啊，”当铺老板说道，“能让我们***发点儿财***的这些***主儿***呀，什么样的都有。有的根本不懂行情，那我肯定得看准***宰他一把***。有的呢，跟我***玩奸耍滑***。”……“要是那样，”老板继续说道，“我更要***捞上一笔，让他们知道我的厉害***。”

《马克海姆》(英) 罗伯特·路易斯·史蒂文森（1850—1894）

这是当铺老板说的话，用的多是具有口语色彩的词。

"All through the season I saw a great deal of her, and the atmosphere of mystery never left her. Sometimes I thought that she was in the power of some men, but she looked so unapproachable that I could not believe it. It was really very difficult for me to come to any conclusion, for she was like one of those strange crystals that one sees in museums, which are at one moment clear, and at another clouded."

《The Sphinx without a Secret》(U. K.) Oscar Wilde (1854—1900)

"整个季节我们经常见面，但神秘的气氛从没有消失。有时我觉得她有着某些男人的***威慑力***。但我真不敢相信她看起来是那么无法接近，我确实也很难得出结论，因为她就像是那些博物馆里的水晶体似的，一会儿***清澈***，一会儿***迷蒙***。"

《没有秘密的斯芬克斯》(英) 奥斯卡·王尔德 (1854—1900)

这是穆奇森男爵说的话，有些词具有书面语色彩。

上述两例体现出了语体色彩在原文与译文中的作用。在英译汉时，本着"忠实"的原则，在充分体会、理解原文的基础之上，尽量保留原文的语体色彩，该文的时候文，该白的时候白，对话像对话，叙述像叙述，将其语体色彩尽可能充分、如实地体现在译文之中。

夕部

由"夕"构成的字往往与"晚间"相关。

夕：傍晚。象形字：甲骨文"夕"与"月"的字形相同，皆像初月形，金文稍简而区别于"月"，篆文文字化，隶变后楷书写作"夕"。

1. But he, the man-child glorious, —
    Where tarries he the while?
 The rainbow shines his harbinger,
    The **sunset** gleams his smile.

《Song of Nature》(U. S. A.) Ralph Waldo Emerson (1803—1882)

 而他，光荣的男孩——
    此时他在何处流连？
    彩虹为他映出预言，
    夕阳使他的微笑闪现。

《自然之歌》(美) 拉尔夫·瓦尔多·爱默生 (1803—1882)

2. Autumn **sunsets** have come to me at the bend of a road in the lonely waste, like a bride raising her veil to accept her lover.

Yet my memory is still sweet with the first white jasmines that I held in my hand when I was a child.

《The First Jasmines》(India) Rabindranath Tagore (1861—1941)

秋天的***夕阳***，在荒原上大路转弯处迎我，如新妇揭起她的面纱迎接她的爱人。

但我想起孩提时第一次捧在手里的白茉莉，心里充满着甜蜜的回忆。

《第一次的茉莉》(印度) 罗宾德拉纳特·泰戈尔 (1861—1941)

例词 **sunset** (the time when the sun goes down and night begins) 之译文“***夕阳***”与原文之意相合。“***夕阳***”之“***夕***”修饰其中心词语“***阳***”，两词根之组合属偏正型。

舞(舛部)：乐的一种形式。用两足相背（表示起舞踩踏），所以从舛，無声。形声字：下行上声。

1. He was a gentleman of spirit, and good-looking, and held his head up when he walked, and had what you call Fire about him. He wrote poetry, and he rode, and he ran, and he cricketed, and he **danced**, and he acted, and he done it all equally beautiful.

《The Boots at the Holly-Tree Inn》(U. K.) Charles Dickens (1812—1870)

他是一位精神抖擞的绅士，长相英俊，走路气宇轩昂，有些你们说的“激情”。他会作诗，擅骑马，能赛跑，会打板球，能***舞蹈***，擅长舞蹈，而且样样精通。

《冬青树旅馆的布茨先生》(英) 查尔斯·狄更斯 (1812—1870)

2. Till lo, the little touch, and youth was gone!
   Cramped and diminished,
Moaned he, "New measures, other feet anon!
   My **dance** is finished?"

《A Grammarian's Funeral》(U. K.) Robert Browning (1812—1889)

轻轻一触，而青春已经逝去，
   换来老态龙钟，
他长叹道：“难道就此换了旋律？
   我的***舞***已告终？”

《语法学家的葬礼》(英) 罗伯特·勃朗宁 (1812—1889)

“***舞蹈***”之“***蹈***”为动词，其义：跳动，与“***舞***”词义相近，故译文“***舞蹈***”及“***舞***”均体现出了 **dance** (to move your body to the sound and rhythm of music) 之意。**例 2** 译文中的一些词体现出了原文中所含之褒义，如***精神抖擞***、

长相英俊、气宇轩昂、样样精通。

外：疏远。《字典》：（名词）表层；不在某种界限或范围之内的（跟“内”“里”相对）。会意字：占卜崇尚平明日出之时，今在夜晚占卜，就卜筮之事而言是例外了。

1. I travelled among unknown men,
   In lands **beyond** the sea;
   Nor, England! did I know till then
   What love I bore to thee.

《Untitled》(U. K.) William Wordsworth (1770—1850)

我曾在陌生人中间做客，
   在那遥远的海**外**；
英格兰！那时，我才懂得
   我对你多么热爱。

《无题》(英) 威廉·华兹华斯 (1770—1850)

2. Himself—to Him—a Fortune—
   Exterior—to Time—

《This was a poet—It is That》(U. S. A.) Emily Dickinson (1830—1886)

他自己，是他的财富——
在时间，之**外**——

《这是诗人，就是他》(美) 艾米莉·狄金森 (1830—1886)

3. A skyscraper…has a steel framework. Each story is a kind of steel cage, and on the cage are fastened the **outside** walls. These walls don't help at all to hold up the building. The steel cages do all the holding up.

《The Scrapers of the Sky》(U. S. A.) Virgil M. Hillyer (1875—1937)

摩天大楼都属于钢结构。每一层都会先修起一种钢罩，而**外**墙就是固定在这个钢罩上。但是，那些外墙对于支撑整栋建筑来说，根本就不起作用。支撑整栋建筑的就是每层的钢罩。

《摩天大楼》(美) 维吉尔·希利尔 (1875—1937)

原文中，三例词之词性有所不同：**beyond** 为介词，**exterior** 为名词，**outside** 为形容词，但其均含《字典》中之“**外**”意。

名（口部）：自己说出自己的名字。会意字：由口、由夕会意。夕是夜晚的意思。夜晚因为看不见彼此，所以要说出自己的名字。

1. I crossed a moor, with a **name** of its own

And a certain use in the world no doubt,
Yet a hand's-breadth of it shines alone
'Mid the blank miles round about: …

《Memorabilia》(U. K.) Robert Browning (1812—1889)

我走过沼泽，它自有***名字***，
而且在世界上想必有用，
但我只见一寸闪光的土地
在数十里茫茫空阔之中，——

《难忘的记忆》(英) 罗伯特·勃朗宁 (1812—1889)

2. Here rests his head upon the lap of Earth
A youth to Fortune and to **Fame** unknown.
Fair Science frowned not on his humble birth,
And Melancholy marked him for her own.

《Elegy Written in a Country Churchyard (Extract)》
(U. K.) Thomas Gray (1716—1771)

此地有青年，头枕大地眠。
默默无***名声***，坎坷又贫贱。
家境虽寒微，才华却超凡。
忧伤度青春，碌碌送年华。

《乡村墓地挽歌 (节选)》(英) 托马斯·格雷 (1716—1771)

3. What does the **title** of empress mean to me, if I am accused of a crime that even the basest of women would abhor? Unhappy are those who breathe the air of the court. The wisest of people are not secure from storms in that harbor.

《Agrippina to Nero》(The Roman Empire) Agrippina (15—59)

如果我被控犯下这种连最下贱的女人都痛恨的罪，那么，太后的***名位***对我还有什么意义呢？生活在宫廷里的人多么不幸啊。即使是大智大慧的人也躲不过这海港中的风暴。

《阿格丽品娜上尼禄书》(罗马帝国) 阿格丽品娜 (15—59)

name 在**例 1** 中直译为***“名字”***。***“名字”***之***“字”***为“人的别名”，***“名”***与***“字”***两词根意义相近，其组合已形成固定用法。从**例 2 fame** (the state of being known and talked about by many people) 原文的释义中可以看出其译文***“名声”***属复合式偏正型。**例 3 title** (a word in front of person's name to show their rank or profession, whether or not they are married, etc.) 直译为***“名位”***。***“名位”***即名声和地位，两词根意义并列。

梦（夢）：不明。形声字：下形上声（从夕，莫声）。

1. Wide through the landscape of his **dreams**
The lordly Niger flowed;
Beneath the palm-trees on the plain
Once more a king he strode; …
…
And the river-horse, as he crushed the reeds
Beside some hidden stream;
And it passed, like a glorious roll of drums,
Through the triumph of his **dream**.
《The Slave's Dream》(U. S. A.) Henry Wadsworth Longfellow (1807—1882)
穿越他**梦**中的辽阔大地，
尼日尔河水奔流；
他又成了尊严的国王，
在平原棕树下行走；……
……
而当他双足踏倒芦苇，
走到隐僻的河滨，
又听到河马，脚步似擂鼓，
闯过他辉煌**梦境**。
《奴隶的梦》(美）亨利·瓦茨沃斯·朗费罗（1807—1882）

2. I can see the shadowy lines of its trees,
And catch, in sudden gleams,
The sheen of the far-surrounding seas,
And islands that were the Hesperides
Of all my boyish **dreams**.
《My Lost Youth》(U. S. A.) Henry Wadsworth Longfellow (1807—1882)
我望见葱茏的树木成行，
从忽隐忽现的闪闪波光
瞥见了远处环抱的海洋；
那些岛，就像是极西仙境，
小时候惹动我多少**梦想**！
《逝去的青春》(美）亨利·瓦茨沃斯·朗费罗（1807—1882）

译文“**梦、梦境、梦想**”均为 **dream** 之直译。从原文 **dream**（a state of

mind or a situation in which things do not seen real or part of normal life; a wish to have or be sth especially one that seems difficult to achieve）的释义中即可体现出其译文“**梦境**、**梦想**”两词根的组合属复合式偏正型：“**境**”与“**想**”分别被“**梦**”修饰，为其各自的中心词语。

工部

由“工”构成的字往往与“工具”“技能”相关。

工：巧于文饰。像人手中有规榘形。象形字。

1. The following fable is an effective meditation by the two innocent household **implements** on the death of their master. The bucket and the rope are too simple-minded and straightforward to comprehend the personal tragedy played out behind the scenes.

《The Bucket and the Rope》(U. K.) Theodore Francis Powys (1875—1953)

下面的寓言故事描述了两件头脑简单的家用***工具***对它们的主人之死的沉思冥想。桶与绳的头脑是如此简单，以至于无法理解在幕后上演的人类悲剧。

《桶与绳》(英) 西奥多·弗朗西斯·波伊斯 (1875—1953)

2. There are many sorts of books; but good ones are the sort for the young to read. Remember that. They are a great, an inestimable, and unspeakable **means** of improvement.

《Advice to Youth》(U. S. A.) Mark Twain (1835—1910)

图书种类千差万别，但好书才是年轻人该读的。切记切记！好书是一种伟大、无价、妙不可言的***工具***，可以用来提升自我。

《给青年人的忠告》(美) 马克·吐温 (1835—1910)

3. Work—work—work!

My labor never flags;

And what are its **wages**? A bed of straw,

A crust of bread—and rags.

《The Song of the Shirt》(U. K.) Thomas Hood (1799—1845)

干活——干活——干活！

我的活没完没了。

工钱是什么？——一块面包皮，

一身破烂，一床稻草。

《衬衫之歌》(美) 托马斯·胡德 (1799—1845)

4. When I consider how my light is spent,
Ere half my days, in this dark world and wide,
And that one talent which is death to hide,
Lodged with me useless, though my soul more bent
To serve therewith my Maker, and present
My true account, lest he returning chide,
"Doth God exact day **labor**, light denied?"
I fondly ask; But patience to prevent
That murmur soon replies, "God doth not need
Either man's **work** or his own gifts; who best
Bear his mild yoke, they serve him best; his state
Is kingly. Thousands at his bidding speed
And post o'er land and ocean without rest:
They also serve who only stand and wait."

《On His Blindness》(U. K.) John Milton (1608—1674)

想到了在这茫茫黑暗的世界里,
还未到半生这两眼就已失明,
想到了我这个泰伦特,要是埋起来,
会招致死亡,却放在我手里无用,
虽然我一心想用它服务造物主,
免得报账时,得不到他的宽容;
想到这里,我就愚蠢地自问,
"神不给我光明,还要我做日*工*?"
但"忍耐"看我在抱怨,立刻止住我:
"神并不要你***工作***,或还他礼物。
谁最能服从他,谁就是忠于职守,
他君临万方,只要他一声吩咐,
万千个天使就赶忙在海陆奔驰,
但侍立左右的,也还是为他服务。"

《哀失明》(英) 约翰·弥尔顿 (1608—1674)

例 1 和**例 2** 之译文"***工具***"的中心词语是"***具***","***工***"为其修饰语。从其各自原文的释义中,不仅可以体现出**例 1** 属直译,**例 2** 为意译,而且还可以体会出"***工***"与"***具***"之间的关系——**implement**: **a tool or instrument**, often one **that** is quite simple and that used outdoors; **means**: **a way of** achieving or doing sth。其余三例词之译文亦为直译。

巧：技能。《字典》：（形容词）1. 手艺高超；动作灵敏。2. 正好。形声字：左形右声。

1. The shivering increased as he pulled in and he could see the blue back of the fish in the water and the gold of his sides before he swung him over the side and into the boat. He lay in the stern in the sun, compact and bullet shaped, his big, unintelligent eyes staring as he thumped his life out against the planking of the boat with the quick shivering strokes of his **neat**, fast-moving tail. The old man hit him on the head for kindness and kicked him, his body still shuddering, under the shade of the stern.

《The Old Man and the Sea》(U. S. A.) Ernest Hemingway (1899—1961)

越往里拉，鱼就颤悠得越厉害。在他把鱼拽过船舷扔到船里前，就看见了水里蓝色的鱼背和金色的两侧。太阳下，那条鱼躺在船尾，结实如子弹般的线条，瞪着大而痴呆的眼睛，尾巴***灵巧***地快速抖动着，噼里啪啦往船壳外板上都要撞死了。老人出于善意，在鱼头上猛敲了一记，用脚踢开。在船尾的背阴处，那条鱼的身子还在颤抖着。

《老人与海》(美) 欧内斯特·海明威 (1899—1961)

2. "…

But dash the tear-drop from thine eye;
  Our ship is swift and strong:
Our fleetest falcon scarce can fly
  More **merrily** along."

《Childe Harold's Good Night》(U. K.) George Gordon Byron (1788—1824)

"……

别哭了，快把眼泪擦干；
  这条船又快又牢靠：
咱们家最快的猎鹰也难
  飞得像这般***轻巧***。"

《去国行》(英) 乔治·戈登·拜伦 (1788—1824)

3. I think good thoughts whilst other write good words,
And, like unlettered clerk, still cry "Armen"
To every hymn that able spirit affords
In polished form of **well-refined** pen.

《The Sonnets of William Shakespeare: 85》(U. K.) William Shakespeare (1564—1616)

别人是文章写得好，可我是思想好，
像不学无术的牧师，总让机灵神

挥动他文雅***精巧***的文笔来编造
一首首赞美诗而我在后头喊“阿门”。
《莎士比亚十四行诗：第85首》（英）威廉·莎士比亚（1564—1616）

4. They learned to rattle the lock and key
To give whatever might **chance** to be,
Warning and time to be off in flight:
And preferring the out—to the indoor night,
They learned to leave the house door wide
Until they had lit the lamp inside.
《House Fear》(U. S. A.) Robert Frost (1874—1963)
他们已学会了用钥匙开锁声
给***碰巧***在屋里的无论什么
一个警告一段时间可以逃跑：
他们已经懂得在黑夜，宁可
留在屋外而不进去，大敞开
屋门，直到屋里的灯光点亮。
《房屋恐惧》（美）罗伯特·弗罗斯特（1874—1963）

例词译文***“灵巧、轻巧、精巧”***各自两次跟意义相近。***“灵巧、精巧”***直接体现出其原文所含之意。***“轻巧”***为其原文**merrily**之***意译***，其翻译涉及到了词类的转换：***从副词转换为形容词***。**例4 chance**的译文“***碰巧***”之两词根的关系属复合式补充性：后一词根补充说明前一词根，此“***巧***”与《字典》中之“正好”的意义相合。***“碰巧”***为其原文之直译。

左（左部）：用手相辅佐、帮助。《字典》：（名词）面向南时靠东的一侧（跟“右”相对）。会意字：由“𠂇”和“工”会意。

I pushed on and found myself in command of a gorse-strewn height, a stretch of country that lay a few hundred paces across the steep and sudden valley in between. In a V-shaped entry to the **left**, and sunwards, lay an azure and lazy tongue of the sea. And as my eye slid softly thence and upwards and along the sharp, green horizon line against the glass-clear turquoise of space, it caught the flinty glitter of a square chimney. I pushed on, and presently found myself at the gate of a farmyard.

《The Creatures》(U. K.) Walter de la Mare (1873—1956)

我继续往前走，发现自己身处满是金雀花的山顶，这个地方向陡峭险峻的山谷之间延伸几百步。在一个***左***边成V字形的入口处，向阳的方向是一片蔚蓝、慵懒的舌型海湾。随着我的眼睛轻轻向上看，那尖尖的绿色地平线与玻璃般透明的青石色的空间形成对比。我突然发现一个方形烟囱冒出如燧石摩擦般的闪光。我继续往前走，转眼间就到了一个农场的大门边。

《精灵》(英) 瓦尔特·德·拉·梅尔 (1873—1956)

例词译文“**左**”之意与《字典》中之“左”意相合，亦即原文 **left** 之直译。

功(力部)：用尽力量建立和稳定国家。会意字：由力、由工会意。

1. And, for the rest, —say, from the **deed**, no touch
Of harm came, but all good, all happiness, …

《From the Ring and the Book》(U. K.) Robert Browning (1812—1889)

还有什么要说呢？这件**功绩**没有带来
一点害处，全是好处。全是幸福，……

《指环与书》(英) 罗伯特·勃朗宁 (1812—1889)

2. When thou shalt be disposed to set me light
And place my **merit** in the eye of scorn,
Upon thy side against myself I'll fight
And prove thee virtuous, though thou art forsworn.

《The Sonnets of William Shakespeare: 88》(U. K.) William Shakespeare (1564—1616)

如果有一天你想要把我看轻，
带一眼侮慢来审视我的**功绩**，
我就要为了你好而打击我自身，
证明你正直，尽管你已经负义。

《莎士比亚十四行诗：第 88 首》(英) 威廉·莎士比亚 (1564—1616)

“**功绩**(功劳和业绩)”之两词根意义相近，从其各自所对应的原文释义中，读者即可体会出译文“功绩”之意——**deed**: a thing that sb does that is usually very good or very bad; **merit**: the quality of being good and of deserving praise, reward or admiration; a good feature that deserves praise, reward or admiration。

攻(攴部，攴：小击)：攻，攻击。形声字：右形左声。

1. Thus unjustly do you begin a war, and thus cowardly carry it on, by your endeavors to murder those basely whom you are afraid to encounter in the field; witness the one thousand talents you offered to any that should be my murderer, even when you were leading so great an army against me. The war therefore which at present I am engaged in, is in my own defense; and the gods, by giving success to my arms, in **conquering** a great part of your empire, have manifested the justice of my cause.

《Alexander the Great to Darius》(Macedonia) Alexander (B. C. 356—B. C. 323)

就这样，你们使用不公正的手段发动战争，又用不光彩的手段进行战争，凡是你们在疆场上不敢与之交锋的人，就卑劣地设法加以谋害。你率领大军向寡人进攻时，还悬赏一千塔伦索取寡人之命，即是明证。因此寡人目前进行的是一场自卫战争。天上诸神保佑寡人旗开得胜，**攻占**了你大片疆土，实显示寡人出兵作战是正义的。
《亚历山大大帝致大流士三世书》(马其顿) 亚历山大 (公元前356—公元前323)

2. Ah, do not, when my heart hath escaped this sorrow,
Come in the rearward of a **conquered** woe;
Give not a windy night a rainy morrow,
To linger out a purposed overthrow.

《The Sonnets of William Shakespeare: 90》(U. K.) William Shakespeare (1564—1616)

啊别——我的心已经躲开了悲郁，
别等我***攻克***了忧伤再向我肆虐；
一夜狂风后，别再来早晨的阴雨，
拖到头来，存心要把我毁灭。

《莎士比亚十四行诗：第90首》(英) 威廉·莎士比亚 (1564—1616)

3. When forty winters shall **besiege** thy brow,
And dig deep trenches in thy beauty's field,
Thy youth's proud livery so gazed on now,
Will be a tottered weed of small worth held: …

《The Sonnets of William Shakespeare: 2》(U. K.) William Shakespeare (1564—1616)

四十个冬天将***围攻***你的额角，
将在你美的田地里挖浅沟深渠，
你青春的锦袍，如今叫多少人倾倒，
将变成一堆破烂，值一片空虚。

《莎士比亚十四行诗：第2首》(英) 威廉·莎士比亚 (1564—1616)

4. Gentle thou art, and therefore to be won;
Beauteous thou art, therefore to be **assailed**;
And when a woman woos, what woman's son
Will sourly leave her till she have prevailed?

《The Sonnets of William Shakespeare: 41》(U. K.) William Shakespeare (1564—1616)

你温良，就任凭人把你占有，
你美丽，就任凭人家向你***进攻***；
哪个女人的儿子会掉头就走，
不理睬女人的求爱，不让她成功？

《莎士比亚十四行诗：第41首》(英) 威廉·莎士比亚 (1564—1616)

例词译文“***攻占、攻克、围攻、进攻***”各自两词根之间的关系均为复合式补充型：前一词根表示动作，后一词根说明动作的结果。“***攻占***”之“***占***”的意义为用强力或其他不正当手段取得并具有；“***攻克***”之“***克***”的意义是战胜、攻取。“***攻占***与***攻克***”都是通过进攻而得到，两词之义相近，且均与其所对应的原文 **conquer**（to take control of a country or city and its people by force）意义相符，故 **conquer** 有此二译。“***围攻***与***进攻***”均为其原文之直译。

贡（贝部）：进献，努力做所从事的工作。形声字。

1. O how shall I warble myself for the dead one there I loved?
And how shall I deck my song for the large sweet soul that has gone?
And what shall my perfume be **for** the grave of him I love?

《When Lilacs Last in the Dooryard Bloom'd》(U. S. A.) Walt Whitman (1819—1892)

啊，我该怎样为我所敬爱的亡魂婉转歌唱呢？
我又该怎样为那已经逝世的宽宏而甜蜜的灵魂修饰我这首歌呢？
又该给我敬爱的人的坟墓***贡献***什么香料呢？

《最近紫丁香在前院开放的时候》(美) 沃尔特·惠特曼 (1819—1892)

2. …
We fathom you not—we love you—there is perfection in you also,
You **furnish** your parts toward eternity,
Great or small, you **furnish** your parts toward the soul.

《Crossing Brooklyn Ferry》(U. S. A.) Walt Whitman (1819—1892)

……
我们测不透你们的深度——我们爱你们——你们也有完美的部分，
你们为永生作出了你们的***贡献***，
不论是伟大还是渺小，你们为灵魂作出了***贡献***。

《一路摆过布鲁克林渡口》(美) 沃尔特·惠特曼 (1819—1892)

3. It is no new **service** these two have given to Yale. Looking back today through the heritage of two centuries, these names are but added to the roll of those who have served Yale because they have served their country.

《Presentation of the Cheney-Ives Gateway to Yale University》(U. S. A.)
Henry Johnson Fisher (unkown)

他们两人对耶鲁所做的不算是新的***贡献***了。回顾两个世纪来耶鲁的传统，他们只是为耶鲁效劳的光荣行列中增添的两个名字而已。他们为国效劳，也就是为耶鲁效劳了。

《将迁尼与埃弗斯门楼献给耶鲁大学》(美) 亨利·约翰逊·费舍 (不详)

三例词之译文均为***意译***。**例 1** 与**例 2** 的翻译涉及到了词类的转换。**例 1** 之 **for** 本为***介词，在译文中转换为动词***；**例 2** 中的两个 **furnish** 均由原文的***动词转换为译文的名词***。

士部

由“士”构成的字往往与“人”相关。

士：会办事（的人）。数目从一开始，到十结束。会意字：由一、由十会意。孔子说：“能够从众多的事物中推演归纳出一个简要的道理的人就是士。”

1. …there was amongst them a general officer, to whom Miss S. gave the mane of Browne, but merely, as I understood, to save the inconvenience of introducing a nameless agent in the narrative. He was an officer of merit, as well as a **gentleman** of high consideration for family and attainments.

《The Tapestried Chamber or The Lady in the Sacque》(U. K.) Walter Scott (1771—1832)

……其中有一位将级军官，苏小姐取名为布朗，我认为取这个名字只为讲故事方便而已，不至于连主人公都无名无姓。这位主人公是一名功勋卓著的军官，也是一位重家庭的博学之***士***。

《挂毯卧房（别名“长袍夫人”）》(英) 瓦尔特·司格特 (1771—1832)

2. What heavenly smiles! O **Lady** mine,
Through my very heart they shine;
And, if my brow gives back their light,
Do thou look gladly on the sight; …

《Untitled》(U. K.) William Wordsworth (1770—1850)

女士呵！你神采超凡的微笑
把我的心灵朗照；
这神采在我眉宇间映出，
就请你欣然注目——

《无题》(英) 威廉·华兹华斯 (1770—1850)

3. Farewell to the Highlands, farewell to the North,
The birthplace of **valor**, the country of worth;
Wherever I wander, wherever I rove,
The hills of the Highlands for ever I love.

《My Heart's in the Highlands》(U. K.) Robert Burns (1759—1796)

再会吧，高原！再会吧，北方！

你是品德的国家、**壮士**的故乡，
不管我在哪儿游荡，到哪儿流浪，
高原的群山我永不相忘！

《我的心呀在高原》(英) 罗伯特·彭斯（1759—1796）

例词译文“**士**、**女士**、**壮士**”之“**士**”皆体现出其本身的意义：人。**例 2** 和**例 3** 中的“**女士**”及“**壮士**”各自两词根之间的关系属偏正型。

吉（口部）：吉祥美好。会意字：由士、由口会意。徐灏《段注笺》：“从士口，所以异于野人之言也。”

1. Along with the letter in which you make a display of your great power you have sent me a scourge, a ball, a coffer filled with gold, and an ass-load of sesame; all of which I refer to good fortune and regard as **auspicious** signs.

《Alexander to Great to Darius》(Macedonia) Alexander（B. C. 356—B. C. 323）

随同你那封耀武扬威的信，你还赠给寡人皮鞭一根、皮球一个、黄金一箱和芝麻一驮。寡人把这一切看作佳运，视为**吉祥**之兆。

《亚里山大致大流士三世书》(马其顿) 亚历山大（公元前 356—公元前 323）

2. Arriving at the summit of a hill
Which overlook'd the white walls of his home,
He stopp'd—What singular emotions fill
Their bosoms who have been induced to roam!
With fluttering doubts if all be **well** or ill—

《Don Juan and Haidée》(U. K.) George Gordon Byron（1788—1824）

到一座小山顶上，他歇脚停留，
望见他那些白墙掩映的屋宇；
在这些漂泊归来的游子心头
丛集着多少古怪离奇的思绪！
心神不定，揣想着**吉**凶休咎——

《唐璜与海蒂》(英) 乔治·戈登·拜伦（1788—1824）

例 1 之 **auspicious** 直译为“**吉祥**”（“吉”与“祥”两词根意义相近）；**例 2** 之“**well**”意译为“**吉**”。

声（聲）（耳部）：乐音。形声字。

1. As one who, walking in the twilight gloom,
Hears round about him **voices** as it darkens,
And seeing not the forms from which they come,

Pauses from time to time, and turns and hearkens; …

《Dedication》(U. S. A.) Henry Wadsworth Longfellow (1807—1882)

好像黄昏时候的一个行人,
暮色浓黑,耳边传来了**语声**,
虽有语声,却不见一个人影,
使得他不时停步,转身谛听;……

《献词》(美) 亨利·瓦茨沃斯·朗费罗 (1807—1882)

2. In each sail that skims the horizon,
In each landward-blowing breeze,
I behold that stately galley,
Hear those mournful **melodies**; …

《The Secret of the Sea》(U. S. A.) Henry Wadsworth Longfellow (1807—1882)

从每片掠过地平线的帆篷,
从每阵吹向陆地的和风,
我都望见那壮丽的大船,
我都听到那怆痛的**歌声**。

《海的奥秘》(美) 亨利·瓦茨沃斯·朗费罗 (1807—1882)

3. Only the lamp in the anchored bark
Sends its glimmer across the dark,
And the heavy breathing of the sea
Is the only **sound** that comes to me.

《Four by the Clock》(U. S. A.) Henry Wadsworth Longfellow (1807—1882)

只有泊岸小舟的孤灯
把一缕微光送入晦冥,
大海沉缓粗重的呼吸
是向我传来的唯一**声息**。

《四点钟》(美) 亨利·瓦茨沃斯·朗费罗 (1807—1882)

4. I should conclude, AEschines, that you undertook this cause to exhibit your eloquence and strength of lungs, not to obtain satisfaction for any wrong. But it is not the language of an orator, AEschines, that has any value, yet the **tone** of his voice, but his adopting the same views with the people, and his hating and loving the same persons that his country does.

《On the Crown》(Ancient Greece) Demosthenes (B. C. 384? —B. C. 322)

埃斯基涅斯,我可以下断言,你是利用这件事来显示你的口才和嗓门,而不是为了惩恶扬善。但是，埃斯基涅斯，一个演说家的语言和***声调***的高低并没有什么价值。能够以人民的观点为自己的观点，以国家的爱憎为自己的爱憎，这才有意义。

《金冠辩》(古希腊) 狄摩西尼 (公元前 384? —公元前 322)

例 1～例 4 的译文***"语声、歌声、声息、声调"***均为其原文之直译。四译文皆属复合式偏正型。

志(心部)：意志。形声字。

1. It was a moral end for which they fought;
Else how, when mighty Thrones were put to shame,
Could they, poor Shepherds, have preserved an **aim**,
A resolution, or enlivening thought?

《On the Final Submission of the Tyrolese》(U. K.) William Wordsworth (1770—1850)

他们战斗是为了道义的目标；
请看，连尊贵的君王也受辱遭殃，
而这些贫苦牧民的决心、***志向***、
生气虎虎的雄图却毫不动摇！

《有感于蒂罗尔人的屈服》(英) 威廉·华兹华斯 (1770—1850)

2. Meek **aspirations** please her, lone endeavor,
And sage content, and placid melancholy;
She loves to gaze upon a crystal river—
Diaphanous because it travels slowly;
Soft is the music that would charm for ever;
The flower of sweetest smell is shy and lowly.

《Untitled》(U. K.) William Wordsworth (1770—1850)

她赞许明智知足，***志趣***恬淡，
也赞许寂寞勤苦，沉郁安详；
她凝眸观赏晶莹明净的河川——
水清见底，只因它缓缓流荡；
乐曲柔和，魅力才绵延久远；
谦恭羞怯的花朵气味最芬芳。

《无题》(英) 威廉·华兹华斯 (1770—1850)

两例词译文中之**"志"**均含"意志"之意。**例 1 aim** (the purpose of doing sth; what sb is trying to achieve) 的译文***"志向"***之**"志"**在这里所起的作用是修饰其中心词语"***向***(对未来的打算)"，与其相对应对的是 the purpose。**例 2**

aspirations（a strong desire to have or do sth）的译文“***志趣***”两词根并列：志向和兴趣，从原文的释义中即可有所体会。

幺部

一些由“幺”构成的字往往含有其本意。

幻（予部）：相与欺诈惑乱。《字典》：（形容词）不真实的。由予字反倒过来表示。会意字。

1. …Is this a **fancy** which our reason scorns?
Ah! Surely nothing dies but something mourns!
《Don Juan and Haidée》(U. K.) George Gordon Byron（1788—1824）
……这些难道是想入非非的***幻梦***?
既有消亡，又怎能没有悲恸！
《唐璜与海蒂》(英）乔治·戈登·拜伦（1788—1824）

2. I'll pay my **fancy**. Only let me sit
The grey remainder of the evening out,
Idle, you call it, and muse perfectly…
《Andrea del Sarto》(U. K.) Robert Browning（1812—1889）
我将为我的***幻想***付钱，只要让我
坐完这个傍晚的灰色的残余，
如你所说偷点儿闲，并且沉思：……
《安德烈，裁缝之子》(英）罗伯特·勃朗宁（1812—1889）

3. In **fancy** I can hear again
The Alpine torrent's roar,
The mule-bells on the hills of Spain,
The sea at Elsinore.
《Travels by the Fireside》(U. S. A.) Henry Wadsworth Longfellow（1807—1882）
幻觉中，我又仿佛听到
阿尔比斯山急流咆哮，
西班牙山头清脆的骡铃，
埃西诺尔的海潮呼啸。
《炉边的远游》(美）亨利·瓦茨沃斯·朗费罗（1807—1882）

4. Where they need thee to bribe
The devil that blasts them unless he imbibe

Thy…Scatter the **vision** for ever! And now
As of old, I am I, thou art thou!

《In a Gondola》(U. K.) Robert Browning (1812—1889)

他们需要你去哄骗那魔鬼,
他摧残他们,除非让他吮吸
你的……驱散这***幻影***!永远地!
现在,我还是我,你还是你!

《在贡多拉船上》(英) 罗伯特·勃朗宁 (1812—1889)

5. A **vision** as of crowded city streets,
With human life in endless overflow;
Thunder of thoroughfares; trumpets that blow
To battle; clamor, in obscure retreats,
Of sailors landed from their anchored fleets; …

《Shakespeare》(U. S. A.) Henry Wadsworth Longfellow (1807—1882)

幻象纷呈:熙熙攘攘的市廛,
无穷尽的人类生活在这里奔涌;
街头巷尾的喧闹;进军的号声;
从停泊船舰登岸嬉戏的海员
在那些隐蔽去处的吆喝叫喊;……

《莎士比亚》(美) 亨利·瓦茨沃斯·朗费罗 (1807—1882)

6. Time for you and time for me,
And time yet for a hundred indecisions,
And for a hundred **visions** and revisions,
Before the taking of a toast and tea.

《The Love Song of J. Alfred Prufrock》(U. K.) Thomas Stearns Eliot (1888—1965)

有的是时间,无论你,无论我,
还有的是时间犹豫一百遍,
或看到一百种***幻景***再完全改过,
在吃一片烤面包和饮茶以前。

《阿尔弗瑞德·普鲁弗洛克的情歌》(英) 托马斯·斯特恩斯·艾略特 (1888—1965)

例1~例6的译文***"幻梦、幻想、幻觉、幻影、幻象、幻景"***各自两词根之间的关系皆为复合式偏正型,每个词中的“幻”均含《字典》中之释义。由于“幻”的修饰作用,与其组合而成的词语皆有“不真实”之意。其中,***"梦、想、觉"***词义相近,故三例组词对应同一原文 **fancy** (something that you imagine to form a picture in your mind of what sth might be like; your imagination); **"影、象、景"** 词义相近，其对应的均为 **vision** (an idea or a picture in your imagination)。**Fancy** 与 **vision** 属近义词，故六例词的译文意义亦相近。

幼：年少。会意字：由幺（小）、由力会意。

1. The **infant** flower opens its bud and cries, "Dear World, please do not fade."
《Stray Birds: 66》(India) Rabindranath Tagore (1861—1941)
幼花的蓓蕾开放了，它叫道："亲爱的世界呀，请不要萎谢了。"
《飞鸟集：第 66 首》(印度) 罗宾德拉纳特·泰戈尔（1861—1941）

2. "Far in the Northern Land,
By the wild Baltic's strand,
I, with my **childish** hand,
Tamed the gerfalcon; ..."
《The Skeleton in Armor》(U. S. A.) Henry Wadsworth Longfellow (1807—1882)
"在那遥远的北国，
荒凉的波罗的海滨，
我用***幼时***的小手
驯养北方的大鹰；……"
《铠甲骷髅》(美) 亨利·瓦茨沃斯·朗费罗（1807—1882）

3. ...
The smallest **sprout** shows there is really no death,
And if ever there was it led forward life, and does not wait at the end to arrest it,
And ceas'd the moment life appear'd.
《Song of Myself》(U. S. A.) Walt Whitman (1819—1892)
……
那最小的***幼芽***说明世上并无死亡，
即使有，也会导致生命，也不会等着最后把它扼死，
而且生命一出现，死亡就终止。
《自己的歌》(美) 沃尔特·惠特曼（1819—1892）

例 1 和例 2 之 infant 与 childish 在这里意译为 ***"幼"***。**例 3 之 *"幼芽"*** 为 **sprout** 的直译，其两词根之间的关系属偏正型。

夊部

夊，行路迟缓、播曳，绥绥（不能举步），像人的两腿上有所拖曳的样子。

冬（夂部）：四个时令的尽头。会意字：由仌、由夂（古文“终”字）会意。

The cold and darkness of **winter**, with the naked deformity of every object on which we turn our eyes, make us necessarily rejoice at the succeeding season, as well for what we have escaped, as for what we may enjoy; and every budding flower, which a warm situation brings early to our view, is considered by us as a messenger, to notify the approach of more joyous days.

《The Rambler》(U. K.) Samuel Johnson (1709—1784)

冬日的寒冷与黑暗，再加上映入我们眼帘的裸露的奇形怪状的事物，更让我们为下一个到来的季节而兴奋莫名，不仅是因为我们逃离开的，更是因为我们即将享受到的。温暖的环境早早地就把每一朵含苞待放的花朵映入到我们的生活中来，这些花朵常被我们看做春的使者，告诉我们，更加欢乐的日子就要来临了。

《说春》(英) 塞缪尔·约翰逊 (1709—1784)

夏：中原地区的人。《字典》：（名词）一年四季中的第二季。会意字：由夂、由頁、由臼会意。臼表示两只手；夂表示两只脚。

Summer for thee, grant I may be
When **Summer** days are flown!
Thy music still, when Whippoorwill
And Oriole—are done!

《Summer for thee, grant I may be》(U. S. A.) Emily Dickinson (1830—1886)

但愿我是，你的***夏季***，
当***夏季***的日子插翅飞去！
我依旧是你耳边的音乐，
当夜莺和黄鹂精疲力竭！

《但愿我是，你的夏季》(美) 艾米莉·狄金森 (1830—1886)

由于汉语的词逐渐由单音节向双音节发展，**“春、夏、秋、冬”**四季在古汉语中往往用单音节词表示，在现代，一般都习惯在其后加上“日、天、季”，故 **summer** 一词的译文既可以是单音节的“夏”，也可以根据上下文的需求以及现代汉语的习惯用法，直译为***“夏季”***。上面的***“冬日”***之例词译文也是如此。

备（備）：谨慎。《字典》：（形容词）齐全。（名词）设施；装置。形声字：左形右声。

1. Why are those tears in your eyes, my child?
How horrid of them to be always **scolding** you for nothing!
You have stained your fingers and face with ink while writing—is that why they

call you dirty?

O, fie! Would they dare to call the full moon dirty because it has smudged its face with ink?

《**Deformation**》(India) Rabindranath Tagore (1861—1941)

为什么你眼里有了眼泪，我的孩子?

他们是可怕的，常常无情地**责备**你!

你写字时墨水污了你的手和脸——这就是他们所以骂你龌龊的原故么?

呵，呸!他们也敢因为圆圆的月儿用墨水涂了脸，便骂它龌龊么?

《**责备**》(印度) 罗宾德拉纳特·泰戈尔 (1861—1941)

2. In case of a siege I can cut off water from the trenches and make pontoons and scaling ladders and other similar **contrivances**.

《Leonardo da Vinci to the Duke of Milan》(Italy) Leonardo da Vinci (1452—1519)

在围攻城池之际，我能从战壕中切断水源，还能制造浮桥、云梯和其他类似**设备**。

《达芬奇致米兰大公书》(意) 列奥纳多·达·芬奇 (1452—1519)

例1之**scolding**直译为**"责备"**，而将**deformation** (a change in the normal shape or sth as a result of injury or illness) 译为**"责备"**当属意译。**例2**之**"设备"**为其原文**contrivances**之直译。

寸部

由"寸"构成的有些字与"尺度"相关。

寸：十分。人手后退一寸，即动脉之处，叫作寸口。会意字：由又、由一会意。古文字的寸是由代表手的"又"和指示符号"一"两个部分组成，本义指从掌至手腕一寸长的部位，即"寸口"，引申指以寸口为度的长度单位。因为寸是量度较小的单位，故又用来形容极小或极短。

1. The petals were voluminous enough to be stirred by the summer breeze, and when they moved, the red, blue and yellow lights passed one over the other, staining an **inch** of the brown earth beneath with a spot of the most intricate color.

《Kew Gardens》(U. K.) Virginia Woolf (1882—1941)

硕大的花瓣足以和夏日的和风抗衡，花瓣随风舞动，那红色、蓝色、黄色的光彩交相辉映，底下褐色的泥土每一**寸**都会沾上一个杂色的斑点。

《邱园纪事》(英) 弗吉尼亚·伍尔夫 (1882—1941)

2. Every **part** of this soil is sacred in the estimation of my people. Every hillside, every valley, every plain and grove, has been hallowed by some sad or happy event in days long vanished.

《Reply to the U. S. Government》(Dwamish, Suquamish) Chief Seattle (1786—1866)

这里每一**寸**土地对于我的人民都是神圣的。每一片山坡、每一个河谷、每一块平原、每一丛小树都由于往日的哀愁与欢乐而变得无比圣洁。

《给美国政府的答复》(德沃米希、苏国米希等部落) 西雅图酋长 (1786—1866)

例 1 的“寸” 为 **inch** 之直译。译文中的“***硕大、抗衡、交相辉映***”体现出了书面语体的色彩。**例 2** 之“**寸**”属 **part** 的意译。

尊(酉部):盛酒的器皿。《字典》:(形容词)地位或辈分高。(动词):敬重;推崇。会意字:甲骨文的“尊”字上面是个“酉”字。“酉”在甲骨文中是象形字,字形像一个尖底的酒坛子。“尊”,甲骨文字形,像双手捧着尊。

1. China pigs have been **esteemed** a luxury all over the east from the remotest periods that we read of.

《A Dissertation upon Roast Pig》(U. K.) Charles Lamb (1775—1834)

据资料记载,从远古时代开始,中国猪在整个东方便被***尊***为珍馐美味。

《论烤猪》(英) 查尔斯·兰姆 (1775—1834)

2. ...and as far as my powers & influence, in a constitution, may extend, they shall be employed to the utmost of my abilities to effect it, should there be any occasion—Let me conjure you then, if you have any regard for your Country—concern for yourself or posterity—or **respect** for me, to banish these thoughts from your mind, & never communicate, as from yourself, or any one else, a sentiment of the like nature. —

《George Washington to Colonel Nichola》(U. S. A.) George Washington (1732—1799)

……我将不遗余力地运用我在政府中的力量和影响,促其实现(只要有这种机会)。因此,我请求你:如果你还爱国,还关心你自己和子孙后代的福利,还***尊重***我的话,那就打消你心中这念头吧。不管是你自己或是别人,都永远不要再传播这一类想法。

《华盛顿致尼古拉上校书》(美) 乔治·华盛顿 (1732—1799)

3. And he died beloved, **revered** and mourned by millions of revolutionary fellow workers—from the mines of Siberia to California, in all parts of Europe and America—and I make bold to say that though he may have had many opponents he had hardly one personal enemy.

《Speech at the Graveside of Karl Marx》(Germany) Friederich Engels (1820—1895)

现在他逝世了,在整个欧洲和美洲,从西伯利亚矿井到加利福尼亚,千百万革命工人战友无不对他表示***尊敬***、爱戴和悼念。我敢大胆地说:他可能有许多敌人,但却难得一个私敌。

《在马克思墓前的讲话》(德) 弗里德里希·恩格斯 (1820—1895)

4. Yet all bards, whose hearts unblighted
  Honor and believe the presage,
Hold aloft their torches lighted,
Gleaming through the realms benighted,
  As they onward bear the message!

《Prometheus》(U. S. A.) Henry Wadsworth Longfellow (1807—1882)

然而，心志不衰的诗人
尊崇和笃信神圣的预言；
把手中光明火炬高擎，
把脚下黑暗国土照遍，
他们肩负着使命向前！

《普罗米修斯》(美) 亨利·瓦茨沃斯·朗费罗 (1807—1882)

5. For so shall you procure peace and security to yourselves in time to come; and by dispatching out of the way the great men, there shall be an equality in liberty, and no difference in degrees of nobility; but a like **dignity** and equal authority in all things brought in among you.

《Bondmen and Freemen》(U. K.) John Ball (? —1381)

时候一到你们将可以得到和平与安稳。除去那些大人物后，你们就能得到自由平等，再没有高低贵贱的不同等级。剩下的只是你们对一切事物的同等**尊严**和权威。

《奴隶与自由民》(英) 约翰·保尔 (? —1381)

例 1~例 5 之译文**“尊、尊重、尊敬、尊崇、尊严”**均为其所对应原文之直译。除**例 1** 外，其余词的组合皆属复合式联合型：各自两词根意义相近，故其所对应之原文的含义也基本相近，其中，revere 表示的是深切的敬重与热爱。**respect** 的翻译涉及到词类的转换：***从名词转换为动词***。

寿（壽）(老部)：长命，长寿。形声字：上形下声（金文“寿”字是上下结构，上部以一个老人的形象表意；下部是“田畴”的“畴”字的初文，其古字形弯曲的田垅形，于此用来作为“寿”字表音的声符）。

Sloth, by bringing on diseases, absolutely shortens **life**. Sloth, like rust, consumes faster than labor wears, while the used key is always bright, as Poor Richard says. But dost thou love life, then do not squander time, for that's the stuff life is made of, as Poor Richard says.

《The Way to Wealth》(U. S. A.) Benjamin Franklin (1706—1790)

懒惰会招致疾病，无疑会缩短我们的***寿命***。可怜的理查德说，懒惰如铁锈，消耗生命的速度比劳作更快，而常用的钥匙总是闪闪发光。可怜的理查德又说，如果你真热爱生命，就不要浪费时间，因为时间是构成生命的元素。

《致富之道》(美) 本杰明·富兰克林 (1706—1790)

例词译文“***寿命***”两词根意义相近，体现出了其所对应的原文 **life** （the period between sb's birth and their death）所含之意。

【译法点滴】 词义的褒与贬

词义是由多种因素构成的。一般说来，实词都有一种与概念相联系的核心意义——理性义。理性义是词义中的主要部分，其作用就在于给词所联系的事物划一个范围。词典对词目所作的解释，主要是理性义。此外还可能有一些附着在理性义上面的色彩义，也可称作附属义。词的褒义和贬义都属于色彩义。

有些词表明说话人对有关事物的赞许、褒扬的感情，这就是词义中的褒义色彩，这样的词称作“褒义词”，如：正直、高洁、魁伟、公正。有些则表明说话人对有关事物的厌恶、贬斥的感情，这即是词义中的贬义色彩，这样的词叫作“贬义词”，如：卑鄙、虚伪、龌龊、小气。此外，还有一些既无褒义也无贬义的中性词，但在造成短语或句子后，整个语句就可以产生褒义或贬义的感情色彩。例如：

1. …that from the Boy there came
Feelings and emanations—things which were
Light to the sun and music to the wind;
And that the old Man's heart seemed born again?

《Michael》(U. K.) William Wordsworth (1770—1850)

……是这个孩子给了他***柔情***和活力，
好比太阳的光辉，天风的音乐；
老人的心境就像是转世重生——

《迈克尔》(英) 威廉·华兹华斯 (1770—1850)

2. Nor shall she fail to see
Even in the motions of the Storm
Grace that shall mould the Maiden's **form**
By silent sympathy.

《Untitled》(U. K.) William Wordsworth (1770—1850)

她从动荡的风暴
也能窥见优美的形影——

这些形影以默默温情

把少女**丰姿**塑造。

《无题》(英) 威廉·华兹华斯 (1770—1850)

从以上两例可以看出：**feelings** 和 **form** 本身属中性词，但放入句中之后，则产生了具有**褒义**色彩的“**柔情**”和“**丰姿**”。

再如：

3. ...and, having lived under the influence of no very clear or settled principles, religious or political, they speak of every one and every thing, only as so many phenomena, which are complete in themselves, and lead to nothing, not discussing them, or teaching any truth, or instructing the hearer, but simply **talking**.

《The Tapestry of Human Life》(U. K.) John Henry Newman (1801—1890)

……但是，这些人无论在宗教上还是政治上都缺乏清晰明确或者约定俗成的原则的引导，所以当他们说起某个人或者某件事时，他们只能把这些当做某些现象，这些现象本身是完整的，却没得出什么结论，他们不是在讨论什么，也没有讲授什么真理，或者对听众做出什么指导，仅仅是在***夸夸其谈***。

《人生的帷幕》(英) 约翰·亨利·纽曼 (1801—1890)

4. Here a jeweled duchess, smiling and gracious; here a thin lodging-house keeper, irritable with cooking; and here a wabbling, strutting **thing**, tawdry in paint and finery.

《On Getting On in the World》(U. K.) Jerome Klapka Jerome (1859—1927)

这里既有满身珠光宝气、笑容可掬、雍容华贵的贵妇，又有早已厌烦了做饭、瘦骨嶙峋的客栈老板；还有嗲声嗲气、趾高气扬、浓妆艳抹的**货色**。

《论处世》(英) 杰罗姆·克拉普卡·杰罗姆 (1859—1927)

例 3 与**例 4** 中的 **talking** 和 **thing** 均为中性词，放入句中之后则产生了***贬义***的感情色彩。

鉴于此，翻译时，对于原文中本身就具有褒或贬义的词，译文中则需将其***相应地表达***出来。对于一些中性词，为了忠实于原文的思想内容，则必须***理解***原作者的立场和观点，然后再***选用***适当的语言手段来加以表达。

语言不同，由什么词表示什么事物时所用的一些词语就可以有所不同，就是说词义概括的对象可以不同，由此而产生了词义的民族性。例如汉语用“哥哥、弟弟、姐姐、妹妹”表示同一父母所生的子女，而英语只用 brother 表示哥哥或弟弟，用 sister 表示姐姐或妹妹。词义不仅在理性意义上有民族性，在附加色彩上也可以显示出民族性。例如“狗”，虽然汉、英两个民族都喜爱这种家畜，但用于指人时，褒、贬就有所不同。汉语中的“癞皮狗、走狗、疯狗、狗腿子、狼心狗肺、人模狗样”都是贬义词，而英语中的这类短语除一部分受外来语影响而具有贬义外，大都没有贬义。如 to work like a dog 是“拼命地工作”的意思，a lucky dog 则指“幸运儿”。因此，翻译时在注意上下文内容的同时，还要考虑词义的民族性，以免发生误会。

四画

攴部

“攴”，小击。由“攴”构成的字往往与“从事……”相关。

敏：快速。形声字：右形左声。

1. Mrs. de Rênal began to pity him for what he lacked. This might seem foolish, but while Mrs. de Rênal was **sensitive**, she had no experience of life. Until Julien arrived, she had hardly noticed anyone but her children.

《The Red and the Black》(France) Stendhal (1783—1842)

德·莱纳夫人开始同情他的贫穷。这似乎有点愚蠢，但是，尽管德·莱纳夫人比较**敏感**，她却缺乏生活经验。在于连到来之前，她几乎从未关注过自己孩子之外的任何人。

《红与黑》(法) 司汤达 (1783—1842)

2. No matter then although my foot did stand
Upon the farthest earth removed from thee;
For **nimble** thought can jump both sea and land,
As soon as think the place where he would be.

《The Sonnets of William Shakespeare: 44》(U. K.) William Shakespeare (1564—1616)

那没关系的，虽然我的脚站在
这块土地上，离开你非常遥远，
敏捷的思想能越过大陆跟大海，
只要一想到自己能到达的地点。

《莎士比亚十四行诗：第 44 首》(英) 威廉·莎士比亚 (1564—1616)

3. By the way, there is another subject which I shall introduce in my essay, namely, expression of countenance. Now, do you happen to know by any odd chance a very good-natured and **acute** observer in the Malay Archipelago, who you think would make a few easy observations for me on the expression of the Malays when excited by various emotions? For in this case I would send to such person a list of queries. I thank

you for your most interesting letter, …

《Charles Darwin to Alfred Russel Wallace》(U. K.) Charles Darwin (1809—1882)

顺带提一下，我的论文还将提出一个问题，即面部表情问题。请问你在马来半岛找不找得到一位脾气既好、眼光又***敏锐***的朋友替我做点简单的观察，即观察马来人在各种感情刺激下的脸部表情。如果找得到，我将寄给此人一张问题单子。感谢你那封极有意思的信。

《达尔文致华莱士书》(英) 查尔斯·达尔文 (1809—1882)

例词译文皆为其各自所对应之原文的直译。从 **sensitive** (**aware** of and able to understand other people and their feelings) 的释义中即可体现出其译文***“敏感”***两词根之间的关系属偏正型；**nimble** 与 **acute** 分别对应的译文***“敏捷、敏锐”***各自两词根意义相近。

败：毁坏。会意字：由攴、由贝会意。

1. A man of many companions may come to **ruin**,
   but there is a friend who sticks closer than a brother.

《Holy Bible》PROVERBS：18：17

滥交朋友的，自取***败坏***；
 但有一朋友，比弟兄更亲密。

《圣经》箴言：18：17

2. And there is wonderful tenacity of life about this sort of opposition to physical science. Crushed and maimed in every battle, it yet seems never to be slain; and after a hundred **defeats** it is at this day as rampant, though happily not so mischievous, as in the time of Galileo.

《In Support of the "Origin of Species"》(U. K.) Thomas Henry Huxley (1825—1895)

这种反对科学的态度，具有异常顽固的生命力。在每次战役中，上述的反对态度都被击溃，受到重创，但似乎永远不会被消灭。今天，这种反对态度已经遭到上百次的***挫败***，但是仍然像在伽利略时代那样猖獗横行，幸而危害性已经不那么大了。

《支持“物种起源”的学说》(英) 托马斯·亨利·赫胥黎 (1825—1895)

3. As he, **defeated**—dying—
   On whose forbidden ear
   The distant stains of triumph
   Burst agonized and clear!

《Success is counted sweetest》(U. S. A.) Emily Dickinson (1830—1886)

他，**战败**，垂死——
失聪的耳边突然响起
遥远的凯歌旋律
极端痛苦而清晰！

《成功的滋味最甜》(美) 艾米莉·狄金森 (1830—1886)

三例词译文中**例 1 “败坏”**与**例 2 “挫败”**各自两词根意义相近。**例 3 “战败”**两词根之间的关系属复合式补充型：后一词根补充说明前一词根动作的结果。原文 **defeat** 之所以在**例 2** 中译为**“挫败”**，而在**例 3** 中译为**“战败”**，在一定程度上取决于其各自所处之上下文：在“已经遭到上百次的**挫败**，但是仍然像在伽利略时代那样猖獗横行”的情况下，“**败**”在这里所表达的是每次交锋的一个胜负情况，并非是最终的结局，因此译者选择使用了两词根意义相近的**“挫败”**；“他，**战败**，垂死”，这里的**“败”**乃为**“战”**之果，后面的“垂死”进一步说明了“战”的结局不仅仅是“败”而是“垂死”，于此，选用复合式补充型词组则更为贴切原文之意。**例 2** 译文**“挫败、猖獗”**体现出了**书面语体**的色彩。

敛 (斂)：收聚。形声字。

1. But you, children of space, you restless in rest, you shall not be trapped nor tamed.

Your house shall be not an anchor but a mast.

It shall not be a glistening film that covers a wound, but an eyelid that guards the eye.

You shall not **fold** your wings that you may pass through doors, nor bend your heads that they strike not against a celling, nor fear to breathe lest walls should crack and fall down.

《House》(Lebanon) Kahlil Gibran (1883—1931)

但是你们这些“太空”的儿女，你们在静中不息，你们不应当被网罗，被驯养。

你们的房子不用当做个锚，却应当做个桅。

它不应当做一片遮掩伤痕的闪亮的薄皮，却应当做那保护眼睛的睫毛。

你不应当为穿门走户而**敛**翅，也不应当为恐触到屋顶而低头，也不应当为怕墙壁崩裂而停止呼吸。

《居室》(黎巴嫩) 卡里·纪伯伦 (1883—1931)

2. You, I am sure, will forgive me for sincerely remarking that you might curb your magnanimity, and be more of an artist, and load every rift of your subject with ore. The thought of such discipline must fall like cold chains upon you, who perhaps

never sat with your wings **furled** for six months together.

《John Keats to Percy Bysshe Shelley》(U. K.) John Keats (1795—1821)

如果我诚恳地对你说："你应该控制一下你的高尚情操，做一个更成功的艺术家，在你的主题的每一个缝隙里都塞满金子"，相信你一定会原谅我的。但一想起那种约束，你就会觉得，仿佛戴上了手铐脚镣似的，因为你恐怕从来就没有***收敛***起翅膀来老老实实坐上过半年。

《济慈复雪莱书》(英) 约翰·济慈 (1795—1821)

原文中，**fold** 和 **furl** 的宾语均为 wings，由于词的搭配，这里将 **fold** 译为 **"敛"**、**furl** 译为 ***"收敛"*** 属意译。

效：效法。《字典》：(动词) 献出 (力量或生命)。形声字。

1. I was obliged to resort to a pseudonym for several reasons: in the first place, because I did not wish to counteract the **effect** of my earlier works, and secondly, because this was my only means of preventing a public and private befouling of my personal dignity (something I am no longer able to endure on account of the state of my health) and finally and chiefly, because I wish to make possible a scientific discussion in which all of my intelligent friends could take part, unrestrained by any feelings of delicacy, as has hitherto been the case whenever I have published anything. No one will speak or write against my name!

《Friedrich Nietzsche to Richard Wagner》(Germany) Friedrich Nietzsche (1844—1900)

有好几个原因是我不得不用笔名发表：首先，因为我不愿意抵消我早期作品的***效果***；其次，因为这是唯一能防止公开或私下里侮辱我的人格的办法 (由于我目前的健康情况，我实在不能再忍受这种事了)；最后 (也是最主要的一点)，因为我希望开展一场我所有有才学的朋友都能参加的科学讨论；在讨论中，要完全不受情面的约束 (因为迄今为止，每当我发表点什么作品时，都是这种情况)。谁也不肯发言或写文章反对我这个名字！

《尼采致瓦格纳书》(德) 弗里德里希·尼采 (1844—1900)

2. If you love me, reassure yourself, and call all your strength and presence of mind to your aid; do not let your mother notice anything, try to have your picture, and be assured that the menace of the greatest tortures will not prevent me to **serve** you.

《Voltaire to Olympe Dunoyer》(France) Voltaire (1694—1778)

如果你爱我，那就要沉着。要鼓起全部勇气，保持绝对冷静；别让你母亲有所察觉，带着你的画像。请你相信：即使他们用最严酷的刑罚来威胁我，也不能阻止我为你***效劳***。

《伏尔泰致奥琳蒲·杜诺瓦耶书》(法) 伏尔泰 (1694—1778)

3. As a race we are learning, I believe, in an increasing degree, that the best way for us to honor the memory of our emancipation is by seeking to **imitate** him. Like Lincoln, the negro race should seek to be simple without bigotry, and without ostentation. There is great power in simplicity. We, as a race, like Lincoln, have moral courage to be what we are, and not pretend to be what we are not. What should keep in mind that no one can degrade us except ourselves; …

《Abraham Lincoln》(U. S. A.) Booker Taliaferro Washington (1858—1915)

我相信我们全族正越来越懂得，纪念我们解放的最好方法是努力***效法***林肯。像他一样，黑种人应该追求朴素纯真而不尚偏激浮夸。简朴自身就具有巨大的力量。我们全族应该像林肯那样，具有道德上的勇气以我们的本来面目出现而不伪装成原非我们的面目。我们应该记住，除了我们自己以外，没有人能贬低我们。

《林肯》(美) 勃克·泰利亚费劳·华盛顿 (1858—1915)

三例词译文均为直译。其各自两词根之间的关系分别为：***"效果"***属偏正型；***"效劳"***属动宾型；***"效法"***属联合型。从原文例词的释义中即可体现出译文词根之间的关系：**effect** (a **change** that sb/sth causes in sb/eth else; a **result**) 的释义中体现出了***"果"***这个中心词语；**serve** (to **provide** an area or a group of people with a product or **service**) 显示出了动宾关系；**imitate** (to **copy** sb/sth) 两词根意义相近，故 copy 一词既可用于***"效"***，又可解释***"法"***。**例 3** 译文***"朴素纯真、简朴"***体现出了词语所具有的***褒义***；***"偏激浮夸"***为***贬义***。

政：正。会意字：由攴、由正会意。

1. …hence, without any consideration on your part, or on theirs, who ought to have known, and taught you better, you were prepared for every species of outrage; thinking that whatever you could do to spite and injure us, was for the support of **government**, and especially the church.

《Joseph Priestley to His Neighbors of Birmingham》

(U. K.) Joseph Priestley (1733—1804)

于是，你们就不假思索（他们也是这样——他们本应该比较明白事理，给你们较好的教导），伺机而动，什么暴行都干得出来，心想不管怎样损害我们，都是为了拥护***政府***，尤其是拥护教会。

《普利斯特利致伯明翰邻居书》(英) 约瑟夫·普利斯特利 (1733—1804)

2. Our **policy** in regard to Europe, which was adopted at an early stage of the wars which have so long agitated that quarter of the globe, nevertheless remains the same, which is, not to interfere in the internal concerns of any of its powers; …But in regard to these continents circumstances are eminently and conspicuously different. It is

impossible that the allied powers should extend their **political** system to any portion of either continent without endangering our peace and happiness; …

《The Monroe Doctrine》(U. S. R.) James Monroe (1758—1831)

欧洲长期以来战火频仍，我们对欧洲的***政策***是欧洲战乱早期确定的。现在我国国策仍然不变，那就是不干涉该地区任何国家的内政，……然而，南北美洲的形势明显有所不同。如果各盟国要将他们的***政治***制度扩展到这两大洲的任何部分，就不可能不危及我们的和平与幸福。

《门罗主义》(美) 詹姆斯·门罗 (1758—1831)

三例词译文皆属直译。**例 1** 之“***政府***”与**例 2** 之“***政策***”各自两词根的关系属偏正型；**例 2** 中的“***政治***”属复合式主谓型：前一词根表示表示被陈述的事物，后一词根是陈述前一词根的，其关系在原文的释义中有所体现：**political** (**politics**: **the activities involved** in getting and using power in public life; and **being** able to influence decision that affect a country or a society)。

教：在上位的施教，在下位的仿效行为。会意字：由支、由孝会意。

1. An infant has to learn the meaning of the information which its senses convey to it, and this seems to be its employment. It fancies all that the eye presents to it to be close to it, till it actually learns the contrary, and thus by practice does it ascertain the relations and uses of those first elements of knowledge which are necessary for its animal existence. A parallel **teaching** is necessary for our social being, and it is secured by a large school or a college, and this effect may be fairly called in its own department and enlargement of mind. …it is a something, and it does a something, which never will issue from the most strenuous efforts of a set of teachers, with no mutual sympathies and no intercommunication, of a set of examiners with no opinions which they dare profess, and with no common principles, who are **teaching** or questioning a set of youths who do not know them, and do not know each other, on a large number of subjects, different in kind, and connected by no wide philosophy, three times a week, or three times a year, or one in three years, in chill lecture-rooms or on a pompous anniversary. …

《The Idea of a University》(U. K.) John Henry Newman (1801—1890)

婴儿需要学会理解由他的感觉传递给他的信息，这就是他本分要做的事。他以为眼睛看见的一切事物都近在身旁，后来才了解到情况不尽如此。这样，他就从实践中得知他最早学到的那些基本知识的关系和用处，这是他生存必需的知识。我们在社会上的生存也需要类似的***教育***，这种教育由一所大的学校或学院提供。它的作用在本身领域中可以公平地称之为开阔心胸。……这是有意义的教育，也能做出某种有意义的事来。一批最卖力气的教师在没有相互的同情与了解，没有思想的交流情况下，绝不能做出这样的成绩。一批没有意见敢于发表、没有共同原则，只是教导提问的主考官也同样达不到上述的目的。那些被**教**被问的青年不认识主考官，他们彼此也不相识。他们的主考官只在冷冰冰的教室里或在盛大的周年纪念日上向他们教授或询问一大堆种类不同、相互间并无哲理联系的题目，每星期三次或一年三次或三年一次。……

《关于大学的概念》(英) 约翰·亨利·纽曼 (1801—1890)

2. A hundred years today a man died. He died immortal. He departed laden with years, laden with works, laden with the most illustrious and the most fearful of responsibilities, the responsibility of the human conscience informed and **rectified**. He went cursed and blessed, cursed by the past, blessed by the future; and these are the two superb forms of glory.

…

He conquered the old code and the old **dogma**. He conquered the feudal lord, the Gothic judge, the Roman priest. He raises the populace to the dignity of people. …

《Voltaire》(France) Victor Marie Hugo (1802—1885)

一百年前的今天，一颗巨星陨落了。但他是永生的。他离开人世时已年登耄耋，他著述极丰，肩负着最荣耀也是最艰巨的责任，那就是：培育良知，***教化***人类。他在咒骂与祝福声中溘然长逝；被旧时代所诅咒，又受到未来的祝福。这二者都是至高无上的光荣。

……

他战胜了陈旧的秩序和陈旧的***教条***，他战胜了封建君主、中古时代的法官和罗马的教士。他把黎民百姓提高到尊严的地位。……

《伏尔泰》(法) 维克多·玛丽·雨果 (1802—1885)

3. Who stole sleep from baby's eyes? I must know.
Shouldn't I give her a good **lesson** if I could only catch her!
I would raid her nest and see where she hoards all her stolen sleep.
I would plunder it all, and carry it home.

《Sleep-Stealer》(India) Rabindranath Tagore (1861—1941)

谁从孩子的眼里把睡眠偷去了呢？我一定要知道。
只要我能捉住她，怕不会给她一顿好***教训***！
我要闯入她的巢穴，看她把所有的睡眠藏在什么地方。
我要把它夺了来，带回家去。

《偷睡眠者》(印度) 罗宾德拉纳特·泰戈尔 (1861—1941)

4. How much more should I, who am but dust and ashes, and so prone to error,

desire that every one should bring forward what he can against my **doctrine**.

《Before the Diet of Worms》(Germany) Martin Luther (1483—1546)

我是一个卑微、无足轻重、易犯错误的人，除了要求敌人提出所有可能反对我***教义***的证据来，我还能要求什么呢？

《在沃尔姆斯议会上的讲话》(德) 马丁·路德 (1483—1546)

例词译文中，除 **rectify** (to put right sth that is wrong) 意译为***“教化”***外，其余皆为直译。***“教育、教训、教化”***两词根意义相近；***“教条、教义”***组合属偏正型，***“条”***与***“义”***为其各自的中心词语。**例 2** 译文***“年登耄耋、溘然长逝”***体现出***书面语***的色彩。

敞：平整高土。可以登高望远。《字典》：(动词) 打开。形声字。

The hills across the valley of the Ebro were long and white. On this side there was no shade and no trees and the station was between two lines of rails in the sun. Close against the side of the station there was the warm shadow of the building and a curtain, made of strings of bamboo beads, hung across the **open** door into the bur, to keep out flies.

《Hills like White Elephant》(U. S. A.) Ernest Hemingway (1899—1961)

白色的山岗起伏连绵于埃布罗河河谷的一侧。而这一侧，空旷一片，没有树木，车站在阳光下两条铁路线之间。紧紧挨着车站的这一边，是一幢笼罩在闷热阴影下的建筑楼，一串串竹珠子编制成的门帘挂在酒吧间***敞开***的大门门口，来驱赶苍蝇。

《白象似的群山》(美) 欧内斯特·海明威 (1899—1961)

故：使它成为这样。《字典》：(形容词) 原来的；过去的，(副词) 故意。形声字。

1. Those who wish to forget painful thoughts, do well to absent themselves for a while from the ties and objects that recall them; but we can be said only to fulfill our destiny in the place that gave our birth. I should on this account like well enough to spend the whole of my life in travelling abroad, if I could anywhere borrow another life to spend afterwards at **home**!

《On Going a Journey》(U. K.) William Hazlitt (1778—1830)

如果想遗忘那些让人痛苦的思索，最好的办法是暂时离开那能触景伤情的事物以及与之相关的联系，然而只有生养我们的故乡才是我们安身立命的地方。因此，如果我们可以再活一次，我就要用今生的时间巡游世界，而在来生，我将永远守候在我的***故乡***！

《论出游》(英) 威廉·哈慈里特 (1778—1830)

2. In a remote nook in North Wessex, forty miles from London, near the thriving county-town of Aldbrickham, there stood a pretty village with its church and parsonage, which she knew well enough, but her son had never seen. It was her **native** village, Gaymead, and the first event bearing upon her present situation had occurred at that place when she was only a girl of nineteen.

《The Son's Veto》(U. K.) Thomas Hardy (1840—1928)

在距伦敦四十英里，靠近繁荣的阿伯力坎镇的北威塞克斯一个偏远的角落里，有一个美丽的乡村，村里有一个教堂，教堂里有一个牧师。这个乡村她很熟悉，但是她的儿子从没见到过。这是她的***故***乡，叫做该米得，与她目前的生活现状相关的一件事情就发生在这里，当时她只是一个十九岁的姑娘。

《儿子的否决》(英) 托马斯·哈代 (1840—1928)

3. If a person offend you, and you are in doubt as to whether it was intentional or not, do not resort to extreme measures; simply watch your chance and hit him with a brick. That will be sufficient. If you shall find that he had not intended any offense, come out frankly and confess yourself in the wrong when you struck him; acknowledge it like a man and say you didn't **mean** to. Yes, always avoid violence; in this age of charity and kindliness, the time has gone by for such things. Leave dynamite to the low and unrefined.

《Advice to Youth》(U. S. A.) Mark Twain (1835—1910)

如果有人得罪于你，你要思量一番，看看对方是有意还是无意。千万不要采取极端的行为：只需找准时机给他一砖头就足够了。如果发现人家并不是有意的，那就坦荡地站出来，承认自己打人不对；男子汉要敢作敢当，勇于承认错误，说声不是***故意***的。千万不要动武；这个时代崇尚仁爱友好，动武的时代已经过去了。把武力的炸药留给卑鄙粗俗之徒吧！

《给青年人的忠告》(美) 马克·吐温 (1835—1910)

4. Then if for my love thou my love receivest,
I cannot blame thee for my love thou usest;
But yet be blamed, if thou this self deceivest
By **willful** taste of what thyself refusest.

《The Sonnets of William Shakespeare: 40》(U. K.) William Shakespeare (1564—1616)

那么假如你为爱我而接受我的爱，
我不能因为你使用我的爱而怪你；
但仍要怪你，如果你欺骗起自己来，
故意去尝味你自己拒绝的东西。

《莎士比亚十四行诗：第40首》(英) 威廉·莎士比亚 (1564—1616)

例 1 和**例 2** 两例译文中的**“故”** 意为“原来的，过去的”，而其在 3、4 两例中的含义则为**“故意”** 。虽同为“故意”，但从原文的释义之中又可进一步体会出其各自含义上的不同——**mean**：to have sth as a purpose or intention；**willful**：done deliberately，although the person doing it knows that it is wrong。

整：整齐。《字典》：（形容词）完全，没有残缺或损坏。会意字：由攴、由朿、由正会意。

1. My feet are locked upon the rough bark.
It took the **whole** of Creation
To produce my foot，my each feather：
Now I hold Creation in my foot

《Hawk Roosting》(U. K.) Ted Hughes（1930—1998）

我的双脚钉在粗粝的树皮上。
真得用**整个**造化之力
才能生我这只脚，我的每根羽毛：
如今我的脚控制着天地

《栖息的鹰》(英) 特德·休斯（1930—1998）

2. **All** the earth and air
With thy voice is loud，
As when night is bare，
From one lonely cloud
The moon rains out her beams，and Heaven is overflowed.

《To a Skylark》(U. K.) Percy Bysshe Shelley（1792—1822）

整个大地和大气，
响彻你婉转的歌喉，
仿佛在荒凉的黑夜，
从一片孤云背后，
明月放射出光芒，清辉洋溢遍宇宙。

《致云雀》(英) 珀西·比希·雪莱（1792—1822）

例词 **whole** 与 **all** 之译文**“整个”** 体现出了原文之意。译文虽同，但从各自的上下文中可以体会出其含义及用法上的区别：**whole**（full，complete）强调的是没有遗漏，没有保留；**all**（the whole number of）用于个体的集合体，意味着把它当作一个整体即根据它的共性来考虑，并不顾及这些个体是有区别的人或物。All 后常跟 the 或所有格代词（All the earth）。

歹部

歹（歺部）：分解骨肉后的残部。《字典》：（形容词）坏；恶。象形字。

1. I am to wait, though waiting so be hell,
   Not blame your pleasure, be it **ill** or well.

《The Sonnets of William Shakespeare：58》（U. K.）William Shakespeare（1564—1616）

即使是蹲地狱，我也不得不等待；
并且不怪你享乐，无论好**歹**。

《莎士比亚十四行诗：第 58 首》（英）威廉·莎士比亚（1564—1616）

2. And if you are not satisfied with that,
   Direct your questions to my neighbor there;
   He'll answer all for better or for **worse**,
   For none likes more to hear himself converse.

《Don Juan and Haidée》（U. K.）George Gordon Byron（1788—1824）

要是你觉得我说的不怎么够味，
就去找旁边那汉子问个明白；
是好是**歹**，他都能对答如流，
没有谁比他更爱听自己吹牛。

《唐璜与海蒂》（英）乔治·戈登·拜伦（1788—1824）

例 1 之 **ill**（bad or harmful；badly）与**例 2** 之 **worse**（of poorer quality or more unpleasant；less well）的译文均为**"歹"**，但从其各自的原文释义中可以看出其中的不同：一为原级，一为比较级。**例 2** 译文中的**"歹"**之所以用到比较级，在于第一句"要是你觉得我说的不怎么够味"，那么第二位说得是否够味，自然就会与第一位形成比较，因此就用到了比较级。

残（殘）：伤害。形声字：左形右声。

1. Why did they make birds so delicate and fine as those sea swallows when the ocean can be so **cruel**? She is kind and very beautiful. But she can be so **cruel** and it comes so suddenly and such birds that fly, dipping and hunting, with their small sad voices are made too delicately for the sea.

《The Old Man and the Sea》（U. S. A.）Ernest Hemingway（1899—1961）

为什么鸟儿生的那么纤巧，譬如那些海燕，但海洋却有时候那么**残暴**？大海是仁慈的、美丽的。然而她能变得非常**残暴**而且来得很突然，但是这些鸟儿，飞着，入海觅食，发出细微的哀鸣，柔弱得就不适宜在海上生活。

《老人与海》（美）欧内斯特·海明威（1899—1961）

2. They are **cruel** in their greed and their envy, their words are like hidden knives thirsting for blood.

Go and stand amidst their scowling hearts, my child, and let your gentle eyes fall upon them like the forgiving peace of the evening over the strife of the day.

《The Child-Angel》(India) Rabindranath Tagore (1861—1941)

他们的贪心和嫉妒是**残忍**的；他们的话，好像暗藏的刀刃，渴欲饮血。

我的孩子，去，去站在他们愤懑的心中，把你的和善的眼光落在他们上面，好像那傍晚的宽宏大量的和平，覆盖着日间的骚扰一样。

《孩子天使》(印度) 罗宾德拉纳特·泰戈尔 (1861—1941)

3. They hated and **killed** and men praised them.

But God in shame hastens to hide its memory under the green grass.

《Stray Birds: 186》(India) Rabindranath Tagore (1861—1941)

他们嫉妒，他们**残杀**，人反而称赞他们。

然而上帝却害了羞，匆忙地把他的记忆埋藏在绿草下面。

《飞鸟集：第 186 首》(印度) 罗宾德拉纳特·泰戈尔 (1861—1941)

4. You talk when you cease to be at peace with your thoughts;

And when you can no longer dwell in the solitude of your heart you live in your lips, and sound is a diversion and a pastime.

And in much of your talking, thinking is half **murdered**.

《Talking》(Lebanon) Kahlil Gibran (1883—1931)

在你不安于你的思想的时候，你就说话；

在你不能再在你心的孤寂中生活的时候，你就要在你的唇上生活，而声音是一种消遣，一种娱乐。

在你许多的谈话里，思想半受**残害**。

《谈话》(黎巴嫩) 卡里·纪伯伦 (1883—1931)

5. Gradually the fragments caught together re-united, heaving, rocking, dancing, falling back as in panic, but working their way home again persistently, making semblance of fleeing away when they had advance, but always flickering, nearer, a little closer to the mark, the cluster growing mysteriously larger and brighter, as gleam after gleam fell in with the whole, until a **ragged** rose, a distorted, frayed moon was shaking upon the waters again, re-asserted, renewed, trying to recover from its convulsion, to get over the disfigurement and the agitation, to be whole and composed, at peace.

《Stoning the Moon》(U. K.) David Herbert Lawrence (1885—1930)

渐渐地，光的碎片相互连接，聚集起来，起伏着，晃动着，舞蹈着，惊惶地后退着，但是坚持着努力回归家园，前进几步，就又出现想要逃离的假象，但总是摇曳着靠近中心，离目标愈近，光簇就愈发大而亮。微光一丝又一丝地融入整体，直到一朵**残破**的玫瑰，一轮扭曲而磨损的月亮再一次摇曳在水面上，重新振作，重新开始，它试图从震荡中恢复过来，努力克服毁形与震荡，又一次恢复完整与镇定，归于平静。

《石击月》(英) 戴维·赫伯特·劳伦斯 (1885—1930)

6. A poor old slave, infirm and lame;
Great scars deformed his face;
On his forehead he bore the brand of shame,
And the rags, that hid his **mangled** frame,
Were the livery of disgrace.

《The Slave in the Dismal Swamp》(U. S. A.) Henry Wadsworth Longfellow (1807—1882)

这个又老又瘸的奴隶，
他脸上留着大块疮痍，
额头烙有屈辱的印记，
破布条遮住**残损**的躯体，
就是他那件可耻的号衣。

《阴湿沼地的奴隶》(美) 亨利·瓦茨沃斯·朗费罗 (1807—1882)

例词译文中，除**例3**之**"残杀"**两词根间的关系为偏正型外，其余皆属各自两词根意义相近的联合型。**例1**与**例2**的原文例词**cruel**分别译为**"残暴"** **"残忍"**，部分在于**"残、暴、忍"**意义相近，其含义均与cruel (having a desire to cause pain and suffering) 的意义相合。***"残暴、残忍"为贬义词，译文中将其相应地表达了出来***。**例5**中的例词译文**"残破"**体现出了词语的***形象色彩***。

殊：杀死。《字典》：(形容词) 特别的。形声字。

1. It is idle to talk to us of "the Greeks". The people we mean when so naming them were a few little communities, living under very **peculiar** conditions, and endowed by Nature with most exceptional characteristics. The sporadic civilization which we are too much in the habit of regarding as if it had been no less stable than brilliant, was a succession of the briefest splendors, gleaming here and there from the coasts of the Aegean to those of the western Mediterranean.

《The Private Papers of Henry Ryecroft》(U. K.) George Gissing (1857—1903)

跟我们谈论"希腊人"是毫无意义的。当如此命名他们时，我们所指的民族只是少数生活在**特殊**环境中的小群体而已。大自然赋予了他们鲜见的特性。

我们太过于习惯地把他们零星的文明看作既灿烂又稳定的文明，而那只不过是一连串最最短暂的光辉，不时地闪耀在从爱琴海到地中海的沿岸。

《四季随笔》(英) 乔治·吉辛 (1857—1903)

2. To be courageous…requires no **exceptional** qualifications, no magic formula, no special combination of time, place and circumstance. It is an opportunity that sooner or later is presented to us all. Politics merely furnishes one arena which imposes **special** tests of courage.

《Courage》(U. S. A.) John Fitzgerald Kennedy (1917—1963)

勇敢……不需要**特殊**的条件，也没有奇妙的规则，同样也不需要时间、地点和情况的特意配合，迟早每个人都会遇到的这么一个机会。政治不过是对勇气进行**特殊**考验的一个场所而已。

《勇气》(美) 约翰·菲茨杰拉德·肯尼迪 (1917—1963)

3. The basic thought that guides these **specific** means of national recovery is not narrowly nationalistic. It is the insistence, as a first consideration upon the inter—dependence of the various elements in all parts of the United States of America-a recognition of the old and the permanently important manifestation of the American spirit of the pioneer. It is the way to recovery, it is the immediate way, it is the strongest assurance that recovery will endure.

《First Inaugural Address》(U. S. A.) Franklin Roosevelt (1882—1945)

指导全国性复苏**特殊**措施的基本思想并不是狭隘的国家主义。首先要考虑的是坚持美国各部分间的相互依赖性——这是对美国式的开拓精神的古老而永恒的证明的重视。这才是复苏之路，是最快之路，使复苏得以持久的最强有力的保证。

《我们唯一害怕的就是害怕本身》(美) 富兰克林·罗斯福 (1882—1945)

4. I was by no means satisfied to have been so little time with the Monarch of French Literature. A happy scheme sprung up in my adventurous mind. Madame Denis, the niece of M. de Voltaire, had been extremely good to me. She is fond of our language. I wrote her a letter in English begging her interest to obtain for me the **Privilege** of lodging a night under the roof of M. de Voltaire who, in opposition to our Sun, rises in the evening.

《James Boswell to William Johnson Temple》(U. K.) James Boswell (1740—1795)

我和这位法国文坛皇帝会晤的时间如此短促，心里极为不满。于是我眉头一皱，计上心来。伏尔泰先生的侄女德尼夫人一直对我非常之好，她很喜欢英语。我写了一封英文信给她，求她费心为我谋求在伏尔泰先生屋檐下借住一宿的**殊**

荣，因为他与太阳唱对台戏，都是夜里起床。

《鲍斯韦尔致坦波尔书》(英) 詹姆士·鲍斯韦尔（1740—1795）

例词译文**“特殊”**两词根意义相近，原文 **peculiar**、**exceptional**、**special**、**specific** 的含义中均有“某一或某一类特定的”意义，故译为“特殊”。**“殊荣”**两词根属偏正型组合，从 **privilege**（a special right or advantage that a particular person or group or people has）的释义中即可体现。

殆：危险。《字典》：（副词）几乎；差不多。形声字。

The ebbing of his hope **drained** his faith. He sat staring at the yellow, singing gaslight. Soon he walked to the bed and began to tear the sheets into strips. With the blade of his knife he drove them tightly into every crevice around windows and door. When all was snug and taut he turned out the light, turned the gas full on again and laid himself gratefully upon the bed.

《The Furnished Room》(U. S. A.) O Henry（1862—1910）

希望退去，他的信心随之***殆尽***。他坐着，瞪着发黄晃动的煤气灯。过了一会儿，他走向床，并开始把床单撕成一条一条的。他用刀背把一条条的床单塞在窗户和门的每一道缝隙里。一切都弄好之后，他关掉了灯，又把煤气开到最大，***舒舒服服***地躺在了床上。

《带家具的出租屋》(美) 欧·亨利（1862—1910）

例词 **drain**：to make sb/sth weaker, poorer, etc. by **using up** their/its strength, money, etc. 的释义直接显示出译文***“殆尽”***之意。译文中的***“殆”（几乎；差不多）***与***“尽”***的组合为偏正型。这里将 **gratefully** 译为***“舒舒服服地”***是运用了汉语中的一种修辞手段——***重叠词***。

殃：灾祸。形声字。

But, when begins my ditty,
Almost five hundred years ago,
To see the townsfolk **suffer** so
From vermin, was a pity.

《The Pied Piper of Hamelin》(U. K.) Robert Browning（1812—1889）

但是，大约五百年前，
在我的故事开头的时光，
镇上的人***遭***了一场大***灾殃***，
那情景没人看了不心伤。

《哈梅林的花衣吹笛人》(英) 罗伯特·勃朗宁（1812—1889）

从**suffer**：to be badly affected by a disease，pain，sadness，a lack of sth，etc. 的释义中可以看出**“遭灾殃”**体现出了原文例词的所含之意，并与**“殃”**之本义相合。“**灾**”与“**殃**”意义相近。

止部

由“止”构成的字往往含有“停”或与“足”相关的意义。

止：地下的基础。像草木长出根干基址，因此用止来表示足。《字典》：（动词）停住，不再进行。象形字。

1. Next to nothing for use,
But a crop is a crop,
And who's to say where
The harvest shall **stop**?

《Gathering Leaves》(U. S. A.) Robert Frost (1874—1963)

论用处聊胜于无，
而收获总是收获，
又有谁能对我说，
收获该***止***于何处。

《收集落叶》(美) 罗伯特·弗罗斯特 (1874—1963)

2. The frogs that were peeping a thousand shrill
Wherever the ground was low and wet,
The minute they heard my step went **still**
To watch me and see what I came to get.

《Pea Brush》(U. S. A.) Robert Frost (1874—1963)

无论何处，只要潮湿低洼
都有青蛙鼓噪震耳欲聋，
一听到我的脚步便会突然
静止，以观察我的行动。

《豌豆用树条》(美) 罗伯特·弗罗斯特 (1874—1963)

3. Methought, my sweet one, then I **ceased** to soar
And fell—not swiftly as I rose before,
But with a downward, tremulous motion thro'
Light, brazen rays, this golden star unto!

《Al Aaraaf》(U. S. A.) Allan Poe (1809—1849)

我想，亲爱的，那时我的飞行***停止***，

开始跌落——不像我飞升那么速急，
但随着一阵令人颤栗的向下穿行，
穿过黄铜色的光，跌向这颗金星！

《阿尔阿拉夫》(美) 爱伦·坡 (1809—1849)

4. **Suspended** just to pleasure you
Who brought against their will together
These objects, and while day lasts, weave
Around them such a magic tether
That dumb they look: …

《In a Gondola》(U. K.) Robert Browning (1812—1889)

生命暂时**中止**，只为了让你欢喜，
你违反他们的意愿，把这些东西
凑到一起，他们在白天里
编起一圈魔法绳索束缚自己，
使他们看起来像哑的。

《在贡多拉船上》(英) 罗伯特·勃朗宁 (1812—1889)

5. But I **forbid** thee one most heinous crime,
O, carve not with thy hours my love's fair brow,
Nor draw no lines there with thine antique pen.
Him in thy course untainted do allow,
For beauty's pattern to succeeding men.

《The Sonnets of William Shakespeare: 19》(U. K.) William Shakespeare (1564—1616)

但是我**禁止**你一桩最凶的罪愆：
你别一刀刀镌刻我爱人的美颜，
别用亘古的画笔在那儿画条纹；
允许他在你的过程中不染杂色，
给人的后代留一个美的准绳。

《莎士比亚十四行诗：第 19 首》(英) 威廉·莎士比亚 (1564—1616)

6. "Of making books there is no **end**," complained the Preacher, and did not perceive how highly he was praising letters as an occupation. There is no **end**, indeed, to making books or experiments, or to travel, or to gathering wealth. Problem gives rise to problem. We may study forever, and we are never as learned as we would.

《El Dorado》(U. K.) Robert Louis Stevenson (1850—1894)

"著书无**止境**，"传道者埋怨道，但他并没意识到到他其实已高度评价了作家这一职业。著书无止境，做实验、旅行或积累财富亦是如此。一个问题常会带来下一个问题。我们可能会活到老学到老，但可能永远做不到像自己想象中那般博学多才。

《黄金国》(英) 罗伯特·路易斯·史蒂文森 (1850—1894)

以上六例译文皆为直译。尽管例词译文的词根组合类型不同，但其各自的含义中均含字典中的**“止”**意。译文**“静止、停止”**两词根意义相近；**“禁止”**两词根之间的关系为补充型：后一词根补充说明前一词根动作的结果；**“止境”**的组合属偏正型。

此(此部)：止。《字典》：(代词) 这；这个；这会儿；这里；这样。会意字：由止、由匕会意。匕是相并列。足相并列，固有停止的意思。

1. And as yon tapers dwindle, and strange thoughts
Grow, with a certain humming in my ears,
About the life before I lived **this** life,
And **this** life too, popes, cardinals and priests, ...

《The Bishop Orders His Tomb at Saint Praxed's Church》
(U. K.) Robert Browning (1812—1889)

当那边烛光渐熄，奇怪的念头
开始生长，耳朵里**嗡嗡**作声，
想起我**这**辈子以前的前生
和**此**生，教皇、红衣主教和神父，……
《圣普拉希德教堂的主教吩咐后事》(英) 罗伯特·勃朗宁 (1812—1889)

2. That the lowest boughs and the brushwood sheaf
Round the elm—tree bole are in tiny leaf,
While the chaffinch sings on the orchard bough
In English-**now**!

《Home-Thought, from Abroad》(U. K.) Robert Browning (1812—1889)

榆树四周低矮的枝条和灌木丛中，
小小的嫩叶已显出一片葱茏，
听那苍头燕雀正在果园里唱歌，
在英格兰啊，在**此刻**!

《海外思乡》(英) 罗伯特·勃朗宁 (1812—1889)

this 与 **now** 的译文**“这、此、此刻”**与字典之“此”义相合。“此刻”的中心词语**“刻”**的释义是“短暂的时间”；时候，即“**会儿**(指很短的一段时间)”，**“此刻”**即**“这会儿”**。**例 1** 与**例 2** 在翻译中分别运用了**重叠词“嗡嗡”**

与“小小”，译文“**嗡嗡**”**体现出了词语在声音方面的形象色彩，“小小”的色彩则体现在形态方面**。

武（戈部）：楚庄王说：“武力，确定战功，止息战争”。所以，‘止’‘戈’二字汇合成‘武’字。”《字典》：（名词）跟军事或强力有关的事物。会意字。

1. And I on the opposite shore will be,
Really to ride and spread the alarm
Through every Middelesex village and farm,
For the country folk to be up and to **arm**.
《Paul Revere's Ride》(U. S. A.) Henry Wadsworth Longfellow (1807—1882)
我守在对岸，等信号一亮，
就快马加鞭，把警报传遍
米德赛斯的村落和农庄，
叫乡亲们起来，**武装**抵抗。
《保罗·里维尔星夜飞驰》(美) 亨利·瓦茨沃斯·朗费罗 (1807—1882)

2. Come my tan-faced children,
Follow well in order, get your **weapons** ready,
Have you your pistols? Have you your sharp-edged axes?
Pioneers! O pioneers!
…
Raise the mighty mother mistress,
Waving high the delicate mistress, over all the starry mistress, (bend your heads all,)
Raise the fang'd and **warlike** mistress, stern, impassive, weapon'd mistress,
Pioneers! O pioneers!
《Pioneers! O Pioneers!》(U. S. A.) Walt Whitman (1819—1892)
来把我那些晒黑了脸的孩子们，
排好了队，把**武器**准备好，
带上我们的手枪了吗？带上你们锋利的斧头了吗？
拓荒者！啊，拓荒者！
……
扶起那强大的充当母亲的主妇，
高高挥动那柔弱的主妇，让她超越一切星光灿烂的主妇（你们大家都把头低下吧，）

扶起那长着利齿的**勇武**的主妇，那严厉、冷静、携带着武器的主妇，

拓荒者！啊，拓荒者！

《拓荒者！啊，拓荒者！》(美）沃尔特·惠特曼（1819—1892)

3. You are still more mistaken, if you imagine that this conduct of yours has any tendency to serve your cause, or to prejudice ours. It is nothing but *reason* and *argument* that can ever support any system of religion. Answer our arguments, and your business is done; but your having recourse to ***violence***, is only a proof that you have nothing better to produce.

《Joseph Priestley to His Neighbors of Birmingham》

(U. K.) Joseph Priestley (1733—1804)

如果你们认为这种行为对你们的信仰有任何益处，对我们的信仰有任何损害，那你们就更是大错特错了。只有道理和论点才能使一个宗教站住脚，只有驳倒我们的论点，才能达到这个目的；向你们这样诉诸**武力**，只能说明你们理屈词穷。

《普利斯特利致伯明翰邻居书》(英）普利斯特利（1733—1804)

“武装、武器、武力”均为原文之直译，其各自两词根之间的关系皆属偏正型。由**“武”**所修饰的**“装、器、力”**（**arm**：to **provide weapons** for yourself/sth in order **to fight a battle** of a war; **weapon**: an **object** such as a knife, gun, bomb, etc. that is used **for fighting or attacking**; **violence**: violent **behavior** that is intended **to hurt** or kill sb）三例词原文的释义中即可体现出其各自在字典中所含的**“武”**之意。例2中 high 的翻译运用了**重叠词“高高”**，使译文与原文所含之意更为贴切。

步：（缓慢）行走。《字典》：（名词）行走时两脚之间的距离；脚步。会意字：由止字和少字向背而会意。

1. Tiny grass, your **steps** are small, but you possess the earth under your tread.

《Stray Birds: 65》(India) Rabindranath Tagore (1861—1941)

小草呀，你的**足步**虽小，但是你拥有你足下的土地。

《飞鸟集：第65首》(印度）拉宾德拉纳特·泰戈尔（1861—1941)

2. The muster of men at the barrack door,
The sound of arms, and the tramp of feet,
And the measured **tread** of the grenadiers,
Marching down to their boats on the shore.
…
Meanwhile, impatient to mount and ride,

Booted and spurred, with a heavy **stride**

On the opposite shore walked Paul Revere.

《Paul Revere's Ride》(U. S. A.) Henry Wadsworth Longfellow (1807—1882)

兵营门口聚集着人群，

武器的响动，沉重的足音，

掷弹兵整齐一致的***步履***

向岸边那一排船艇走去。

……

对岸，保罗·里维尔，这时

已穿好马靴，上了马刺，

正走来走去，用沉重的***步子***；……

《保罗·里维尔星夜飞驰》(美) 亨利·瓦茨沃斯·朗费罗 (1807—1882)

三例词译文与其各自原文之意相符。“***足步***”之“***步***”为这一组合的中心词语，其在字典中的释义与 **step** (the distance that you cover when you take a step) 之释义相同。“***步履***[履：《字典》：(名词) 脚；脚步]”的两词根意义相近，从 **tread** (the way that sb walks; the sound that sb makes when they walk) 的释义中即可体现出上下文中的“***步***”与“***履***”之意。“***步子***”的“***子***”为名词后缀，“***步子***”与 **stride** (one long step; the distance covered by a step) 之意相符。

雌 (隹部)：母鸟。形声字。

It once might have been, once only:

We lodged in a street together,

You, a sparrow on the housetop lonely,

I, a lone **she**-bird of his feather.

《Youth and Art》(U. K.) Robert Browning (1812—1889)

曾有过一次，仅仅一次：

当时我们同住一条街道，

你是独住在屋顶上的麻雀，

我是同样毛色的孤单***雌***鸟。

《青春和艺术》(英) 罗伯特·勃朗宁 (1812—1889)

表示“***雌***”的英文即是“**she**”。

戈部

由“戈”构成的字往往与征战及其所用之武器或相当于武器的某种工具

相关。

戈：没有向上尖刃的戟类兵器。会意字：由弋字、由一横贯在弋上会意。

1. Sons of Greeks! let us go
In **arms** against the foe,
Till their hated blood shall flow
In a river past our feet.

《Translation of the Famous Greek War Song》(U. K.) George Gordon Byron (1788—1824)

起来，希腊的儿男！
挥**戈**向敌人应战，
让他们腥臭的血川
像河水在脚下奔窜！

《希腊战歌 译自希腊文》(英) 乔治·戈登·拜伦 (1788—1824)

2. That Glory never shall his wrath or might
Extort from me. To bow and sue for grace
With suppliant knee, and deify his power
Who from the terror of this **Arm** so late,
Doubted his Empire, that were low indeed, …

《What Though the Field Be Lost》(U. K.) John Milton (1608—1674)

那种荣誉，他的愤怒和暴力
都休想向我来逼取。卑躬屈膝，
低头哈腰求恩宠，拜倒在他权力下，
不久前这次**干戈**他还吓破胆，
对自己的权利丧失信心——真下贱；……

《战场虽失利算什么》(英) 约翰·弥尔顿 (1608—1674)

两例中的原文例词 **arm** 均为意译。**“干戈”**之**“干”**的意思是“盾”，两词根之意义相关。

战（戰）：战斗。《字典》：（动词）发抖。形声字：右形左声。

1. When a man hath no freedom to fight for at home,
   Let him **combat** for that of his neighbors;
Let him think of the glories of Greece and of Rome,
   And get knock'd on the head for his labors.

To do good to mankind is the chivalrous plan,

And is always as nobly requited;
Then **battle** for freedom wherever you can,
And, if not shot or hang'd you'll get knighted.

《When a Man Hath No Freedom to Fight for at Home》
(U. K.) George Gordon Byron (1788—1824)

本国既没有自由可争取,
为邻国的自由***战斗***!
去关心希腊罗马的荣誉,
为这番事业断头!

为人类造福是豪侠业绩,
报答常同样隆重;
为自由而***战***吧,在哪儿都可以!
饮弹,绞死,或受封!

《本国既没有自由可争取》(英)乔治·戈登·拜伦(1788—1824)

2. With his three hundred waging
The **battle**, long he stood,
And like a lion raging,
Expired in seas of blood.

《Translation of the Famous Greek War Song》
(U. K.) George Gordon Byron (1788—1824)

他率领三百勇士,
战斗中始终挺立,
像威猛暴怒的雄狮,
在滔滔血海中沉溺。

《希腊战歌 译自希腊文》(英)乔治·戈登·拜伦(1788—1824)

3. The causes of the disaster are due not to faulty organization, but to the misfortune in all risks which had to be undertaken. …

We fought these untoward events with a will and **conquered**, but it cut into our provision reserve.

《Captain Robert Falcon Scott to the British Public》
(U. K.) Robert Falcon Scott (1868—1912)

此次灾难的原因并不在于组织工作不当,而在于一切冒险事业都可能遭遇到的逆运。……

我们顽强地同这些不利条件搏斗,***战胜***了困难,但是大大消耗了粮食储备量。

《司各脱上尉致英国公众书》(英) 罗伯特·司各脱 (1868—1912)

4. Your fear of death is but the **trembling** of the shepherd when he stands before the king whose hand is to be laid upon him in honor.

《Death》(Lebanon) Kahlil Gibran (1883—1931)

你们的怕死，只是像一个牧人，当他站在国王的座前，被御手恩抚时的**战栗**。

《死》(黎巴嫩) 卡里·纪伯伦 (1883—1931)

5. The story of the Trojan **War** was told in two long poems. Some people think they are the finest poems that were ever written. One of these poems is called the *Iliad*, from the name of the city of Troy, which was also known as Ilium. The *Iliad* describes the Trojan War itself. The other poem is called the *Odyssey* and describes the adventures of one of the Greek heroes on his way home after the war was over. The Greek hero's name was *Odysseus*, which gives the mane Odyssey to the book, but he was also called Ulysses. These poems, the *Iliad* and *Odyssey*, were composed by a Greek poet named Homer, who is supposed to have lived at some time before 700 B. C.

《A Fairy-Tale War》(U. S. A.) Virgil M. Hillyer (1875—1937)

有两首长诗，叙述了特洛伊***战争***的经过。有些人认为，它们是历史上写得最好的两首诗。其中一首叫作《伊利亚特》，诗名源自特洛伊城的名字，因为特洛伊又名“伊利昂”。《伊利亚特》描述的是特洛伊战争本身的经过。另一首诗叫作《奥德赛》，描述的是希腊人中的一位英雄在特洛伊战争结束后回家途中的冒险故事。这位希腊英雄叫作奥德修斯，《奥德赛》这一诗名，便是由他的名字而来；但他还有一个名字，叫作尤利西斯。《伊利亚特》和《奥德赛》这两首诗，都是由一位名叫荷马的希腊诗人所作；人们认为，荷马生活在公元前700年以前的某个时期。

《一场传说中的战争》(美) 维吉尔·希利尔 (1875—1937)

例词译文***“战斗、战栗、战争”***各自两词根意义相近。***“战胜”***两词根之间为互补的关系：***“胜”***是***“战”***的结果，从其原文 **conquer** (to **succeed** in dealing with or controlling with) 的释义中即可体现。**例 2** 译文中运用了***重叠词“滔滔”***，体现出了***词在动态方面的形象色彩***。

成(戊部)：成熟。《字典》：(动词) 办事获得预期的结果。形声字：外形内声。

1. My life is a fault at last, I fear:

It seems too much like a fate, indeed!
Though I do my best I shall scarce **succeed**.

《Life in a Love》(U. K.) Robert Browning (1812—1889)

我怕我的一生全是个错。

它看起来太像命运，

哪怕我竭尽全力也难**成**。

《爱中的一生》(英) 罗伯特·勃朗宁 (1812—1889)

2. We are the seeds of the tenacious plant, and it is in our **ripeness** and our fullness of heart that we are given to the wind and are scattered.

《The Farewell》(Lebanon) Kahlil Gibran (1883—1931)

我们是那坚牢植物的种子，在我们的心**成熟**丰满的时候，就交给大风纷纷吹散。

《言别》(黎巴嫩) 卡里·纪伯伦 (1883—1931)

3. In their feverish exultations,

In their **triumph** and their yearning,

In their passionate pulsations,

In their words among the nations,

The Promethean fire is burning.

《Prometheus》(U. S. A.) Henry Wadsworth Longfellow (1807—1882)

他们的**成就**，他们的求索，

他们激昂炽烈的欢乐，

他们对民众说出的话语，

他们亢奋急切的脉搏，

都燃着普罗米修斯之火。

《普罗米修斯》(美) 亨利·瓦茨沃斯·朗费罗 (1807—1882)

三例词之译文皆为直译。**“成熟”**两词根意义相同，“**成就**(就：完成)”两词根意义相近。**例 2** 译文中所使用的***重叠词“纷纷”***通过其***形态色彩***使译文更显生动、顺达。

戒 (収部)：警戒。会意字：双手持戈表示戒备。

1. There's Zanze's **vigilant** taper; safe are we,

Only one minute more to-night with me?

Resume your past self of a month ago!

Be you the bashful gallant, I will be

The lady with the colder breast than snow.

《In a Gondola》(U. K.) Robert Browning (1812—1889)

那是珍婕的**警戒**烛光；我们是

安全的！今夜和我再多待一霎时？
恢复你一个月前的样子！
你做个忸怩殷勤的男子，
我做个冷若冰霜的女士。

《在贡多拉船上》(英) 罗伯特·勃朗宁 (1812—1889)

2. Like an earring of gold or an ornament of fine gold
is a wise nan's **rebuke** to a listening ear.

《Holy Bible》PROVERBS：25：5

智慧人的**劝戒**，
在服从人的耳中，
好像金耳环和精金的装饰。

《圣经》箴言：25：5

3. A fire not to be quenched it demands a uniform **vigilance** to prevent its bursting into a flame，lest，instead of warming，it should consume.

《Farewell Address》(U. S. A.) George Washington (1732—1799)

一场未熄灭的火须得大家始终小心**戒备**，防止它染成熊熊烈焰，否则，它不仅不能使人取暖，反而会烧毁一切。

《告别演说》(美) 乔治·华盛顿 (1732—1799)

例 1 之译文“**警戒**”与**例 3** 之“**戒备**”属直译。**vigilant** 是 **vigilance** 的形容词形式，其译文的不同在于对上下文的理解。同时，虽然“**警戒**”与“**戒备**”两词根意义相近，但“**警**(注意并防备)”与“**备**(事先安排或防备)”的含义还是不尽相同。这里译文“**戒备**”的翻译涉及到词类转换：从**名词转换为动词**。**例 2** 之“**劝戒**”为原文 **rebuke** (to speak severely to sb because they have done sth wrong) 的意译。

威(女部)：丈夫的母亲。《字典》：(名词) 使人敬畏的气势或使人畏惧的力量。会意字：从女，由戍含义。“戍”本义是斧类宽刃兵器。

1. Therefore I hope to join your seaside walk，
Saddened，and mostly silent，with emotion；
Not interrupting with intrusive talk
The grand，**majestic** symphonies of ocean.

《Dedication》(U. S. A.) Henry Wadsworth Longfellow (1807—1882)

为此，我盼望陪你们在海边散步，
抑郁、沉默，而又深情蕴结；

谁也不用唐突的语言去打扰
　　浩浩沧溟那**威严**壮伟的音乐。
《献词》(美) 亨利·瓦茨沃斯·朗费罗 (1807—1882)

2. The twilight is sad and cloudy,
　　The wind blows **wild** and free,
And like the wings of sea-birds
　　Flash the white caps of the sea.
《Twilight》(U. S. A.) Henry Wadsworth Longfellow (1807—1882)

暮色阴沉，密云笼罩，
　　海风刮得**威猛**又狂暴；
雪白，闪亮，像水鸟翅膀，
　　是白沫飞溅的汹涌浪涛。
《暮色》(美) 亨利·瓦茨沃斯·朗费罗 (1807—1882)

3. A voice is ever at thy side
　　Speaking in tones of **might**,
Like the prophetic voice, that cried
　　To John in Patmos, "Write!"
《To William E. Channing》(U. S. A.) Henry Wadsworth Longfellow (1807—1882)

一个声音总在你耳旁
　　用**权威**口吻讲话，
如同约翰在拔摩岛上
　　听到的预言："写吧!"
《致威廉·埃·查宁》(美) 亨利·瓦茨沃斯·朗费罗 (1807—1882)

4. "Dust and ashes!" So you creak it, and! I want the heart to scold.
Dear dead women, with such hair, too—what's become of all the gold
Used to hang and brush their bosoms? I feel **chilly** and grown old.
《A Toccata of Galuppi's》(U. K.) Robert Browning (1812—1889)

"尘与灰!"——你这样唧唧吟唱，而我却不忍心责备。
死去的美女多么可爱，披满酥胸的金发多么美，
而如今都已安在？我不禁感到了岁月的**寒威**。
《加卢皮的托卡塔曲》(英) 罗伯特·勃朗宁 (1812—1889)

例词译文中的**"威严"**与**"权威"**为原文之直译。**"寒威"**的翻译涉及到词类的转换：***从形容词转换为名词***。**例1**译文中的***重叠词"浩浩"***体现出了词语的***形态色彩***。

划（劃）：锥刀之尖画破物体叫划。会意字：由刀、由畫会意。畫也表声。

1. Push off, and sitting well in order **smite**,
The sounding furrows; for my purpose holds
To sail beyond the sunset, and the baths
Of all the western stars, until I die.
《Ulysses》(U. K.) Alfred Tennyson (1809—1892)
坐成排，***划破***这喧哗的海浪，
我决心驶向太阳沉没的地方，
超越西方星斗的浴场，至死
为止。
《尤利西斯》(英) 阿尔弗雷德·丁尼生 (1809—1902)

2. The tangled bine-stems **scored** the sky
Like strings of broken lyres,
And all mankind that haunted nigh
Had sought their household fires.
《The Darkling Thrush》(U. K.) Thomas Hardy (1840—1928)
交织的蔓藤***划破***长空，
恰如破旧竖琴的纷乱丝弦，
漫游此间的常客不再流连，
躲在家中的炉边。
《薄暮听画眉》(英) 托马斯·哈代 (1840—1928)

3. Unwearied still, lover by lover,
They **paddle** in the cold
Companionable streams or climb the air;
Then hearts have not grown old; …
《The Wild Swans at Cool》(U. K.) William Butler Yeats (1865—1939)
双双对对，它们依然毫无倦意，
在清冷而可亲的溪涧***划水***游弋，
或者向着天空升腾；
它们童心未泯；……
《库尔的野天鹅》(英) 威廉·巴特勒·叶芝 (1865—1939)

4. …Haven't you heard, though,
About the ships where war has found them out
At sea, about the towns where war has come

Through **opening** clouds at night with droning speed
Further o'er-head than all but stars and angels, —
And children in the ships and in the towns?

《The Bonfire》(U. S. A.) Robert Frost (1874—1963)

……听过没有，
关于轮船，战争在海洋上找到了船舰，
关于城镇，战争以带有嗡嗡声的速度，
从高处，越过除了星星和天使的一切，
在黑夜，穿过***划破***的云层，降临城镇，
以及，轮船上的儿童，城镇里的儿童？

《篝火》(美) 罗伯特·弗罗斯特 (1874—1963)

例词译文除**例 3** 之***“划水”***（“划水”两词根之间的关系为动宾型）为直译外，三例***“划破”***均为意译。***“划破”***两词根之间的关系为复合式补充型：***“破”***说明***“划”***的结果。因例词各自***搭配***不同（划破的***宾语***不同），其译文则不同。**例 3** 中将 lover by lover 译为***重叠词“双双对对”***，表现出了原文中所含有的***形象色彩***。

戮：杀。形声字：右形左声。

I walk'd the shores of my Eastern sea,
Heard over the waves the little voice,
Saw the divine infant where she woke mournfully wailing, and the roar of cannon, curses, shouts, crash of falling buildings,
Was not so sick from the blood in the gutters running, nor from the single corpses, nor those in heaps, nor those borne away in the tumbrils,
Was not so desperate at the **battues** of death—was not so shock'd at the repeated fusillades of the guns.

《France》(U. S. A.) Walt Whitman (1819—1892)

我走在我那东方的岸上，
听见了重洋那边传来的微弱的声音，
看见那神圣的婴儿在她醒来的地方悲哀地啼哭着，四周是炮火的怒吼声，诅咒，叫喊，建筑物的倒塌声，
我并不十分厌恶沟洫里奔流着的鲜血，也不厌恶那一个个或垒成堆或那些被粪车运走的尸体，
对于惨遭***杀戮***带来的死亡不是那么绝望——对于枪炮的连续射击不是那么

大为震惊。

《法兰西》(美) 沃尔特 · 惠特曼 (1819—1892)

例词“**杀戮**”两词根意义相同。这里“**戮**”之意义与其本义完全相符。

戳:《字典》:(动词) 用手指或长条形物体的顶端触或捅。形声字。

But you do not see, nor do you hear, and it is well,
The veil that clouds your eyes shall be lifted by the hands that wove it,
And the clay that fills your ears shall be **pierced** by those fingers that kneaded it.

《The Farewell》(Lebanon) Kahlil Gibran (1883—1931)

你看不见，也听不见，这却是最好的。
那蒙在你眼上的轻纱，也要被包扎这纱的手揭去;
那塞在你耳中的泥土，也要被那填塞这泥土的手指**戳穿**。

《言别》(黎巴嫩) 卡里 · 纪伯伦 (1883—1931)

“**戳穿**”为 **pierce** (to make a small hole in sth, or to go through sth, with a sharp object) 之直译。从原文例词之释义中即可体现出“**戳**”与“**穿**”两词根的关系互补。

见 (見) 部

由“见”构成的字，往往与眼目及其所及、所觉察之事与物相关。

见:看见。会意字:由儿、由目会意。

1. I climb the “Hill of Science,”
   I “view the Landscape o’er;”
   Such transcendental prospect,
   I ne’er **beheld** before!
   …
   The trumpet sir, shall wake them,
   In dreams I **see** them rise,
   Each with a solemn musket
   A marching to the skies!

《Sic transit gloria mundi》(U. S. A.) Emily Dickinson (1830—1886)

我攀登“科学山峰”
我“遍览山水田园”
像这样宏伟的景观,
为我此生**见**所未见!
……

号角该会唤醒他们
我 ***看见***他们纷纷起身
扛一杆庄严毛瑟枪
步伐整齐走向天堂。

《尘世荣华，容易过（Sic transit gloria mundi，拉丁成语=thus passes the glory of this world）》(美) 艾米莉·狄金森（1830—1886）

2. You are surprised to learn that I have not a high opinion of Mr. Jefferson, and I am surprised at your surprise. I am certain that I never wrote a line, and that I never… uttered a word indicating an **opinion**…

《Thomas Babington Macaulay to Henry S. Randall》
(U. K.) Thomas Babington Macaulay（1800—1859）

你听说我对杰斐逊先生评价不高而感到惊讶，我则对你的惊讶感到惊讶。我可以肯定我从来没有写过一行字，也从来没有……说过一句话来表达这种 **意见**：……

《麦考利致伦道尔书》(英) 托马斯·巴宾顿·麦考利（1800—1859）

三例词译文均为直译。原文 **behold** 比 **see** 更强调确定视觉印象与效果，这一点从译文的语气中即可有所体会——“为我此生 ***见***所未见！”。

觑：《字典》(动词) 看；偷看。形声字。

Then felt I like some watcher of the skies
　　When a new planet swims into his ken;
Or like stout Cortez, when with eagle eyes
　　He star'd at the Pacific—and all his men
Look'd at each other with a wild surmise—
　　Silent, upon a peak in Darien.

《On First Looking into Chapman's Homer》(U. K.) John Keats（1795—1821）

于是我的情感犹如一位观象家，
　　当他发现一颗新星游入视野；
或像考蒂兹用锐利如鹰的双眼
　　凝视着太平洋，而他的队员
在惊讶的揣测中面面相 ***觑***，
　　沉默无言——呆立在达连山巅。

《初读查普曼译荷马史诗有感》(英) 约翰·济慈（1795—1821）

这里的 ***“觑”*** 为其原文例词 **look** 之直译，即其在字典中的含义。修饰 **look** 的 **each other** 译为 ***重叠词“面面”***，体现出了词语的 ***形象感***。

觐：诸侯秋天朝见天子叫觐，意思是为天子之事而勤劳。形声字。

Is it a reed that's shaken by the wind,
　　Or what is it that ye go forth to **see**?
　　Lords, lawyers, statesmen, squires of low degree,
Men known, and men unknown, sick, lame, and blind,
Post forward all, like creatures of one kind,
　　With first-fruit offerings crowd to bend the knee
　　In France, before the new-born Majesty.

《Calais, August, 1802》(U. K.) William Wordsworth (1770—1850)

若不是随风摇曳的芦苇一株，
　　那又是什么，吸引你们去***朝觐***？
　　贵族，律师，政治家，下等乡绅，
名流，无名者，瞎子，瘸子，病夫，
密密匝匝，像虫蚁倾巢而出，
　　争先恐后，捧着进贡的礼品，
　　屈膝膜拜法兰西登位的新君。

《加莱，1802 年 8 月》(英) 威廉·华兹华斯 (1770—1850)

这里的 **see** 意译为***朝觐***，读者可通过上下文体会出***“觐”***的意义。***重叠词“密密匝匝”***凸显出虫蚁倾巢而出的形象。

觊：希望。形声字。**觎**：希望得到。形声字。

觊觎：《字典》(动词) 希望得到（不应该得到的东西）。***觊觎***是一个单纯词：由一个语素构成。

I was ambitious—have you known
　　The passion, father? You have not:
A cottager, I **mark'd** a throne
Of half the world as all my own,
　　And murmur'd at such lowly lot—

《Tamerlane》(U. S. A.) Allan Poe (1809—1849)

我雄心勃勃，气凌霄汉——
　　你可知这热望，神父？你不知：
我身居帐篷去***觊觎***一顶王冠，
把半个世界视为我自家财产，
　　我常为卑贱的命运鸣冤叫屈——

《帖木儿》(美) 爱伦·坡 (1809—1849)

从 **mark**：（*old fashioned*，*spoken*）used to tell sb to pay attention to sth 在这里的释义中可以体现出“**觊觎**”为其意译。**“觊觎”的翻译相应地表达出了原文中所含之贬义**。

觉：睡醒。另一义说，是发觉。形声字：下形上声。

1. Oh，to be in England now that April's there，
   And whoever wakes in England sees，some morning，**unaware**，
   That the lowest boughs and the brushwood sheaf
   Round the elm-tree bole are in tiny leaf，…

《Home Thoughts from Abroad》(U. K.) Robert Browning（1812—1889）

呵，在英格兰，眼下正是四月，
一早醒来，谁都看见，在英格兰，不**知**不**觉**，
最矮的灌木林和密集的小树丛
在榆树的周围已是满目葱茏，……

《异域乡思》(英) 罗伯特·勃朗宁（1812—1889）

2. But what ran most in my thoughts was the consideration how ought I to act，having become the recipient of this disclosure? I had proved the man to be intelligent，**vigilant**，painstaking，and exact；but how long might he remain so，in his state of mind? Though in a subordinate position，still he held a most important trust，and would I（for instance）like to stake my own life on the chances of his continuing to execute it with precision?

《The Signalman》(U. K.) Charles Dickens（1812—1870）

然而，此时我想得最多的是，既然已经听到了信号工的一番话，我应该怎么做？我虽然已经知道他聪明、**警觉**、辛苦而且严格，但是这样的心理状态，他又能维持多久呢？尽管职位不高，他的责任却十分重大，那么如果是我（比如说），我会以身家性命像他那样去继续严格地履行职责吗？

《信号工》(英) 查尔斯·狄更斯（1812—1870）

例 1 原文例词 **unaware** 译为 **“不知不觉”**，**aware** 即 **“知觉”**。**“知觉”** 两词根意义相关，**例 2** 译文 **“警觉”** 之意即“敏锐地感觉到”，与 **vigilant**（**very careful to notice** any signs of danger or trouble）的释义相符，其两词根之间的偏正关系也可从原文释义中体现。

览（覽）：观察。会意字：由见、監会意。

Wansfell! this Household has a favored lot，
    Living with liberty on thee to **gaze**，

To watch while Morn first crowns thee with her rays,
Or when along thy breast serenely float
Evening's angelic clouds.

《Untitled》(U. K.) William Wordsworth (1770—1850)

汪斯费尔山！我一家真是有福，
能住在此地，能把你尽情**饱览**——
从曙光在你头顶上刚刚闪现，
到薄暮彩云傍着你胸际漂浮。

《无题》(英) 威廉·华兹华斯 (1770—1850)

在原文例词 **gaze** (to **look steadily** at ab/sth for a long time, either because you are very interested or surprised, or because you are thinking of sth else) 的释义之中含有其译文**"饱览"**之意。**"览"**为"饱览"之中心词语，即释义中之 **look**。

斗部

由"斗"构成的字往往与可做包、容之用的器物以及争斗相关。

斗：1. (它的容积是) 十升。象形字。2. (鬥) 两个士卒的手相对，兵器在后，像争斗的样子。象形字。

1. I confess to the wayside arbor, the **pipe** of contentment, and the lotus-leaves being altogether unsuitable metaphors. They sounded very nice and philosophical, but I'm afraid I am not the sort of person to sit in arbors smoking pipes when there is any fun going on outside.

《On Getting On in the World》(U. K.) Jerome Klapka Jerome (1859—1927)

我承认，伫立道旁的乔木，怡然自得的**烟斗**，超凡脱俗的荷叶在此都不是很合适的比喻。这些听起来都太过美好，极具哲学韵味，但我恐怕我并非这种人——一旦外界有任何趣事上演，我便再不能安坐在乔木丛中吸烟。

《论处世》(英) 杰罗姆·克拉普卡·杰罗姆 (1859—1927)

2. …and then, trembling with excitement, hastily finished her dressing, and wrapped herself up in **cloak** and veil, afterwards sidling downstairs by the aid of the handrail, in a way she could adopt on an emergency.

《The Son's Veto》(U. K.) Thomas Hardy (1840—1928)

……但是后来，她匆忙地打扮好，披上**斗篷**，蒙上面纱，激动地浑身颤抖。接着，她撑着扶手，侧身走下楼来，这原是她遇到意外的时候会采用的办法。

《儿子的否决》(英) 托马斯·哈代 (1840—1928)

3. But perhaps he has been hooked many times before and he knows that this is how he should make his **fight**, he cannot know that it is only one man against him, nor that it is an old man.

《The Old and the Sea》(U. S. A.) Ernest Hemingway (1899—1961)

不过，也许它之前曾上钩过好多次，所以知道应该如何***搏斗***。它不知道同它斗的就只有一个人，而且还是个老人。

《老人与海》(美) 欧内斯特·海明威 (1899—1961)

4. "And it shall go hard but I contrive
To listen the while, and laugh in my tomb
At idleness which aspires to **strive**."

《The Statue and the Bust》(U. K.) Robert Browning (1812—1889)

"这将令我非常难受，但我仍会
静听，并嘲笑自己，躺在我的墓穴
嘲笑我徒然向往***奋斗***的无所作为。"

《骑马像和胸像》(英) 罗伯特·勃朗宁 (1812—1889)

5. They clamor and **fight**, they doubt and despair, they know no end to their wranglings.

Let your life come amongst them like a flame of light, my child, un-flickering and pure, and delight them into silence.

《The Child-Angel》(India) Rabindranath Tagore (1861—1941)

他们喧哗***争斗***，他们怀疑失望，他们辩论而没有结果。

我的孩子，让你的生命到他们当中去，如一线镇定而纯洁之光，使他们愉悦而沉默。

《孩子天使》(印度) 罗宾德拉纳特·泰戈尔 (1861—1941)

例词译文"***烟斗***""***斗篷***""***奋斗***"各自两词根属偏正型组合。"***搏斗***"与"***争斗***"两词根意义相近。虽然"***斗***"的组合类型不同、与其组合的词也不同，但译文均能体现出其各自所含的"***斗***"之意：包、容或打斗。

斜：舀出。《字典》：（形容词）不正；不直。（动词）向偏离正中或正前方的方向移动。形声字：右形左声。

1. Till Seraphs swing their snowy Hats—
And Saints-to windows run—
To see the little Tippler
Leaning against the—Sun—

《I taste a liquor never brewed》(U. S. A.) Emily Dickinson (1830—1886)

直到天使摇晃着白色小帽，
和那些圣徒，奔向明窗，
争着看着小小的酒徒
斜倚着太阳。

《我品味未经酿造的饮料》(美) 艾米莉·狄金森 (1830—1886)

2. There's a certain **Slant** of light,
Winter afternoons—
That oppresses, like the Heft
Of Cathedral Tunes—

《There's a certain Slant of light》(U. S. A.) Emily Dickinson (1830—1886)

在冬季的午后，
有一种***斜射***的光——
令人压抑，像有
教堂乐声的重量——

《在冬季的午后》(美) 艾米莉·狄金森 (1830—1886)

3. What kept his eyes from giving back the gaze
Was the lamp **tilted** near them in his hand.
What kept him from remembering what it was
That brought him to that creaking room was age.

《An Old Man's Winter Night》(U. S. A.) Robert Frost (1874—1963)

使他的眼睛无法回头看看的是
他手持靠近双眼的***倾斜***的灯盏
使他忘记了他为什么来到这间
吱嘎作响的房间的是他的年纪。

《老人的冬夜》(美) 罗伯特·弗罗斯特 (1874—1963)

4. I heard a thousand blended notes,
While in a grove I sate **reclined**,
In that sweet mood when pleasant thoughts
Bring sad thoughts to the mind.

《Lines Written in Early Spring》(U. K.) William Wordsworth (1770—1850)

丛林里，我***斜倚***一树而坐，
听到千百种乐音交响；
我心旷神怡，听着听着，
愉悦带来了怅惘。

《早春命笔》(英) 威廉·华兹华斯 (1770—1850)

四例词译文均属直译。其中，***“斜倚、斜射”***为偏正型组合，***“倾斜”***两词根意义相近。翻译 **lean**（指后倾或偏向一方）为***“斜倚”***、**slant**（强调的是倾斜地或歪斜地放置的状态）为***“斜射”***，其译文不仅涉及到它们各自在***“斜”***之意义上的各有侧重，而且还与“斜”所修饰的***施动者***有一定的关联：***“倚”***的施动者往往是“人”或“物”，所以，针对“小小的酒徒”，**lean** 则译为***“斜倚”***，一句“斜倚着太阳”就将其醉态生动地表现了出来；***“射”***的施动者往往是“光”，与“光”搭配的动词往往是“投、照、射、洒”等等。因此，翻译中涉及到偏正型关系的词根时，对于修饰语与中心词语的译文不仅要考虑词根的意义及其之间的关系，而且有必要仔细斟酌其各自所在之上下文，以便选择出恰当的词语，从而更为准确地表达出原文之意。**例 1** 中***重叠词“小小”***以其所具有的***形象色彩增进了亲切感***。

斟：用勺子舀取。《字典》：（动词）往杯子等容器里倒。形声字。

1. The odd one at my feet where Anselm stands:
Peach-blossom marble all, the rare, the ripe
As fresh-**poured** red wine of a mighty pulse.

《The Bishop Orders His Tomb as Saint Praxed's Church》
（U. K.）Robert Browning（1812—1889）

第九根在脚后——安塞姆站的地方，——
全要用桃花大理石，名贵，红艳，
如同新***斟***的葡萄酒浓冽的酒浆。
《圣普拉希德教堂的主教吩咐后事》（英）罗伯特·勃朗宁（1812—1889）

2. “Monkey's paw?” said Mrs. White curiously.

“Well, it's just a lit of what you might call magic, perhaps,” said the sergeant-major off-handedly.

His three listeners leaned forward eagerly. The visitor absentmindedly put his empty glass to his lips and then set it down again. His host **filled** it for him.

《The Monkey's Paw》（U. K.）William Wymark Jacobs（1863—1943）

“猴爪？”怀特夫人好奇地问。

“噢！就是你们称之为有魔力的东西。”莫里斯立即回答说。

三位听众满怀期待地探过身子注视着。莫里斯心不在焉地把空酒杯放到嘴边，又放下。

主人马上为他***斟满***了酒。

《猴爪》（英）威廉·怀马克·雅各布斯（1863—1943）

3. An old man came out with his bag of gold.

He **pondered** and said, "I will hire you with my money."

He weighed his coins one by one, but I turned away.

《The Last Bargain》(India) Rabindranath Tagore (1861—1941)

一个老人带着一袋金钱走出来。

他***斟酌***了一下，说道："我要用金钱来雇用你。"

他一个一个地数着他的钱，但我却转身离去了。

《最后的买卖》(印度) 罗宾德拉纳特·泰戈尔 (1861—1941)

4. Crafty men contemn studies, simple men admire them, and wise men use them; for they teach not their own use; but that is a wisdom without them, and sbove them, won by observation. Read not to contradict and confute; nor to believe and take for granted; nor to find talk and discourse; but to **weigh** and consider. Some books are to be tasted, others to be swallowed, and some few to be chewed and digested; …

《Of Studies》(U. K.) Francis Bacon (1561—1626)

手艺人鄙视读书，无知的人羡慕读书，明智的人学以致用；因为书本不会教人如何运用；学以致用的智慧不在书中，而在其外，全凭经历体验才能获得。不要为了吹毛求疵而去读书；不要尽信书中所言；不要只是从书中摘文引句，而应思量***斟酌***。有些书浅尝即可，有些书吞噬即可，只有少数的书细嚼慢咽地消化掉。

《论读书》(英) 弗兰西斯·培根 (1561—1626)

四例词译文皆属直译。***"斟满"***的后一词根***"满"***补充说明***"斟"***的结果，其原文 **fill** (to make sth full of sth; to become full of sth) "充满、装满、注满、填满"所有这些与"满"搭配的动作部分取决于其受动者和它们所处之上下文，这里的受动者为"空酒杯"，故此处的 **fill** 译为***"斟满"***。***"斟酌"***之***"斟"***与***"酌"***两词根意义相近/相关，其组合***产生了新的意义***，即考虑事情、文字等是否可行或是否适当，故此处之"斟"不再具有"倒"之意。

殳部

殳用积竹制成，八条棱，长一丈二尺，竖立在兵车上，车上的先锋队拿着它在前面驰驱。由"殳"构成的字往往含有"打击"之意。

毁 (土部)：瓦器破缺。形声字。

1. …

But beauty's waste hath in the world an end,

And kept unused, the user so **destroys** it:

No love toward others in that bosom sits

That on himself such murd'rous shame commits.

《The Sonnets of William Shakespeare：9》(U. K.) William Shakespeare (1564—1616)

……

而美的消费在世间可总有个完，
守着不用，就**毁**在本人手中。
对自己会做这么可耻的谋害，
这种心胸不可能对别人有爱。

《莎士比亚十四行诗：第9首》(英) 威廉·莎士比亚 (1564—1616)

2. The errors of young men, are the **ruin** of business; but the errors of aged men, amount but to this, that more might have been done, or sooner.

《Of Youth and Age》(U. K.) Francis Bacon (1561—1626)

青年人犯错往往**毁坏**大局，而老年人的错误则是迈步太小或行事太缓。

《论青年与老年》(英) 弗兰西斯·培根 (1561—1626)

3. Given not a windy night a rainy morrow,
To linger out a purposed **overthrow**.

《The Sonnets of William Shakespeare：90》(U. K.) William Shakespeare (1564—1616)

一夜狂风后，别再来早晨的阴雨，
拖到头来，存心要把我**毁灭**。

《莎士比亚十四行诗：第90首》(英) 威廉·莎士比亚 (1564—1616)

4. But at the center, the heart of all, was still a vivid, incandescent quivering of a white moon not quite **destroyed**, a white body of fire writhing and striving and not even now broken open, not yet violated.

《Stoning the Moon》(U. K.) D. H. Lawrence (1885—1930)

但是在池中央，这周围的心脏，依然是一轮真切、光闪、颤动的白月亮，并未被全部**摧毁**，这团白色火光翻腾着、争斗着，现在甚至没有被冲破、被亵渎的迹象。

《石击月》(英) 戴维·赫伯特·劳伦斯 (1885—1930)

四例词译文中，除 **overthrow** 意译为**"毁灭"**外，其余三例均为直译。原文例词 **destroy** 在**例1**中译为**"毁"**，在**例4**中为**"摧毁"**，除考虑到其各自的上下文之外，还在于**"摧"**与**"毁"**的两词根意义相近。

殿：打击声。《字典》：(名词) 高大的建筑物。形声字：右形左声。

1. Bright in her father's **hall**,
Shields gleamed upon the wall,

Loud sang the minstrels all,

Chanting his glory; …

《The Skeleton in Armor》(U. S. A.) Henry Wadsworth Longfellow (1807—1882)

她父王**殿堂**宽敞，

墙头金盾亮光光，

乐师们高声合唱，

赞颂他功业辉煌。

《铠甲骷髅》(美) 亨利·瓦茨沃斯·朗费罗 (1807—1882)

2. Prison and **palace** and reverberation

Or thunder of spring over distant mountains

《The Waste Land》(U. K.) Thomas Stearns Eliot (1888—1965)

监狱**宫殿**和春雷的

回响在远山那边震荡

《荒原》(英) 托马斯·斯特恩斯·艾略特 (1888—1965)

两例词译文均含字典中**"殿"**的意义。虽**"殿堂、宫殿"**各自两词根意义相近，但与"殿"之组合的另一词根不同，则两例组词分别与不同的原文对应。

毅：盛怒。另一义说：有果决能力。形声字。

1. The resolute, clear-headed, broad-minded men of the South, the men whose genius made glorious every page of the first seventy years of American history, whose courage and **fortitude** you tested in five years of the fiercest war, whose energy has made bricks without straw and spread splendor amid the ashes of their war-wasted homes, —these men wear this problem in their hearts and their brains, by day and by night.

《The Race Problem in the South》(U. S. A.) Henry Woodfin Grady (1851—1889)

果断的、头脑清醒、心胸开阔的南方人，他们的天才曾经使美国开国七十年的每一页历史都熠熠发光，他们的勇气与**刚毅**精神你们已经在那最残酷的五年战争中考验过，他们过人的精力曾经白手起家，在炮火余烬、断壁颓垣上建造起锦绣繁华的家园。这些人日日夜夜把上述的种族问题放在心中，记在脑里。

《南方的种族问题》(美) 亨利·胡芬·格雷迪 (1851—1889)

2. See my children, **resolute** children,

By those swarms upon our rear we must never yield or falter,

Ages back in ghostly millions frowning there behind us urging,

Pioneers! O pioneers!

《Pioneers! O Pioneers!》(U. S. A.) Walt Whitman (1819—1892)

注意吧，我的孩子们；**坚毅**的孩子们，
对那些拥挤在我们后方的人群我们决不能投降或犹疑，
多少代以前的千万个幽灵在我们背后皱着眉头怂恿着我们，
拓荒者！啊，拓荒者！

《拓荒者！啊，拓荒者！》(美）沃尔特·惠特曼（1819—1892）

3. There is no endowment in man or woman that is not tallied in you,
There is no virtue, no beauty in man or woman, but as good is in you,
No pluck, no **endurance** in others, but as good is in you,
No pleasure waiting for others, but an equal pleasure waits for you.

《To You》(U. S. A.) Walt Whitman (1819—1892)

没有哪一种男人或女人的天赋没有你的一份，
没有哪一种男人或女人的美德或优点，你不是照样也有，
没有哪一种别人身上的勇敢或**毅力**，你不是照样也有，
没有哪一种乐趣在等待着别人，而不是同样也在等着你。

《给你》(美）沃尔特·惠特曼（1819—1892）

例 1 与**例 2** 之例词译文为其原文之直译，其各自的两词根意义相近。“***刚毅*** 与**坚毅**”相应地表达出了原文所含的 **褒义**。**例 3** **“毅力”** 是 **endurance** (the ability to continue doing sth painful or difficult for a long period of time without complaining) 的意译，其释义中还可体现出两词根之间为偏正型关系：中心词语为 **the ability**。**例 1** 中将 **by day and by night** 译为***重叠词“日日夜夜”，体现出时间延续之长***，与原文所含之意更为贴切。

殴：用棰杖击打物体。形声字。

But in her new home, in a distant unknown country, it would not be like that. That she would be married—she, Eveline. People would treat her with respect then. She would not been treated as her mother had been Even now, though she was over nineteen, she sometimes felt herself in danger of her father's **violence**. She knew it was that that had given her the palpitations.

《Eveline》(U. K.) James Joyce (1882—1941)

在她的新家，在那个遥远的不为人熟知的国度里，事情不会像从前那样。她要结婚——她，伊芙琳，人们将会尊重她。她不会遭受到母亲那样的待遇。即使现在过了十九岁，她还是常常感到自己会遭到父亲的***殴打***。她清楚这正是让她心悸的地方。

《伊芙琳》(英）詹姆士·乔伊斯（1882—1941）

例词 **violence** 在这里意译为**“*殴打*”**。此例翻译涉及到了词类的转换：***名词***

转换为动词。

段：用槌棰击物体。《字典》：（名词）事物划分成的部分。形声字。

1. Over the black glittering piano hangs "Solitude" —a dark tragic woman draped in white, sitting on a rock, her knees crossed, her chin on her hands.

"No, no!" says Mr. Bullen and he leans over the other girl, puts his arms over her shoulders and plays the **passage** for her.

《The Wind Blows》(New Zealand) Katherine Mansfield (1888—1923)

在漆黑闪亮的钢琴上头挂着一幅题为"孤独"的画像——一位身着白色衣肤色黝黑的悲情女人，双手托颔，两腿交叉坐在岩石上。

"不对，不对。"布伦先生说。他弯下身子，手臂越过她的肩膀，教她弹奏那***段***。

《大风吹》(新西兰) 凯瑟琳·曼斯菲尔德 (1888—1923)

2. That before living he'd learn how to live—
No end to learning:
Earn the **means** first—God surely will contrive
Use for our earning.

《A Grammarian's Funeral》(U. K.) Robert Browning (1812—1889)

在生活之前，先要学习如何生活，——
而学习永不止步；
先获***手段***，有什么用？上帝自会
安排它的用途！

《语法学家的葬礼》(英) 罗伯特·勃朗宁 (1812—1889)

3. O, call not me to justify the wrong
That thy unkindness lays upon my heart;
Wound me not with thine eye but with thy tongue;
Use power with power and stay me not by **art**.

《The Sonnets of William Shakespeare: 139》(U. K.) William Shakespeare (1564—1616)

啊，别教我来原谅你的过错，
原谅你使我痛心的残酷，冷淡；
用舌头害我，可别用眼睛害我；
要堂堂正正，杀我可不要***手段***。

《莎士比亚十四行诗：第139首》(英) 威廉·莎士比亚 (1564—1616)

例1与**例2**之译文***"段"***与***"手段"***分别为其所对应之**passage**和**means**的直译，**例3**之***"手段"***为其原文**art**的意译。***"手段"***两个词根结合起来后产生

了***新的意义***：1. 为达到某种目的而采取的具体方法。2. 指待人处事所用的不正当的方法。***“手段”***本身是个***中性词***，译文在这里根据对上下文的理解，表达出了原文所含之***贬义***。

片部

由“片”构成的字往往与木板、其制品或片形的物品相关。

片：已分剖的木。由小篆木字的右半构成。会意字。

1. He ate the other part of the **piece** that he had cut in two. He chewed it carefully and then spat out the skin. …

He took another **piece** and chewed it.

“It is a strong full-blooded fish,” he thought. “I was lucky to get him instead of dolphin. Dolphin is too sweet. This is hardly sweet at all and all the strength is still in it.”

《The Old and the Sea》(U. S. A.) Ernest Hemingway (1899—1961)

他把切成了两半的那***片***鱼的另一半也吃了，他细细地咀嚼着，然后吐出鱼皮。……

他又拿起了一整***片***，嚼了起来。

“这是一条强壮汁液鲜美的鱼。”他想。“我很幸运钓到的是它，而不是鲯鳅，鲯鳅太甜。这鱼几乎没有甜味，精华都在里面。”

《老人与海》(美) 欧内斯特·海明威 (1899—1961)

2. I tore it from its pride of place
And shook it into **pieces**—

《Fairy Land》(U. S. A.) Allan Poe (1809—1849)

我把它扯下，从它高高的地方，
一阵猛摇使花瓣***片片***落地——

《仙境》(美) 爱伦·坡 (1809—1849)

3. You take the lake, I look at it.
I see it's a fair, pretty **sheet** of water.

《A Servant to Servants》(U. S. A.) Robert Frost (1874—1963)

就说那湖吧，可我看啊，看啊，
看到的却只是很漂亮的一***片***水。

《仆人们的仆人》(美) 罗伯特·弗罗斯特 (1874—1963)

4. To be so tickled, they would change their state
And situation with those dancing **chips**

O'er whom thy fingers walk with gentle gait,
Making dead wood more blest than living lips.

《The Sonnets of William Shakespeare：128》(U. K.) William Shakespeare (1564—1616)

受了逗引，我的嘴唇就巴望
跟那些跳舞的木片换个处境；
你的手指别尽漫步在***木片***上——
教死的木片比活的嘴唇更幸运。

《莎士比亚十四行诗：第 128 首》(英) 威廉·莎士比亚 (1564—1616)

5. How hot it was! So hot that even the thrush chose to hop, like a mechanical bird, in the shadow of the flowers, with long pauses between one movement and the next; instead of rambling vaguely the white butterflies danced one above another, making with their white shifting **flakes** the outline of a shattered marble column above the tallest flowers; …

《Kew Garden》(U. K.) Virginia Woolf (1882—1941)

天气真是热！热得连画眉鸟都躲在花荫里，隔上大半天才跳跃一下，跳起来也都是毫无生气的，像自动玩具小鸟一样。白蝴蝶也不再自由飞翔、自在遨游了，而是三三两两上下盘旋，宛如洒下了白花花的一***片片***，飘荡在最高一层鲜花的顶上，勾勒出一副轮廓，活像半截颓败的大理石圆柱。

《邱园纪事》(英) 弗吉尼亚·伍尔芙 (1882—1941)

原文中有些名词的***复数形式***在译文中往往以***重叠词***(或增加重叠词) 的形式出现：如，**例词 2 pieces** 与**例词 5 flakes** 译为**“*片片*”**。从**例 5** 中将 **one above another** 译为“三三***两两***”，将 **white** 译为**“*白花花*”**中不难看出，原文形象色彩的表达使译文更显生动、活泼。

【译法点滴】 重叠词语

词的重叠是汉语中常用的一种修辞手段。中国古代诗词中有很多这类的例子，如：“年年岁岁花相似，岁岁年年人不同”“袅袅城边柳，青青陌上桑”“冷冷清清、凄凄惨惨戚戚”等。在散文中也经常见到词的重叠运用，如：“隐隐”“胖乎乎”“轻轻巧巧”。重叠词语（这里指单纯词中的叠音词与合成词中属重叠式的词语）可以加强语气和强调内容，其形象性、确切性和音乐性有助于强烈情感的表达。在增强韵律感、增加音乐美的方面，单纯词中叠音词的运用效果表现得更为突出。例如：在《鸟语啁啾》一文中戴维·赫伯特·劳伦斯对鸟鸣之声的描述：“这歌声从何而来？经历过这么长的残酷严寒，鸟儿们怎么这么快就啼鸣了呢？但是，就像**小小**的泉眼，**小小**的水源那样，春天似泉水般***汩汩***流出，***涓涓***远去。鸟鸣传来如泉水***汩汩***，这声音实属天籁，绝非鸟儿所为。在鸟儿们的喉中，新生活已经酝酿成欢歌，它升腾为一股银色的水道，为着新鲜的夏日，一路**潺潺**而行（原文：Where does it come from，the song？After so long a cruelty，how can they make it up so quickly？But it **bubbles** through them，they are like **little** well-heads，**little** fountain-heads whence the spring **trickles** and **bubbles** forth. It is not of their own doing. In the throats the new life distils itself into sound. It is the rising of the silvery sap of a new summer，**gurgling** itself forth.）。”译文中**“小小、涓涓、汩汩、潺潺”**的运用，不仅使语言读来生动活泼、通达顺义，而且还带来了一种类似音乐的美感。其中，**“汩汩、潺潺”**的运用还体现出了词语在表现声音方面的形象色彩。

除在翻译中***运用***重叠词外，***增加***重叠词将在一定程度上有助于修辞效果的增强。如《泰戈尔诗集》中的一句：“你是我***漫漫黑夜***的伴侣，我的镣铐。在我和你说再会之前，我向你鞠躬（原文：you were companions of my long **dark night**，and I make my bow to you，before I bid you good-bye，my fetters.）”，其中在对 **dark night** 的翻译中增加了重叠词语**“漫漫”**。**“漫漫”**一词在给人以一种长夜无边的感觉的同时，还能够使读者更进一步体会到作者当时的心情。此外，增加重叠词还可表达名词复数的意义，如：flowers：鲜花**朵朵**；rows of houses 一***排排***的房子。

版：分剖（的木板）。《字典》：（名词）书籍排印一次为一版，一版可包括多次印刷。形声字：左形右声。

1. Let love and faithfulness never leave you；
   bind them around your neck，
   write them on the **tablet** of your heart. …

《Holy Bible》PROVERBS：3：1

不可使慈爱、诚实离开你，
　要系在你颈项上，
　刻在你心**板**上。……

《圣经》箴言：3：1

2. The book-buyer of 1900 will be glad to buy at to-day’s prices. I take pleasure in thinking he will not be able to do so. Good finds grow scarcer and scarcer. True it is that but a few short weeks ago I picked up（such is the happy phrase，most apt to describe what was indeed a “street casualty”）a copy of the original **edition** of Endymion（Keats’s poem—O subscriber to Mudie’s！—not Lord Beaconsfield’s novel）for the easy equivalent of half-a-crown—but then that was one of my lucky days.

《Book-Buying》（U. K.）Augustine Birrell（1850—1933）

如果1900年的购书者能够以今天的价格去购买图书，一定非常开心！但我心中窃喜这是不可能的。真的，便宜书越来越少了。不过几周前我“捡到”（多妙的字眼啊，最适合形容不期而遇）《恩底弥翁》的初**版**（济慈的诗——喔！是米迪图书馆读者的——不是比肯斯菲尔德勋爵的小说），只花了大约半克朗——那一天真走运。

《买书》（英）奥古斯丁·比勒尔（1850—1933）

3. Hogarth began as an engraver of silver. Then he learned to engrave on copper and make prints from his copper **plates**. These prints were very popular and he sold enough of them to make a good living.

《A last Start》（U. S. A.） Virgil M · Hillyer （1875—1937）

贺拉斯起初是一位银器雕刻师。接下来，他又学会了雕制铜器，学会了用铜**版**来制作版画。这些铜版画很受人们欢迎，因此他出售了很多，生活变得优裕起来。

《迟来的发端》（美）维吉尔·希利尔（1875—1937）

这里 **tablet**、**edition**、**plates** 之译文皆属直译。

牙部

由“牙”构成的字往往涉及到牙齿或与牙齿相关的情况。

牙：大齿。像上下齿相互交错的样子。象形字。

There are no dragon's **teeth** so prolific as mutual misunderstandings.

《Farewell to England》（U. S. A.） Edward John Phelps （1822—1900）

没有任何龙**牙**比相互误解更能种出仇恨了。

《告别英伦》（美）爱德华·约翰·费尔普斯（1822—1900）

teeth 即**“牙”**。

雅（隹部）：楚鸟。《字典》：（形容词）1. 高尚；不庸俗。2. 美好。形声字：右形左声。

1. It is at about seven o'clock, carriages are rattling about, knockers are thundering, and tears bedim the fine eyes of Kate and Mrs. Aubrey as they think that in happier times at this hour—their Aubrey used formerly to go out to dinner to the houses of the aristocracy his friend. This is the gist of the passage—the **elegant** words I forget.

《Snobs and Marriage》（U. K.） William Makepeace Thackeray （1811—1863）

大约七点钟光景，镇上马车络绎不绝，门环声嘈杂如雷，凯特和奥伯利夫人的美目不仅被泪水模糊了，因为她们想起以前更幸福的时光，也是在这个钟点，她们的奥伯利经常去他的贵族朋友家中赴宴。这就是那一段叙述的要点—那些***雅致***的话语我忘了。

《势利鬼与婚姻》(英) 威廉·梅克比斯·萨克雷 (1811—1863)

2. The sterile spot grows into loveliness under his (an Englishman) hands, and yet the operations of art which produce the effect are scarcely to be perceived. The cherishing and training of some trees; the cautious pruning of others; the nice distribution of flowers and plants of tender and **graceful** foliage; the introduction of a green slope of velvet turf; the partial opening to a peep of blue distance, or silver gleam of water; all these are managed with a delicate tact, a pervading yet quiet assiduity, like the magic touchings with which a painter finishes up a favorite picture.

《Rural Life in England》(U. S. A.) Washington Irving (1783—1859)

在他(英国人)的手中，再贫瘠的土地也会变成可爱之地，而产生这种效果的艺术操作，几乎看不出什么迹象。对某些树要精心爱护和培育；对另一些要谨慎地修剪；很好地分配花朵及长满娇嫩而***优雅***的叶子的植物，引进一片天鹅绒似的绿色斜地；给出一个空隙，从那可以瞥见远处蔚蓝且银光闪烁的水色；这一切都是以精巧的机智、无处不在又不露痕迹的勤勉来安排的，就像一位画家以神来之笔完成一幅心爱的画作。

《英国的农村生活》(美) 华盛顿·欧文 (1783—1859)

3. There is something frightening in the vacancy of his mind.
His clothes, sour with years of sweat
And animal contact, shock the **refined**,
But affected, sense with their stark naturalness.

《A Peasant》(U. K.) Ronald Stuart Thomas (1913—2000)

他的空空的脑袋有点儿叫人害怕。
他的衣衫，由于终年累月地流汗
和接触牲畜而发酸；这裸露的自然状态
使***文雅***(而矫作)的人们深感惊骇。

《一个农民》(英) 罗纳德·斯图亚特·托马斯 (1913—2000)

三例词译文均属直译。***“优雅”***与***“文雅”***两词根意义相近；***“雅致”***两词根属偏正型关系，***“致”***的意义是“意态、情趣”。

气部

由“气”构成的字往往与空气、天气、气味、气息、气势或习气等相关。

气：云气。象形字。

1. How visionary ye appear!
All like a floating landscape seems
In cloud-land or the land of dreams,
Bathed in a golden **atmosphere**!
《The Four Lakes of Madison》(U. S. A.) Henry Wadsworth Longfellow (1807—1882)

你们的神采是何等幻异!
恍如在缥缈的云乡梦境
浮游不定的奇观丽景,
遇着金光灿烂的**大气**。
《麦迪逊城的四湖》(美) 亨利·瓦茨沃斯·朗费罗 (1807—1882)

2. And I dread the ominous stain of tar
That there always is on the papered walls,
And the **smell** of fire drowned in rain
That there always is when the chimney's false.
《The Kitchen Chimney》(U. S. A.) Robert Frost (1874—1963)

而且我害怕那不祥的沥青污斑,
糊壁纸的墙上那样污斑不会少,
还有火被雨浇后的那种**气味**
总会出现,只要烟囱盖得不好。
《厨房烟囱》(美) 罗伯特·弗罗斯特 (1874—1963)

3. To admit authorities, however heavily furred and gowned, into our libraries and let them tell us how to read, what to read, what value to place on what we read, is to destroy the spirit of freedom which is the **breath** of those sanctuaries. Everywhere else we may be bound by laws and conventions—there we have none.
《How Should One Read a Book?》(U. K.) Virginia Woolf (1882—1941)

如果让权威人士步入图书馆,告诉我们怎么读书、读什么书,并对我们所读的书评头论足,不管他们穿的是什么华服盛装,都会有损图书殿堂自由开放的**气息**。任何地方我们都受制于规范和习俗,书籍殿堂除外。
《应当如何读书?》(英) 弗吉尼亚·伍尔芙 (1882—1941)

4. What though the field be lost?
All is not lost; the unconquerable Will,
And study of revenge, immortal hate,
And **courage** never to submit or yield:
And what is else not to be overcome?
《What Though the Field Be Lost》(U. K.) John Milton (1608—1674)

战场失利算什么？
没有全丧失，不可征服的意志，
报仇的努力，永不熄灭的憎恨，
还有那不投降屈服的**勇气**：
这些在一起岂不是就不可克服？

《战场失利算什么》（英）约翰·弥尔顿（1608—1674）

四例词译文皆属直译。除**“气息”**两词根意义相关外，其余三例各自两词根均为偏正型关系。虽然与不同意义的词根组合、且组词后两词根之间的关系各有侧重，但译文例词均含**“气”**之意义。

氛：体现吉凶的云气。《字典》：（名词）周围的情景；情势。形声字：外形内声。

1. For though the grass was scattered,
   Yet every second spear
Seemed tipped with wings of color
   That tinged the **atmosphere**.

《Rose Pogonias》（U. S. A.）Robert Frost（1874—1963）

地上的青草虽然稀疏
   每一支矛状次生叶顶
都仿佛插上彩色翅膀
   染红了那里的**气氛**。

《玫瑰朱兰》（美）罗伯特·弗罗斯特（1874—1963）

2. And how did Lincoln say he would like to be remembered? Something of it is in this present occasion, the **atmosphere** in this room. His beloved friend, Representative Owen Lovejoy of Princeton, Illinois, had died in May of 1864. And friends wrote to Lincoln, and he replied that the pressure of duties kept him from joining them in the efforts toward a marble monument to Lovejoy. The last sentence of Lincoln's letter saying: "Let him have the marble monument, along with the well-assured and the more enduring one in the hearts of those who love liberty unselfishly for all men."

《Abraham Lincoln》（U. S. A.）C·Sandburg（1878—1967）

林肯说他愿意怎样被记住呢？对此，我们可以从现状和这个房间的**氛围**中找到一些答案。他的挚友，欧文·拉夫佐伊，伊利诺州普林斯顿的众议员，于1864年5月去世。朋友们写信给林肯，他回复说，由于工作压力太大，所以他无法和他们一起为拉夫佐伊建大理石纪念碑了。在信的末尾，他还说：“让他拥有一座用我们更为真切和持久的爱而建造的大理石纪念碑吧！同时让这份爱深藏于那些无私地热爱人类自由解放事业的人心中。”

《亚伯拉罕·林肯》(美) 卡尔·桑德堡 (1878—1967)

例词原文 **atmosphere** (the feeling or mood that you have in a particular place of situation; a feeling between two people or in a group of people) 既含**“气氛”**又有**“氛围”**之意。在考虑上下文的前提下，“气氛”与“氛围”有时可以通用。

爪部

由“爪”构成的字一般与人或动物之手（爪）及其动作相关。

爪：用手抓持。象形字。

1. With my aversion to this cat, however, its partiality for myself seemed to increase. It followed my footsteps with a pertinacity which it would be difficult to make the reader comprehend. Whenever I sat, it would crouch beneath my chair, or spring upon my knees, covering me with its loathsome caresses. If I arose to walk it would get between my feet and thus nearly throw me down, or, fastening its long and sharp **claws** in my dress, clamber, in this manner, to my breast.

《The Black Cat》(U. S. A.) Allan Poe (1809—1849)

尽管我对这只猫心怀厌恶，它对我的偏爱却有增无减。它时时处处跟随在我的左右，顽固至极，我都很难向读者解释。不管什么时候，我坐下来，它随之就蜷缩在我的椅子下，或一跃跳上我的膝盖，以令我作呕的方式磨磨蹭蹭。如果我要起身走走，它就会窜到我的两脚之间。这动作险些让我摔个鼻青脸肿，或者用它长而尖利的**爪子**撕扯我的衣服，顺势爬进我怀里。

《黑猫》(美) 爱伦·坡 (1809—1849)

2. Devouring Time, blunt thou the lion's **paws**,
And make the earth devour her own sweet brood;
Pluck the keen teeth from the fierce tiger's jaws,
And burn the long-lived phoenix in her blood; …

《The Sonnets of William Shakespeare: 19》(U. K.) William Shakespeare (1564—1616)

饕餮的时间呵，磨钝雄狮的利**爪**吧，
你教土地把自己的爱子吞掉吧；
你从猛虎嘴里拔下尖牙吧，
教长命凤凰在自己的血中燃烧吧；……

《莎士比亚十四行诗：第 19 首》(英) 威廉·莎士比亚 (1564—1616)

两例词译文均为直译。**例 1** 之**“爪子”**的两个词根之间属**附加式**的关系，即由一个表示具体词汇意义的词根和一个表示某种附加意义的词缀构成。**“子”**

是名词的标志，如：瓶子、扳子、胖子等等。例 1 中，通过对上下文的理解，将 pertinacity 意译为“***时时处处***”，caresses 为“***磨磨蹭蹭***”，**重叠词**将这种对黑猫的反感与厌恶充分地表达出来。

采（木部）：摘取。《字典》：（动词）选取。会意字：由木、由爪会意。

1. “If he thinks all the fruit that grows wild is for him,
He'll find he's mistaken. See here, for a whim,
We'll **pick** in the Pattersons' pasture this year. …”

《Blueberries》(U. S. A.) Robert Frost（1874—1963）

“要是他以为野果子都是为他长的，
就会发现是想错了。瞧着，高兴了，
今年我们到帕特森家牧场***采摘***去。……”

《蓝莓》(美) 罗伯特·弗罗斯特（1874—1963）

2. Yet nor the lays of birds, nor the sweet smell
Of different flowers in odor and in hue,
Could make me any summer's story tell,
Or from their proud lap **pluck** them where they grew.

《The Sonnets of William Shakespeare：98》(U. K.) William Shakespeare（1564—1616）

可是，无论是鸟儿的歌谣，或是
那异彩夺目、奇香扑鼻的繁花
都不能使我讲任何夏天的故事，
或者把花儿从轩昂的茎上***采下***。

《莎士比亚十四行诗：第 98 首》(英) 威廉·莎士比亚（1564—1616）

3. If India is to revive the glory of her ancient past, she can only do so when she attains her freedom. The reason for the struggle having drawn the attention of the world I know does not lie in the fact that we Indians are fighting for our liberty, but in the fact the means **adopted** by us for attaining that liberty are unique and, as far as history shows us, have not been **adopted** by any other people of whom we have any record.

《Appeal to America》(India) Mohandas Karamchand Gandhi（1869—1948）

印度若要恢复古时的光荣，就只有获得自由以后才可以。就我所知，我们的斗争之所以引起全世界的注意，并不是因为印度正在为自己的解放而战，而是因为我们为争取解放而***采取***的手段是独一无二的，不曾为历史上我们有过记录的任何民族所***采用***。

《向美国呼吁》(印度) 莫罕达斯·卡拉姆纪德·甘地（1869—1948）

4. And here is the prime condition of success, the great secret: concentrate your energy, thought, and capital exclusively upon the business in which you are engaged. Having begun in one line, resolve to fight it out on that line, to lead in it, **adopt** every improvement, have the best machinery, and know the most about it.

《The Road to Success》(U. S. A.) Andrew Carnegie (1835—1919)

通往成功之路的基本条件和重大秘密是：把你的精力、思想和资本全部集中于你所从事的事业之上。投身于哪一行，就得决心在这一行做出一番事业，做这一行的领导人物，**采纳**每一点改进，采用最好的设备，尽力精通专业知识。

《成功之路》(美) 安德鲁·卡内基 (1835—1919)

例1之例词译文**“采摘”**两词根意义相近，与**“采”**之本义**“摘取”**相符。**例2~例4**的**“采下、采取、采用、采纳”**各自两词根之间均属补充型关系：前一词根表示动作，后一词根补充说明动作的结果。原文例词 **adopt** (to start to **use** a particular method or to **show** a particular attitude towards sb/sth; to formally **accept** a suggestion or policy by voting) 为***多义词***，除根据其所处之上下文及其在句中的搭配关系来选择和确定词的意义之外，对其词根之间关系的分析可使译文更为准确地表达出原文的所含之意：**“取、用、纳”**是对**“采”**这一动作的补充，此三例词根的意义在其原文的释义中均有体现。

爱(愛)(夂部)：行走的样子。《字典》：(动词) 对人或事物有深厚的感情。形声字：下形上声。

1. Farewell, **Love**, and all thy laws forever,
Thy baited hooks shall tangle me no more;
Senec and Plato call me from thy lore,
To perfect wealth my wit for to endeavor.

《Farewell, Love》(U. K.) Thomas Wyatt (1503—1542)

别了，**爱**，永别了你所有的规则，
你上饵的钩子再不能把我缠绞，
塞内加和柏拉图叫我离开你那套，
让心灵竭力把完美的财富获得。

《别了，爱》(英) 托马斯·怀亚特 (1503—1542)

2. **Charity** suffereth long, and is kind; charity envieth not; charity vaunteth not itself, is not puffed up, doth not behave itself unseemly, seeketh not her own, is not easily provoked, thinketh no evil; rejoiceth not in iniquity, but rejoiceth in the truth; beareth all things, believeth all things, hopeth all things, endureth all things.

《Saint Paul to the Corinthians》(Ancient Rome) Saint Paul (? —67)

爱是经久忍耐，慈悲为怀；爱是不嫉妒；爱是不自吹自擂，不趾高气扬，不举止乖张，不自私自利，不轻易动怒，不记私怨；不以行邪恶为乐；凡事宽容，凡事有信心，凡事有希望，凡事忍耐。

《圣保罗致哥林多人书》(古罗马) 圣保罗 (? —67)

3. Don't you know, my son, the **affection** all mothers naturally bear their children? Our **love** is unbounded, incessantly fed by that tenderness unknown to all but ourselves.

《Agrippina to Nero》(Ancient Rome) Agrippina (15—59)

儿啊，难道你不知道，每个母亲对自己的儿女都有一种天性的**爱**吗？母**爱**是无边无际的，不断得到只有我们自己才能理解的那种柔情的滋养。

《阿格丽品娜上尼禄书》(古罗马) 阿格丽品娜 (15—59)

三例词的译文“**爱**”均属直译。译文虽同，但根据上下文及其原文的释义，即可体会出其各“爱”的不同——**Love**: a **strong feelilng of deep affedtion** for sb/sth, especially a member of your family or a friend; **Charity**: **kindness and sympathy** towards other people, especially when you are judging them; **Affection**: **the feeling of liking or loving** sb/sth very much and **caring** about them.

支部

由“支”构成的字一般含有“分派、支撑”等意。

支：离开竹茎的竹枝。《字典》：(动词) 付出或领取 (款项)；支持。会意字：由“又 (手)”持握半个竹字会意。

1. The dealer chuckled, “You come to me on Christmas Day,” he resumed, “when you know that I am alone in my house, put up my shutters, and make a point of refusing business. Well, you will have to **pay** for that; you will have to pay for my loss of time, when I should be balancing my books; you will have to pay, besides, for a kind of manner that I remark in you to-day very strongly. I am the essence of discretion, and ask no awkward questions; but when a customer cannot look me in the eye, he has to pay for it.”

《Markheim》(U. K.) Robert Louis Stevenson (1850—1894)

老板轻轻笑了笑，接着说道：“你知道今天是圣诞节，店里就我一个人，关上百叶窗本无意做生意，可你却偏偏今天来，就冲着一点，你得额外**支付**我费用，因为你占用了我的时间，我本打算核对账目的时间。还有，你得为你今天的态度付我钱，我可是行事谨慎，也没出言不逊，可你却不正眼看我，所以你必须得给我钱。”

《马克海姆》(英) 罗伯特·路易斯·史蒂文森 (1850—1894)

2. The difference between the bronze and marble copy, besides the color, is that marble is so heavy that it breaks if it is not **supported.** That is why the marble copy of *the Discus Thrower* has an odd-looking, tree-trunk shape behind one leg—to hold up the weight and keep the statue from toppling over and breaking.

《Standing Naturally》(U. S. A.) Virgil M. Hillyer (1875—1937)

青铜原作与大理石复制品之间的差异，除了颜色，就是大理石雕像很重，假如没有***支撑***的话，就会破裂。《掷铁饼者》的大理石复制品上，其中人物一条腿的后面之所以会有一个样子古怪、像树干似的东西，原因就在这里：这个东西，就是为了支撑人物的重量，使整座雕像不至于翻倒、打破才加上去的。

《自然站立》(美) 维吉尔·希利尔 (1875—1937)

从两例词各自的原文释义中，可以体会出译文中词根之间的关系。**“*支付*”**为补充型 (pay: to **give** sb money **for** work, goods, services, etc.)；**“*支撑*”**的两词根意义相近 (support: to **hold** sb/sth in position)。

翅 (羽部)：鸟翼。形声字：外形内声。

1. They are the throngs
Of the poet's songs,
Murmurs of pleasures, and pains, and wrongs,
The sound of **winged** words.

《Birds of Passage》(U. S. A.) Henry Wadsworth Longfellow (1807—1882)

这些音响是诗人
纷纭繁复的歌曲，
喜悦、痛苦的倾诉，
长着***翅膀***的言语。

《候鸟》(美) 亨利·瓦茨沃斯·朗费罗 (1807—1882)

2. My song will be like a pair of **wings** to your dreams, it will transport your heart to the verge of the unknown.

《My Song》(India) Rabindranath Tagore (1861—1941)

我的歌将成为你的梦的***翼翅***，它将把你的心移送都不可知的岸边。

《我的歌》(印度) 罗宾德拉纳特·泰戈尔 (1861—1941)

两例词译文皆为直译。**“*翅膀、翼翅*”**各自两词根意义相近，译文例词之意即**“*翅*”**之本义。

瓦部

由“瓦”构成的字往往与瓦制品有关。

瓦：用泥土做成的、已通过烧制的器皿的总称。象形字。

Vitruvius said that a basket of toys with a **tile** covering the top was placed on the grave of a little girl in Corinth, as was the custom in those days. By chance, the basket had been placed directly over a thistle plant and the leaves of the thistle grew up around the basket. An architect, seeing this basket with the leaves curling round it, thought it would make a good design for a capital of a column, so he copied it in marble and put it on an Ionic column in place of the Ionic capital. In this way the Corinthian column was invented.

《New Style in Building》(U. S. A.) Virgil M · Hillyer (1875—1937)

维特鲁威称，柯林斯一个早夭的小姑娘的坟墓上，曾经放着一篮子玩具，上面还盖有一块***瓦片***，因为当时的风俗就是那样。而那个篮子，恰巧又放在一簇蓟草上面，因而蓟草叶子绕着篮子长了一圈。一位建筑设计师看到这个草叶盘绕的篮子之后，觉得用这种式样来做柱顶很不错，便照着那个样子用大理石制作出来，放在一根爱奥尼亚式立柱之上，取代了原来那个爱奥尼亚式的柱子。这样，就发明出了科林斯式立柱。

《建筑上的新风格》(美) 维吉尔·希利尔 (1875—1937)

瓮：罂类陶器。形声字：下形上声。

Thou still unravish'd bride of quietness,
    Thou foster-child of silence and slow time,
Sylvan historian, who canst thus express
    A flowery tale more sweetly than our rhyme: …

《Ode on a Grecian **Urn**》(U. K.) John Keats (1795—1821)

你委身"寂静"的、完美的处子，
    受过了"沉默"和"悠久"的抚育，
呵，田园的史家，你竟能铺叙
    一个如花的故事，比诗还瑰丽：……

《希腊古**瓮**颂》(英) 约翰·济慈 (1795—1821)

这里**"瓮"**即 **urn** 的直译。

瓷：《字典》：(名词) 用高岭土等黏土高温烧成的一种材料，质地坚硬细致。形声字：下形上声。

Many inventions were made and used in China before the rest of the world ever heard of them. Around the time of Christ, the Chinese were making silk, **porcelain**, and paper.

《All the Way Around the World in China》(U. S. A.) Virgil M. Hillyer (1875—1937)

有许多的发明创造，在世界上其他国家都还没有听说过的时候，就已经在中国出现并加以应用了。几乎还是在基督降生的时候，中国人就已经生产出丝绸、**瓷器**和纸张了。

《概说中国》(美) 维吉尔·希利尔 (1875—1937)

例词 **porcelain** 直译为 **"瓷器"** 。译文两词根为偏正型组合。

氐部

巴地、蜀地叫山崖侧边的附着而将要堕落的山岩作氐。氐崩塌，方圆几百里都能听到。

昏（日部）：太阳落土的时候。《字典》：（形容词）1. 光线暗淡；模糊不清。2. 糊涂；神志不清。会意字：由日、由氐省会意。氐是降下的意思。

1. She often saw them creeping along at this silent and **dusky** hour—wagon after wagon, bearing green bastions of cabbages nodding to their fall, yet never falling, …

《The Son's Veto》(U. K.) Thomas Hardy (1877—1947)

她经常看到这样的车队在这样一个寂静而**昏暗**的时刻悄悄地经过——一辆接一辆，有的装载着卷心菜，像砌成的绿色城堡，晃晃悠悠的，却也总掉不下来；……

《儿子的否决》(英) 托马斯·哈代 (1877—1947)

2. Now fades the glimmering landscape on the sight,
And all the air a solemn stillness holds,
Save where the beetle wheels his droning flight,
And **drowsy** tinklings lull the distant folds.

《Elegy Written in a Country Churchyard》(U. K.) Thomas Gray (1716—1771)

苍茫的暮色逐渐从眼前消退，
一片肃穆的寂静盖满了尘寰，
只听见嗡嗡的甲虫转圈子纷飞，
昏沉的铃声催眠着远处的羊栏。

《墓畔哀歌》(英) 托马斯·格雷 (1716—1771)

3. My flower of the day dropped its petals forgotten.
In the **evening** it ripens into a golden fruit of memory.

《Stray Birds：181》(India) Rabindranath Tagore (1861—1941)

我的昼间之花，落下它那被遗忘的花瓣。
在**黄昏**中，这花成熟为一颗记忆的金果。

《飞鸟集：第 181 首》(印度) 罗宾德拉纳特·泰戈尔 (1861—1941)

例词 **dusky** 直译为“***昏暗***”，**drowsy** 与 **evening** 在这里分别意译为“***昏沉***”与“***黄昏***”。**例 1** 中 **nodding** 的翻译运用了词的***重叠式“晃晃悠悠”***，体现出了***词语在动态方面的形象色彩***。

【译法点滴】 词的形象色彩

词的形象色彩是指很多词语在用于解释普遍存在的概念意义之外，还同时具有形象感，它们通过人的感官诱发人们的联想，从而给人以某种生动、具体的感觉。例如：“狮头鹅”，形象地体现出了这种鸟的头部形似狮头的特点；“哗啦啦”，使人们耳边响起了流水的声响；而“甜丝丝”则使我们如同尝到了某种甜食。

词的形象色彩往往是在文学作品中得到充分的表现。下面是选自《泰戈尔诗选》《华兹华斯诗选》《弗罗斯特诗选》以及《经典散文全集》中关于“形态、动态、颜色、声音”四类具有形象色彩的词之原文与译文。

形态

the **slender** areca palm ***瘦长的***槟榔树；**full** moon ***满***月；**shaggy-headed** banyan tree ***蓬头***榕树；**hidden** fountain ***伏***泉；rocky ***峭***石；torrents ***湍***流

动态

set sail ***张***帆；water ***流***水；lameness ***跛***足；vagrants ***漂泊***者；fish ***游***鱼；wings ***鼓***翼

颜色

the **dark green** jack-fruit trees ***深绿色***的夹克果树；**rosy** palm ***玫瑰色***的手掌；**white** bulging sails 鼓着风的白帆；**yellow** leaves ***黄***叶；**golden** fruit ***金***果；herons ***苍***鹭

声音

coo ***咕咕***地叫；rattle ***格格***发响；murmur ***淙淙***的流声；gurgling ***潺潺***；the gentle **tinkle** of the little runnels 小溪***潺潺***流动的声音；patter ***噼噼啪啪***；rustle ***飒飒***

对词的形象色彩有了一定的体会和了解，翻译时，根据原文的内容，通过译文将其体现出来，不仅可以使原文之意得以更为充分地表达，而且可使其生动之处得以再现。如上例中 rocky 的翻译。Rocky 的词义是：made of rock；full of rocks，其汉语释义是：岩石的；多岩石的。在理解上下文的基础之上，根据词语的原文之义，将其译为了“***峭***石”。就是这么一个简简单单的“***峭***”字，瞬间就将山石之险峻和陡峭的形象呈现在了读者的眼前——这就是翻译中对词的形象色彩恰到好处的表达所具有的作用。

风（風）部

由“风”构成的字，其义往往涉及到“风”或因“风”而起的动作。

风：八方的风。《字典》：（名词）1. 空气流动的现象。2. 外在的姿态；作风。形声字：内形外声（从虫，凡声）。

1. He longed to be the **wind** and blow through your rustling branches, to be your shadow and lengthen with the day on the water, to be a bird and perch on your topmost twig, and to float like those ducks among the weeds and shadows.

《The Banyan Tree》(India) Rabindranath Tagore (1861—1941)

他想做***风***，吹过你萧萧的枝杈；想做你的影子，在水面上，随了日光而俱长；想做一只鸟儿，栖息在你的最高枝上；还想做那两只鸭子，在芦苇与阴影中间游来游去。

《榕树》(印度) 罗宾德拉纳特·泰戈尔 (1861—1941)

2. In each sail that skims the horizon,
In each landward-blowing **breeze**,
I behold that stately galley,
Hear those mournful melodies;

《The Secret of the Sea》(U. S. A.) Henry Wadsworth Longfellow (1807—1882)

从每片掠过地平线的帆篷，
从每阵吹向陆地的***和风***，
我都看见那壮丽的大船，
我都听见那怆痛的歌声。

《海的奥秘》(美) 亨利·瓦茨沃斯·朗费罗 (1807—1882)

3. The Samoan girls have extraordinarily beautiful bodies, and walk like goddesses. They're a lovely brown color, without any black Melanesian admixture; their necks and shoulders would be the wild envy of any European beauty; and in **carriage** and face they remind me continually and vividly of my incomparable heartless and ever-loved X.

《Rupert Brooke to Edward Marsh》(U. K.) Rupert Brooke (1887—1915)

萨摩亚姑娘体态娟好，不同凡响；走起路来婷婷袅袅，宛如天仙再世。她们棕色的皮肤非常可爱，一点儿也没有和黑皮肤的美拉尼西亚人掺和的痕迹；她们的颈项和肩膀让任何一位欧洲美人见了都会嫉妒得发疯。她们的**风度**和脸庞老使我想起我那位美艳绝伦、心狠如剑、永远使我倾倒的X。

《布鲁克致马什书》(英) 鲁珀特·布鲁克 (1887—1915)

4. I should like to write a book on English heroines. You ought to do something of that sort, but not so cheap. Don't try a novel—try essays—like Walter Pater or somebody of that **style**. But you can do something *good* in that line; something concerning literature rather than life.

《D. H. Lawrence to John Middleton Murray》(U. K.) D. H. Lawrence (1885—1930)

如果我是你，我就写一本论述英国女主人翁的作品。你应该写点儿这类东西，但不要太没有价值的东西。不要写小说，写散文吧，像华特培·特或他那种**风格**的作家那样。你在这方面会卓有成就的；写文学方面的题材，不要写生活方面的题材。

《劳伦斯致默里书》(英) 戴维·赫伯特·劳伦斯 (1885—1930)

四例词的译文均属***直译***。**例 2** 之***"和风"***两词根之间为偏正型关系。**例 3 carriage** [(old-fashioned) the **way** in which sb holds and moves their head and body] 之译文***"风度"***(人的***举止姿态***) 与**例 4 style** (the **features** of a book, painting, building, etc. that make it typical of a particular author, artist, historical period, etc.) 之译文***"风格"***(一个时代、一个民族、一个流派或一个人的文艺作品所表现的主要的思想特点和艺术***特点***) 各自两个词根组合后产生了新的意义。**例 3** 译文中运用***重叠词"袅袅婷婷"***体现出了原文所具有的在***动态***方面的形象色彩。

飕：《字典》：(拟声词) 模拟风吹过的声音。

The souls did from their bodies fly, —
They fled to bliss or woe!
And every soul, it passed me by;
Like the **whiz** of my crossbow!

《The Rime of the Ancient Mariner》(U. K.) Samuel Taylor Coleridge (1772—1834)

他们的灵魂从体内飞出——
飞向幸福还是飞向痛苦？
当每个灵魂经过我身旁，
飕飕作响一如我的弓弩！

《古舟子咏》(英) 塞缪尔·泰勒·柯尔律治 (1772—1834)

例词 **whiz** 直译为**“飕飕”**。这里运用“飕”的**重叠式“飕飕”**来模拟风吹过的声音，体现出了其在**“声音”**上的形象色彩。

飒：《字典》：（拟声词）模拟风声、雨声等。

As for the woods' excitement over you
That sends light **rustle** rushes to their leaves,
Charge that to upstart inexperience.

《Directive》(U. S. A.) Robert Frost (1874—1963)

至于你头顶上空树林的兴奋骚动
把轻快的**飒飒**声传给他们的树叶，
尽可以归咎于他们的狂妄和幼稚。

《指令》(美) 罗伯特·弗罗斯特 (1874—1963)

例词 **rustle** 直译为**“飒飒”**。“飒飒”属**单纯词中的叠音词**：由两个相同的音相叠而构成。**“飒飒”**的运用体现出了原文在**“声音”**方面所具有的形象色彩。

飘：回旋的风。《字典》：（动词）随风摆动、移动或飞舞。形声字：右形左声。

1. I wandered lonely as a cloud
    That **floats** on high o'er vales and hills,
When all at once I saw a crowd,
    A host, of golden daffodils;
Beside the lake, beneath the trees,
Fluttering and dancing in the breeze.

《The Daffodils》(U. K.) William Wordsworth (1770—1850)

我独自漫游，像山谷上空
    悠然**飘**过的一朵云霓，
蓦然举目，我望见一丛
    金黄的水仙，缤纷茂密；
在湖水之滨，树荫之下，
正随风摇曳，舞姿潇洒。

《水仙》(英) 威廉·华兹华斯 (1770—1850)

2. The Japanese prints inspired many French painters in many ways. One way was to flatten out the figure to emphasize shapes, designs, patterns, and broad outlines. Another way was to look at the figure from an odd angle as if through a

keyhole. And yet a third way was to let the figure **float** without a ground line so that the floor and wall or the Earth and sky almost blend. That's where Manet and the impressionists found a new way of looking at things.

《The Most Important Person》(U. S. A.) Virgil M. Hillyer (1875—1937)

日本的木刻画，在许多方面都给许多法国画家带来了启发。一个方面就是将人物平面化，以突出造型、构想、格局和大致的轮廓。第二个方面，就是从一种古怪的角度，仿佛是从一个锁孔里来观察人物。而第三个方面，就是让人物在没有基线的情况下***飘浮***着，从而使得地板和墙壁、地面和天空几乎融为了一体。马奈和其他的印象派画家，正是从这里发现了一种看待事物的新方法。

《最重要的人物》(美) 维吉尔·希利尔 (1875—1937)

3. Perhaps three years ago
or just last Tuesday
a certain leaf **fluttered**
from one shoulder to another?

《Love at First Sight》(Poland) Wislawa Szymbirska (1923—2012)

也许在三年前
或许就在上个星期二，
有某片叶子***飘舞***于
肩与肩之间？

《一见钟情》(波兰) 维斯瓦娃·辛波丝卡 (1923—2012)

float 在**例 1** 中译为**"*飘*"**，在**例 2** 中为**"*飘浮*"**，除对上下文的理解外，两词根意义相近往往是形成同一原文对应不同译文这种情况的原因之一。**"*飘舞*"**两词根意义相关，此译文再现了 **flutter** (to move lightly and quickly) 之意。

飙：暴风。形声字：右形左声。

1. And with a sudden flaw
Came round the **gusty** Skaw,
So that our foe we saw
Laugh as he hailed us.
…
So toward the open main,
Beating to sea again,
Through the wild **hurricane**,
Bore I the maiden.

《The Skeleton in Armor》(U. S. A.) Henry Wadsworth Longfellow (1807—1882)

一阵急遽的狂**飙**
　　把船吹向斯科角，
只见追踪的敌人
　　向我们狂呼狞笑。
……
我带着这位少女，
　　面向茫茫的海洋，
再度迎风行驶，
　　穿越狂**飙**巨浪。

《盔甲骷髅》(美) 亨利·瓦茨沃斯·朗费罗 (1807—1882)

2. Colder and louder blew the wind,
　　A **gale** from the Northeast,
The snow fell hissing in the brine,
　　And the billows frothed like yeast.

《The Wreck of the Hesperus》(U. S. A.) Henry Wadsworth Longfellow (1807—1882)

风越刮越响，越刮越冷，
　　是来自东北的**狂飙**；
飞雪絮絮地洒落海心，
　　波涛吐沫如发酵。

《"金星号" 遇难记》(美) 亨利·瓦茨沃斯·朗费罗 (1807—1882)

例词原文 **gust** (a sudden strong increase in the amount and speed of wind that is blowing)、**hurricane** (a violent storm with very strong winds, especially in the western Atlantic Ocean)、**gale** (an extremely strong wind) 的译文均为 ***"飙"***，不过，从其各自译文的上下文中即可看出他们强烈的程度及含义上的差别：**gust** 一阵强风，一阵狂风，暗示其突然和短时，其释义体现在了译文 ***"一阵急遽的狂飙"*** 之中；**hurricane** 指暴风雨，气象学上指飓风，其风速为每小时 75 至 100 英里，***"穿越狂飙巨浪"*** 之 ***"巨浪"*** 从侧面反映出 ***"风"*** 之 ***"狂"***；**gale** 指风速每小时 39 至 75 英里的大风，***"波涛吐沫如发酵"*** 即是其强度的体现。

飏 (颺)：风吹物飞扬。形声字：外形内声。

I breathed a song into the air,
It fell to earth, I knew not where;
For who has sight so keen and strong,
That it can follow the **flight** of song?

《The Arrow and the Song》(U. S. A.) Henry Wadsworth Longfellow (1807—1882)

我把一支歌向空中唱出，
它落了下来，不知在何处；
有谁的眼力这么尖，这么强，
竟能追上歌声的**飞飏**？

《箭与歌》(美) 亨利·瓦茨沃斯·朗费罗 (1807—1882)

“飏”是“扬”的异体字。“扬”这里之意为“向上飘起”，与“飞”意义相近，故**“飞飏”**为 **flight** 之直译。

毛部

由“毛”构成的字除涉及到毛发外，还往往与毛织（制）品相关。

毛：眉毛须发之类以及禽兽的毛。象形字。

1. Yes, he cut some **hairs** off cat's tail and made them into a paintbrush. When the first brush wore out, he got some more hairs from the cat. After a while the poor cat had hardly any hair left on her tail and was beginning to look very ragged in other places.

《Early Americans》(U. S. A.) Virgil M · Hillyer (1875—1937)

是的，他从猫尾巴上剪下一些**毛**来，然后用这些猫毛做成了一支画笔。第一只画笔用坏了之后，他就再剪下一些猫毛，又做了一支。过了一段时间之后，那只可怜的小猫的尾巴上，就几乎没剩下多少毛，而其他部位也开始变得参差不齐了。

《早期的美国画家》(美) 维吉尔·希利尔 (1875—1937)

2. Sometimes our fate grows too homely and familiarly serious ever to be cruel. Consider how for three months the human destiny is wrapped in **furs**. The good Hebrew Revelation takes no cognizance of all this cheerful now.

《A Winter Walk》(U. S. A.) Henry David Thoreau (1817—1862)

有时，我们的生活太过朴实无华，太过严肃刻板，因此命运也从未对我们残酷无情。想一下，人类命中注定要在厚厚的**皮毛**里面裹上三个月。此刻，雪花是多么让人欢欣愉悦啊，而西伯来人在（启示录）中却并未认识到这一点。

《冬日漫步》(美) 亨利·大卫·梭罗 (1817—1862)

3. A gown made of the finest **wool**,
Which from our pretty lambs we pull,
Fair lined slippers for the cold,
With buckles of the purest gold.

《The Passionate Shepherd to His Love》(U. K.) Christopher Marlowe (1564—1593)

从羔羊身上剪下最好的**羊毛**，
为你做防寒的鞋衬和长袍；
用纯金为你制作鞋扣，
该是多么珍贵，多么荣耀！

《牧羊人的恋歌》(英) 克里斯托弗·马洛（1564—1593）

三例词译文均为直译。**“皮毛”**与**“羊毛”**属偏正型词根关系。**例 2** 中 **furs** 的译文为**“厚厚的皮毛”**，旨在通过**重叠词“厚厚”**表达出“**furs**”的**复数**形式所具有的含义。

毡（氈）：践踏蹂压毛（而制成毡席）。形声字：外形内声。

1. The woman brought two glasses of beer and two **felt** pads. She put the felt pads and the beer glasses on the table and looked at the man and the girl. The girl was looking off at the line of hills. They were white in the sun and the country was brown and dry.

《Hills like White Elephants》(U. S. A.) Ernest Hemingway（1899—1961）

那女人端来两大杯啤酒和两个**毛毡**杯垫。她把毛毡杯垫和啤酒放在桌上。看了看那男的，又看了看那姑娘。姑娘正眺望着远处群山的轮廓。在日光的照射下，山呈现出白色，而整个村庄则是灰棕色的干干巴巴的一片。

《白象似的群山》(美) 欧内斯特·海明威（1899—1961）

2. It is not so in hunting or traveling; for there the same ground will serve many, as they may follow each other all day; but the camp is stationary, and that is occupancy. It belongs to the first who sits down on his **blanket** or skins which he has thrown upon the ground; and till he leaves it no other has a right.

《A Speech Delivered in Council with Governor Harrison》
(U. S. A.) Tecumseh（1768? —1813）

打猎与旅行的情况不同；在这种情形，同一块土地可供许多人同时使用，他们可以终日彼此相随。但营地是固定的，驻扎营地就表示占有了那块土地。第一个把**毡毯**或兽皮铺在地上，再坐在上面的人就可以占有那块土地，除非他离去，其他人无权占有该地。

《与哈里逊州长会谈时的发言》(美) 特库姆塞（1768? —1813）

两例词译文中之**“毡”**与其本意相符，二者均为直译。这里 **dry** 的翻译运用**重叠词“干干巴巴”**，体现出了词语的**形态**色彩。

比部

由“比”构成的字往往含有“并列、对照”等意。

比：亲密。两个“人”字相随为“从”，把“从”字反过来成了“比”。

会意字。

1. Leonardo knew more about plants and flowers **than** anyone else of his time. He understood that nature has simple ideas that are found again and again. For example, the radiating petals of a flower are like the crystals of a snowflake. Leonardo also drew anatomical illustrations, such as *The Vitruvian Man*. In this famous notebook drawing, Leonardo used geometric principles to illustrate the **proportions** of the human body.

《Leonardo da Vinci》(U. S. A.) Virgil M · Hillyer (1875—1937)

列奥纳多***比***同时代的其他人更了解植物和花草。他明白，大自然的一些理念非常简单，到处都可以一再发现。例如，一朵呈辐射状的花瓣，就像雪花的冰晶一样。列奥纳多还画过解剖画，如《维特鲁威人》。在这幅著名的笔记式画作上，列奥纳多利用几何规则，说明了人体各部分的***比例***。

《列奥纳多 · 达 · 芬奇》(美) 维吉尔 · 希利尔 (1875—1937)

2. Shall I **compare** thee to a summer's day?
Thou art more lovely and more temperate;
Rough winds do shake the darling buds of May,
And summer's lease hath all too short a date; …

《The Sonnets of William Shakespeare: 18》(U. K.) William Shakespeare (1564—1616)

我怎么把你***比作***夏天呢?
你比它可爱也比它温婉;
狂风把五月的花蕾摇撼,
夏天的足迹匆匆而去; ……

《莎士比亚十四行诗：第 18 首》(英) 威廉 · 莎士比亚 (1564—1616)

3. Blessed was the sunshine when it came again at the close of another stormy day, beaming from the edge of the western horizon; while the massive firmament of clouds threw down all the gloom it could, but served only to kindle the golden light into a more brilliant glow by the strongly **contrasted** shadows.

《The Assabeth》(U. S. A.) Nathaniel Hawthorne (1804—1864)

感谢上天，在有一天的风雨阴霾后，阳光终于到来，再次闪耀在西方地平线上。天空中依旧密布着层层阴云，但它散发出的重重阴霾，在清晰的明暗***对比***中，却使得这缕金光更显夺目亮丽。

《亚沙白溪》(美) 纳撒尼尔 · 霍桑 (1804—1864)

四例词译文中之***"比"***皆含"对照"之意。**例 1** 之***"比例"***的两词根之间为偏正型关系：***"例"***为名词，这里意为"标准或规则"，***"比"***的限定作用体现在原文的释义之中（**proportion**: the relationship of **one thing to another** in size, amount etc.)。**例 2** 之“***比作***”与**例 3** 之“***对比***”各自两词根之间为补充型关系（**compare**：**to show or state** that sb/sth is similar to sb/sth else；**contrast**：to compare two things **in order to show** the difference between them）。译文中 **clouds** 与 **shadows** 的翻译使用了***重叠词“层层”***与“***重重***”：除体现出复数外，还表达出了词语的***形态***色彩。

皆（白部）：表示统括的词。由比、由白会意：“比”意为“等列”“个个一样”，“白”意为“空无”。

Accordingly, the malcontents are firmly, yet gently, restrained. The bad time is got over without robbing the wealthy to relieve the indigent. The springs of national prosperity soon begin to flow again; work is plentiful; wages rise; and **all** is tranquility and cheerfulness. …

《Thomas Babington Macaulay to Henry S. Randall》
(U. K.) Thomas Babington Macaulay (1800—1859)

因此，那些图谋不轨之徒受到了坚决而又和缓的遏制。不必借助劫富济贫的办法，难关就度过去了。不久，国家繁荣的源头又流起来了；饭碗多得是；工资上升；于是天下太平，**皆**大欢喜。……

《麦考利致伦道尔书》(英) 托马斯·巴宾顿·麦考利 (1800—1859)

欠部

由“欠”构成的字往往与（口所伸散之）“气”相关。

欠：张开嘴，（壅塞、阻滞的）气伸散而出。《字典》：（动词）1. 不足；缺乏。2. 借了没有还；该给的没有给。象形字：像“气”从“人”上部出去的样子。

1. Nothing begins—so needs to end:
Where fell it **short** at first? Extend
Only the same, no change can mend!
…
One better than I—would prove I **lacked**
Somewhat: one worse were a jarring fact
Disturbing my faultlessly exact.
…
And I yearned for no sameness but difference
In thing and thing, that should shock my sense
With a **want** of worth in them all, and thence

Start me up, by an infinite
Discovered above and below me—height
And depth alike to attract my flight, …

《Rephan》(U. K.) Robert Browning (1812—1889)

没有东西开始——因此也不需要结束,
从来何曾有过**欠缺**? 延续——依然如故,
没有变化来弥补不足之处!
……
有人比我好——会证明我多少有**欠缺**,
有人比我坏——事情就不和谐:
它会打乱我的完美的准确。
……
于是我渴望在事物和事物中,
有区别而不是全相同, 万物种种
应当以价值的**欠缺**使我的感觉震动,
然后我发现一个无限的空间,
使我惊起, 它在我的上面和下面——
它的高和深吸引我去飞舞蹁跹, ……

《莱凡》(英) 罗伯特·勃朗宁 (1812—1889)

2. "This man **owed** us a small sum of money," Mr. Detmer explained to me, "The customer denied it, but we knew he was wrong. So our credit department had insisted that he pay. …"

《An easy Way to become a Good Conversationalist》
(U. S. A.) Dale Carnegie (1888—1955)

"这个人**欠**我们公司一小笔钱," 德特默先生向我解释道, "尽管这位顾客不承认, 但我们知道是他弄错了。所以我们公司信用部坚持要他付款。……"

《一种简单方法让你成为善于谈话的人》(美) 戴尔·卡内基 (1888—1955)

"欠缺" 两词根意义相近, 为三例词之直译。这里 **short** 与 **lack** 的翻译涉及到 ***词类的转换: 分别从形容词和动词转换为名词***。例词 **owe** 之译文所含之义即《字典》中的**"欠"** 之第 2 义。

欺: 欺诈。形声字: 右形左声。

1. In secret we met—
    In silence I grieve,
That thy heart could forget,

Thy spirit **deceive**.

《When We Two Parted》(U. K.) George Gordon Byron (1788—1824)

想当初幽期密约，
到如今默默哀怨，
你的心儿会忘却，
你的灵魂会***欺骗***。

《当我们两分别》(英) 乔治·戈登·拜伦 (1788—1824)

2. Though in vision sweet lady, perhaps you may smile,
Oh! Think not my penance deficient!
When dreams of your presence my slumbers **beguile**,
To awake will be torture sufficient.

《To M. S. G. 》(U. K.) George Gordon Byron (1788—1824)

梦中，也许你笑口微开，
莫说我受罚还不够!
入睡，被美梦***欺哄***；醒来，
这苦刑怎生忍受!

《给 M. S. G. 》(英) 乔治·戈登·拜伦 (1788—1824)

3. When thou wert changed, they alter'd too:
The chain is broke, the music mute.
'Tis past-to them and thee adieu—
False heart, frail chain and silent lute.

《The Chain I Gave》(U. K.) George Gordon Byron (1788—1824)

既然你变了，它们也得变:
项链破碎，琴韵无声。
罢了! 和它们，和你再见——
哑琴，脆链，***欺诈***的心灵!

《我给你的项链》(英) 乔治·戈登·拜伦 (1788—1824)

三例词译文“***欺骗***、***欺哄***、***欺诈***”各自两词根意义相近。“***欺骗***、***欺哄***”为其原文之直译，“***欺诈***”为 **false** 之意译。

歌：(依旋律) 咏唱。形声字。

1. And when my voice is silent in death, my **song** will speak in your living heart.

《My Song》(India) Rabindranath Tagore (1861—1941)

当我的声音因死亡而沉寂时，我的**歌**仍将在你活泼的心中唱着。

《我的歌》(印度) 罗宾德拉纳特·泰戈尔 (1861—1941)

2. “We **sing** from morning till night; on and on we travel and know not where we pass.”

《Clouds and Waves》(India) Rabindranath Tagore (1861—1941)

“我们从早晨***唱歌***到晚上；我们前进又前进地旅行，也不知我们所经过的是什么地方。”

《云与波》(印度) 罗宾德拉纳特·泰戈尔 (1861—1941)

3. The earth hums to me to-day in the sun, like a woman at her spinning, some **ballad** of the ancient time in a forgotten tongue.

《Stray Birds：116》(India) Rabindranath Tagore (1861—1941)

今天大地在阳光里向我***营营***哼鸣，像一个织着布的妇人，用一种已经被忘却的语言，哼着一些古代的***歌曲***。

《飞鸟集：第116首》(印度) 罗宾德拉纳特·泰戈尔 (1861—1941)

三例词均为直译。***“唱歌”***两词根之间属动宾型关系。**例3**之***“歌”***与***“曲”***意义相关。这里**hum**的翻译运用了***重叠词“营营（嘤嘤）”***，体现出了它在***声音***方面的形象色彩。

歇：休息。形声字。

1. He muses

Oh, which were best, to roam or **rest**?
The land's lap or the water's breast?
To sleep on yellow millet-sheaves,
Or swim in lucid shallows just?

《In a Gondola》(U. K.) Robert Browning (1812—1889)

他沉思

啊，哪样最好？是漫游还是休息？
歇于地的膝盖，还是水的酥胸？
睡在金黄的谷草上，
还是游在清澈的浅湖中？

《在贡多拉船上》(英) 罗伯特·勃朗宁 (1812—1889)

2. For the sword outwears its sheath,
And the soul wears out the breast,
And the heart must pause to breathe,
And love itself have **rest**.

《So, We'll Go No More a Roving》(U. K.) George Gordon Byron (1788—1824)

利剑把剑鞘磨穿，

灵魂也磨损胸臆；
心儿太累，要稍喘，
爱情也需要**歇息**。
《我们不会再徘徊》(英) 乔治·戈登·拜伦 (1788—1824)

3. When coldness wraps this suffering clay,
Ah! whither strays the immortal mind!
It cannot die, it cannot **stay**,
But leaves its darken'd dust behind.
《When Coldness Wraps this Suffering Clay》(U. K.) George Gordon Byron (1788—1824)
当这副受苦的皮囊冷却，
那不灭的精魂漂泊何处?
它不会消殒，它不会**停歇**，
走了，撇下这晦暗的尘土。
《当这副受苦的皮囊冷却》(英) 乔治·戈登·拜伦 (1788—1824)

"歇息"两词根意义相近，故**例 1** 之**"歇"**所对应的原文 **rest** 在**例 2** 中的译文为**"歇息"**。**"停歇"**两词根之间属补充性关系，从 **stay** (to continue to be in a particular place for a period of time without moving away) 的释义中可以体会出**"停歇"**属意译。

耂部

由"耂"构成的字往往含有"老"的意思。

孝(老部)：善事父母者。会意字：由老省、由子会意，表示子女承奉父老。

1. To conclude, the happy pair were married, and half Eudoxus's estate settled upon them. Leontine and Eudoxus passed the remainder of their lives together; and received in the **dutiful** and affectionate behavior of Florio and Leonilla the just recompense, as well as the natural effects, of that care which they had bestowed upon them in their education.
《A story of an Heir》(U. K.) Joseph Addison (1672—1719)

最后，有情人终成眷属，尤多克斯把一半的财产分给了他们。莱安蒂娜和尤多克斯在一起共度余生，享受着弗洛里奥和莱奥尼拉**孝顺**和深情的照顾所带来的天伦之乐。这也是他们在培养教育孩子过程中由于付出关爱而得到的自然结果。
《一位继承人的故事》(英) 约瑟夫·艾迪生 (1672—1719)

2. Confucius taught that people should be loyal and obey their kings and also that rulers had a duty to take care of their people. He believed that this would bring peace and harmony in China. He taught people to **obey** their parents and teachers and to honor their ancestors. This sounds something like one of the Ten Commandments："**Honor** thy father and thy mother."

《All the Way Around the World in China》(U. S. A.) Virgil M · Hillyer (1875—1937)

孔子教导人们应当忠诚，应当服从君主，还教导说统治者有义务照顾好手下的人民。他认为，这样就能给中国带来和平与和谐。他教导人们应当***孝顺***父母、师长，并且敬奉祖先。这一点，听上去与《十诫》中"应当***孝敬***父母"这一条倒是有点儿相似呢。

《概说中国》(美) 维吉尔 · 希利尔 (1875—1937)

例词译文"***孝顺***、***孝敬***"各自两词根之间属补充型关系。**例 1** 之"***孝顺***"为其原文 **dutiful** (doing everything that you are expected to do; willing to obey and to show respect) 之直译；**例 2** 之"***孝顺***"与"***孝敬***"分别为 **obey** (to do what you are told or expected to do) 与 **honor** (to do something that shows great respect for sb/sth) 之意译。

考（老部）：老年人。《字典》：（动词）1. 深入细致地观察、调查。2. 仔细地想；研究。形声字：上形下声：从老省，丂声。

1. Closer yet I approach you,
What thought you have of me now, I had as much of you—I laid in my stores in advance,
I **consider**'d long and seriously of you before you were born.

《Crossing Brooklyn Ferry》(U. S. A.) Walt Whitman (1819—1892)

我朝你又走进了一步，
你现在对我抱有的看法我对你也曾经同样有过——我事前就有了贮备，
在你出生之前就已经长久而慎重地***考虑***过你。

《一路摆过布鲁克林渡口》(美) 沃尔特 · 惠特曼 (1819—1892)

2. It is the function of education, the function of all of the great institutions of learning in the United States, to provide continuity for our national life—to transmit to youth the best of our culture that has been **tested** in the fire of history. It is equally the obligation of education to train the minds and the talents of our youth; to improve, through creative citizenship, our American institutions in accord with the requirements of the future.

《Address at University of Pennsylvania》
(U. S. A.) Franklin Delano Roosevelt (1882—1945)

教育的作用，美国一切大学术机构的作用，是使我们国家的生命得以延续，是将我们经得起历史烈火**考验**的最优秀文化传给青年一代。同样，教育有责任训练我们青年的心智和才能；通过具有创造精神的公民义务教育，来改造我们美国的学术机构，适应未来的要求。

《在宾夕法尼亚大学的演说》(美) 富兰克林·狄朗劳·罗斯福 (1882—1945)

3. But our action needs to be a double one, that it may bear upon the body as well as the mind. To be exact, each man should be intelligent, trained not only to **think**, read, and reason, but make able to act and fight.

《Education for the Peasantry in France》(France) Leon Gambetta (1838—1882)

然而我们必须同时采取两方面的行动，既要注意智力训练又要注意体力训练。准确地说，就是每个人不仅应该学到知识，学会**思考**、阅读和逻辑推理，而且应该能行动与战斗。

《论法国农民教育》(法) 里昂·甘必大 (1838—1882)

例词译文均为其原文之直译。**“考虑、考验、思考”**各自两词根意义相近，其所含之**“考”**的意义与《字典》中之释义相符。

灬部

由灬构成的字部分与“水”相关。

熏 (中部)：火烟向上冒出 (熏黑物体) 的意思。《字典》：(动词) 1. 烟、气等刺人或沾染、侵袭物体。2. 由于长期接触而受到影响。会意字：由屮 (屮：像草木长出地面的形状，而且有了枝茎)、由黑会意。

Else how, when in the holy grove
I wandered of the idol, Love,
Who daily **scents** his snowy wings
With incense of burnt offerings…

《Tamerlane》(U. S. A.) Allan Poe (1809—1849)

还有，当在那神圣的山林，
我如何离开那尊偶像——爱神，
他每天**熏**他雪白的翅膀，
用焚烧祭品的迦南沉香，……

《帖木儿》(美) 爱伦·坡 (1809—1849)

译文**“熏”**体现出了诗中**scents**的所释之义：to give sth a particular, pleasant smell。

五画

生部

由“生”构成的字往往含有“生发、生产”之意。

生：长进。《字典》：（动词）活着；生存。（形容词）有生命力的；活的。象形字：像草木从土上生出。

1. My tongue, every atom of my blood, form'd from this soil, this air,
Born here of parents **born** here from parents the same, and their parents the same, …

《Song of Myself：1》(Excerpt)(U. S. A.) Walt Whitman (1819—1892)

我的舌，我血液的每个原子，是在这片土壤、这个空气里形成的，
我是**生**在这里的父母**生**下的，父母的父母也是在这里生下的，他们的父母也一样，……

《我自己的歌：第 1 首》(节选)(美) 沃尔特·惠特曼 (1819—1892)

2. I think I could turn and **live** with animals, they're so placid and self-contain'd,
I stand and look at them long and long.

《Song of Myself：32》(Excerpt)(U. S. A.) Walt Whitman (1819—1892)

我想我能够转而和动物**生活**在一起，它们是这样淡泊又自满自足，
我站着将它们观察了很久很久。

《我自己的歌：第 32 首》(节选)(美) 沃尔特·惠特曼 (1819—1892)

3. The wood was gray and the bark warping off it
And the pile somewhat sunken. Clematis
Had wound strings round and round it like a bundle.
What held it, though, on one side was a tree
Still **growing**, and on one a stake and prop,
These latter about to fall.

《The Wood-Pile》(U. S. A.) Robert Frost (1874—1963)

木柴颜色已经变灰，树皮也已在脱落，
柴堆已经多少有点下沉，克莱马蒂斯
用绳子把柴堆捆了又捆，捆成了一捆。
在一边支撑着它的，是一棵还在继续
生长的树，另一边是根有支撑的立柱，
那支撑的木桩眼看就要垮掉。

《柴堆》(美) 罗伯特·弗罗斯特 (1874—1963)

4. Birds are darting through the air,
    Singing, building without rest;
Life is stirring everywhere,
Save within my lonely breast.

《Autumn Within》(U. S. A.) Henry Wadsworth Longfellow (1807—1882)

鸟儿在空中急速飞行,
    歌唱,筑巢,片刻不停;
生机活跃在每个角落,
    除了我这孤寂的心灵。

《心里的秋天》(美) 亨利·瓦茨沃斯·朗费罗 (1807—1882)

5. According to the capitalist, there will be a guarantee to the world that every man in the country would get a job. They didn't contend it would be a well-paid job, because if it was well paid a man would save up enough one week to stop working the next week, and they were determined to keep a man working the whole time on a bare **subsistence** wage—and, on the other hand, divide an accumulation of capital.

《On His Seventieth Birthday》(U. K.) George Bernard Shaw (1856—1950)

资本主义者说,将向全世界证明,在这国家里,每人都能得到一份职业。他们并不主张那是一份收入很好的职业,因为假如收入很好,这人只要做一星期的工,就能结余足够的钱,下星期就不工作了。他们要使每个人全时工作来挣得仅能维持***生计***的工资,另外,他们还要分得一份积累的资本。

《在七十寿辰宴会上的讲话》(英) 乔治·萧伯纳 (1856—1950)

6. I look ahead, and before me rise the fantastic towers of New York, a city that seems to have stepped from the pages of a fairy story. What an awe-inspiring sight, these glittering spires. These vast banks of stone and steel-structures such as the gods might build for themselves! This **animated** picture is a part of the lives of millions of people every day. How many, I wander, give it so much as a second glance? Very few, I fear, their eyes are blind to this magnificent sight because it is so familiar to them.

《Three Days to See》(U. S. A.) Helen Keller (1880—1968)

举目望去,纽约的高楼大厦在我面前升起,像是从童话故事中走出来的一座城市。这些闪闪发光的尖塔,是多么令人敬畏啊!这一排排巨石和钢铁组成的建筑群,就像众神为他们自己建造的一样!这幅***生动***的画面是数百万人每天生活的一部分。我不知道,有多少人会对它多看一眼?恐怕很少,他们的眼睛对这壮丽的景象视若无睹,因为这对他们来说太熟悉了。

《假如给我三天光明》(美) 海伦·凯勒 (1880—1968)

由**“生”**组合而成的六例译文皆属直译，其各自所含之**“生”**的意义分别与“生”的本意及其在《字典》中的意义相符。**例6**中的译文**“一排排”**运用了***重叠词***来表示其原文***banks*的复数形式**。

白部

由“白”构成的字多与光亮、白色有关。

白：西方的颜色。在阴暗处用事，物体的颜色容易剥落为白色。《字典》：（形容词）1. 空的；2. 明亮。会意字：字形由“入”字包含着“二”字构成：“二”表示阴数。

1. The stars were dim, and thick the night;
   The steersman's face by his lamp gleamed **white**.
   …
   And the bay was **white** with silent light,
   Till, rising from the same,
   Full many shapes, that shadows were,
   In crimson colors came.

《The Rime of the Ancient Mariner》(U. K.) Samuel Taylor Coleridge (1772—1834)

星辰无光，夜色漆黑，
灯光映着舵手***苍白***的脸。
……
港湾里是一片银***白***世界，
突然间出现点点红光，
最初恍惚是赤色的阴影，
后来渐渐升到水面之上。

《古舟子咏》(英) 塞缪尔·泰勒·柯尔律治 (1772—1834)

2. The glory of young men is their strength,
   gray hair the splendor of the old.

《Holy Bible》PROVERBS: 20: 28

强壮乃少年人的荣耀；
白发为老年人的尊荣。

《圣经》箴言：20：28

3. The book is completed,
   And closed, like the **day**;
   And the hand that has written it

Lays it away.

《Curfew》(U. S. A.) Henry Wadsworth Longfellow (1807—1882)

书已经写完了,
像过完的***白天***;
写书的手儿
扔它到一边。

《夜钟》(美) 亨利·瓦茨沃斯·朗费罗 (1807—1882)

4. Thank you! my head being crammed, the walls a **blank**,
Never was such prompt disemburdening.
…
Lilies and vestments and **white** faces, sweet
As puff on puff of grated orris-root
When ladies crowd to Church at midsummer.

《Fra Lippo Lippi》(U. K.) Robert Browning (1812—1889)

真感谢!
我的头脑已塞满,他们的墙是***空白***,
从未如此及时地卸去沉重负担。
……
百合花、衣裙和***白皙***的脸,像夏日里,
女士们成群去教堂时发出的
一阵阵鸢尾油香气那么甜蜜。

《利波·利比兄弟》(英) 罗伯特·勃朗宁 (1812—1889)

六例词译文中,除**例 2** 之 **gray** 意译为“***白***”外,其余皆为直译。其中,“***空白***”之“白”与“***白天***”之“白”的意义分别为《字典》中的“***空***”与“***明亮***”。无论是直译还是意译,每例所含之“***白***”的意义皆为其原本之色。“***苍白***”与“***白皙***”各自两词根意义相近,二者对应同一原文 **white**。“***白天***”两词根为偏正型组合,其中心词为“***天***”,“***白***”的含义体现在其原文 **day** (the time between when it becomes light in the **morning** and when it becomes dark in the evening) 的释义之中。**例 1** 中“***苍白的脸***”体现出了表示***颜色***的形象色彩。

皇(王部):即大。会意字:由自王会意。自是初始的意思。

“Come and hire me,” I cried, while in the morning I was walking on the stone-paved road.
Sword in hand, the **King** came in his chariot.
He held my hand and said, “I will hire you with my power.”

But his power counted for nought, and he went away in his chariot.

《The Last Bargain》(India) Rabindranath Tagore (1861—1941)

早晨，我在石铺的路上走时，我叫道：“谁来雇用我呀。”
皇帝坐着马车，手里拿着剑走来。
他拉着我的手，说道：“我要用权利来雇用你。”
但是他的权力算不了什么，他坐着马车走了。

《最后的买卖》(印度) 罗宾德拉纳特·泰戈尔 (1861—1941)

“皇”与***“帝”***两词根意义相近，其各自的意义在原文 **king** (the male ruler of an independent state that has a royal family) 的释义之中均有体现。

魄(鬼部)：阴神。《字典》：(名词) 精神；精力；胆识。形声字：右形左声。

Should I, after tea and cakes and ices,
Have the **strength** to force the moment to its crisis?

《The Love of J. Alfred Prufrock》(U. K.) Thomas Stearns Eliot (1888—1965)

是否我，在用过茶、糕点和冰食以后，
有***魄力***把这一刻推到紧要的关头?

《阿尔弗瑞德·普鲁弗洛克的情歌》(英) 托马斯·斯特恩斯·艾略特 (1888—1965)

“魄力”两词根的偏正型关系从 **strength** (the **quality of being brave and determined** in a difficult situation) 的释义中即可体现。

皙：人的肤色洁白。形声字：下形上声。

...whene'er thou meet'st my sight,
　　When I behold thy **blanched** un-withered cheek,
Thy temples fringed with locks of gleaming white,
　　And head that droops because the soul is meek,
Thee with the welcome Snowdrop I compare;
　　That child of winter, prompting thoughts that climb
　　From desolation toward the genial prime; ...

《To-, in Her Seventieth Year》(U. K.) William Wordsworth (1770—1850)

无论何时，我一见你的形影，
　　望着你未曾衰萎的***白皙***面颊，
你由于温顺而微微低俯的头颈，
　　你鬓角旁边银辉闪闪的卷发，
我便想：你像冬日开放的雪花莲，
　　淡雅宜人，能把我们的想象

从荒凉冬景引向和煦的春光；……

《赠一位年届七旬的女士》(英) 威廉·华兹华斯 (1770—1850)

译文中运用了***重叠词“微微”***与***“闪闪”***。增加“微微”进一步反映出了meek 所表达的“温顺”之意；gleaming 译为“闪闪”加深了这位女士两鬓白发如银的印象。

癶部

由“癶”构成的字往往与“足”或其动作相关。

登：登上车。会意字：由“癶”字在“豆”字之上会意，（表示两只脚站立在登车时用来垫脚的石头上）像登车之形。

1. And in the twelfth year, on the seventh day of lelool, the month of reaping, he **climbed** the hill without the city walls and looked seaward; and he beheld the ship coming with the mist.

《The Coming of the Ship》(Lebanon) Kahlil Gibran (1883—1931)

在第十二年绮霞收获之月的第七天，他出城***登上***山顶，向海凝望；他看见了他的船在烟雾中驶来。

《船的到来》(黎巴嫩) 卡里·纪伯伦 (1883—1931)

2. Though to all there is not given
Strength for such sublime endeavor,
Thus to **scale** the walls of heaven,
And to leaven with fiery leaven
All the hearts of men forever; …

《Prometheus》(U. S. A.) Henry Wadsworth Longfellow (1807—1882)

尽管并非人人都具有
干这种超凡事业的力量：
去***攀登***天国的万仞高墙，
以火为酵素，去长久酵动
普天下芸芸众生的心房；……

《普罗米修斯》(美) 亨利·瓦茨沃斯·朗费罗 (1807—1882)

3. Twilight and evening bell,
And after that the dark!
And may there be no sadness of farewell,
When I **embark**; …

《Crossing the Bar》(U. K.) Alfred Tennyson (1809—1892)

暮霭钟鸣，
黑夜将笼罩！
愿诀别无悲声，
登舟起锚；……

《渡沙渚》（英）阿尔弗雷德·丁尼生（1809—1892）

4. In the peaceful west
Many the sails at rest—
The anchors fast—
Thither I pilot thee—
Land Ho! Eternity!
Ashore at last!

《On this wondrous sea》（U. S. A.）Emily Dickinson（1830—1886）

安详宁静的西方
有许许多多航船——
安稳地碇泊休息——
我正领你前往——
登陆吧！永生！
嚯，终于到岸！

《在这神奇的海上》（美）艾米莉·狄金森（1830—1886）

四例词译文皆为直译。***“登上”***两词根之间为补充性关系，***“上”***为结果，上到了山顶，才能“向海凝望；他看见了他的船在烟雾中驶来。”***“攀登”***两词根意义相近。***“登舟”***与***“登陆”***各自词根之间属动宾关系。从其所对应的原文释义中，亦可有所体会（**embark**：to get on to a ship；to put sth onto a ship；**land**：to put sb/sth on land from an aircraft，a boat，etc.）。

立部

由“立”构成的有些字与人的姿势、姿态等相关。

立：站住。会意字：由“大”字站立在“一”的上面会意。

1. In a field by the river my love and I did **stand**,
And on my leaning shoulder she laid her snow-white hand.
She bid me take life easy，as the grass grows on the weirs；
But I was young and foolish，and now am full of tears.

《Down by the Salley Garden》（Ireland）William Butler Yeats（1865—1939）

我与她***站立***在河边田野，

她雪白的手倚在我肩。
听她讲生活像水草慢长，
那时候小而蠢，如今空把泪洒。
《来到柳园》(爱尔兰) 威廉·阿勒特·叶芝 (1865—1939)

2. A half unconscious Queen—
But this time—Adequate—**Erect**,
With Will to choose, or to reject,
And I choose just Crown—
《I'm ceded-I've stopped being Theirs》(U. S. A.) Emily Dickinson (1830—1886)
一个半无自觉的女王——
但是这一次，适当，**挺立**，
根据我选择，或是
摈弃，的意愿，
而我选择，不过一顶王冠——
《我已被放弃，不再属于他们》(美) 艾米莉·狄金森 (1830—1886)

两例词均属直译。这里与“**立**”组合成词的“**站立**”与“**挺立**”各自两词根之间分别为联合型与偏正型。

竭：背举（在肩背上）。《字典》：（动词）1. 完；尽。2. 用尽；全部拿出。（形容词）干枯。形声字：左形右声。

1. He was thirsty too and he got down on his knees and, being careful not to jerk on the line, moved as far into the bow as he could get and reached the water bottle with one hand. He opened it and drank a little. Then he rested against the bow. He rested sitting on the unstepped mast and sail and **tried** not to think but only to endure.
《The Old Man and the Sea》(U. S. A.) Ernest Hemingway (1899—1961)

他还觉得口渴，便双膝跪地，小心不猛拉钓线，身子尽量往船头移动，一只手拿起水瓶。他打开瓶子，喝了点水。然后靠在船头休息。他坐在从船桅座上拔下的桅杆和船帆上，**竭力**不去想什么，只顾熬下去。
《老人与海》(美) 欧内斯特·海明威 (1899—1961)

2. As fair thou art, my bonie lass,
So deep in luve am I;
And I will luve thee still, my dear,
Till a' the seas gang **dry**.
《A Red, Red Rose》(U. K.) Robert Burns (1759—1796)
你那么美，漂亮的姑娘，

我爱你那么深切；
我会永远爱你，亲爱的，
一直到四海**涸竭**。

《一朵红红的玫瑰》(英) 罗伯特·彭斯 (1759—1796)

例 1 “竭力” 两词根之间为动宾型关系 (try：to **make** an attempt or **effort** to do or get sth)。**例 2 “涸竭”** 两词根意义相近。

竖 (豎)(臤部)：竖立。形声字：上形下声。

1. But the bird was almost out of sight now and nothing showed on the surface of the water but some patches of yellow, sun-bleached sargasso weed and the purple, formalized, iridescent, gelatinous bladder of a Portuguese mam-of-war floating close beside the boat. It turned on its side and them **righted** itself. It floated cheerfully as a bubble with its long deadly purple filaments trailing a yard behind it in the water.

《The Old Man and the Sea》(U. S. A.) Ernest Hemingway (1899—1961)

这时，几乎看不见那只鸟了，水面上什么也没有，除了几块黄色的，被太阳晒褪色的马尾藻，还有一个僧帽水母的胶质泡囊，紫色，有一定的外形，闪现出彩虹般的颜色，贴着船浮在水面上。那水母侧向一边，然后又**竖直**了，气泡似的开心地漂浮着，身后拖着长长的紫色致命触须，足有一码长。

《老人与海》(美) 欧内斯特·海明威 (1899—1961)

2. Toetjens made the twilight more interesting by glaring into the darkened rooms with every hair **erect**, and following the motions of something that I could not see.

《The Return of Imray》(U. K.) Rudyard Kipling (1865—1936)

一到傍晚，蒂金斯就会瞪视那些黑暗的房间，眼睛随着某个我看不到的物体移动，全身的毛都**竖**了起来，这使得黄昏变得更加耐人寻味。

《伊姆雷归来》(英) 鲁德亚德·吉普林 (1865—1936)

例 1 “竖直” 两词根间的补充型关系在其原文的释义中即可体现 (**right**：to **return** sb/sth/yourself **to** the normal，**upright position**)。**例 2** 之 **“竖”** 为 **erect** 之**直译**。

端：直。《字典》：(名词)(东西的) 一头。形声字：左形右声。

1. Whereas I took the Butterfly
Aforetime in my hat—
He sits **erect** in “Cabinets” —
The Clover bells forgot.

《“Arcturus” is his other name》(U. S. A.) Emily Dickinson (1830—1886)

以前我常用帽子
把蝴蝶扣住——
如今他***端***坐在标本箱里
忘掉了苜蓿。

《“大角”是他另一个名称》(美) 艾米莉 · 狄金森 (1830—1886)

2. There were no other visitors, he was to be alone; blinds were drawn, lamps lit, and the fire at his back was comforting. So he sat long about his meal until a white-faced maid came to clear the table, discoursing to him about country things as she busied about the room. It was a long, narrow room, with a sideboard and the door at one **end** and the fireplace at the other.

《Dusky Ruth》(U. K.) Alfred Edgar Coppard (1878—1957)

没有其他客人，他自己独斟独酌；百叶窗已经放下，灯也点上了，背后的炉火暖烘烘的，很惬意。他在桌边悠然享用，过了好久，一位肤色白皙的女仆过来收拾桌子，一边忙碌着，一边和他闲聊乡下的事儿。这是一个狭长的房间，一***端***是餐具架和门，另一端是壁炉。

《黑发露丝》(英) 阿尔弗雷德 · 埃德加 · 柯帕德 (1878—1957)

例 1 erect 之译文“***端***”乃其本意。**例 2** 之“***端***”则是《字典》中所示之意：(名词)(东西的) 一头。

童 (辛部)：男人有罪称为奴，奴叫作童。《字典》：(名词) 小孩儿。形声字：上形下声 [立字加下面一竖为形：(读作 qian)，重省略写作里为声]。

1. Voices of **children**, and bright flowers that throw
O'er garden-walls their intermingled sweets!

《Shakespeare》(U. S. A.) Henry Wadsworth Longfellow (1807—1882)

儿童的笑语；园中的万紫千红
把阵阵混融的香气送出墙垣！

《莎士比亚》(美) 亨利 · 瓦茨沃斯 · 朗费罗 (1807—1882)

2. **Baby** never knew how to ery. He dwelt in the land of perfect bliss.

《Baby's Way》(India) Rabindranath Tagore (1861—1941)

孩童永远不知道如何啼哭。他所住的是完全的乐土。

《孩童之道》(印度) 罗宾德拉纳特 · 泰戈尔 (1861—1941)

“*孩稚*” 与 **“*儿童*”** 各自两词根意义相近。

飒 (风部)：回旋的风。形声字：右形左声。

There is silence: the dead leaves
    Fall and **rustle** and are still;
Beats no flail upon the sheaves,
    Comes no murmur from the mill.

《Autumn Within》(U. S. A.) Henry Wadsworth Longfellow (1807—1882)

这里是一片静默：枯叶
    下坠，**飒响**，终于沉寂；
听不到连枷拍打稻粱，
    也没有水车喁语的声息。

《心里的秋天》(美) 亨利·瓦茨沃斯·朗费罗 (1807—1882)

从例词 **rustle** (if sth dry and light rustles or you rustle it, it makes a sound like paper, leaves, etc. moving or rubbing together) 的释义中可以体会出其译文 **"飒响"** 的两词根之间为偏正型关系。**"飒响"** 不仅在 ***声音*** 方面，而且在 ***动态*** 上均体现出其所具有的形象色彩。

产 (產)(生部)：生长。内形外声。

1. Further, we provide plenty of means for the mind to refresh itself from business. We celebrate games and sacrifices all year round and the elegance of our private establishments forms a daily source of pleasure and helps to banish the spleen; while the magnitude of our city draws the **produce** of the world into our harbor, so that to the Athenian the **fruits** of other countries are as familiar a luxury as those of his own.

《The Funeral Oration of Pericles》

(Ancient Greece) Thucydides (B. C. 471—B. C. 400)

另外，为了让大脑从繁忙的事物中清醒恢复过来，我们也提出了许多方法。娱乐活动和祭祀典礼贯穿全年始终，而幽雅的住所让我们的日常生活充满快乐，帮助我们驱散所有烦扰。我们庞大的城市吸引世界各地的***产品***来到我们的港口，使得我们雅典人享受到别国的***产品***像享受自己的产品那样熟悉。

《在伯利克里葬礼上的演说词》(古希腊) 修昔底德 (公元前 471—公元前 400)

2. I have the profound conviction that the American people are now determined to put forth a mightier effort than they have ever yet made to increase our **production** of all the implements of defense, to meet the threat to our democratic faith.

《A Fireside Chat》(U. S. A.) Franklin Delano Roosevelt (1882—1945)

我坚信，此刻，美国人民正决心以前所未有的努力去提高各种防御物资的***产量***，用以对抗我们民主信念所面临的威胁。

《炉边谈话》(美) 富兰克林·狄朗劳·罗斯福 (1882—1945)

三例词译文皆属直译。其各自的原文释义体现出了译文词根间的偏正型关系（**produce**：things that have been made or grown，especially things connected with farming；**fruits**：all the natural things that the earth produces；**production**：the quantity of goods that is produced）。

矢部

矢，弓弩用的箭。象形字：像箭头、箭末扣弦处、箭羽的样子。由“矢”构成的字，往往与“箭”及其发射目的和速度所引申出的意义相关联。

短：有所测量，用箭做标准。形声字：左形右声。

1. The crows above the forest call；
Tomorrow they may form and go.
O hushed October morning mild，
Begin the hours of this day slow.
Make the day seem to us less **brief**.

《October》(U. S. A.) Robert Frost (1874—1963)

聒噪在树林上空的鸦雀们
到明天，就可能结队飞去。
哦，安静的10月清晨温和，
请让今天的时辰慢点开始
让这一天不要显现得太**短**。

《10月》(美) 罗伯特·弗罗斯特 (1874—1963)

2. Why so large cost，having so **short** a lease，
Dost thou upon thy fading mansion spend?
Shall worms，inheritors of this excess，
Eat up they charge? Is this thy body's end?

《The Sonnets of William Shakespeare：146》(U. K.) William Shakespeare (1564—1616)

这住所租期极**短**，又快要坍倒，
为什么你还要为它而挥霍无度？
虫子、靡费的继承者，岂不会吃掉
这件奢侈品？这可是肉体的归宿？

《莎士比亚十四行诗：第146首》(英) 威廉·莎士比亚 (1564—1616)

3. Our interview—was **transient**—
Of me，himself was shy—
And God forbid I look behind—

Since that appalling Day!

《The only Ghost I ever saw》(U. S. A.) Emily Dickinson（1830—1886）

我们相遇十分***短暂***——
他对我，自感惭愧——
自从那骇人的一天——
上帝禁止我回头看!

《我见过的唯一鬼魂》(美) 艾米莉·狄金森（1830—1886）

例词译文皆为直译。例词 **transient**：continuing for only a short time 的释义中体现出了**“*短暂*”**两词根的意义相近：释义既可表达**“*短*”**，也可说明**“*暂*”**。

知：识的意思。会意字：由口、由矢会意。

1. The stone is called the Rosetta Stone. It is now in the great British Museum in London and is very famous, because from it we were able to learn so much history that we otherwise would not have **known**.

《The Puzzle Writers in Egypt》(U. S. A.) Virgil M. Hillyer（1875—1937）

这块石头，被人们称为“罗塞塔碑”。如今，它保存在伦敦大英博物馆内，非常有名；因为这块石头上，我们能够了解到大量的历史，而倘若没有这块石头，我们便无从得***知***这些历史。

《埃及谜语》(美) 维吉尔·希利尔（1875—1937）

2. And what is word **knowledge** but a shadow of wordless knowledge?

Your thoughts and my words are waves from a sealed memory that keeps record of our yesterdays,
And of the ancient days when the earth knew not us nor herself,
And of nights when earth was upwrought with confusion.

《The Farewell》(Lebanon) Kahlil Gibran（1883—1931）

言语的***知识***不只是无言的知识的影子么?

你们的意念和我的言语，都是从封缄的记忆里来的波浪，这记忆是保存下来的我们的昨日，

也是大地还不认识我们也不认识她自己、正在混沌中受造的太古的白日和黑夜的记录。

《言别》(黎巴嫩) 卡里·纪伯伦（1883—1931）

两例词译文均为直译。**“*知识*”**两词根意义相近，从**“*知*”**在《解字》中之释义（知：识的意思）即可体现。

矫：把箭揉直的箝子。《字典》：（动词）抑制本性；做作。形声字：左形右声。

The shining coxcomb aims at all, and decides finally upon everything, because nature has given him pertness. The degree of parts and animal spirits necessary to constitute that character, if properly applied, might have made him useful in many parts of life; but his **affectation** and presumption make him useless in most, and ridiculous in all.

《Upon Affectation》(U. K.) Lord Chesterfield (1694—1773)

一个光彩夺目的花花公子会把目标瞄准一切，而且想把所有都得到手，因为自然曾赋予他目空一切的傲慢气质。构成他这种性格的必不可少的才华与勃勃生气，若是利用得当，也许便会使他在生命中的很多领域成为有用之人；但是他的***矫情***和傲慢却让他在很多领域看起来一无是处，在所有领域都显得荒唐可笑。

《论矫情》(英) 查斯特菲尔德勋爵 (1694—1773)

例词译文**“*矫情*”**为其原文 **affectation** 之直译，两词根间属动宾型关系。Coxcomb 译为“***花花***公子”，***重叠词“花花”***的运用概括出了这位主人公的性格，从而与后面的细节相呼应。译文中的**“*花花公子*”**与**“*傲慢*”**相应地表达出了其原文所具有的***贬义***。

六画

至部

部分由“至”构成的字往往含有“到达、高”之意。

至：鸟飞从高处下落到地面上。会意字：由头朝下的飞鸟之形和下部的代表地面的“一”组成，合起来表示飞鸟从空中落到地上。

Into the sunshine,
　　Full of the light,
Leaping and flashing
　　From morn **till** night!

《The Fountain》(U. S. A.) James Russell Lowell (1819—1891)

射入日光，
　　晶辉弥满，
跳跃闪耀，
　　从早**至**晚！

《喷泉》(美) 詹姆斯·罗塞尔·洛威尔 (1819—1891)

例词译文**“至”**为原文 **till** 之直译。

致（夂部）：送到。《字典》：（动词）表达。（形容词）周密；精密。会意字：由夊、由至会意。夊：行动迟缓、摇曳，绥绥（不能举步），像人的两腿上有所拖曳的样子。

1. Our affairs in Canada go still retrograde, but I hope they are now nearly at their worst, the **fatal** sources of these misfortunes have been want of hand money with which to procure provisions, the ravages of the small pox with which one half of our army is still down, and an unlucky choice of some officers.

《Thomas Jefferson **to** William Fleming》(U. S. A.) Thomas Jefferson（1743—1826）

我们在加拿大的军情依旧日益恶化，但是我希望如今差不多已经坏到无可再坏的地步了。这些灾殃的**致命**根源在于缺少筹办给养的现金；天花肆虐，使我军一半士兵至今还卧病不起；还有，某些军官选择不当。

《杰斐逊**致**弗莱明书》(美) 托马斯·杰斐逊（1743—1826）

2. That night the church was beautiful and the church service was very good. Even the king bowed when the bishop **spoke**. Julien did not think about Napoleon or army glory any more.

《The Red and the Black》(France) Stendhal（1783—1842）

当晚教堂被装饰得很华丽，宗教仪式也做得很不错。在主教**致辞**时，就连国王也鞠了躬。于连早已把拿破仑和他的军队的辉煌忘得一干二净。

《红与黑》(法) 司汤达（1783—1842）

3. But long ere Robbia's cornice, **fine**,
With flowers and fruits which leaves enlace,
Was set where now is the empty shrine—

《The Statue and the Bust》(U. K.) Robert Browning（1812—1889）

但是还未等到罗比亚的手艺——
一个花叶缠绕的**精致**的窗楣
放进现在已空着的那个神龛里，……

《骑马像和胸像》(英) 罗伯特·勃朗宁（1812—1889）

4. A step as fleet, an eye more bright,
Hath Judah witness'd there;
And o'er her scenes of lost delight
Inhabitants more **fair**.

《The Wild Gazelle》(U. K.) George Gordon Byron（1788—1824）

同样快的脚步，更亮的眼睛，
犹达也曾经见识；
在她那逝去的繁华旧境，

居民够多么**标致**！

《野羚羊》（英）乔治·戈登·拜伦（1788—1824）

例词译文**"致命、致、致辞、精致、标致"**均为其原文之直译。这里**前置词"to"**的翻译涉及到**词类的转换："致"为动词**。

到：到达。《字典》：（形容词）周全；周密。形声字：左形右声（"刂"同"刀"）。

By the **perfection** of thine art
Which pass'd for human thine own heart; …

《The Incantation》（U. K.）George Gordon Byron（1788—1824）

凭着你圆熟**精到**的技艺——
它逾越了你这凡人的心力；……

《魔咒》《野羚羊》（英）乔治·戈登·拜伦（1788—1824）

例词译文**"精到"**的翻译涉及到词类的转换：从**原文的名词转换为译文的形容词**。"精到"即"精细周到"，两词根意义相近。

虍部

老虎的斑纹。象形。由"虍"构成的字一般与"老虎"及其动作和其本性所引申出来的意义相关。

虔：老虎步行坚定的样子。《字典》：（形容词）恭敬而有诚意。形声字：外形内声。

1. Now you must know Mrs. Veal was a maiden gentlewoman of about thirty years of age, and for some years past had been troubled with fits, which were perceived coming on her by her going off from her discourse very abruptly to some impertinence. She was maintained by an only brother, and kept his house in Dover. She was a very **pious** woman, and her brother a very sober man, to all appearance; but now he does all he can to null and quash the story.

《The Apparition of Mrs. Veal》（U. K.）Daniel Defoe（1660—1731）

大家必须清楚，维尔夫人是一位三十岁左右的未婚淑女，在过去几年里遭受突发性错乱之苦，在其身上的具体表现就是说话间突然离题。她由唯一的兄弟供养，在多佛为兄弟照看家。维尔夫人生性**虔诚**，其兄弟给人的印象是性格沉稳；但现在他却竭力将这桩事儿大事化小、小事化了。

《维尔夫人的幽灵》（英）丹尼尔·笛福（1660—1731）

2. This is the subject on which I want to speak to you today. The saltiness of salt is

the symbol of a noble, powerful truly **religious** life.

《Salt》(U. S. A.) Henry van Dyke (1852—1933)

这就是今天我要对你们讲的题目。盐的盐味象征高尚的、有力的、真正***虔诚***的生活。

《盐》(美) 亨利·范·戴克 (1852—1933)

两例词译文均属直译，**“*虔诚*”**两词根意义相近。

虚(丘部)：大丘。《字典》：(形容词) 1. 空。2. 体质弱。3. 假。形声字：内形外声 (虍 hu 声)。

1. The two friends on each side had wrought themselves to such an habitual tenderness for the children who were under their direction, that each of them had the real passion of a father, where the title was but **imaginary**.

《A Story of an Heir》(U. K.) Joseph Addison (1672—1719)

这两个朋友彼此都在努力培养、苦心营造对膝下孩子们的亲情。尽管“父亲”这个称呼是***虚的***，他们二人都把孩子视如己出，倾注了好似亲生父亲的全部情感。

《一位继承人的故事》(英) 约瑟夫·艾迪生 (1672—1719)

2. The iridescent bubbles were beautiful. But they were the **falsest** thing in the sea and the old man loved to see the big sea turtles eating them.

《The Old Man and the Sea》(U. S. A.) Ernest Hemingway (1899—1961)

彩虹色的泡囊很漂亮，但它们是海洋里最***虚假***的东西，所以老人爱看大海龟把它们吃掉。

《老人与海》(美) 欧内斯特·海明威 (1899—1961)

3. He who works his land will have abundant food,
   but he who chases **fantasies** lacks judgment.

《Holy Bible》PROVERBS 12：5

耕种自己田地的，必得饱食；
　　追随***虚浮***的，却是无知。

《圣经》箴言 12：5

4. We had but an indifferent passage, for being all confined in the hold, more than a hundred of our people died for want of sweet air; and those that remained were **sickly** enough, God knows.

《The Disabled Soldier》(U. K.) Oliver Goldsmith (ca. 1730—1774)

我们的旅途真是糟透了，由于被关押在货舱里，我们中的一百多人因缺氧而死，而那些存活下来的人也**虚弱**之极，上帝可以作证。

《伤残士兵苦难记》(英) 奥利弗·哥尔德斯密斯 (约 1730—1774)

5. The author in the following, through a fellow traveler's voice, tells us a fantastic story, half-real and half-**supernatural**. The narrator, tired of modern urban life, wanders into an unknown country as if in a dream. He is intoxicated by the power and beauty of Nature, and is further affected by his encounter with the local inhabitants who are called "queer creatures" and are yet in much harmony with their natural environment.

《The Creatures》(U. K.) Walter de la Mare (1873—1956)

作者在以下故事中，通过一个旅伴的口吻，讲述了一个半真半***虚幻***的神奇经历。讲述者厌倦了现代都市生活，犹如在梦中浪迹于一个不知名的乡下。他陶醉于那里大自然的力与美，进而受到在那儿巧遇居民的感染。这些人被称为"怪精灵"，但他们与那里的自然环境和谐统一。

《精灵》(英) 瓦尔特·德·拉·梅尔 (1873—1956)

6. This story is from Maugham's collection Here and There (1948), in which he depicted three vivid characters with elegant and simple words and undemonstrative scorn, and thus a greedy and **hypocritical** woman, an unsophisticated young writer and a wily and mercenary waiter all came to life.

《The Luncheon》(U. K.) Willian Somerset Maugham (1874—1965)

本篇选自毛姆的短篇小说集《这里和那里》(1948)。他用优雅简约的笔触，不露声色的冷峻讥诮，刻画了三个生动的人物形象，令一个贪婪***虚伪***的中年女人、一个抹不开情面的青年作家、一个唯利是图的狡猾侍者跃然纸上。

《午餐》(英) 威廉·萨默赛特·毛姆 (1874—1956)

7. "I am ashamed of my **emptiness**," said the Word to the Work.

"I know how poor I am when I see you," said the Work to the Word.

《Stray Birds：138》(India) Rabindranath Tagore (1861—1941)

文字对工作说道："我惭愧我的**空虚**。"

工作对文字说："当我看见你时，我便知道我是怎样地贫乏了。"

《飞鸟集：第 138 首》(印度) 罗宾德拉纳特·泰戈尔 (1861—1941)

在例词译文***"虚假、虚浮、虚弱、虚幻、虚伪、空虚"***中，除***"虚浮"***两词根意义相关外，其余各词词根之间均属意义相近型关系。虽各词词根意义相近，但***"虚"***一词多义，故每例译文之意义不同、所对应之原文亦不同。**例 2 *"虚假"*、例 3 *"虚浮"*、例 6 *"虚伪"***相应地表达出了原文中所含的***贬义***。

虑（慮）（思部）：图谋周密的思考。《字典》：（动词）担心。形声字：内形外声。

1. The only limit to our realization of tomorrow will be our **doubts** of today. Let us move forward with strong and active faith. …

《Jefferson Day Address》(U. S. A.) Franklin Delano Roosevelt (1882—1945)

实现明天理想的唯一障碍是今天的***疑虑***。让我们信心百倍，奋勇向前吧。……

《在杰斐逊纪念日上的演说》(美) 富兰克林·狄朗劳·罗斯福 (1882—1945)

2. We will **ponder** your proposition, and when we decide we will let you know. But should we accept it, I here and now make this condition that we will not be denied the privilege without molestation of visiting at any time the tombs of our ancestors, friends and children.

《Reply to the U. S. Government》(U. S. A.) Chief Seattle (1786—1866)

我们会***考虑***你们的建议，等到我们做出决定就会通知你们。但是如果我们接受这建议，我现在在这里就要提出一个保留条件：我们随时有权不受干扰地扫谒我们祖先、朋友和儿女的坟墓。

《给美国政府的答复》(美) 西雅图酋长 (1786—1866)

例词译文均属其原文之直译。***“疑虑”***两词根意义相关，***“考虑”***两词根意义相近。

虎（虎部）：山中群兽的君长。象形字：像虎蹲踞之形。

Tiger, **tiger**, burning bright
In the forests of the night,
What immortal hand or eye
Could frame thy fearful symmetry?

《The Tiger》(U. K.) William Blake (1757—1827)

老虎！老虎！你金色辉煌，
火似地照亮黑夜的林莽，
什么样超凡的手和眼睛
能塑造你这可怕的匀称？

《老虎》(英) 威廉·布莱克 (1757—1827)

例词译文***“老虎”***两词根之间的关系属附加式中的***词缀+词根***：“老”在这里为附加在“虎”前面的词缀。

【译法点滴】 合成词中的附加式词汇

合成词中属附加式的词汇构成方式有：1. 词缀+词根；2. 词根+词缀（或叠

音词缀）。

词缀加在指人的词根前面，往往带有亲昵或喜爱的感情色彩。如：***老***前辈、***阿***姨。加在词根后面的词缀往往构成词性的标志。词缀***“子、儿、头、性、者”***通常为***名词性标志***，如：刀子、瓶子、花儿、歌儿、苦头、甜头、弹性、创造性、读者、作者等等。带“儿”的词有少数例外，如：火儿、玩儿、颠儿等是动词。***“化”***是构成***动词的词缀***，如：绿化、现代化。“在于、勇于、敢于”都是动词，这时的***“于”***则为***动词词缀***。***词根+叠音词缀***往往构成***形容词***，如：湿漉漉（的）、喜洋洋（的）、软绵绵（的）。

加在词根后面的不同词缀不仅使词形发生了变化，在词形变化的同时，随之而变的是词类及其功能。例如，“扳”这个语素，可单独构成动词，加词缀“子”就构成另一个词“扳子”，词形变了，词类也随之变了（从动词变为了名词），其所充当的句子成分自然就要有所改变。

鉴于此，对于附加式词汇的了解与应用，在一定程度上助益于翻译中的词类转换，使译文所需之词更为符合原文所要表达之意。

舌部

由“舌”构成的字往往与“舌”或其功能相关。

舌：在口中，是用来说话的器官，是用来辨别滋味的器官。会意字：由干、由口会意。

1. From the oval-shaped flower-bed there rose perhaps a hundred stalks spreading into heart-shaped or **tongue**-shaped leaves half way up and unfurling at the tip red or blue or yellow petals marked with spots of color raised upon the surface; …

《Kew Gardens》(U. K.) Virginia Woolf (1882—1941)

椭圆形的花坛里大约长了一百来株花梗，它们从枝干的中部起就慢慢展开，呈心形或**舌**状，枝头张开一簇簇的花瓣，有红色的、蓝色的、黄色的，五颜六色，争奇斗艳，花瓣上还有一些斑点点缀其间，甚是美丽。

《邱园纪事》(英) 弗吉尼亚·伍尔芙 (1882—1941)

2. The spotted hawk swoops by and accuses me, he complains of my **gab** and my loitering.

《Song of Myself: 52》(Excerpt) (U. S. A.) Walt Whitman (1819—1892)

那苍鹰从我身旁掠过而且责备我，他怪我**饶舌**，又怪我迟迟留着不走。

《我自己的歌：第52首》(节选)(美) 沃尔特·惠特曼 (1819—1892)

3. Without wood a fire goes out;

Without **gossip** a quarrel dies down.

《Holy Bible》 PROVERBS 26: 9

火缺了柴，就必熄灭；

　　无人***传舌***，争竞便止息。

《圣经》箴言 26：9

译文“***饶舌***”与“***传舌***”各自两词根之间属动宾型关系，其翻译涉及到词类的转换：***从原文的名词转换为译文的动词***。“***饶舌、传舌***”相应地表达出了原文所含之***贬义***。

敌（攴部）：仇敌。《字典》：（形容词）（实力）相当的。形声字：右形左声（从攴，啇 chi 声。形旁攴为手持器械治事状，表示敌之本义与治事、击打有关，声旁啇为从口帝声的形声字，于敌表声）。

1. How dull to hear the voice of those

　　Whom rank or chance, whom wealth or power,

Have made, though neither friends nor **foes**,

　　Associates of the festive hour.

《I would I were a Careless Child》(U. K.) George Gordon Byron (1788—1824)

多无聊！去听那些人闲谈：

　　那些人与我非***敌***非友，

是门第、权势、财富或机缘

　　使他们与我在筵前聚首。

《我愿做无忧无虑的小孩》(英) 乔治·戈登·拜伦 (1788—1824)

2. The Soul unto itself

Is an imperial friend—

Or the most agonizing Spy—

An **Enemy**—could send—

《The Soul unto itself》(U. S. A.) Emily Dickinson (1830—1886)

灵魂对于它自己

是威严的伴侣——

是***敌人***所能派遣的

最难防御的密探——

《灵魂对于它自己》(美) 艾米莉·狄金森 (1830—1886)

3. And drunk delight of battle with my **peers**,

Far on the ringing plains of windy Troy.

《Ulysses》(U. K.) Alfred Tennyson (1809—1892)

在遥远而多风的特洛伊战场，

我曾陶醉于与***敌手***作战的欢欣。

《尤利西斯》(英) 阿尔弗雷德·丁尼生 (1809—1892)

例词译文皆为原文之直译。***“敌人、敌手”***各自两词根为偏正型关系。

甜(甘部):甜美。会意字:由甘、由舌会意。

1. From any wings are shaken the dews that waken
　　The **sweet** buds every one,
When rocked to rest on their mother's breast,
　　As she dances about the Sun.

《The Cloud》(U. K.) Percy Bysshe Shelley (1792—1822)

我从翅膀落下露滴,去喷醒那些
　　鲜嫩萌蘖,***甜美***蓓蕾,
当她们的母亲围绕太阳舞蹈着轻摇
　　让她们贴着胸脯入睡。

《云》(英) 珀西·比希·雪莱 (1792—1822)

2. For the rest you draw me on with your kindness. It is difficult to get rid of people when you once have given them too much **pleasure**—that is a fact, and we will not stop for the moral of it.

《Elizabeth Barrett to Robert Browning》(U. K.) Elizabeth Barrett (1806—1861)

此外,你还对我循循善诱,一旦你给人家太大***甜头***之后,再想摆脱他们可就难了——这是事实,然而我们总是不肯吸取教训。

《伊丽莎白·巴雷特复布朗宁书》(英) 伊丽莎白·巴雷特 (1806—1861)

3. The wise in heart are called discerning,
　　and **pleasant** words promote instruction.

《Holy Bible》 PROVERBS 16:11

心中有智慧,必称为通达人;
　　嘴中有***甜***言,加增人的学问。

《圣经》箴言 16:11

例词译文***“甜美”***为其原文之直译,两词根意义相近。***“甜头、甜”***为意译。***“甜头”***是由一个表示***具体词汇意义的词根“甜”***和一个表示某种***附加意义的词缀“头”***构成。词缀***“头”是名词的标志***。这里用***“甜头”***作为 **pleasure** 的译文,不仅与原文例词词类一致,而且保留了原文的文体特色,使译文更为贴切地表达出了原文之意。

辞(辛部):打官司的文辞。《字典》:(动词) 告别。会意字:由舌、由辛会意。

1. I found the **words** to every thought
I ever had—but One—
And that—defies me—
As a Hand did try to chalk the Sun

《I found the words to every thought》(U. S. A.) Emily Dickinson (1830—1886)

我为每一种思想寻找***言辞***
我总能成功，但有一种——
就是这种，使我困窘——
像要用粉笔描绘烈日当空

《我为每一种思想寻找言辞》(美) 艾米莉·狄金森 (1830—1886)

2. The next day, when their mended carriage had come up to fetch them, and they were just starting to drive away from the inn, the Conte's old servant appeared with the rose-cutting neatly wrapped up, and the **compliments** and wishes for a buon viaggio from her master. …

…Of course the old Conte must have **died** many years ago; she had forgotten his name, and had even forgotten the name of the mountain city that she had stayed in, after first seeing it twinkling at dawn in the sky, like a nest of stars.

《The Rose》(U. K.) Logan Pearsall Smith (1865—1946)

翌日，马车已经修好，上山来接他们。正要乘车离开小酒店时，伯爵的老仆人来了，送了他们一根包扎好的玫瑰插条，并转达了老伯爵的问候和***祝辞***，祝他们旅途愉快。……

……当然，老伯爵已经***辞世***多年；她也忘记了老伯爵的名字，连曾经住过的小城名字也遗忘了。只记得初见时，它犹如满天的繁星在黎明的薄雾中熠熠生光。

《玫瑰》(英) 洛根·皮尔索尔·史密斯 (1865—1946)

3. Let us remember the author can always do his best. There is no **excuse** for him. …He can always realize the best that is in him. He is not dependent upon his best moment in any one day. He may group together the best moments of twenty days. There is no excuse for him if he does not do his best. Great is his opportunity; great also is his responsibility.

《The Joys of Writing》(U. K) Winston Leonard Spencer Churchill (1874—1965)

让我们记住了，作家永远可以发挥最大的努力。他找不出任何***托辞***不这样做。……他永远可以把他的最大潜能发挥出来。他并不依赖于自己某一天的最佳时刻。他可以把二十天的最佳时刻攒起来。他没有理由不尽最大的努力。等待他的机会多，赋予他的责任也很重大。

《写作的乐趣》(英) 温斯顿·李安纳德·史宾塞·丘吉尔 (1874—1965)

例词译文均属直译。***“言辞、祝辞、托辞”***各自两词根之间为偏正型关系。由于三例词的中心词语***“辞”***为名词，虽然各自的修饰语不同，但其词类仍是名词，与所对应的原文词类相同。***“辞世”***所对应的原文 **die** 为动词，***“辞世”***两词根之间为动宾型关系，其组合为动词，其所对应之原文亦为动词。

乱（乙部）：治理。《字典》：（形容词）毫无秩序；没有条理。会意字：金文字形，像上下两手在整理架子上散乱的丝。

1. Life will be imaged, but cannot be divided nor doubled. Any invasion of its unity would be **chaos**.

《Life》(U. S. A.) Ralph Waldo Emerson (1803—1882)

生命可以被想象，但是不能被割裂，也不能被复制。生命的整体一旦被破坏就会引起***混乱***。

《生命》(美) 拉尔夫·沃尔多·爱默生 (1803—1882)

2. And **tumult** of the headlong air
Hath nestled in my very hair.

《Tamerlane》(U. S. A.) Allan Poe (1809—1849)

那风的***纷乱***，风的喧嚣
已在我头上筑起了窝巢。

《帖木儿》(美) 爱伦·坡 (1809—1849)

3. There may well seem to be nothing but a conglomeration and huddle of **confusion**. Poems and novels, histories and memoirs, dictionaries and blue-books; books written in all languages by men and women of all tempers, races, and ages jostle each other on the shelf.

《How should One Read a Book?》(U. K.) Virginia Woolf (1882—1941)

庞杂***纷乱***的各种书籍会搅得我们手足无措。有诗歌也有小说，有历史也有传记，有词典也有蓝皮书；由不同性别、不同种族、不同年代的作者用各种语言写成的书把书架挤得满满当当。

《应当如何读书?》(英) 弗吉尼亚·伍尔芙 (1882—1941)

4. Our pleasure was exquisite. Who can tell, save the imprisoned Londoner, the joy of walking on the clean sea-sand! What a delight that was, to say nothing of the beauty of the scenery! To be free of the **litter** and filth of a London suburb, of its broken hedges, its brickbats, its torn advertisements, its worn and trampled grass in

fields half given over to the speculative builder; …

《A Londoner's Holiday》(U. K.) William Hale White (1831—1913)

简直太高兴了！走在干净的海滩上，这种惬意，除了经常憋在伦敦的人还有谁能说得出呢？走在沙滩上，怎一个爽字了得！美丽的海景就更不用提了！这里没有伦敦市郊的脏**乱**，没有破旧的篱笆，没有残砖片瓦，没有撕得乱七八糟的广告，没有被踩得不堪入目的田地，其中一半还划给了投机建筑商。

《伦敦宅人出游记》(英) 威廉·黑尔·怀特 (1831—1913)

例词译文皆为直译。**"混乱、纷乱"**各自两词根意义相近，其含义与《字典》中之释义相符。**例 3** 译文中使用的**重叠词"满满当当"**表现出了 jostle 的形态色彩。

舐：《字典》：（动词）舔。形声字：左形右声。

1. My heart, with its **lapping** waves of song, longs to caress this green world of the sunny day.

《Stray Birds: 259》(India) Rabindranath Tagore (1861—1941)

我的心，同着它的歌的拍拍**舐**岸的波浪，渴望着要抚爱这个阳光熙和的绿色世界。

《飞鸟集：第 259 首》(印度) 罗宾德拉纳特·泰戈尔 (1861—1941)

2. The hungry self of the Nation shall burst in a violence of fury from its own shameless feeding.

For it has made the world its food,

And **licking** it, crunching it, and swallowing it in big morsels, …

《The Sunset of the Century》(India) Rabindranath Tagore (1861—1941)

饥饿的国家，它自己会在自己的无耻的供养里暴烈地愤怒地烧灼起来。

因为它已把世界当做它的食物而**舐**着嚼着，一口气吞了下去。

《世纪末日》(印度) 罗宾德拉纳特·泰戈尔 (1861—1941)

两例词译文皆为直译。虽同为"舐"，但其各自的方式与对象不同。**例 1** 之"**舐**"是在"舐岸的波浪"，**"舐"**中含有**"拍"**意，从 **lap** [(of water) to touch sth gently and regularly, often making a soft sound] 的释义即可有所体会。**例 2** 之"**舐**"是在"当做它的食物而舐着嚼着"，此**"舐"**中含有**"尝、吃"**之意：**lick** (to move your tongue over the surface of sth in order to eat it, make it wet or clean it)。

刮（刀部）：刀，刮摩。形声字：右形左声。

The pictures were usually in two styles. In the first style, figures were black or dark brown on a reddish or clay-colored background. In the second style, the background was black and the pictures were reddish or clay-colored, as if the whole vase had been painted black and the picture had been **scraped** out so that the clay color was left to form the picture.

《Jars and Jugs》(U. S. A.) Virgil M. Hillyer (1875—1937)

这些绘画作品，通常有两种风格。在第一种风格里，人物都是黑色或者深褐色，而背景则是红色或者陶土色。在第二种风格里，背景是黑色的，而图画则是红色或者陶土色的，仿佛整个瓶子都被漆成了黑色，然后再在上面***刮摩***出图画，从而留下陶土的颜色，形成整幅图画似的。

《坛坛罐罐》(美) 维吉尔·希利尔 (1875—1937)

“刮”与***“摩”***意义相近。

缶部

缶：陶器。用来盛酒浆的器皿。象形字。由“缶”构成的字一般与瓦器相关。

缸：陶器。形声字：左形右声。

For as I have often said to your Majesty, I was towards you but as a bucket, and a **cistern**; to draw forth and conserve; whereas yourself was the fountain.

《Francis Bacon to King James I》(U. K.) Francis Bacon (1561—1626)

臣昔日曾对陛下有言，臣之于陛下，譬如一提水之桶、盛水之***缸***，而陛下则为水之泉源。

《培根上詹姆斯一世书》(英) 弗朗西斯·培根 (1561—1626)

例词 **cistern** (a container in which water is stored in a building, especially one in the roof or connected to a toiler) 在这里译为***“缸”***属意译。

缺：陶器破缺。《字典》：(动词) 缺少；不足。形声字。

1. …wherewith equipt
He as a watchman oftentimes was placed
At gate or **gap**, to stem or turn the flock;

…

But we were playmates, Luke: among these hills,
As well thou knowest, in us the old and young
Have played together, nor with me didst thou
Lack any pleasure which a boy can know.

《Michael》(U. K.) William Wordsworth (1770—1850)

……有了这玩意儿，
他便活像个小羊倌，兴冲冲站在
门边或***缺口***，把羊儿拦住或赶开。
……
可是，咱俩还是玩伴儿呢，路克，
你总该记得；在这些山头上，咱俩
老是一块玩；有这老家伙陪着，
小家伙开心的事哪一样也不***缺***。

《迈克尔》(英) 威廉·华兹华斯 (1770—1850)

2. We turn our attention away from own **defects**, and when we are forced by untoward events to consider them, find it easy to condone them. For all I know we are right to do this; they are part of us and we must accept the good and bad in ourselves together.

《On Motes and Beams》(U. K.) William Somerset Maugham (1874—1965)

我们不关注自己的***缺点***，即使身陷困境，不得不正视它们时，我们也会很容易就宽恕自己。据我所知，我们这样做是正确的。缺点是我们自己的一部分，我们必须接纳自己的好与坏。

《微尘与栋梁》(英) 威廉·萨默塞特·毛姆 (1874—1965)

3. Sophy the woman was as charming a partner as a man could possess, though Sophy the lady had her **deficiencies**. She showed a natural aptitude for little domestic refinements, so far as related to things and manners; but in what is called culture she was less intuitive.

《The Son's Veto》(U. K.) Thomas Hardy (1877—1947)

苏菲这样的女人是男人所能获得的最好的配偶，虽然作为贵夫人，她有一些***缺陷***。对于琐碎的家政，只要关系到穿衣及仪表方面的事情，她都表现出一种与生俱来的天赋；但一涉及文化和教养，她就不那么敏感了。

《儿子的否决》(英) 托马斯·哈代 (1877—1947)

例词译文均为直译。***“缺口、缺点”***两词根之间为偏正型关系。***“缺陷”***两词根之间的关系属补充型。

耒部

耒：手耕时期的曲木。由“耒”构成的字往往与农具及耕作相关。

耕：犁田。形声字：左形右声。另一种说法是，上古为井田（从井会意）。

1. He is the poet of the dawn, who wrote
    The Canterbury Tales, and his old age
    Made beautiful with song; and as I read
I hear the crowing cock, I hear the note
    Of lark and linnet, and from every page
    Rise odors of **ploughed** field or flowery mead.

《Chaucer》(U. S. A.) Henry Wadsworth Longfellow (1807—1882)

他是黎明时期的一代诗宗,
    《坎特伯雷故事集》出自他笔下,
    诗歌使他的晚景奕奕生光;
读着他的诗,我恍如听到鸡鸣,
    听到百灵和红雀;页页都散发
    新***耕***田野、繁花草原的清香。

《乔叟》(美) 亨利·瓦茨沃斯·朗费罗 (1807—1882)

2. Where men cross over in their boats in the morning with ploughs on their shoulders to **till** their far-away fields; …

《The Further Bank》(India) Rabindranath Tagore (1861—1941)

人们在早晨乘船渡过那边去,肩上扛着犁头,去***耕耘***他们远处的田;……

《对岸》(印度) 罗宾德拉纳特·泰戈尔 (1861—1941)

两例词译文***“耕”***之意与其本意相符。***“耕耘”***两词根之间意义相关:***“耕”***之意为***“犁田”***,***“耘”***为***“除草”***。**例1**译文中***叠音词“奕奕”***与***“页页”***的运用增强了译文的***韵律感***。

耙:《字典》:农具,长柄一头有齿,用来平整土地或聚拢、散开谷物、柴草等。形声字。

"Who cares what they say? It's a nice way to live,
Just taking what Nature is willing to give,
Not forcing her hand with **harrow** and plow."

《Blueberries》(U. S. A.) Robert Frost (1874—1963)

“谁在乎据说,这倒是不错的活法,
只是取用大自然愿意给予的那些,
而不是,又犁、又***耙***,去逼迫她。”

《蓝莓》(美) 罗伯特·弗罗斯特 (1874—1963)

这里***“耙”***的翻译涉及词类的转换:从***原文的名词转换为译文的动词***。

耗:《字典》:(动词) 减损;消费。形声字。

1. But, you fool, you **squander** yourself, not for her, but to provide her with petty luxuries she doesn't really want. You insult her. A woman unsatisfied must have luxuries. But a woman who loves a man would sleep on a board.

《D. H. Lawrence to John Middleton Murray》(U. K.) D. H. Lawrence (1885—1930)

然而，你这傻瓜，你这样***耗尽***精力并不是为她，而是为了让她得到一点她并不需要而又微不足道的物质享受。这对她是一种侮辱。只有得不到满足的女人才非要物质享受不可。一个女人如果真心爱一个男人的话，即使睡木板，她也甘心情愿。

《劳伦斯致默里书》(英) 戴维·赫伯特·劳伦斯 (1885—1930)

2. It may **cost** treasure; and it may cost blood; but it will stand, and it will richly compensate for both.

《Celebrate the American Heritage》(U. S. A.) Daniel Webster (1782—1852)

为达成宣言，我们可能***耗费***钱财，可能牺牲流血；但是，宣言必将屹立，并加倍偿还所耗的钱财和生命。

《美国的革命传统》(美) 丹尼尔·韦伯斯特 (1782—1852)

例词译文***"耗尽"***两次根之间为补充型关系，***"耗费"***两词根意义相近。

老部

由"老"构成的字一般与年纪大或历时久等意义相关。

老：老年人。七十岁叫老。会意字：由人、毛、匕会意。是说鬓须毛发变白。

1. We look round in a new world, full of life, and motion, and ceaseless progress; and feel in ourselves all the vigor and spirit to keep pace with it, and do not foresee from any present symptoms how we shall be left behind in the natural course of things, decline into **old** age, and drop into the grave.

《On the Feeling of Immortality in Youth》(U. K.) William Hazlitt (1778—1830)

环视四周这个全新的世界，充满了勃勃生机，永不停歇。我们觉得自己年轻气盛，能跟上世界的步伐。现有的任何征兆都不能预知我们会如何被事物的自然进程甩在后面，如何步入***老***年，如何步入坟墓。

《青春永驻随感》(英) 威廉·黑兹利特 (1778—1830)

2. Many of the jolly-looking little **old** inns and taverns of England are in half-timbered style. Here the stagecoaches used to stop, and travelers would find the inns cozy and warm after a long day's journey.

《The Homes of England》(U. S. A.) Virgil M. Hillyer (1875—1937)

英国有许多看上去令人觉得非常愉快的、***古老***的小酒馆和小客栈，它们都是半木结构的。过去的驿站马车，都会在这些酒馆和驿站停留；而旅人在经历了一整天的长途跋涉之后，也会发现这些客栈非常舒适、温馨。

《英国的住宅》(美) 维吉尔·希利尔 (1875—1937)

两例词译文之"***老***"的意义均与其本意相符。**例 2** 之"***古老***"两词根意义相近，故 **old** 在**例 1** 中译为"***老***"，在**例 2** 中为"***古老***"。

耄耋：指老年，高龄（耄：八九十岁的年纪；耋：七八十岁的年纪）。形声字：上形下声。

A hundred years today a man died. He died immortal. He departed laden with **years**, laden with works, laden with the most illustrious and the most fearful of responsibilities of the human conscience informed and rectified.

《Voltaire》(France) Victor Marie Hugo (1802—1885)

一百年前的今天，一颗巨星陨落了。但他是永生的。他离开人世时已年登**耄耋**，他著述极富，肩负着最荣耀也是最艰巨的责任，那就是：培育良知，教化人类。

《伏尔泰》(法国) 维克多·玛丽·雨果 (1802—1885)

这里的"**耄耋**"为意译。"**耄**"与"**耋**"两词根意义相近，都含有"年老、高龄"之意。其所对应的原文例词 **years** 之意为 a long time，亦即"**耄耋**"。

臣部

由"臣"构成的字往往含有"服从"之意。

臣：受牵制者，奉侍君王者。象形字：像屈服的样子。

That god forbid that made me first your slave
I should in thought control your times of pleasure,
Or at your hand th' account of hours to crave,
Being your **vassal** bound to stay your leisure.

《The Sonnets of William Shakespeare: 58》(U. K.) William Shakespeare (1564—1616)

造我做你的奴隶的神，禁止我
在我的思想中限制你享乐的光阴，
禁止我要求你算清花费的时刻，
是***臣仆***，我只能伺候你的闲情！

《莎士比亚十四行诗：第 58 首》(英) 威廉·莎士比亚 (1564—1616)

"***臣仆***"为其原文之直译，两词根意义相近。

卧：（卧部）：休息。会意字：由人、臣会意，取“臣”的屈服之意。

For oft, when on my couch I **lie**
    In vacant or in pensive mood,
They flash upon that inward eye
    Which is the bliss of solitude;

《The Daffodils》(U. K.) William Wordsworth (1770—1850)

从此，每当我倚榻而***卧***，
    或情怀抑郁，或心境茫然，
水仙呵，便在心目中闪烁——
    那是我孤寂时分的乐园；

《水仙》(英) 威廉·华兹华斯 (1770—1850)

例词译文“***卧***”为直译，与其本意相符。

臼部

由“臼”构成的字一般与臼形器具相关。

臼：舂米的臼。古时候在地上掘坎成臼。后来挖穿木头或石头（作臼）。象形字。

Though you grind a fool in a **mortar**,
    grinding him like grain with a pestle,
    you will not remove his folly from him.

《Holy Bible》PROVERBS 27：14

你虽用杵将愚妄人
    与打碎的麦子一同捣在***臼***中，
    他的愚妄还是离不了他。

《圣经》箴言 27：14

七画

辛部

由“辛”构成的字往往与犯罪或诉讼相关。

辛：辛，（代表秋天）秋天万物成熟了。（又代表金）金质刚硬。（又代表辛味）味道辛辣，辛辣就感到痛苦，就会流出眼泪。《字典》：（动词）劳苦；困难。会意字：由一、由辛会意，辛是罪恶的意思。辛继承庚，像人的大腿。

1. "War," he sung, "is **toil** and trouble;
Honor, but an empty bubble. ..."
《Alexander's Feast, or The Power of Music》(U. K.) John Dryden (1631—1700)
他歌唱，战争是**辛劳**，战争是烦恼，
荣誉只是空幻的泡沫；……
《亚历山大的宴会或音乐的力量》(英) 约翰·德莱顿 (1631—1700)

2. Let not Ambition mock their useful **toil**,
Their homely joys, and destiny obscure;
Nor Grandeur hear with a disdainful smile,
The short and simple annals of the Poor.
《Elegy Written in a Country Churchyard》(U. K.) Thomas Gray (1716—1771)
有抱负的人别嘲笑他们的**辛苦**，
他们的欢乐太家常，他们的命运太寻常。
高贵的人也勿对他们冷笑，
来听听穷人们简约的"家国兴亡"。
《写在教堂墓地的挽歌》(英) 托马斯·格雷 (1716—1771)

3. Ah, friend, you little knew
How long at that celestial wick
The Angels-labored **diligent**—
Extinguished-now-for you!
《Good Night! Which put the Candle out?》(U. S. A.) Emily Dickinson (1830—1886)
啊，朋友，你不会理解
天使们在那烛芯上
曾**辛勤**工作了多久——
此刻，却由于你而熄灭！
《晚安，是谁吹灭了烛光?》(美) 艾米莉·狄金森 (1830—1886)

4. But the sweetness of mercy brew'd **bitter** destruction, and the frighten'd monarchs come back,
Each comes in state with his train, hangman, priest, tax-gatherer,
Soldier, lawyer, lord, jailer, and sycophant.
《Europe》(U. S. A.) Walt Whitman (1819—1892)
但是宽容的仁慈酿成了**辛酸**的毁灭，受过惊的君主重又回来，
各自威武地带着随从、刽子手、僧侣、税吏，

兵士、律师、大臣、狱卒和专事奉承的人们。

《欧罗巴》(美) 沃尔特·惠特曼 (1819—1892)

例词译文“***辛劳、辛苦、辛勤、辛酸***”皆为其原文之直译。这里“***辛苦***”之“***苦***”的意思是“劳累；艰辛”。“***辛劳、辛苦***”对应同一原文 **toil**，部分原因在于“***劳***”与“***苦（劳累）***”意义相近。

【译法点滴】 数字

数字除了表示事物的数量或次序外，还广泛用于成语或词组中，作为夸张或比喻的修辞手段，以使语言凝练生动，达到言简意赅、渲染气氛的效果。以复数形式出现的数字，大多具有特殊的意义，有些本身就是惯用语。对于原文中的数字，中译时必须认清它确实的意义，切不可照字面翻译。例如：many 万千，many a lengthening league 万水千山，once or twice 三番两次，five and ten 廉价商品、杂货店、小零售店等。

此外，还可以根据数字模糊语义在翻译时所应遵循的民族性、通俗性以及形象性原则，根据译文读者的语言习惯，利用数字来表达某些原文词语的意义，使译文通顺流畅，语义准确贴切，以利于读者的阅读。例如：chattering 七嘴八舌，clear 一清二楚，action 一举一动，continually 接二连三，looked about 四向张望，cluttered 横三竖四。

瓣（瓜部）：瓜中的子实。形声字：内形外声（“辩”声）。

1. The soul unfolds itself, like a lotus of countless **petals**.

《Self-Knowledge》(Lebanon) Kahlil Gibran (1883—1931)

灵魂如同一朵***千瓣***的莲花，自己开放着。

《自知》(黎巴嫩) 卡里·纪伯伦 (1883—1931)

2. Hark, where my blossomed pear-tree in the hedge
Leans to the field and scatters on the clover
Blossoms and dewdrops—at the bent spray's edge—

《Home-Thoughts, from Abroad》(U. K.) Robert Browning (1812—1889)

我园中倚向篱笆外的梨树
把如雨的***花瓣***和露珠
洒满了树枝之下的苜蓿田；……

《海外思乡》(英) 罗伯特·勃朗宁 (1812—1889)

例词译文中。**例 1** 为直译，**例 2** 属意译。“***花瓣***”两词根之间属偏正型关系。**例 1** 中的 **countless petals** 译为“***千瓣***”体现出了***数字模糊语义***在翻译中的应用：译出了莲花的形象。

辫（糸部）：交织。形声字：内形外声。

It is cold. Summer is over—it is autumn-everything is ugly. The carts rattle by, swinging from side to side; two Chinamen lollop along under their wooden yokes with the straining vegetable baskets—their **pigtails** and blue blouses fly out in the wind. A white dog on three legs yelps past the gate. It is all over! What is? Oh, everything! And she begins to **plait her hair** with shaking fingers, not daring to look in the glass.

《The Wind Blows》(New Zealand) Katherine Mansfield (1888—1923)

天真冷！夏天刚刚过去，现已是秋天时分，万物都没了以往的光彩。货车摇摇晃晃，咔哒咔哒地驶过。两个中国人用扁担挑着菜篮子，慢慢地走着。东西太沉，篮子都有点变形。他们头上的***长辫***和身上的蓝色衣襟在风中飞动。一只三条腿的白狗吠叫着跑过大门。糟糕！糟糕透了！她连镜子都没敢照，开始用颤抖的手指给自己***编辫子***。

《大风吹》(新西兰) 凯瑟琳·曼斯菲尔德 (1888—1923)

例词译文均为直译。***“长辫”***两词根之间为偏正型关系。***“编辫子”***之***“编”***与***“辫子”***之间为动宾型关系，而***“辫子”***则属附加式中***“词根+词缀”***的关系。***“子”***为名词词缀。译文中***重叠词“摇摇晃晃”***及***“咔哒咔哒”***的运用分别体现出其***动态及声音***的色彩。

辨（辧）（刀部）：判别。形声字。

1. And now you ask in your heart, "How shall we **distinguish** that which is good in pleasure from that which is not good?"
   Go to your fields and your gardens, and you shall learn that it is the pleasure of the bee to gather honey of the flower,
   But it is also the pleasure of the flower to yield its honey to the bee.

   《Pleasure》(Lebanon) Kahlil Gibran (1883—1931)

   现在你们在心中自问："我们如何***辨别***逸乐中的善于不善呢？"
   到你的田野和花园里去，你就知道花中采蜜是蜜蜂的娱乐；
   但是，将蜜汁送给蜜蜂也是花的娱乐。

   《逸乐》(黎巴嫩) 卡里·纪伯伦 (1883—1931)

2. As I paced the cloisters, sometimes contemplating this mingled picture of glory and decay, and sometimes endeavoring to **decipher** the inscriptions on the tombstones, which formed the pavement beneath my feet, my eye was attracted to three figures, rudely carved in relief, but nearly worn away by the footsteps of many generations.

《Westminster Abbey》(U. S. A.) Washington Irving (1783—1859)

我缓慢地走在拱廊上，时而思索着这融合了辉煌与颓败的景象，时而又力求***辨析***我脚下墓石上的碑文。这时，三座雕塑工艺粗糙的浮像吸引了我的眼光，经过几代人在上面来来回回的行踏，它们几乎已经很难辨认清楚了。

《西敏大寺》(美) 华盛顿 · 欧文 (1783—1859)

3. Just when I seem about to learn!
    Where is the thread now? Off again!
The old trick! Only I **discern**—
    Infinite passion, and the pain
Of finite hearts that yearn.

《Two in the Campagna》(U. K.) Robert Browning (1812—1889)

看来我似乎马上就要领悟!
    可是，丝在何处? 它又已飞去!
老是捉弄人! 只是我已***辨出***——
    无限的情，与一颗渴求着的
有限的心的痛苦。

《荒郊情侣》(英) 罗伯特 · 勃朗宁 (1812—1889)

4. The sea is but another sky,
    The sky a sea as well,
And which is earth and which is heaven,
    The eye can scarcely **tell**.

《The Golden Sunset》(U. S. A.) Henry Wadsworth Longfellow (1807—1882)

茫茫然苍天如大海，
    浩浩然大海似苍天;
何处天上? 何处人间?
    俗眼岂能***分辨***?!

《金色夕照》(美) 亨利 · 瓦茨沃斯 · 朗费罗 (1807—1882)

译文例词均为直译。***“辨别、辨析、分辨”***各自两词根意义相近。***“辨出”***两词根之间属补充型关系：***“出”***在这里说明***“辨”***的结果，从其原文 **discern** 的释义中即可有所体会 (to know, recognize or understand sth, especially sth that is not obvious)。**例 2** 译文中所运用的***重叠词“来来回回”***与**例 4** 中的***“浩浩”***体现出了词语的***动态与形态色彩***，使译文更为顺达、生动。

辩 (辡部)：治理。会意字：由“言”在“辡”中会意。辡：罪人相互打官司，由两个“辛”字会意。

1. Is it there where the learned muddle the summer breeze with their snuff; where

dispute is unending if the oil depends upon the cask, or the cask upon the oil; …

《Lover's Gift》(India) Rabindranath Tagore (1861—1941)

夏天的微风里杂着学者鼻烟的气味；人们不休地***辩论***那“油依赖着桶或是桶依赖着油”的问题；……

《爱者之贻》(印度) 罗宾德拉纳特·泰戈尔 (1861—1941)

2. O, let my books be then the eloquence
And dumb presagers of my speaking breast,
Who **plead** for love, and look for recompense,
More than that tongue that more hath more **expressed**.

《The Sonnets of William Shakespeare: 23》(U. K.) William Shakespeare (1564—1616)

呵，但愿我无声的诗卷能够
滔滔不绝地说出我满腔的语言，
来为爱***辩护***，并且期待报酬，
比那能言的舌头更为***雄辩***。

《莎士比亚十四行诗：第 23 首》(英) 威廉·莎士比亚 (1564—1616)

3. Poets to come! orators, singers, musicians to come!
Not to-day is to **justify** me and answer what I am for,
But you, a new brood, native, athletic, continental, greater than before known,
Arouse! for you must **justify** me.

《Poets to Come》(U. S. A.) Walt Whitman (1819—1892)

未来的诗人！未来的演说家，歌唱家，音乐家！
今天请不必为我***申辩***、并解答，我是抱着什么目的，
但是你们是一群新人物，土生土长，健壮，属于大陆，是空前伟大的，
醒来吧！你们必须为我***申辩***。

《未来的诗人》(美) 沃尔特·惠特曼 (1819—1892)

译文例词除***“雄辩”***为意译外，其余皆为直译。***“雄辩”***两词根之间属偏正型关系；***“辩论”***两词根意义相近；***“申辩”***词根意义相关；***“辩护”***为补充型关系。***“辩论”***的译文涉及到**词类的转变：dispute** ***在其译文中转换为动词***。

辛：罪。形声字：下形上声。

Devoured by worms, like Herod, was the town,
    Because, like Herod, it had ruthlessly
Slaughtered the **innocents**.

《The Birds of Killingworth》(U. S. A.) Henry Wadsworth Longfellow (1807—1882)

这城镇，像希律一样，被虫子吃掉，

因为它，像希律一样，也滥杀***无辜***。

《基灵沃思的鸟儿》(美) 亨利·瓦茨沃斯·朗费罗 (1807—1882)

例词译文为直译，从**“*无辜*”**的释义中，**“*辜*”**之“罪”的含义明白地显示在其中（**innocent**：not guilty of a **crime**, etc.；not having done sth wrong）。

辣：《字典》：(形容词) 凶恶；狠毒。形声字。

It was one of those March days when the sun shines **hot** and the wind blows cold: when it is summer in the light, and winter in the shade.

(U. K.) Charles Dickens (1812—1870)

那是三月的一天，太阳***火辣辣***地照着大地，风冷冷地吹拂着大地：阳光之下是夏天，树荫下是冬天。

(英) 查尔斯·狄更斯 (1812—1870)

这里 **hot** ***意译***为**“*火辣辣*”**。***重叠词*** **“*辣辣*”**充分体现出了天气**炎热**的程度。

角部

禽兽的角。由“角”构成的字，往往涉及到角、角的形状及其相关的动作。

角：禽兽的角。象形字。

1. Out of which a miraculous crescent
    Arose with a duplicate **horn**—
   Astarte's bediamonded crescent,
    Distinct with its duplicate **horn**.

《Ulalume》(U. S. A.) Allan Poe (1809—1849)

从光耀中一弯神奇的新月
    幽幽升起带着两只***弯角***——
阿斯塔尔忒镶钻石的新月
    最明显的就是那两只***弯角***。

《尤娜路姆》(美) 爱伦·坡 (1809—1849)

2. I wish I could take a quiet **corner** in the heart of my baby's very own world.

《Baby's World》(India) Rabindranath Tagore (1861—1941)

我愿我能在我孩子的世界的中心，占一***角***清净地。

《孩子的世界》(印度) 罗宾德拉纳特·泰戈尔 (1861—1941)

两例词译文皆为直译。**例 1** 译文中***重叠词*** **“*幽幽*”**的运用体现出了词语的形象色彩与诗的意境。

触 (觸)：用角抵触。形声字：左形右声。

1. Yes, there is a rumor that a young pale beam of a crescent moon **touched** the edge of a vanishing autumn cloud, and there the smile was first born in the dream of a dew-washed morning.

《The Source》(India) Rabindranath Tagore (1861—1941)

是的，有个谣传，说新月的一线年轻的清光，**触**着将消未消的秋云边上，于是微笑便初生在一个浴在清露里的早晨的梦中了。

《来源》(印度) 罗宾德拉纳特·泰戈尔 (1861—1941)

2. Next to nothing for weight;
And since they grew duller
From **contact** with earth,
Next to nothing for color.

《Gathering Leaves》(U. S. A.) Robert Frost (1874—1963)

论分量聊胜于无，
由于***接触***过泥土，
一片片逐渐发乌，
论颜色聊胜于无。

《收集落叶》(美) 罗伯特·弗罗斯特 (1874—1963)

3. We are very primitive creatures, and the mere satisfaction of self-adornment, and of assuming for a particular occasion a particular set of clothes, may well **tickle** our sensibilities.

《Evening Partings》(U. K.) Rose Macaulay (1881—1958)

我们是很原始的动物，把自己打扮一番，为参加一个特殊的场合挑选特别的衣服，仅此而已，就足以**触发**我们的各种感觉。

《晚间聚会》(英) 罗斯·麦考利 (1881—1958)

4. The dew of the morning
　　Sunk chill on my brow—
It felt like the warning
　　Of what I **feel** now.

《When We Two Parted》(U. K.) George Gordon Byron (1788—1824)

清晨滴落的露珠
　　浸入我眉头，好冷——
对我今天的**感触**
　　仿佛是预先示警。

《当我们俩分别》(英) 乔治·戈登·拜伦 (1788—1824)

译文例词“***触、接触、触发、感触***”皆为直译。“***接触***”两词根意义相近。“***触发***”词根之间属补充型关系。“***感触***”两词根组合后产生了***新义***(feel：to give you a particular feeling or impression)，其翻译还涉及词类的转换：从***原文的动词转换为译文的名词***。例**2**中***重叠词“片片”***的运用表达出了they（落叶）的***复数形式***。

身部

由“身”构成的字一般与身体及其动作相关。

身：全身躯。象形字：像人的身躯。

1. The wolf came peering curious,
The owl looked puzzled down—
The serpent's satin **figure**
Glid stealthily along—

《Through lane it lay-through bramble》(U. S. A.) Emily Dickinson (1830—1886)

鸱枭迷惑不解地俯视——
豺狼好奇得目不转睛——
蛇的绸缎般***身躯***
在一旁悄悄滑行——

《穿过小径，穿过荆棘》(美) 艾米莉·狄金森 (1830—1886)

2. A hurry of hoofs in a village street,
A **shape** in the moonlight, bulk in the dark,
And beneath, from the pebbles, in passing, a spark
Struck out by a steed that flying fearless and fleet;
That was all! …

《Paul Revere's Ride》(U. S. A.) Henry Wadsworth Longfellow (1807—1882)

大路上一阵急骤的马蹄声,
阴处暗处的一个***身影***,
一路上卵石迸射的火星;
那一夜情况就只是这些!

《保罗·里维尔星夜飞驰》(美) 亨利·瓦茨沃斯·朗费罗 (1807—1882)

“***身躯、身影***”皆为其原文之直译。“***身躯***”两词根意义相近；“***身影***”词根间属偏正型关系。**例1**中的**stealthily**译为***叠音词“悄悄”***体现出了其在***声音***方面的形象色彩。

射（矢部）：弓弩从射手身上发射，而射中在远处。《字典》：（动词）发出（光、热、电波等）。会意字：由矢、由身会意。

1. I **shot** an arrow into the air,
It fell to earth, I knew not where;
For, so swiftly it flew, the sight
Could not follow in its flight.

《The Arrow and the Song》(U. S. A.) Henry Wadsworth Longfellow (1807—1882)

我***射***一箭直上高空，
待它落下，不见踪影；
因为它飞得如此迅疾，
我的眼力无法追寻。

《箭和歌》(美) 亨利·瓦茨沃斯·朗费罗 (1807—1882)

2. Even so my sun one early morn did **shine**,
With all triumphant splendor on my brow;
But out alack, he was but one hour mine,
The region cloud hath masked him from me now.

《The Sonnets of William Shakespeare: 33》(U. K.) William Shakespeare (1564—1616)

同样，我的太阳在一天清晨
把万丈光芒***射***到我额角上来；
可是唉！他只属于我片刻光阴，
上空的乌云早把他和我隔开。

《莎士比亚十四行诗：第33首》(英) 威廉·莎士比亚 (1564—1616)

3. To o'er your head, where, lo they meet
As if a **million** sword-blades **hurled**
Defiance from you to the world!

《In a Gondola》(U. K.) Robert Browning (1812—1889)

从头顶到脚底，瞧，它们
就好比是你对世界的抵抗，
就像有***万***把利剑***射***向四方！

《在贡多拉船上》(英) 罗伯特·勃朗宁 (1812—1889)

译文中，**例 1** 与**例 2** 为其原文之直译，**例 3** 之“***射***”为意译（**hurl**: to throw sth/sb violently in a particular direction）。**例 3** 中将 **million**（百万）译为“***万***”即是***数字模糊语义***在文学作品中的具体应用：通过***改译使译文更合乎语言习惯***。

躬：身体。《字典》：（动词）身子向前弯曲。形声（左形右声）兼会意（由身、由弓会意）字。

Ganga was sunken, and the limp leaves
Waited for rain, while the black clouds
Gathered far distant, over Himavant.
The jungle crouched, **humped** in silence.

《What the Thunder Said》(U. K.) Thomas Stearns Eliot（1888—1965）

恒河的水位下降了，那些疲软的叶子
在等着雨来，而乌黑的浓云
在远处集合，在喜马望山上。
丛林在静默中***躬***着背蹲伏着。

《雷霆的话》(英) 托马斯·斯特恩斯·艾略特（1888—1965）

译文***"躬"***的含义与《字典》"躬"之释义相符合。

辰部

"辰"一般表示时间，也是日、月、星的统称。由"辰"构成的字，往往与"时机、时令"相关。

辰：震动。(辰) 代表三月，这时阳气发动，雷电震动，是人们耕种的***时令***。万物生长。由乙、匕（化）会意，表示草木由弯弯曲曲艰难地生长变化为草芒径直通达。厂表示读音。***辰（又代表星辰，）之二十八星宿之一的房屋***，（房屋的出现，）标志着种田的***天时***的来到。所以从二，二是古文上字。会意字。

1. You would measure time the measureless and the immeasurable.
   You would adjust your conduct and even direct the course of your spirit according to **hours** and seasons.
   Of time you would make a stream upon whose bank you would sit and watch its flowing.

   《Time》(Lebanon) Kahlil Gibran（1883—1931）

   你要测量那不可量、不能量的时间。
   你要按照***时辰***与季节来调节你的举止，引导你的精神。
   你要把时光当做一条溪水，你要坐在岸旁，看它流逝。

   《时光》(黎巴嫩) 卡里·纪伯伦（1883—1931）

2. Thus, seamed with many scars,
   Bursting these prison bars,
   Up to its native **stars**

My soul ascended!

《The Skeleton in Armor》(U. S. A.) Henry Wadsworth Longfellow (1807—1882)

就这样，弄一身伤痕，
撞开监牢的铁门，
我的灵魂升了天，
攀登故园的***星辰***!

《铠甲骷髅》(美) 亨利·瓦茨沃斯·朗费罗 (1807—1882)

两例词译文均体现出**“辰”**之意义。由于汉语的词逐渐由单音节向双音节发展，古代汉语的许多词在现代汉语中则变为了构词成分，故现代汉语中一些词的词义就显示出了与古代汉语的不同：古语中的每个字都有实义，而今语中组成的词只用其固定的意思，“时辰、星辰”即如此。

辱：耻辱。会意字：由“寸”在“辰”下会意（表示得失务农的时机则按法度赏罚）。失去耕种的时机，就在封土上羞辱他。辰月，是农耕的时令。所以房星叫作辰星，（它的出现）是耕田的征兆。

1. My poor real dying mother in her rags,
Who put me from her with the life and all,
Poverty, pain, **shame**, and disease at once,
To die the easier by what price I fetched—

《From *The Ring and the Book*》(U. K.) Robert Browning (1812—1889)

我可怜的垂死的生母躺在褴褛中，
她把生命的一切——贫穷、痛苦、
耻辱和疾病全都留给了我，
用卖我的钱，让自己死得舒服些——

《指环与书》(选段)(英) 罗伯特·勃朗宁 (1812—1889)

2. Go on, until this land revokes
The old and chartered Lie,
The feudal curse, whose whips and yokes
Insult humanity.

《To William E. Channing》(U. S. A.) Henry Wadsworth Longfellow (1807—1882)

干下去！从这片土地上扫除
老朽而横霸的谎言
和封建祸害——它的鞭和轭
凌辱了人的尊严。

《致威廉·埃·查宁》(美) 亨利·瓦茨沃斯·朗费罗 (1807—1882)

译文**“耻辱、凌辱”**均为其原文例词之直译。两词各自词根之间意义相近，体现出**“辱”**之本义。

唇（脣）（肉部）：口的边缘。形声字：内形外声。

O holy Night from thee I learn to bear
　　What man has borne before!
Thou layest thy finger on the **lips** of Care,
　　And they complain no more.

《Hymn to the Night》(U. S. A.) Henry Wadsworth Longfellow (1807—1882)

夜呵！你教我学会忍受
　　人们曾经忍受的一切！
你手指轻触“忧伤”的**唇**吻，
　　他便悄然停止了呜咽。

《夜的赞歌》(美) 亨利·瓦茨沃斯·朗费罗 (1807—1882)

这里**“唇”**即 **lips** 的直译。

釆部

辨别的意思。会意字：“釆”字的上部是一个“爪”，下部是一个“木”表示与树木有关。部分由“釆”构成的字往往含有“辨识”之意。

释：解下。从釆：釆是取其分辨区别事物这个意思。从睪（表示通过眼睛观察来辨别事物）。形声字。

1. Every thought I have imprisoned in expression I must **free** by my deeds.

《Sand and Foam》(Lebanon) Kahlil Gibran (1883—1931)

我的每一个禁闭在表情里的念头，我必须用行为去**释放**它。

《沙与沫》(黎巴嫩) 卡里·纪伯伦 (1883—1931)

2. ‘Let the men of lore appear,
　　The wisest of the earth,
And **expound** the words of fear,
　　Which mar our royal mirth.’

《Vision of Belshazzar》(U. K.) George Gordon Byron (1788—1824)

“传那些饱学之士，
　　无敌的智囊前来，
诠释这可怖的文字——
　　它把我豪兴败坏。”

《伯沙撒所见异象》(英) 乔治·戈登·拜伦 (1788—1824)

3. This man said rather, "Actual life comes next?

Patience a moment!

Grant I have mastered learning's crabbed text,

Still there's the **comment**..."

《A Grammarian's Funeral》(U. K.) Robert Browning (1812—1889)

这位却说："轮到现实生活了么？

耐心再稍等片时！

纵然我已把艰涩难辨的本义掌握，

但还剩下***注释***。……"

《语法学家的葬礼》(英) 罗伯特·勃朗宁 (1812—1889)

4. I have looked down the saddest city lane.

I have passed by the watchman on his beat

And dropped my eyes, unwilling to **explain**.

《Acquainted with the Night》(U. S. A.) Robert Frost (1874—1963)

我看过城里最凄凉的小巷。

我曾从打更更夫身边走过，

不愿意***解释***，低垂下目光。

《熟悉黑夜》(美) 罗伯特·弗罗斯特 (1874—1963)

四例词译文皆为直译。***"释放、诠释、注释、解释"***各自两词根意义相近。原文例词不同，译文中与***"释"***组合的字（词根）则不同：***"放"***（解除禁令或拘押，使自由）、***"诠"***（详细说明）、***"注"***（用文字解释书中的字句）、***"解"***（分析；说明）。

悉：详细，穷尽。

1. She may **know** cove and cape,

But she does not know mankind

If by any change of shape,

She hopes to cut off mind.

《Sand Dunes》(U. S. A.) Robert Frost (1874—1963)

她可能很***熟悉***海湾，

但对人类不甚了了，

若是能够改变形状

她希望能切除大脑。

《沙丘》(美) 罗伯特·弗罗斯特 (1874—1963)

2. I've nothing else—to bring, You know—

So I keep bringing these—
Just as the Night keeps fetching Stars
To our **familiar** eyes—
《I've nothing else-to bring, You know》(U. S. A.) Emily Dickinson (1830—1886)
我没有别的可带，你知道——
所以带的总是这些——
就像黑夜总是带来星星
给我们**熟悉**的眼睛——
《我没有别的可带，你知道》(美) 艾米莉·狄金森 (1830—1886)

两例词译文均为直译。**例 1** 之原文 **know** 为多义词，其中之一义为：to be familiar with a person, place, thing, etc.

番：兽足叫作番。《字典》(动词) 轮换；更替。(量词) 用于动作的遍数。象形兼会意：由釆、田会意。

1. …white sheets of water, and pure sky;
I have thought of all **by turns**, and yet do lie
Sleepless! and soon the small birds' melodies
must hear, first uttered from my orchard trees;
And the first cuckoo's melancholy cry.
《To Sleep》(U. K.) William Wordsworth (1770—1850)
澄洁的天宇，白茫茫一片湖光——
这种种，我在卧榻上**轮番**想象，
总也睡不着；从那边果园中，不久
就会传来鸟雀们第一声啁啾，
还有杜鹃第一声忧郁的吟唱。
《致睡眠》(英) 威廉·华兹华斯 (1770—1850)

2. Now, while the birds thus sing a joyous song,
And while the young lambs bound
As to the tabor's sound,
To me alone there came a thought of grief:
A timely utterance gave that thought relief,
And I again am strong: …
《Ode: Intimations of Immortality from Recollections of Early Childhood》
(U. K.) William Wordsworth (1770—1850)
听着这些鸟儿，把欢乐之歌高唱，

瞧这些小小羔羊
应着鼓声而蹦跳，
唯独我，偏偏有愁思来到心间；
沉吟咏叹了一**番**，把愁思排遣，
于是乎心神重旺。

《永生的信息》(英) 威廉·华兹华斯 (1770—1850)

例词译文与《字典》之意相符，均为直译。**例 1** 中将 **all** 译为***重叠词“种种”***来***表示多数***。**例 2** 中的“**young**”译为“**小小**”突出了其***形态色彩；同例***中通过***增加“偏偏”***来***加强语气***，从而进一步表达出了诗中所含之意——诗人不希望此时被愁思所搅扰。

赤部

由“赤”构成的字，往往含有“红色”之意。

赤：南方的颜色。《字典》：(动词) 裸露。(形容词) 空；什么也没有。会意字：由大、由火会意。

1. Too many fragments of the spirit have I scattered in these streets, and too may are the children of my longing that walk **naked** among these hills, and I cannot withdraw from them without a burden and an ache.

《The Coming of the ship》(Lebanon) Kahlil Gibran (1883—1931)

这里的大街小巷都撒满了我心灵的碎片，这里有许多充满朝气与希望的孩子***赤足***穿梭在山林间，我无法做到毫无负担与伤痛地从这些景物中悄然离开。

《船的到来》(黎巴嫩) 卡里·纪伯伦 (1883—1931)

2. This city now doth, like a garment, wear
The beauty of the morning: silent, **bare**,
Ships, towers, domes, theatres, and temples lie
Open unto the fields, and to the sky;
All bright and glittering in the smokeless air.

《Upon Westminster Bridge》(U. K.) William Wordsworth (1770—1850)

瞧这座城市，像披上一领新袍，
披上了明艳的晨光；环顾周遭：
船舶，尖塔，教堂，剧院，华屋，
都寂然、坦然，向郊野、向天穹 ***赤露***，
在烟尘未染的大气里灿然闪耀。

《威斯敏斯特桥上》(英) 威廉·华兹华斯 (1770—1850)

3. A little distance from the prow
 Those **crimson** shadows were:
 I turned my eyes upon the deck—
 Oh, Christ! what saw I there!

《The Rime of the Ancient Mariner》(U. K.) Samuel Tayler Coleridge (1772—1834)

赤色的阴影越飘越近,
飘到船头不远的地方:
我举目再向甲板望去——
上帝呵!那是何等景象!

《古舟子咏》(英) 塞缪尔·泰勒·柯尔律治 (1772—1834)

4. The atmosphere is not a perfume, it has no taste of the distillation, it is odorless,
 It is for my mouth forever, I am in love with it,
 I will go to the bank by the wood and become undisguised and **naked**,
 I am mad for it to be in contact with me.

《Song of Myself》(Excerpt) (U. S. A.) Walt Whitman (1819—1892)

大气不是一种芳香,没有香料的味道,它是无气味的,
它永远供我口用,我热爱它,
我要去林畔的河岸那里,脱去伪装,**赤条条**地,
我狂热地要它和我接触。

《我自己的歌》(节选)(美) 沃尔特·惠特曼 (1819—1892)

四例词译文皆为直译。**例 1** 之“**赤足**”与**例 3** 之“**赤色**”各自两词根间为偏正型关系。**例 2** “**赤露**”之“**赤**”为《字典》之意(裸露),与“**露**”意义相近。**例 4** 中 **naked** 译为“**赤条条**”,**重叠词**“**条条**”的运用突出了词语的**状态**色彩。

赫:火红的样子。《字典》(形容词) 显著;盛大。会意字:由两个赤字会意。

1. Listen, my children, and you shall hear
 Of the midnight ride of Paul Revere,
 On the eighteenth of April, in Seventy-five;
 Hardly a man is now alive
 Who remembers that **famous** day and year.
 《Paul Revere's Ride》(U. S. A.) Henry Wadsworth Longfellow (1807—1882)
 孩子们,听着,听我讲故事:

讲保罗·里维尔星夜飞驰。
那是七五年，四月十八日，
那一年，那一天，声名***赫赫***，
如今有几个活人还记得？
《保罗·里维尔星夜飞驰》(美) 亨利·瓦茨沃斯·朗费罗 (1807—1882)

2. …although I confess they learn the rudiments much earlier, during which time, they can however be properly looked upon only as probationers, as I have been informed by a **principal** gentleman in the county of Cavan, who protested to me that he never knew above one or two instances under the age of six, even in a part of the kingdom so renowned for the quickest proficiency in that art.

《A Modest Proposal》(U. K.) Jonathan Swift (1667—1745)

……我承认，虽然他们很早以前就开始学习入门知识，但在那段时期，他们只能算作实习小偷。从卡文郡的一位声名***显赫***的绅士那里，我听到了他郑重的言辞：在这么一个因偷窃技艺甚是高超而闻名于世的国度里，六岁之前便能精通偷窃的事情也只有一两例罢了。

《一个谦卑的建议》(英) 乔纳森·斯威夫特 (1667—1745)

两例词之译文均属直译。**例 1** 中将 **famous** 译为***重叠词“赫赫”***体现出了其所具有的***显耀而盛大***的形象色彩。**例 2** 之***“显赫”***两词根意义相近。

麦部

由“麦”构成的字，一般与麦子及其制品相关。

麦：有芒刺的谷。秋天种下，厚厚地埋着，所以叫它作麦。象形字。

You slay them all! and wherefore? for the gain
　　Of a scant handful more or less of **wheat**,
Or **rye**, or **barley**, or some other grain,
　　Scratched up at random by industrious feet,
Searching for worm or weevil after rain!
《The Birds of Killingworth》(U. S. A.) Henry Wadsworth Longfellow (1807—1882)

你们却要把鸟儿杀光！为哪条？
　　它们在下雨以后，脚儿勤快，
去寻找毛虫、象鼻虫、却偶然找到
　　不足一把的***小麦***，或***大麦***，***裸麦***，
或其他谷粒，因此便法网难逃？
《基灵沃思的鸟儿》(美) 亨利·瓦茨沃斯·朗费罗 (1807—1882)

“小麦、大麦、裸麦”皆为其原文之直译，其各自两词根之间为偏正型关系。

麸：小麦的碎屑和麦皮。形声字：左形右声。

Like sheaves of corn he gathers you undo himself.
He threshes you to make you naked.
He sifts you to free you from your **husks**.

《Love》(Lebanon) Kahlil Gibran (1883—1931)

爱把你们像麦捆般聚拢在身边。
他将你们脱粒，使你们赤裸。
他将你们筛选，使你们摆脱**麸糠**。

《爱》(黎巴嫩) 卡里·纪伯伦 (1883—1931)

这里的 **husks** 意译为**麸糠**，词根词义相近。

八画

青部

由“青”构成的字往往与青色及其引申或比喻意义相关。

青：青代表东方的颜色。会意字：青的金文字形上边是个生，下边是个丹（表颜色），用植物初生之色会绿色之意。

1. Thy plot grass is soft, and **green** as grass can be,
   Rest, little young One, rest; what isn't that aileth thee?

   《The Pet-lamb》(U. K.) William Wordsworth (1770—1850)

   这块草地挺软和，草儿呵，又嫩又**青**；
   歇着吧，小乖乖，歇着吧；你怎么心神不定？

   《宝贝羊羔》(英) 威廉·华兹华斯 (1770—1850)

2. Thine **azure** sister of the Spring shall blow

   Her clarion o'er the dreaming earth, and fill
   (Driving sweet buds like flocks to feed in air)
   With living hues and odors plain and hill;

   《Ode to the West Wind》(U. K.) Percy Bysshe Shelley (1792—1822)

   你那**青色**的东风妹妹回来，

   为沉睡的大地吹响银号，

驱使羊群般的蓓蕾把大气猛喝，
就吹出遍野嫩色，处处香飘。

《西风颂》(英) 波西·比克·雪莱 (1792—1822)

例 1 译文 ***“青”*** 与其原文之意相符。**例 2** 之 ***“青色”*** 为其原文 **azure** (bright blue in color like the sky) 之意译。

静：明审。形声字：左形右声。

1. When the night grows **still** and stars come out one by one I will spread it on my lab and stay **silent**.

《Fruit-Gathering》(India) Rabindranath Tagore (1861—1941)

当夜天渐渐的***静默***了，群星一个一个出来的时候，我要把它展开，摆在我膝上，***静悄悄***地坐着。

《采果集》(印度) 罗宾德拉纳特·泰戈尔 (1861—1941)

2. He was possessed of a moral and physical courage which was equal to every emergency in which he was placed; **calm** amidst excitement, patient under trials, never unduly elated by victory or depressed by defeat.

…You know after Vicksburg had succumbed to him he said in his order: “The garrison will march out tomorrow. Instruct your commands to be **quiet** and orderly as the prisoners pass by, and make no offensive remarks.”

《Eulogy of Ulysses S. Grant》(U. S. A.) Horace Porter (1837—1921)

无论身处何种紧急情况，他都具有精神上和肉体上的勇气以应付该情况：在激动中***镇静***，在艰苦中忍耐，胜不骄矜，败不气馁。……

……你们知道，攻陷威克斯堡后，他下令说：“卫戍部队明日撤离本城，应指示所属部队在俘虏经过之时保持***安静***，严守纪律，切勿恶言相加。”

《献给尤里塞斯·格兰特的颂词》(美) 贺拉斯·波特 (1837—1921)

3. Trying doors as he went, twirling his club with many intricate and artful movements, turning now and then to cast his watchful eye adown the **pacific** thoroughfare, the officer, with his stalwart form and slight swagger, made a fine picture of a guardian of the peace.

《After Twenty Years》(U. S. A.) O Henry (1862—1910)

警察挨家挨户地巡查，把他的警棍舞出许多花样，并不时警觉地观望***平静***的街道。他身形***魁梧***，气宇***轩昂***，一副和平卫士的样子。

《二十年后》(美) 欧·亨利 (1862—1910)

“静默、静悄悄、镇静、安静、平静” 皆为其原文之直译。除“静悄悄”外，其余四例词译文各自两词根之间均为意义相近的关系。***“静悄悄”*** 则属 ***词

根+词缀的关系，**“悄悄”**为**叠音词缀**。**“悄悄”**的运用体现出了其在**声音**方面的形象色彩。**例 2** 中的 never unduly elated by victory or depressed by defeat. 译为**“胜不骄矜，败不气馁”**，**例 3** 中的 **Stalwart**（physical strong）与 **swagger**（a way of walking or behaving that seems too confident）分别译为**“魁梧”与“轩昂”，这两例译文均相应地表达出了原文词中所含的褒义**。

齿（齒）部

口中的牙齿。象形字。由“齿”构成的字一般与牙齿及其作用与状态相关。

龌龊：《字典》：（形容词）1. 脏，不洁净。2. 比喻人品卑劣。

You have stained your fingers and face with ink while writing—is that why they call you **dirty**?

O, fie! Would they dare to call the full moon **dirty** because it has smudged its face with ink?

《Defamation》(India) Rabindranath Tagore (1861—1941)

你写字时墨水污了你的手和脸——这是他们所以骂你***龌龊***的缘故么？

呵，呸！他们也敢因为圆圆的月儿用墨水涂了脸，便骂它***龌龊***么？

《责备》(印度) 罗宾德拉纳特·泰戈尔 (1861—1941)

例词译文为直译。***“龌龊”***属单纯词：由一个语素构成的词。

非部

由“非”构成的字往往含有否定的意思。

非：违背。会意字：由飞（飛）字下部表示翅的部分构成，取两翅相背的意义。

1. O, say not so!
   Those sounds that flow
   In murmurs of delight and woe
   Come **not** from wings of birds.

   《Birds of Passage》(U. S. A.) Henry Wadsworth Longfellow (1807—1882)

   哦！不要这样讲！
   这些喁喁的音响
   有欢乐也有悲伤，
   并***非***鸟儿的歌唱。

   《候鸟》(美) 亨利·瓦茨沃斯·朗费罗 (1807—1882)

2. …such perhaps,
   As have **no** slight or trivial influence
   On that best portion of a good man's life,
   His little, nameless, unremembered, acts
   Of kindness and of love.

《Lines Composed a Few Miles above Tintern Abbey on Revisiting the Banks of the Wye During a Tour. July 13, 1798》(U. K.) William Wordsworth (1770—1850)

……这快乐
也许能产生不可忽视的影响,
在无形中培育善良者最美好的品德,
使他做出虽**非**轰轰烈烈、令人缅怀,
但却充满善意和爱的举动。

《丁登寺赋重游怀河河谷后赋于丁登寺数英里处,1798年7月13日》
(英) 威廉·华兹华斯 (1770—1850)

此二“**非**”均为其原文之直译。**例1**中将 murmurs 译为***叠音词“喁喁”***体现出了词语在***声音***方面的形象色彩。

悲(心部):悲痛。形声字:下形上声。

1. But if the while I think on thee, dear friend,
   All losses are restored and **sorrows** end.

《The Sonnets of William Shakespeare: 30》(U. K.) William Shakespeare (1564—1616)

但是,我只要一想到你呵,好伙伴,
损失就挽回了,**悲伤**也烟消云散。

《莎士比亚十四行诗:第30首》(英) 威廉·莎士比亚 (1564—1616)

2. But, ah, thought kills me that I am not thought,
   To leap large lengths of miles when thou art gone,
   But that so much of earth and water wrought,
   I must attend time's leisure with my moan,
      Receiving naught by elements so slow
      But heavy tears, badges of either's **woe**.

《The Sonnets of William Shakespeare: 44》(U. K.) William Shakespeare (1564—1616)

但是啊!思想在绞杀我:我不是思想——
你去了,我不能飞度关山来追踪,
反而,我是土和水做成的,这样,
我只得用叹息,来伺候无聊的闲空;

俩元素这么纯，拿不出任何东西，

除了泪如雨，两者的***悲哀***的标记。

《莎士比亚十四行诗：第 44 首》(英) 威廉·莎士比亚 (1564—1616)

3. Even as our cloudy fancies take
   Suddenly shape in some divine expression,
   Even as the troubled heart doth make
   In the white countenance confession,
   The troubled sky reveals
   The **grief** it feels.

《Snow-Flakes》(U. S. A.) Henry Wadsworth Longfellow (1807—1882)

像我们的悬想，暧昧朦胧，
骤然之间凝成了神妙词句；
像忧郁的心灵，以苍白面容
把重重心事披露出去：
忧郁的天穹在倾诉
内心的***悲苦***。

《雪花》(美) 亨利·瓦茨沃斯·朗费罗 (1807—1882)

4. When lilacs last in the dooryard bloom'd,
   And the great star early droop'd in the western sky in the night,
   I **mourn'd**, and yet shall **mourn** with ever-returning spring.

《When Lilacs last in the Dooryard Bloom'd》(U. S. A.) Walt Whitman (1819—1892)

最近紫丁香在前院开放的时候，
而那颗巨星又老早在夜空的西方陨落的时候，
我***悲痛***，而且年年在春归时也一样***悲痛***。

《最近紫丁香在前院开放的时候》(美) 沃尔特·惠特曼 (1819—1892)

例词译文均可体现出其各自所对应之原文的意义。**“伤、哀、苦、痛”**与**“悲”**的意义相近或相关。**例 3** 与**例 4** 的译文中分别运用**重叠词“重重”**与**“年年”**，不仅加强了语气而且体现出了其各自的形象色彩。

靠：相违背。《段注》：“相背也，故从非。今俗谓相依相靠，古人谓相背曰靠。其义一也。犹分之合之皆曰离。”形声字：下形上声。

1. There is a space between man's imagination and man's attainment that may only be traversed **by** his longing.

《Sand and Foam》(Lebanon) Kahlil Gibran (1883—1931)

在人们的幻想和成就中间有一段空间，只能**靠**他的热望来通过。

《沙与沫》(黎巴嫩) 卡里·纪伯伦 (1883—1931)

2. …and if I tell the truth, they will put me in the asylum, naturally, and a lie will land me in jail. The same result would follow if I tried to bank the bill anywhere or to borrow money **on** it.

《The £1,000,000 Bank-Note》(U. S. A.) Mark Twain (1835—1910)

……要是我说实话，他们自然就会把我送到收容所；要是我撒谎，他们就会把我送进牢房；要是我设法把这张钞票存在任何地方或**靠**它借钱，结果也会一样。

《百万英镑》(美) 马克·吐温 (1835—1910)

3. Under a spreading chestnut-tree
The village smithy **stands**;
The smith, a mighty man is he,
With large and sinewy hands;
And the muscles of his brawny arms
Are strong as iron bands.

《The Village Blacksmith》(U. S. A.) Henry Wadsworth Longfellow (1807—1882)

一棵七叶树延伸宽广，
乡下铁匠铺**靠**在树旁；
铁匠是个有力气的汉子，
一双大手又粗又强壮；
胳臂上鼓鼓囊囊的肌肉
结实得就像铁打的一样。

《乡下铁匠》(美) 亨利·瓦茨沃斯·朗费罗 (1807—1882)

4. Close to the thorn on which Sir Walter **leaned**
Stood his dumb partner in this glorious feat;
Weak as a lamb the hour that it is yeaned,
And white with foam as if with cleaving sleet.

《Hart-leap Well》(U. K.) William Wordsworth (1770—1850)

沃尔特**靠**着的那棵山楂树旁边，
是帮他建立功勋的伙伴——那匹马，
像刚刚生下的羔羊一样软绵绵，
一身大汗，白花花，似雨淋雪洒。

《鹿跳泉》(英) 威廉·华兹华斯 (1770—1850)

5. Yet when they perceive that they are safe, putting aside all fear, they are of simple manners and **trustworthy**, and very liberal with everything they have, refusing no one who asks for anything they may possess, and even themselves inviting us to ask for things.

《Christopher Columbus to Gabriel Sanchez》(Italy) Christopher Columbus (1451—1506)

然而，当他们看到自己很安全，完全消除了恐惧心之后，他们都朴实***可靠***，毫不吝啬。只要他们有的东西，谁要都给。甚至还主动对我们说，需要什么就向他们要。

《哥伦布致桑切斯书》(意大利) 克里斯托弗·哥伦布 (1451—1506)

6. Adversity brings men to their senses, and shows them what must be done; but prosperity is apt to turn men, in the excess of their joy, aside from the path of cool deliberation and **sound** judgment.

《In Defense of the Rhodians》

(Ancient Rome) Marcus Porcius Cato (B. C. 234—B. C. 149)

逆境使人头脑清醒，明白必须做什么事情；顺境却容易令人得意忘形，偏离冷静的思考和***可靠***的判断。

《为洛迪安人申辩》(古罗马) 马柯斯·朴斯厄斯·加图 (公元前234—公元前149)

例词译文中除**例 3** 中的 **stand** 意译为“**靠**”之外，其余均为直译。**例 1** 与**例 2** 的翻译涉及词类的转换：***从前置词 by 与 on 转换为动词“靠”***。**例 3** 及**例 4** 译文中的***重叠词“鼓鼓囊囊 (brawny)”***和“***白花花 (white)***”分别体现出了词语的***形态与状态***。

隹部

短尾鸟的总名。象形字。由“隹”构成的字一般与鸟相关。

雕：鷻鸟（大雕）。《字典》：（动词）在玉石、象牙、竹木等材料上刻。（名词）指雕刻成的艺术品。形声字：右形左声。

1. The ancient Greeks believed in gods and goddesses and heroes, and they told stories about them. This is called *mythology*. The Greeks also made beautiful **statues** of their gods as they imagined the gods looked and acted, and no one since has been able to make **sculpture** as beautiful. Sculpture is one of the things that we can't do much better than they did.

The Egyptians usually made their statues of granite that was too hard to **carve** with great detail. The Assyrians made theirs of alabaster that was too soft and did not last as long as the artist would have liked. The Greeks made theirs of marble and that was just right. One reason they made such beautiful statues was because they had such beautiful marble to make them from.

《Marbles》(U. S. A.) Virgil M. Hillyer (1875—1937)

古希腊人信仰众多的男神、女神和英雄人物，也有许多关于这些神灵和英雄人物的故事流传下来。这些故事传说，被称为“神话”。古希腊人还按照自己想象中的众神的样子和举止，制作出了许多漂亮的神灵***雕像***；而自那时以后，世界上就再也没有人能够制作出如此漂亮的***雕塑***作品了。制作雕塑，就是如今的我们没法比古人干得更好的众多事情之一。

古埃及人通常使用花岗岩来制作雕像的；花岗岩质地太硬，人们无法极为精细地进行***雕刻***。古亚述人曾用汉白玉来制作雕塑，可汉白玉的质地又太软，无法像艺术家所希望的那样持久保存下去。而古希腊人的大理石雕像，质地则不软不硬，刚刚好。他们之所以制作出了如此美观的雕塑制品，原因之一便在于他们有非常漂亮的大理石来进行雕刻。

《大理石雕塑》(美) 维吉尔·希利尔 (1875—1937)

2. The Assyrians also made tiny **reliefs** on the curved surfaces of cylindrical-shaped pieces of stone or clay. A small axle was pull through a hole in the center of the cylinder. The cylinder then became a tiny rolling pin that could be rolled over any soft surface such as mud or wax was to leave a flat imprint of the picture on the cylinder.

《Cherubs and Kings》(U. S. A.) Virgil M. Hillyer (1875—1937)

古亚述人也曾在柱状石料或柱状陶土的曲面上制作微型***浮雕***。他们会用一根细细的轴，穿过一个纵贯柱体中心的洞。这样一来，柱体就变成了一根细细的擀面杖，可以在任何柔软的表面滚动，比如湿泥或者蜂蜡，从而将柱体上的图案浅浅地压印出来了。

《基路伯与国王》(美) 维吉尔·希利尔 (1875—1937)

3. And there's a story in a book about it:
Besides the wear of iron wagon wheels
The ledges show lines ruled southeast-northwest,
The **chisel** work of an enormous Glacier
That braced his feet against the Arctic Pole.

《Directive》(U. S. A.) Robert Frost (1874—1963)

有一本书记述着有关于它的故事：
除了大车铁轮往来留下了的车辙，
崖壁上还显现着东南西北走向的
擦痕，一股洪大冰川***雕凿***的成果，
那支撑着冰川根基的根基是北极。

《指令》(美) 罗伯特·弗罗斯特 (1874—1963)

五例词译文皆为直译。**“雕像、浮雕”**各自两词根之间为偏正型关系；**“雕塑、雕刻、雕凿”**两词根之间意义相近。

雄：公鸟。《字典》：（形容词）强有力的；有气魄的。形声字。

1. Over the hoarse surging of the sea,
Or flitting from brier to brier by day,
I saw, I heard at intervals the remaining one, the **he**-bird,
The solitary guest from Alabama.

《Out of the Cradle Endlessly Rocking》(U. S. A.) Walt Whitman (1819—1892)

在波涛嘶哑而汹涌的海上，
或白昼在荆棘中飞来飞去，
我有时看见并听见那只留下来的**雄**鸟，
——那来自亚拉巴马的孤独客人。

《来自不停摆动着的摇篮那里》(美) 沃尔特·惠特曼 (1819—1892)

2. With respect to the beauty of **male** butterflies, I must as yet think that it is due to sexual selection.

《Charles Darwin to Alfred Russel Wallace》(U. K.) Charles Darwin (1809—1882)

关于**雄**蝴蝶长得漂亮这个问题，我还是认为由于性的选择。

《达尔文致华莱士书》(英) 查尔斯·达尔文 (1809—1892)

3. I tremble to think what might have happened if fate had not sent you to me. I owe you everything: Life, the chance to pursue freedom—that hitherto unattainable **ambition**, and such abundance of good fortune as had never occurred to me even in dreams.

《Piotr Ilyich Tchaikovsky to Mme von Meck》
(Russia) Piotr Ilyich Tchaikovsky (1840—1894)

如果命运之神不把你派到我这里来，我会变成什么样子呢？想到这一点，我不禁不寒而栗。一切都是你所赐：生命、追求自由的机会（那至今犹未实现的**雄心**）以及连做梦都没有碰到过的、接踵而至的好运道。

《柴可夫斯基复冯·梅克夫人书》(俄) 彼得·伊里奇·柴可夫斯基 (1840—1893)

例词译文皆与其所对应之原文意义相符。根据对上下文的理解，**例词3**之**ambition**译为**“雄心”**体现出了其所具有的**褒义**。

集（雧）（雥部）：群鸟聚集在树木上。会意字。

1. The lamp of **meeting** burns long; it goes out in a moment at the parting.

《Stray Birds: 276》(India) Rabindranath Tagore (1861—1941)

集会时的灯光，点了很久，会散时，灯便立刻灭了。

《飞鸟集：第276首》(印度) 罗宾德拉纳特·泰戈尔 (1861—1941)

2. **Gather**, then, each flower that grows,
When the young heart overflows,
To embalm that tent of snows.

《Maidenhood》(U. S. A.) Henry Wadsworth Longfellow (1807—1882)

如今，你心头春潮正涨，
快**采集**鲜花，趁它们盛放，
用来熏香那白雪篷帐。

《少女》(美) 亨利·瓦茨沃斯·朗费罗 (1807—1882)

3. These I singing in spring **collect** for lovers,
(For who but I should understand lovers and all their sorrow and joy?
And who but I should be the poet of comrades?)

《These I Singing in Spring》(U. S. A.) Walt Whitman (1819—1892)

我在春天歌唱时为密友们**收集**了这些歌,
(因为除我之外还有谁能懂得密友们和他们所有的忧伤与欢乐呢?
除我之外又有谁是伙伴们的诗人呢?)

《我在春天唱着这些歌》(美) 沃尔特·惠特曼 (1819—1892)

三例词译文皆为直译。**"集会"**两词根间为偏正型关系。**"采集、收集"**两词根间为补充性关系，从其原文的释义中即可体现：**gather** [to **collect** (**bring** things **together** from different people or places) plants, fruits, etc. from a wide area]。

隼:《字典》：猛禽，上嘴钩曲，背青黑色，腹面黄白，尾尖白色。飞速很快，善袭击其他鸟类，驯养后可以帮助捕猎。指事字："十"表示"四方"，"隹"与"十"联合起来表示"威震四方的鸟"。

1. Our vows were plighted.
Under its loosened vest
Fluttered her little breast,
Like birds within their nest
By the **hawk** frighted.

《The Skeleton in Armor》(U. S. A.) Henry Wadsworth Longfellow (1807—1882)

我们定下了婚约。
她那娇小的胸脯
颤抖在宽驰衣衫下，
好似巢中的鸟儿

受到**鹰隼**的惊吓。

《盔甲骷楼》(美) 亨利·瓦茨沃斯·朗费罗 (1807—1882)

2. Joy sparkled in the prancing courser's eyes;
The horse and horseman are a happy pair;
But, though Sir Walter like a **falcon** flies,
There is a doleful silence in the air.

《Hart-leap Well》(U. K.) William Wordsworth (1770—1850)

骑士和坐骑简直是天生一对:
腾跃的骏马两眼闪耀着欢乐;
沃尔特纵马疾驰, 似**鹰隼**高飞,
气氛里却含着令人忧郁的沉默。

《鹿跳泉》(英) 威廉·华兹华斯 (1770—1850)

"**鹰**"与"**隼**"意义相近。

鱼部

由"鱼"构成的字基本上与鱼及其制品相关。

鱼: 水中的动物。象形字。

1. The **salmon**-falls, the **mackerel**-crowded seas,
Fish, flesh, or fowl, commend all summer long
Whatever is begotten, born and dies.

《Sailing to Byzantium》(U. K) William Butler Yeats (1865—1939)

鲑鱼腾跃如瀑布, **鲭鱼**云集在海洋,
鱼、兽、鸟, 整个夏天都在颂扬
万物的诞生, 成长与死亡。

《驶向拜占庭》(英) 威廉·巴特勒·叶芝 (1865—1939)

2. The **fish** in the water is silent, the animal on the earth is noisy, the bird in the air is singing.
But Man has in him the silence of the sea, the noise of the earth and the music of the air.

《Stray Birds: 43》(India) Rabindranath Tagore (1861—1941)

水里的**游鱼**是沉默的, 陆地上的兽类是喧闹的, 空中的飞鸟是歌唱着的。
但是, 人类却兼有海里的沉默、地上的喧闹与空中的音乐。

《飞鸟集: 第43首》(印度) 罗宾德拉纳特·泰戈尔 (1861—1941)

3. Nor for you, for one alone,
Blossoms and branches green to coffins all I bring,
For **fresh** as the morning, thus would I chant a song for you O
sane and sacred death.

《When Lilacs Last in the Dooryard Bloom'd》(U. S. A.) Walt Whitman (1819—1892)

也不止给你，只给一个人，
我将花朵与绿色的枝桠献给所有的棺木，
就这样我为你谱写了一首歌，像早晨一样***新鲜***，啊，清醒而神圣的死亡。

《最近紫丁香在前院开放的时候》(美) 沃尔特·惠特曼 (1819—1892)

“*新*”与**“*鲜*”**两词根意义相关。译文**“*游鱼*”**体现出了 **fish** 的***动态***色彩。

九画

骨部

由“骨”构成的字基本上均与骨头相关。

骨：附肉的核。会意字：由“冎（分解人肉，存置其骨头。）”上附有“肉”会意。

1. A cheerful look brings joy to the heart,
and good news gives health to the **bones**.

《Holy Bible》PROVERBS 16：10

眼有光，使人喜乐；
好信息，使***骨***滋润。

《圣经》箴言 16：10

2. Suddenly out of its stale and drowsy lair, the lair of slaves,
Like lightning it le'pt forth half startled at itself,
Its feet upon the **ashes** and the rags, its hands tight to the throats of kings.

《Europe》(U. S. A.) Walt Whitman (1819—1892)

突然从它陈腐而昏睡的巢穴，奴隶的巢穴中，
它像闪电一样跳了出来，连自己都大吃一惊，
它的双脚踏着***骨灰***和破旧衣服，它的手紧紧扼住了帝王们的喉咙。

《欧罗巴》(美) 沃尔特·惠特曼 (1819—1892)

两例词译文均为直译。

骸：小腿骨。形声字：左形右声。

1. The small waves were the same, chucking the rowboat under the chin as we fished at anchor, and the boat was the same boat, the same color green and the ribs broken in the same place, and under the floor-boards the same fresh-water leavings and **debris**—the dead hellgrammite, the wisps of moss, the rusty discarded fishhook, the dried blood from yesterday's catch.

《Once More to the Lake》(U. S. A.) E. B. White (1899—1985)

湖面上一如既往地荡漾着微波，在我们暂停垂钓时轻轻地拍打着船头钩的下部；小船还是旧时的那一只，同样的绿色；在同样的位置，有同样的一根肋材断裂了；同样有些淡水中的残渣**遗骸**停留在船板底下——死了的具角鱼蛉，一团团的苔藓，被人抛弃了的生满绣的鱼钩，还有前一天捕鱼时留在那里已经干了的斑斑血迹。

《林湖重游》(美) 埃·布·怀特 (1899—1985)

2. What is the security of a tomb, of the perpetuity of an embalmment? The **remains** of Alexander the Great have been scattered to the wind, and his empty sarcophagus is now the mere curiosity of a museum.

《Westminster Abbey》(U. S. A.) Washington Irving (1783—1859)

难道坟墓能保证人的安全，香油能保证人的尸体永远不腐化吗？风已经把亚历山大大帝的**骸骨**吹得四零八散，而他那空无一物的石棺也变成了博物馆中的一件老古董。

《西敏大寺》(美) 华盛顿·欧文 (1783—1859)

3. Far, far at sea,
After the night's fierce drifts have strewn the shore with **wrecks**,
With re-appearing day as now so happy and serene,
The rosy and elastic dawn, the flashing sun,
The limpid spread of air cerulean,
Thou also re-appearest.

《To the Man-of-War-Bird》(U. S. A.) Walt Whitman (1819—1892)

在遥远又遥远的海上，
经过一夜在惊涛骇浪中漂泊，岸上布满了船只的**残骸**，
白天再现时又像现在一样快乐而晴朗，
那玫瑰红的、轻快的黎明，那熠熠闪光的太阳，
蓝色的空气清澈地铺开着，
你也重新出现。

《致军舰鸟》(美) 沃尔特·惠特曼 (1819—1892)

例词译文中，**例 1** 之“**遗骸**”与**例 3** 之“**残骸**”为直译，**例 2** 之“**骸骨**”属

意译。**“遗骸”**与**“残骸”**所对应之原文 **debris** 与 **wrecks** 各自所处之上下文突出了两例原文所具有不同的意义：**debris**（pieces of material that are not wanted and rubbish/garbage that left somewhere）—the dead hellgrammite，the wisps of moss，…；**the shore** with **wrecks**（ships that have sunk or that have been very badly damaged）。**例 1** 的译文中增加了**重叠词“斑斑”**来形容血迹之多；**例 2** 中将 scattered 意译为**四零八散**，通过**数字**体现出了词语的形象色彩。

鬼部

由“鬼”构成的字，往往与鬼及其引申意义相关。

鬼：人归向天地，变成了鬼。象形字。

1. To win me soon to hell，my female **evil**
Tempteth my better angel from my side，
And would corrupt my saint to be **devil**，
Wooing his purity with her foul pride.

《The Sonnets of William Shakespeare：144》(U. K.) William Shakespeare（1564—1616）

我那女**鬼**要骗我赶快进地狱，
就从我身边诱开了那个善精灵，
教我那圣灵堕落，变作**鬼蜮**，
用恶的骄傲去魅惑他的纯真。

《莎士比亚十四行诗：第 144 首》(英) 威廉·莎士比亚（1564—1616）

2. Yet still，read aloud，to an undoubting audience by the doubtful light of the closing evening，or，in silence，by a decaying taper，and amidst the solitude of a half-lighted apartment，it may redeem its character as a good **ghost** story.

《The Tapestried Chamber or The Lady in the Sacque》(U. K.) Walter Scott（1771—1832）

尽管如此，在黄昏时分，光线阴暗不定之时，面对虔诚的听众，或在万籁寂静之时，借着即将燃尽的蜡烛，在半昏半暗的寓室孤寂的气氛中，这也不失为一个典型、生动的**鬼**故事。

《挂毯卧房（别名“长袍夫人”）》(英) 瓦尔特·司格特（1771—1832）

例 1 中 **evil**（a force that causes wicked or bad things to happen；wicked behavior）的译文**“鬼”**为意译，**devil** 与 **ghost** 之译文属直译。

魂：阳气。形声字：右形左声。

1. It is not a thing that crawls into the sun for warmth or digs holes into darkness for safety，

But a thing free, a **spirit** that envelops the earth and moves in the ether.

《The Farewell》(Lebanon) Kahlil Gibran (1883—1931)

你们不是在日中匍匐取暖，在黑暗里钻穴求安的一只动物，
却是一件自由的物事，一个包涵大地在以太中运行的***魂灵***。

《言别》(黎巴嫩) 卡里·纪伯伦 (1883—1931)

2. How many loved your moments of glad grace,
And loved your beauty with love false or true,
But one man loved the pilgrim **soul** in you,
And loved the sorrows of your changing face.

《When You Are Old》(U. K) William Butler Yeats (1865—1939)

多少人爱你优雅欢畅的时候，
爱慕你的美貌，不论出于假意或真心，
只有一个人爱你那坚贞的***灵魂***，
爱你老去的容颜上那痛苦的皱纹。

《当你老了》(英) 威廉·巴特勒·叶芝 (1865—1939)

两例词译文***"魂灵"***与***"灵魂"***虽各自两词根意义相近，但通过对上下文的理解，它们各有侧重：***"魂灵"***侧重于***"灵"***，而***"灵魂"***则重在***"魂"***。***"魂灵"***所处之上下文为"……不是……动物，却是……物事（物品、东西）……在以太（太空）中运行……"；其原文的释义为"**spirit**: an imaginary **creature** with magic powers, for example, a FAIRY or an ELF"，故此，不难看出，此处***"魂灵"***所指并非"人之魂"，而是如其原文释义中所体现的，它是一种***"灵（精灵）"***。***"灵魂"***所处之上下文为"只有一个人爱你那坚贞的***灵魂***"；其原文的释义为"**soul**: the spiritual part of a **person**, believed to exist after death"，***"灵魂"***与**soul**的意义相符，其侧重点在***"魂（人之魂）"***。鉴于此，翻译时需注意：即使译文所使用的两（或更多）个词语中各自的两个词根意义相近，而且每个词语所含的两个词根中的每一个分别与另一（或更多）词语中的每个词根意义相同，在这种情况下，对于上下文的理解和表达则尤为重要。

魁（斗部）：舀羹汁的勺子。形声字。

The rocky ledge runs far into the sea,
And on its outer point, some miles away,
The Lighthouse lifts its **massive** masonry,
A pillar of fire by night, of cloud by day.

《The Lighthouse》(U. S. A.) Henry Wadsworth Longfellow (1807—1882)

一长条岩石远远窜入大海，

在它的尽头——已是好几里以外，
灯塔昂然耸立起***魁伟***的石身，
夜间是一柱火，白天是一柱云彩。

《灯塔》(美) 亨利·瓦茨沃斯·朗费罗 (1807—1882)

通过例词所处之上下文“昂然耸立……”可以看出：**massive** (very large, heavy and solid) 的译文使用***褒义词“魁伟”***体现出了其在诗中的所含之义。

十画

高部

由“高”构成的字往往与有一定高度的建筑或地方相关。

高：崇高。像台观高耸的样子。象形字。

1. High above the city, on a **tall** column, stood the statue of the Happy Prince. He was gilded all over with thin leaves of fine gold, for eyes he had two bright sapphires, and a large red ruby glowed on his sword-hilt.

《The Happy Prince》(U. K.) Oscar Wilde (1854—1900)

快乐王子的雕像就耸立在一根***高高的***石柱上，俯瞰着全城。他周身缀满了上等的薄金片，两颗蓝宝石做的眼睛闪亮无比，一颗巨大的红宝石在他的剑柄上发出耀眼的光芒。

《快乐王子》(英) 奥斯卡·王尔德 (1854—1900)

2. If I fall in love with you—
I will never resemble clambering trumpet creeper,
To flaunt myself by your **high** branches.

《Ode to the Oak》(China) Shu Ting (1952—)

我如果爱你——
绝不像攀缘的凌霄花，
借你的**高**枝炫耀自己；

《致橡树》(中国) 舒婷 (1952—)

3. Lives of great men all remind us
We can make our lives **sublime**,
And, departing, leave behind us
Footprints on the sands of time; …

《A Psalm of Life》(U. S. A.) Henry Wadsworth Longfellow (1807—1882)

伟人的生平启示我们：

我们能够生活得**高尚**，

而当告别人世的时候，

留下脚印在世间的沙上；……

《人生颂》(美）亨利·瓦茨沃斯·朗费罗（1807—1882）

4. And although I haven't been requested by the committee to indorse him, I volunteer that (laughter), because I think it is a **graceful** thing to do; and it is all the more **graceful** from being so unnecessary.

《Introducing Charles Kingsley》(U. S. A.)(Mark Twain)(1835—1910)

虽然委员会没有要求我做他的保人，我却自告奋勇的来做了（笑声），因为我想那是一件很**高雅**的事，唯其因为没有必要，所以就更**高雅**了。

《介绍查理士·金斯利》(美）马克·吐温（1835—1910）

5. Well done! Thy works are **great** and bold;

At times they seem to me,

Like Luther's, in the days of old,

Half-battles for the free.

《To William E. Channing》(U. S. A.) Henry Wadsworth Longfellow (1807—1882)

干得好！你书中写下的言词

是那样**崇高**而勇敢，

长令我想起往日的路德

争取自由的奋战。

《致威廉·埃·查宁》(美）亨利·瓦茨沃斯·朗费罗（1807—1882）

五例词译文均属直译。**例 1** 与**例 2** 之译文同为**“高”**，**例 1** 之**“高（tall）”**形容的是有相当高度的东西，尤指生物的垂直长度，如：a tall woman；**例 2** 之**“高（high）”**可用来形容有相当高度或置于相当高处的东西，如：a high building/a little shack high up in the hills。虽**“高尚、高雅、崇高”**各自两词根意义相近，但**“高”**是个多义词，故与其组合的词根不同，其各自的词义自然会有所侧重，所对应的原文例词也就有所不同。译文**“高尚、高雅、崇高”均相应地表达出了词语所具有的褒义**。

敲（攴部）：横击。形声字：右形左声。

1. That which oppresses me, is it my soul trying to come out in the open, or the soul of the world **knocking** at my heart for its entrance?

《Stray Birds: 168》(India) Rabindranath Tagore (1861—1941)

压迫着我的，到底是我的想要外出的灵魂呢，还是那世界的灵魂，**敲**着我心的门，想要进来呢？

《飞鸟集：第 168 首》(印度) 罗宾德拉纳特·泰戈尔 (1861—1941)

2. And bring the fife, and trumpet, and **beat** upon the drum—
And bid the world Goodmorrow, and go to glory home!

《Awake ye muses nine…》(U. S. A.) Emily Dickinson (1830—1886)

带来横笛，***敲响***小鼓，吹奏起喇叭——
向世界问声好，走进那容光焕发的新家！

《醒来，九位缪斯……》(美) 艾米莉·狄金森 (1830—1886)

两例词译文与其原文之意相符。**“敲响”**两词根间为补充型关系。

十一画

黄部

由“黄”构成的字基本上与黄的颜色相关。

黄：土地的颜色。会意字：由田、由芡（古文光字）会意。

1. The grey sea and the long black land;
And the **yellow** half-moon large and low;
And the startled little waves that leap
In fiery ringlets from their sleep,
As I gain the cove with pushing pow,
And quench its speed i' the slushy sand.

《Meeting at Night》(U. K.) Robert Browning (1812—1889)

灰蒙蒙的海，一带黑色的陆，
大而**黄**的半个月亮低悬天边。
浪花儿朵朵从睡梦中惊跳，
化作小圈儿无数，磷火闪耀。
我驾小船驶入小小的海湾，
就在泥泞的海涂稳稳刹住。

《夜半相会》(英) 罗伯特·勃朗宁 (1812—1889)

2. I wandered lonely as a cloud
That floats on high o'er vales and hills,
When all at once I saw a crowd,
A host, of **golden** daffodils;
Beside the lake, beneath the trees,

Fluttering and dancing in the breeze.

《I Wandered Lonely as a Cloud》(U. K.) William Wordsworth (1770—1850)

我如行云独自游，
在河谷与群山之上漂浮，
蓦然间，我看到一大片
一大片，**金黄**的水仙；
在湖畔，在树下，
在微风中翩翩起舞。

《我如行云独自游》(英) 威廉·华兹华斯 (1770—1850)

3. When the sun climbs the mid sky and morning wears on to noon, I shall come running to you, saying, "Mother, I am hungry!"

When the day is done and the shadows cower under the trees, I shall come back in the **dusk**.

《The Further Bank》(India) Rabindranath Tagore (1861—1941)

太阳升到中天，早晨变为中午了，我将跑到你那里去，说道："妈妈，我饿了！"

一天完了，影子俯伏在树底下，我便要在**黄昏**中回家。

《对岸》(印度) 罗宾德拉纳特·泰戈尔 (1861—1941)

例1与**例2**之例词译文为直译。**例3**之**"黄昏"**（**dusk**：the time of day when the light has almost gone, but it is not yet dark）两词根组合后产生了新的词义。**例1**译文中使用了***重叠词"朵朵、小小、稳稳"***体现出了其原文中各自所含之***复数、形态和动作的色彩***。

十二画

鼎部

由鼎构成的字基本上与鼎或其比喻意义相关。

鼎：三足两耳，是调和各种味料的珍贵的器物。象形字。

1. The **crucible** for silver and the furnace for gold,
   but man is tested by the praise he receives.

《Holy Bible》PROVERBS 27：14

鼎为炼银，炉为炼金，
人的称赞也试炼人。

《圣经》箴言 27：14

2. General Howe with some ships (we know not how many) has arrived at the Hook, & as is said, has landed some horse on the Jersy shore, the **famous** major Rogers is in custody on violent suspicion of being concerned in the conspiracy.

《Thomas Jefferson to William Fleming》(U. S. A.) Thomas Jefferson (1743—1826)

豪将军统领的战船（不知多少艘）已经到达钩子湾，并且，据传已有部分骑兵已在泽西海岸登陆，***大名鼎鼎***的罗杰士少校由于与叛逆案有重大牵连的嫌疑，已被拘押。

《杰斐逊致弗莱明书》(美) 托马斯·杰斐逊 (1743—1826)

例词译文***"鼎鼎"***为形容词，其义"盛大"。从词的构成上来分析，***"鼎鼎"***属合成词中**重叠式**(有两个相同的词根相叠而成，例如：偏偏，仅仅等)。"***大名鼎鼎***"表达出了原文 **famous** 所含的***"显赫"***之意。

十三画

鼠部

由"鼠"构成的字基本上与鼠类动物相关。

鼠：住在洞穴里的虫兽的总名。象形字。

Unless you knew how Indian bungalows were built you would never have suspected that above the cloth lay the dark three-cornered cavern of the roof, where the beams and the underside of the thatch harbored all manner of **rats**, bats, ants, and foul things.

《The Return of Imray》(U. K.) Rudyard Kipling (1865—1936)

如果你不了解印度平房的建筑特点，你也绝对不会想到顶棚布的上面就是黑洞洞的三角形洞穴，横梁和背阴一面的稻草屋顶是各种各样的**鼠类**、蝙蝠、蚂蚁以及其他毒虫的藏身之处。

《伊姆雷归来》(英) 鲁德亚德·吉普林 (1865—1936)

这里"***鼠类***"为 **rats** 之直译。译文用一个**"类"**字体现出了 **rats** 的***复数形式***。

鼓部

由"鼓"构成的字一般与鼓及其所发之声相关。

鼓：用皮包廓蒙覆的乐器。是春分时节的音乐，万物包廓着皮壳长出来，所以叫作鼓。会意字：甲骨文像一只手拿着鼓槌敲打鼓的样子。

1. The **drums** and the tramp of feet
Of his soldiery in the street; …
《The White Czar》 Henry Wadsworth Longfellow (1807—1882)
他的军队脚步声,
鼙鼓声,响在大街上;……
《白沙皇》(美) 亨利·瓦茨沃斯·朗费罗 (1807—1882)

2. And though your Witchcrafts strike my **Ear**,
Unhurt, like him, your Charms I'll hear.
《A Farewell to Worldly Joys》(U. K.) Anne Killigrew (1660—1685)
虽然你的巫术撞击我的***耳鼓***,
无动于衷,像他,我倾听你的法术。
《永别了,尘世的欢乐》(英) 安妮·基丽格鲁 (1660—1882)

例词译文"***耳鼓***"为 **ear** 之意译。

十四画

鼻部

由"鼻"构成的字一般与鼻及其作用相关。

鼻:引气以自助。会意字:由自(鼻)、由畀(助)会意。

1. When all aloud the wind doth blow,
And coughing drowns the parson's saw,
And birds sit brooding in the snow,
And Marian's **nose** look red and raw, …
《Winter》(U. K.) William Shakespeare (1564—1616)
寒风四处吹个不停,
咳嗽声淹没了牧师的讲经,
众鸟栖息在雪地的巢,
玛良的***鼻子***冻成朵红海椒;……
《冬之歌》(英) 威廉·莎士比亚 (1564—1616)

2. Upon his side the Hart was lying stretched:
His **nostril** touched a spring beneath a hill,
And with the last deep groan his breath had fetched
The waters of the spring were trembling still.
《Hart-leap Well》(U. K.) William Wordsworth (1770—1850)

旁边躺着那头鹿，肢体横陈，
　　鼻孔紧贴着山下的一股流泉，
它在咽气时发出最后的呻吟，
　　泉水便颤抖，泛起了涟漪一片。

《鹿跳泉》(英) 威廉·华兹华斯 (1770—1850)

例词译文“***鼻子***”属附加式中的***词根+词缀，词缀“子”是名词的标志***。“***鼻孔***”两词根之间则为偏正型关系。

鼾：睡卧时的鼻息声。形声字：左形右声。

I wonder by my troth, what thou, and I
　　Did, till we loved? Were we not weaned till then,
But sucked on country pleasures, childishly?
　　Or **snorted** we in the seven sleepers' den…

《The Good Morrow》(U. K.) John Donne (1572—1631)

我真不知道，你我相爱之前到底
　　干了什么？难道我们还没奶断，
还在吸吮村野的欢乐，幼稚无知？
　　或者，还在七个睡眠者的洞里***打鼾***？

《早安》(英) 约翰·多恩 (1572—1631)

“***打鼾***”的两词根之间为动宾型关系。

练　　习

1. 根据原文，分析译文中斜体词语的构成及其译法。

（1）短文

Childhood

Charlotte Brontë

It was in the ***cold*** weather which follows the shortest ***day*** that we first came to English. I was a little child at time—perhaps four years old, or between that and five. The sea voyage is well remembered by me; the ***milky*** greenness of the waves, the ***curl*** of the foam, the dark ***meeting*** of December sea and sky, the glinting sea-birds and passing ships, made each an imprint on my vision which I yet retain—worn but not obliterated.

Whence did we come? where had we lived? What occasioned this voyage? Memory ***puzzles*** herself to reply to these questions. She reflects with finger raised ***to*** her lips and eyes ***bent on*** the pavement. She turns to her chronicle and searches its faded pages where the records are so ***pale***, brief, and ***broken***: this is all she reads—we came from a place where the building were numerous and ***stately***, where before white house-fronts, there rose here and there trees straight as spires, where there was one walk broad and endlessly long, down which on certain days rolled tow tides—one of people on rose, brightly clad with shining silks, delicate bonnets with feathers and roses, scarves flittering, little ***parasols*** gay as tulips; and the other of carriages rolling along rapid and ***quiet***. Indeed, all was quiet in this walk—it was a mysterious place, full of people but without ***noise***.

We had lived in a house with slippery floors and no carpets; a house with many ***mirrors*** and many windows. In this house I know there was hall with a door of red and violet glass, glowing brilliant in the shade of that end ***opposite*** the entrance, the bright portal opened int a garden, small but green, where there was ***turf***, many flowers, and one tree. What chiefly made it green filled it with leaf was the curtain of vines concealing the ***high*** walls—vines I know they were, because I remember both the ***grapes*** and the ***curled*** tendrils.

With whom did we live? ***To*** this question I can only reply—with my father; and of him I have twenty reminiscences, but they are all scant and fragmentary, my father—***papa***, as I called him—was the origin of all the punishments I had in those early days. I had an unreasonable wish to be always with him; and to this end, whenever the nurse who had charge of me turned her back, I was apt to escape from the nursery and seek the study. Then I was caught, ***shaken***, and sometimes ***whipped***, which I well deserved.

Whether my father knew how much I ***prized*** his presence I cannot pronounce. He was much engaged all day, ***frequently*** out and when at home other gentlemen were with him; but it often happened of an evening that he would suddenly enter the nursery, come up to me as I sat in my little ***chair***, stand a ***momen***t looking down at me, and as held up my ***arms*** full of pleasure, he would stoop, lift me, take me to his heart and say, "Polly may come downstairs now and be papa's ***little*** visitress."

Papa had a ***wonderfully interesting*** style of conversation, intelligible to my childish brain, delightful to my childish ***heart***. He charmed while he taught me, I think he had a quick, fiery temper: his brain was indeed gentle ***for*** me, but not always for others. I remember him both hasty and stern, but never ***with*** me. I never irritated him, never feared to do so. How I like to ***stroke*** his dark face with my ***hands***, to stand on his knees and ***comb*** his hair, to rest my head against his shoulder and thus fall asleep!

童　　年

夏洛蒂·勃朗特

我们头一次来到英格兰的时候，正是***隆冬***季节，最短的***白昼***已经过去。当时我还小——大概四岁吧，或者是四五岁之间的样子。对于那次海上航行，我却记得特别清楚；海浪***浑浊***的绿色，海水***激荡***出的泡沫，海天***相接***天气阴沉，快速飞过的海鸟和远去的船只，一切至今都还历历在目——虽然过去很久了，却让人难忘。

我们从哪儿来？我们曾住在哪儿？是什么让我们经历了这次旅行？记忆太过***模糊***，她无法回答。眼睛***凝视***路面，手指轻触唇边，她思考着。翻开她旧时的笔记本，在那些发黄的纸张中寻找答案，无奈那时的文字太***浅显***，太简单而且还***断断续续***的：所有她读到的内容就只有下面这些——我们来自这样的地方，那儿有无数***宏伟***的大楼；屋子白色的围墙外，到处都长着高高的挺拔的大树，像尖塔似的；还有一条宽阔的，一眼望不到头的大路，在特别的日子里，这条路上会有两种人像潮涌般流动着——一种是步行的人，他们穿着漂亮的绸缎做的衣服，精美的帽子上还装点着羽毛和玫瑰花，围巾飘啊飘的，**一个个**的小阳伞看起来像郁金香花一样好看；另外一种是坐马车的人，马车总是轻快地跑过，***安安静静地***。的确，这条大路上，一切都很安静——这是个神秘的地方，到处都是人却并不***嘈杂***。

我们住的那个房间里，地板很光滑，没铺地毯；有很多**镜子**和窗户。我清楚地记得，房子里有一条走廊，门玻璃是红色和紫色的，明亮的玻璃反光照在**正对着**门的走廊尽头的阴暗处。走出这扇明亮的门，就来到一个绿色的小花园，那里有**草坪**，有很多花，还有一棵树。花园里充满了绿色，挂满了叶子，主要是因为那些爬满在**高高**围墙上的藤条——我知道那是藤条，因为我记得那藤条上的**葡萄**和**弯弯的**卷须。

我们跟谁生活在一起？**面对**这个问题，我的答案只能是——跟我的父亲；对父亲的印象，我记忆中有二十个片段，但都是残缺不全的。我的父亲——**爸爸**，我这样叫他——是我童年生活中每次挨罚的原因。我总是不合常理地希望和他永远在一起；就因为这个原因，每当负责看护我的保姆转身时，我就逃出育儿室，跑到书房去找他。然后我就被抱住，被**摇晃**，有时还会**挨揍**，那都是我应得的。

我不知道父亲是不是能明白对于他在我身边的时光我有多**珍惜**。他每天都有很多事情要做，**总是**出门去，在家时，也总有别的绅士们拜访他；但傍晚时分，他常常突然走进育儿室，走到我身边，低头看着坐在小**椅子**里的我，站上**一会儿**；当我向他伸出**小胳膊**时，他会非常欣喜地弯下腰把我抱在怀里，贴在他的胸口：“波莉，现在可以下楼做爸爸的**小小**女访客了。”

爸爸的谈话方式是**灵活有趣**的，我小小的脑袋很快就能理解，同时，小小的**心灵**也会充满喜悦。爸爸在教育我时，总是那么充满魅力。我认为他是个急脾气，但他**对待**我却很温柔，对别人就不总是这样了。我记得，他是个性急而又严厉的人，但**对**我却从不这样。我从不惹他生气，也从不害怕他会生气。我多喜欢用**小手拍拍**他黝黑的脸庞，站在他膝上**抚弄**他的头发，或者把头靠在他肩上甜甜地睡一觉啊！

（2）诗歌

A. **Summer for thee, grant I may be**

Emily Dickinson

Summer for thee, grant I may be
When Summer days are flown!
Thy music still, when ***Whipporwill***
And ***Oriole***—are done!

For thee to bloom, I'll skip the tomb
And row my blossoms o'er!
Pray gather me—
Anemone—
Thy flower-forevermore!

但愿我是，你的夏季

艾米莉·狄金森

但愿我是，你的夏季
当夏季的日子插翅飞去！
我依旧是你耳边的音乐，
当***夜莺***和***黄鹂***精疲力竭！

为你开花，逃出坟墓
让我的花开得成行成列！
请采撷我吧，***秋牡丹***——
你的花，永远是你的！

B. **Upon the Sight of a Beautiful Picture Painted by Sir G. H. Beaumont, Bart.**

William Wordsworth

Praised be the Art whose subtle power could stay
Yon ***cloud***, and fix it in that glorious shape;
Nor would permit the ***thin*** smoke to escape,
Nor those ***bright*** sunbeams to forsake the day;
Which stopped that band of travellers on their way,
Ere they were lest within the shady wood;
And showed the ***Bark*** upon the glassy fold
For ever anchored in her sheltering bay.
Soul-soothing ***Art***! whom Morning, Noontide, Even,
Do serve with all their changeful pageantry;
Thou, with ***ambition*** modest yet sublime,
Here, for the ***sight*** of mortal man, hast given
To one brief moment caught from fleeting time
The appropriate calm of blest eternity.

咏乔治·博蒙特爵士所作风景画一帧

威廉·华兹华斯

赞美这丹青妙笔吧：它能叫***浮云***
停止漂游，凝成这一团明艳；
它不让这***淡淡***烟缕随风消散，
也不让这***朗朗***阳光晦暗阴沉；
它止住这些游人的脚步——趁他们

还不曾隐没于这片幽林背后；
波平如镜，它让这一叶**轻舟**
在湖湾僻静处，停靠得牢牢稳稳。
清晨，中午，黄昏，以变换的姿容
供你入画，抚慰心魂的**手笔**!
你**志趣**高卓，却又朴实平易；
为了让凡人已开**眼界**，你从
急促流光里截取了这一瞬息，
赐它以永恒上界宜人的静谧。

C. **The Valley of Unrest**

Allan Poe

Once it smiled a ***silent*** dell
Where the people did not dwell;
They had gone unto the wars,
Trusting to the mild-eyed stars,
Nightly, from their azure towers,
To keep watch above the flowers,
In the midst of which all day
The ***red*** sun-light ***lazily*** lay.
Now each visiter shall confess
The sad valley's restlessness.
Nothing there is motionless...
Nothing save the airs that brood
Over the magic solitudes.
Ah, by no wind are stirred those trees
That palpitate like the chill ***seas***
Around the misty Hebrides!
Ah, by no wind those clouds are driven
That ***rustle*** through the unquiet Heaven
Uneasily, from morn till even,
Over the violets there that lie
In myriad types of the ***human*** eye...
Over the lilies there that wave
And weep above a nameless grave!
They ***wave***: ...from out their fragrant tops
Eternal dews come down in ***drops***.
They weep: ...from off their delicate stems
Perennial ***tears*** descend in gems.

不安的山谷

爱伦·坡

它曾微笑，——一个***幽静***的山谷，
那儿荒凉冷落，无人居住；
人们都早已去参加战争，
并嘱托目光柔和的星星，
夜夜从它们碧蓝的城堡
把幽谷中的花儿照料，
而在白天，***红红的***阳光
则***懒洋洋***地在花间卧躺。
现在每个游客都会承认
那凄凉的山谷并不太平。
山谷中的一切都不平静——
一切，除了凝滞的空气
笼罩着不可思议的阒寂。
啊，没有风吹动那些树梢，
跳动如冰冷的***万顷波涛***
环绕在朦胧的赫布里底群岛！
啊，没有风驱动那些云朵，
如它们***飒飒***从天上掠过，
躁动不安，从黎明到日落，
如它们在紫罗兰上轻拂，
那些紫罗兰引得***万人***瞩目——
如它们在百合花上轻吹，
百合花在无名荒冢摇曳落泪！
摇曳——从它们芳香的花冠
底下永恒的晨露***一串一串***。
落泪：——从它们优雅的植株
一滴一滴就像宝石珍珠。

D. **July**

Edward Thomas

Naught moves but ***clouds***, and in the ***glassy*** lake
Their ***doubles*** and the shadow of my boat.
The ***boat*** itself ***stirs*** only when I break

This ***drowse*** of heat amd solitude afloat
To ***prove*** if what I see be bird or ***mote***,
Or ***learn*** if yet the shore woods be awake.

Long hours since dawn grew, —spread, —and ***passed*** on high
And ***deep*** below, —I have watched the ***cool*** reeds hung
Over images ***more cool*** in ***imaged*** sky;
Nothing there was worth thinking of so ***long***;
All that the ***ring-doves say***, far leaves among,
Brims my mind with content thus still to lie.

七月

爱德华·托马斯

万物宁谧，唯有 ***流云，晶莹的***湖泊，
云 ***影***缓移，浮泛着舟影。
扁舟轻荡，我用桨儿划破
沉沉的炎热，和迷离的寂寞，
为了 ***辨认***：望见的是鸟抑或 ***纤尘***，
为了 ***探明***：湖畔树林是否苏醒。

晨曦 ***早已***微明——弥漫—— ***飘***向晴空
又溶于 ***碧波***；我 ***久久***凝视 ***冷冷***的芦苇
影入云天 ***毵毵的***水中，***凉意更浓***；
在这 ***悠悠的***时光，物我两忘
远处树丛，***斑尾鸽喁喁细语***，
我静卧谛听，恍惚置身仙境。

2. 将下列段落译成中文，同时运用【译法点滴】中的翻译技巧将段落中斜体字的内涵相应地表达出来。

(1) Then, quiet suddenly, one morning, the change came. The ***wind*** went to the south, came off the sea warm and soothing, In the afternoon, there were ***little gleams*** of sunshine, and the doves began, without interval, slowly and awkwardly to ***coo***. The doves were cooing, though with a labored sound, as if they were still winter-stunned. Nevertheless, all the afternoon they continued their ***noise***, in the mild air, before the frost had thawed off the road. At evening the wind blew gently, still gathering

a bruising quality of frost from the hard earth. Then, in the yellow-***gleamy*** sunset, wild birds began to whistle faintly in the blackthorn thickets of the stream-bottom.

《Whistling of Birds》(U. K.) David Herbert Lawrence (1885—1930)

(2) We would be tired at night and lie down in the accumulated heat of the ***little*** bedrooms after the long hot day and the breeze would stir almost ***imperceptibly*** outside and the smell of the swamp drift in through the ***rusty*** screens. ***Sleep*** would come easily and in the morning the red squirrel would be on the roof, ***tapping out*** his gay ***routine***.

《Once More to the Lake》(U. S. A.) Elwyn Brooks White (1899—1985)

(3) The snow falls on every wood and field, and no crevice is forgotten; by the river and the pond, on the hill and in the valley. Quadrupeds are confined to their ***coverts*** and the birds sit upon their perches this ***peaceful*** hour. There is not so much sound as in fair weather, but silently and ***gradually*** every slope, and the gray walls and fences, and the ***polished*** ice, and the ***sere leaves***, which were not buried before, are concealed, and the tracks of men and beats are lost. With so little effort does nature reassert her rule and ***blot out*** the trace of men.

《A Winter Walk》(U. S. A.) Henry David Thoreau (1817—1862)

(4) It was a day by itself, coming after a fortnight's storm and rain. The sun did not shine clearly, but it ***spread*** through the ***clouds*** a tender, diffused light, crossed by level cloud-bars, which stretched to a great length, quite ***parallel***. The ***tints*** in the sky were wonderful, very conceivable shade of blue-grey, which contrived to modulate into the ***golden brilliance*** in which the sun was veiled. I went out in the afternoon. It was too early in the year for a heavy ***fall of leaves***, but nevertheless the garden was covered. They were washed to the sides of the roads, and lay heaped up over the road-gratings, ***masses*** of gorgeous harmonies in red, brown, and yellow. The chestnuts and acorns dripped in ***showers***, and the ***patter*** on the gravel was a little weird. The chestnut busks split wide open when they came to the ground revealing the ***polished*** brown of the ***shy*** fruit. …

The wind had gone and there was ***perfect silence***, save for the agitation of the stream, but a few steps upwards the ***gentle tinkle*** of the little runnels could be heard in their deeply-cut, dark, and narrow channels. In a few minutes they were caught up, rejoicing, in the embrace of the deep river which would carry the with it to the sea. They were safe now from ***being lost*** in the earth.

《An Afternoon Walk in October》(U. K.) William Hale White (1831—1913)

3. 将下列的诗与短文译成中文。

(1) **The Furthest Distance in the World**

Rabindranath Tagore

The furthest distance in the world is
not between life and death
But when I stand in front of you
Yet you don't know that I love you

The furthest distance in the world is
not when I stand in front of you
Yet you can't see my love
But when undoubtedly knowing the love from both
Yet cannot be together

The furthest distance in the world is
not being apart while being in love
But when plainly can not resist the yearning
Yet pretending you have never been in my heart

The furthest distance in the world is
not when plainly can not resist the yearning
Yet pretending you have never been in my heart
But using one's indifferent heart
to dig an uncrossable river for the one who loves you

(2) **Invention**

Billy Collins

Tonight the moon is a cracker,
with a bite out of it
floating in the night,

and in a week or so
according to the calendar

it will probably look

like a silver football,
and nine, maybe ten days ago
it reminded me of a thin bright claw.

But eventually—
by the end of the month,
I reckon—

it will waste away
to nothing,
nothing but stars in the sky,

and I will have a few nights
to myself,
a little time to rest my jittery pen.

(3) **The Whistle**

Benjamin Franklin

When I was a child of seven years old, my friends, on a holiday, filled my pocket with coppers. I went at once to a shop where they sold toys for children. Being charmed with the sound of a whistle that I had seen by the way, in the hands of another boy, I handed over all my money for one. I then came home, and went whistling all over the house, much pleased with my whistle, but disturbing all the family. My brothers and sisters and cousins, when I told of the bargain I had made, said I had given four times as much as the whistle was worth. They put me in mind of what good things I might have bought with the rest of the money, and laughed at me so much for my folly that I cried with vexation. Thinking about the matter gave me more chagrin than the whistle gave me pleasure.

This however, was afterwards of use to me, for the impression continued on my mind, so that often, when I was tempted to buy something I did not need, I said to myself, "Don't give too much for the whistle," and I saved my money. As I grew up, came into world, and observed the action of men, I thought I met with many, very many, who "gave too much for the whistle."

If I knew a miser who gave up every kind of comfortable living, all the pleasure of doing good to others, all the esteem of his fellow citizens and the joys of friendship, for the sake of gathering and keeping wealth— "Poor man," said I, "You pay too dear for your whistle." When I met a man of pleasure, who did not try o improve his mind or his fortune but merely devoted himself to having a good time, perhaps neglecting his health, "Mistaken man," said I, "you are providing pain for yourself, instead of pleasure; you are paying too dear for your whistle." If I saw someone fond of appearance who had fine clothes, fine houses, fine furniture, fine earrings, all above his fortune, and for which he had run int debt, "Alas," said I, "he has paid dear, very dear, for his whistle." In short the miseries of mankind are largely due to their putting a false value on things—to giving "too much for their whistles."

(4) **Ignorance Makes One Happy**

Robert Lynd

The average man who uses a telephone could not explain how a telephone works. He takes for granted the telephone, the railway train, the linotype, the airplane, as our grandfathers took for granted the miracles of the gospels. He neither question nor understand them. It is as though each of us investigated and made his own a tiny circle of facts. Knowledge outside the day's work is regarded by most men as a gewgaw. Still we are constantly in reaction against our ignorance. We rouse ourselves at intervals and speculate. We revel in speculations about anything at all—about life after death or about such questions as that which is said to have puzzled Aristotle, "Why sneezing from noon to midnight was good, but from night to noon unlucky?" One of the greatest joys to man is to take such a flight into ignorance in search of the knowledge. The great pleasure of ignorance is, after all, the pleasure of asking questions. The man who has lost this pleasure or exchanged it for the pleasure of dogma, which is the pleasure of answering, is already beginning to stiffen. One envies so inquisitive a man as Jewell, who sat down to the study of physiology in his sixties. Most of us have lost the sense of our ignorance long before that age. We even become vain of our squirrel's hoard of knowledge and regard increasing age itself as a school of omniscience. We forget the Socrates was famed for wisdom not because he was omniscient but because he realized at the age of seventy that he still knew nothing.

参 考 答 案

1. 根据原文，分析译文中斜体词语的构成及其译法。

（1）短文

第一段：

“白昼”为其原文之直译，其余属意译。***“浑浊”“激荡”***属合成词中复合式的联合型，两词根之间意义相近/相关。***“隆冬”“白昼”“相接”***属合成词中复合式的偏正型。***“隆冬”“白昼”***具有书面语色彩。***“激荡”“相接”***的翻译中涉及词类转换：从名词转换为动词。

第二段

“宏伟”“安安静静”为其原文之直译，其余属意译。***“模糊”***属合成词中的主谓型。***“凝视”***属合成词中的偏正型，其翻译中运用了词类的转换：由形容词短语转换为动词。***“浅显”***属合成词中的补充型。***“宏伟”“嘈杂”***属合成词中的联合型。***“嘈杂”***的翻译涉及词类的转换：由名词转换为形容词。重叠词语有：***“断断续续”“个个”“安安静静”***。***“断断续续”***和***“安安静静”***体现出了词语在状态方面的形象色彩；***“个个”***表达出了复数的含义。***“安安静静”***的翻译涉及词类的转换：由形容词转换为副词。译文***“宏伟”***体现出了其所具有的***褒义***。

第三段

“镜子”“正对着”“草坪”“高高”“葡萄”“弯弯”为原文之直译。***“镜子”***由合成词中附加式的词根+词缀构成，词缀“子”是名词的标志。***“正对着”“草坪”***属合成词复合式中的偏正型。***“正对着”***的翻译涉及词类的转换：由形容词转换为动词。***“高高”“弯弯”***属合成词中的重叠式，体现出了原文的形象色彩。***“葡萄”***属单纯词中的音译外来词。

第四段

“面对”“爸爸”“摇晃”为原文之直译，其余为意译。***“面对”***属合成词复合式中的主谓型，其翻译中运用了词类的转换：由前置词转换为动词。***“爸爸”***属合成词中的重叠式，译文体现出了口语色彩。***“摇晃”***属合成词中复合式的联合型。***“挨揍”***属合成词中复合式的动宾型，译文具有口语色彩。

第五段

“珍惜”“总是”“椅子”“会儿”“小胳膊”“小小”为原文之直译。***“珍惜”***属合成词中复合式的联合型。***“总是”***为合成词复合式中的偏正型，译文体现出了口语色彩。***“椅子”***与***“会儿”***是由合成词附加式中的词根+词缀构

成，词缀“子”与“儿”是名词的标志。***“小胳膊”***一词由合成词附加式中的词缀+词根构成，词缀“小”附加在名词前往往带有感情色彩。***“小小”***属合成词中的重叠式。重叠词的运用体现出了原文的形态色彩，从而使译文更显生动，富于感情色彩。

第六段

“有趣”“对待”“对”“小手”为原文之直译，其余属意译。***“灵活”“对待”***与***“抚弄”***属合成词中复合式的联合型，其中，***“灵活”***与***“对待”***的翻译中运用了词类的转换：***“灵活”***由副词转换为形容词，***“对待”***有前置词转为动词。***“有趣”***属合成词中复合式的动宾型。***“心灵”***为合成词复合式中的偏正型。译文中将具体词进行了抽象化的引申。***“小手”***一词由合成词附加式中的词缀+词根构成，词缀“小”附加在名词前往往带有感情色彩。***“拍拍”***属合成词中的重叠式，其运用体现出了原文的动态色彩。

（2）诗歌

第一首

“夜莺”“黄鹂”“秋牡丹”为其原文之**直译**，属合成词中复合式的偏正型。这三例名词体现出词语所具有的时间及颜色方面的色彩。

第二首

“浮云”“郎朗”“轻舟”“牢牢稳稳”“志趣”“眼界”为其原文之直译，其余属意译。***“浮云”“轻舟”“眼界”“手笔”***属合成词中复合式的偏正型。***“志趣”***属合成词中复合式的联合型，虽为中性词，但根据其所处之上下文，这里具有***“褒义”***。重叠词语***“淡淡”“郎朗”“牢牢稳稳”***起到了加强语气的作用。

第三首

“幽静”“夜夜”“红红的”“懒洋洋”“飒飒”“摇曳”“一串一串”“一滴一滴”为其原文之直译，其余属意译。***“幽静”“摇曳”“笼罩”***属合成词中复合式的联合型。***“笼罩”***的翻译涉及词类的转换：由介词转换为动词。***“懒洋洋”***属合成词中附加式：词根+词缀（这里的词缀为叠音词）。***“夜夜”“红红”“飒飒”***属合成词中的叠音式，体现出了词语的颜色及声音等的形象色彩。***“一串一串”“一滴一滴”***以重复的形式表达出词语的复数使译文更为生动。***“万人”***及***“万顷”***的翻译体现出数字模糊语义的语用含义。

第四首

“流云”“扁舟”“轻荡”“沉沉”“纤尘”“凉意”“悠悠”“斑尾鸽”为直译，其余属意译。***“万物”“流云”“扁舟”“轻荡”“纤尘”“碧波”“凉意”“细语”***属合成词中复合式的偏正型。***“晶莹”“辨认”***属合成词中复合式的联合型。***“探明”***属合成词中复合式的补充型。***“沉沉”“冷冷”“毵毵”***

“悠悠”为重叠式。***“凉意”***涉及词类的转换：从形容词转换为名词。***“流云”“扁舟”“轻荡”“纤尘”“斑尾鸽”“碧波”“细语”***体现出词语在形态、颜色、程度、动态方面的形象色彩。***“万物”***的翻译体现出数字模糊语义的语用含义。这里所有的斜体字均为书面语。

2. 将下列段落译成中文，同时运用【译法点滴】中的翻译技巧将段落中斜体字的内涵相应地表达出来。

（1）突然之间，一个早晨，天气变好了。***风儿***转为南向，温暖而舒缓地从海上吹过来。午后，太阳露出了***细细的缕缕***阳光，鸽子也开始不间断地发出笨拙的***咕咕***叫声。鸽子的叫声有些费力，好像还留有冬日严寒摧残的痕迹。无论如何，在柔和的南风里，在路面上的霜冻尚未融化之前，鸽子们***咕咕噜噜***了一整个下午。傍晚时分，微风轻拂，但霜冻使得僵硬的大地仍然寒气逼人。随后，在落日的金黄色***余晖***里，河岸坡底的黑刺李丛中传来野鸟儿微弱的啭鸣声。

《鸟语啁啾》（英）戴维·赫伯特·劳伦斯（1885—1930）

（2）入夜，我们拖着疲惫的身躯躺在***小小的***卧房中，被室内积聚了一天的热气所包围；屋外，微风***徐徐***拂过，无痕无迹；潮湿的气味由***锈迹斑斑***的窗棂飘散进来，这一切让人很快进入***梦乡***。清晨醒来，红松鼠已爬上屋顶，***跳着***欢快的***踢踏舞步***。

《林湖重游》（美）埃尔温·布鲁克斯·怀特（1899—1985）

（3）雪花飘落，无孔不入，每一棵树上、每一寸土地、所有的生灵都受到了它的眷顾；河边湖畔，山顶湖底，到处都是雪之足迹。在这***静谧***时刻，四足动物都躲进了它们的***藏身之所***，鸟儿们也都安歇在它们的巢穴里。周围一点声音都没有，比起天气晴朗之时更加安静。可是，***渐渐地***，山坡、灰墙篱笆、***亮闪闪***的冰以及***枯叶***，所有之前没被雪花掩盖的，现在都被安静地覆盖了，人和动物的足迹也都消失了。大自然轻而易举地就重申了它的法则，并把人类的活动痕迹***擦除得一干二净***。

《冬日漫步》（美）亨利·戴维·梭罗（1817—1862）

（4）一连两周，狂风暴雨肆虐横行，这个晴天来得也就分外喜人。阳光并不十分明媚，穿过***条条云彩***变为柔和的光芒，***四处抛洒***，那云彩横跨长空，宛如***一条条平行线***向天际延伸。此时的天空美轮美奂，青色灰色的云朵，***浓淡不一***，都在努力调整，试图变为遮于太阳脸庞的***片片金光***。午后，我信步出门。此时还不到一年中***落叶纷飞***的时节，尽管如此花园却已是满地枯叶。这些枯叶被雨水冲到路边，堆叠于排水隔栅之上，红色的、褐色的、黄色的，***一团团、一簇簇***，颜色如此绚烂，又如此协调。***萧萧秋雨***中被打落的栗子和橡果，***噼噼啪啪***打在砾石上，声音略带诡秘。栗子落地，外壳随即崩裂，露出***油光光、羞

答答的褐色果肉。……

风已停息，四周一***片静寂***，只剩河水的躁动之声。若再行上几步，耳边便可响起小溪沿着幽深狭窄的河槽***潺潺***流动的声音。几分钟之后，它们就会欢快地投入那条河流的怀抱，随其流入大海，到时它们就安全了，不会再***流失于***土壤之中。

《十月午后散步》(英) 威廉·黑尔·怀特 (1831—1913)

3. 将下列的诗与短文译成中文。

(1) **世界上最遥远的距离**

罗宾德拉纳特·泰戈尔

章华 译

世界上最遥远的距离
不是生与死
而是我就站在你的面前
你却不知道我爱你

世界上最遥远的距离
不是我站在你面前
你却不知道我爱你
而是明明知道彼此相爱
却不能在一起

世界上最遥远的距离
不是明明知道彼此相爱
却不能在一起
而是明明无法抵挡这股想念
却还得故意装作丝毫没有把你放在心里

世界上最遥远的距离
不是明明无法抵挡这股想念
却还得故意装作丝毫没有把你放在心里
而是用自己冷漠的心
为爱你的人挖掘了一条无法跨越的沟渠

（2） **创作**

比利·科林斯

章华　译

今晚的月亮是块
被咬掉一口的脆薄饼干
飘飘荡荡浮在夜天，

按照日历
约莫一周时间
它看似大概会

像个银色的足球，
而九天，或许十天之前
它使我想起一个薄明的蟹钳。

可渐渐地——
到这个月底
我推断——

它将消瘦至
身影全无
天上只留繁星点点，

而对我自己来说
会有几个夜晚
让我极度紧张的笔得以休闲。

（3） **都是哨子惹的祸**

本杰明·富兰克林

贾立平　译

我七岁那年，有一天过节，朋友塞给我许多铜币。我便立刻去了一家儿童玩具店。路上看到一个男孩拿着哨子吹，声音很是好听，我就掏出所有钱买了一只。然后回到家中，走到哪吹到哪，很是得意，却吵得全家鸡犬不宁。我把买哨子的事情讲给兄弟姐妹和堂兄弟姐妹们时，他们都说我多给了人家三倍的钱。还提醒我，多付的钱本来可以买其他好东西，还嘲笑我笨。我很是恼火就哭了起来。回想起来，懊悔的程度远远超过了哨子给我带来的乐趣。

不过这件事后来让我受益匪浅，一直浮现在脑海中。每当想买自己不需要的东西时，我就暗自提醒自己，“别为那只哨子花费过多，”同时钱也就省下来了。后来长大了，步入社会，看尽人间万千，觉得我碰到的许许多多的人都在“为一只哨子花费过多”。

假如我结识了一个吝啬鬼，为了聚富敛财，置舒适的生活、与人为善的快乐于不顾，无视别人对自己的尊重和朋友给他带来的快乐，我就说：“可怜的人啊！你为你的哨子付出的代价太大了。”当我遇到一个贪图享乐的人，他既不思进取又不懂赚钱，只是一味寻欢作乐，置健康于不顾，“迷途的人啊，”我就说，“你换来的不是欢乐而是痛苦。为了你的哨子付出得太多了。”假如我看到有人为了追求外表，穿华丽的衣服，住漂亮的房子，用精致的家具，带好看的耳环，因一切都超过了他的财力，他开始债台高筑。“唉”，我说，“他为他的哨子付出太多、太多了！”总之，人类的苦痛大都是因为对事物做了错误的估价——“为他们的哨子付出的太多了。”

（4）

无知长乐

罗伯特·林德

贾立平　译

一般人只会用电话，至于其工作原理却说不出所以然。认为电话、铁路、排字机、飞机等都是自然而然的东西，就像祖辈们觉得福音书里的奇闻异事都是很自然的一样。他们既不对其表示质疑，又不求其解。似乎大家下功夫研究的仅限于很小的范围。大多数人都认为日常生活之外的知识只是花哨的点缀而已。我们还总对自己的无知抱以逆反情绪。我们也有幡然醒悟、冥思苦想的时候。任何事情我们都可以拿来思考——如来世是什么样，或诸如据说连亚里士多德都百思不得其解的问题：“为什么中午到晚上打喷嚏运气好，晚上到中午打喷嚏就倒霉呢?”在求知的过程中陷入无知，是为人类熟知的一大乐事。本来，无知的最大快乐就在于提出问题。一个人如果没有了这种快乐，或者用教条的答案回答问题并以此为乐，他的头脑已经开始僵化了。我们很羡慕尤厄尔，他喜欢钻研，六十多岁了居然还能坐下来学习生理学，而大多数人还不到六十岁早已经没有无知的感觉了。我们甚至会为自己积累的那一星半点的知识而引以为傲，甚至把与日俱增的年龄看成是无所不学的学校。我们忘了，苏格拉底之所以因智慧名震千古，不是因为他无所不知，而是因为七十岁的时候，他仍然能意识到自己一无所知。

参 考 文 献

[1] [法] 司汤达. 红与黑 [M]. 毛荣贵, 丁国旗, 译. 北京: 北京理工大学出版社, 2019.
[2] 朱源, 徐华东. 英国短篇小说经典 (上卷) [M]. 北京: 北京大学出版社, 2019.
[3] 胡家峦. 英国名诗详注 [M]. 北京: 外语教学与研究出版社, 2018.
[4] 马神元. 经典散文全集 [M]. 北京: 中国宇航出版社, 2017.
[5] [美] 希利尔. 希利尔讲世界史 [M]. 欧阳瑾, 译. 北京: 北京理工大学出版社, 2017.
[6] [美] 希利尔. 希利尔讲艺术史 [M]. 欧阳瑾, 译. 北京: 北京理工大学出版社, 2017.
[7] [美] 马克·吐温. 马克·吐温中短篇小说选 [M]. 青闰, 译. 北京: 北京工业大学出版社, 2017.
[8] [美] 欧内斯特·海明威. 老人与海 [M]. 耿小辉, 王春玲, 译. 北京: 知识出版社, 2017.
[9] [英] 拜伦. 拜伦诗选 [M]. 杨德豫, 译. 北京: 外语教学与研究出版社, 2016.
[10] [黎巴嫩] 纪伯伦. 纪伯伦诗选 [M]. 冰心, 译. 外语教学与研究出版社, 2016.
[11] [美] 狄金森. 狄金森诗选 [M]. 江枫, 译. 外语教学与研究出版社, 2016.
[12] [英] C·勃朗特. 简爱 [M]. 张艳敏, 译. 北京: 中译出版社, 2016.
[13] [英] J·奥斯丁. 傲慢与偏见 [M]. 张艳敏, 译. 北京: 中译出版社, 2016.
[14] 马仲元. 经典短篇小说全集 [M]. 北京: 中国宇航出版社, 2016.
[15] [英] 华兹华斯. 华兹华斯诗选 [M]. 杨德豫, 译. 北京: 外语教学与研究出版社, 2015.
[16] 李行健. 汉字应用规范字典 [M]. 北京: 中国大百科全书出版社, 2014.
[17] 李乐毅. 汉字演变 500 例 [M]. 北京: 北京语言大学出版社, 2014.
[18] [英] 勃朗宁. 勃朗宁诗选 [M]. 飞白, 汪晴, 译. 北京: 外语教学与研究出版社, 2013.
[19] [美] 爱伦·坡. 爱伦·坡诗选 [M]. 曹明伦, 译. 北京: 外语教学与研究出版社, 2013.
[20] [美] 朗费罗. 朗费罗诗选 [M]. 杨德豫, 译. 北京: 外语教学与研究出版社, 2013.
[21] [印度] 泰戈尔. 泰戈尔诗选 [M]. 郑振铎, 译. 北京: 外语教学与研究出版社, 2013.
[22] [美] 弗罗斯特. 弗罗斯特诗选 [M]. 江枫, 译. 北京: 外语教学与研究出版社, 2013.
[23] [美] 惠特曼. 惠特曼诗选 [M]. 赵梦蕤, 译. 北京: 外语教学与研究出版社, 2013.
[24] 章华. 邂逅世间最美的诗歌 [M]. 长沙: 湖南文艺出版社, 2013.
[25] 思履. 说文解字 [M]. 北京: 中国华侨出版社, 2013.
[26] [英] 莎士比亚. 莎士比亚十四行诗 [M]. 屠岸, 译. 北京: 外语教学与研究出版社, 2012.
[27] 中国社会科学院语言研究所词典编辑室. 现代汉语词典 [M]. 北京: 商务印书馆, 2012.
[28] [美] 亚伯拉罕·林肯, 等. 人类最伟大的声音 [M]. 徐翰林, 编译. 机械工业出版社, 2005.
[29] [美] 亨利·大卫, 等. 世界上最优美的散文 [M]. 徐翰林, 编译. 机械工业出版社, 2004.
[30] 石孝殊, 王玉章, 赵翠莲, 等. 牛津高阶英汉双解词典 [M]. 北京: 商务印书馆, 2004.
[31] 胡壮麟. 英语同义词近义词例词典 [M]. 北京: 北京大学出版社, 2003.
[32] 包惠南. 文化语境与语言翻译 [M]. 北京: 中国标准出版社, 2001.
[33] 黄伯荣, 廖序东. 现代汉语 [M]. 北京: 高等教育出版社, 1997.

[34] 圣经 [M]. 香港：国际圣经协会有限公司，1996.
[35] 石幼珊. 名人演说一百篇 [M]. 北京：中国对外翻译出版公司、商务印书馆香港分馆，1990.
[36] 孙梁. 英美名诗一百首 [M]. 北京：中国对外翻译出版公司、商务印书馆香港分馆，1990.
[37] 黄继忠. 名人书信一百封 [M]. 北京：中国对外翻译出版公司、商务印书馆香港分馆，1990.
[38] 张培基，喻云根，李宗杰，等. 英汉翻译教程 [M]. 上海：上海外语教育出版社，1980.